应用型特色规划教材

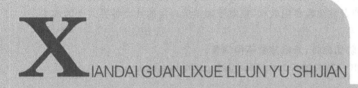
XIANDAI GUANLIXUE LILUN YU SHIJIAN

现代管理学理论与实践

张才明　主编

清华大学出版社
北京

内 容 简 介

现代管理学是高等院校经济管理类的专业基础课程,课程的目的就是帮助学生理解和掌握现代管理的基本思想、理论和方法,学会运用现代的管理思维方法解决现实的管理问题,提高自己的管理素养和技能。本书系统地阐述了现代管理学的一般理论和方法,同时重点以案例的方式,把管理学每个知识点、每个理论和方法进行解析和应用,用案例的方式进行知识串联,极大地方便了学生理解和掌握管理学的基本知识点;同时在每章的开始和后面都设置了一个大的案例分析题目,让学生在系统学习理论和方法之前和之后,都能在案例中找到知识的对应点和学习的难点与重点,以便提高学生的理解和解决管理问题的能力。本书还有另一个特色就是在每章后面都设置了管理实践教学项目,设计这部分内容的目的是为了培养和训练学生的应用技能。要培养应用型人才,就需要进行应用型知识和技能的训练,本书的重要目的就是为了支持高等院校向应用型人才培养方式转变的课程及教材需要。

突出的趣味性、实用性、实践性和应用性是本书的最大特色。本书理论联系实践,结构清晰,覆盖内容符合大学本科经管类的教学目标和大纲要求。本书可以作为本科院校经济管理类的相关管理学课程教材,也可以作为企业经营管理者继续教育用教材,或对管理学感兴趣的社会各界人士的读本。

本书封面贴有清华大学出版社防伪标签,无标签者不得销售。
版权所有,侵权必究。举报:010-62782989,beiqinquan@tup.tsinghua.edu.cn。

图书在版编目(CIP)数据

现代管理学理论与实践/张才明主编. --北京:清华大学出版社,2014(2025.1重印)
(十二五高等院校应用型特色规划教材)
ISBN 978-7-302-37338-4

Ⅰ. ①现… Ⅱ. ①张… Ⅲ. ①管理学－高等学校－教材 Ⅳ. ①C93

中国版本图书馆 CIP 数据核字(2014)第 159512 号

责任编辑:彭　欣
封面设计:汉风唐韵
责任校对:宋玉莲
责任印制:刘　菲

出版发行:清华大学出版社
　　　网　　址:https://www.tup.com.cn, https://www.wqxuetang.com
　　　地　　址:北京清华大学学研大厦 A 座　　　邮　编:100084
　　　社 总 机:010-83470000　　　　　　　　　邮　购:010-62786544
　　　投稿与读者服务:010-62776969, c-service@tup.tsinghua.edu.cn
　　　质量反馈:010-62772015, zhiliang@tup.tsinghua.edu.cn
印 装 者:涿州市般润文化传播有限公司
经　　销:全国新华书店
开　　本:185mm×260mm　　印　张:18.75　　字　数:412 千字
版　　次:2014 年 9 月第 1 版　　　　　　　印　次:2025 年 1 月第 9 次印刷
定　　价:55.00 元

产品编号:059949-03

前 言

现代管理学是高等院校经济管理类专业的基础课程,课程的目的就是帮助学生理解和掌握现代管理的基本思想、理论和方法,学会运用现代的管理思维方法解决现实的管理问题,提高和增强自己的管理素养和技能。笔者一直承担大学本科的现代管理学原理和管理学的课程教学,在多年的教学中,笔者发现,传统的管理学教材常常很难让学生真正感兴趣,主要原因就是学生社会经验不足,管理经验更是很少,教材没有趣味性,缺乏吸引力。如果一本教材重点只介绍原理和方法知识,缺少足够的案例,重理论轻实践,学生即使记住了一些管理理论和方法知识,也很难用来解决实际管理问题。基于上述目的,笔者在各位同行的支持下,编写了这本《现代管理学理论与实践》。

本书除了把一般管理学中的基本理论和方法都包括进来以外,还重点以案例的方式,把每个知识点、每个理论和方法进行解析和应用,用案例的方式进行知识串联,极大地方便了学生理解和掌握管理学的基本知识点;同时在每章的开始和后面都设置了一个大的案例分析题目,让学生在系统学习理论和方法之前和之后,都能在案例中找到知识的对应点和学习的难点与重点,以便提高学生的理解和解决管理问题的能力。本书还有另一个特色就是在每章后面都设置了管理实践教学项目,设计这部分内容的目的是为了培养和训练学生的应用技能。要培养应用型人才,就需要进行应用型知识和技能的训练,本书的重要目的就是为了支持高等院校向应用型人才培养方式转变。

总之,突出的趣味性、实用性、实践性和应用性是本书的最大特色。

本书一共分9章,分别包括现代管理学概述、管理理论的形成与发展、管理的基本原理、计划、组织、领导、控制、创新、管理方法与管理信息系统。本书理论联系实践,结构清晰,覆盖内容符合大学本科经管类的教学目标和大纲要求。可以作为本科院校经济管理类的相关管理学课程教材。

本书编写过程中,借鉴、参考和引用了许多国内外作者的观点和有关资料,主要参考文献已列于书后;本书的形成,还得益于清华大学出版社的支持,以及燕晓飞教授、任小平教授、杨晓智教授等老师的指导和帮助,在此一并表示感谢!另外,作者特别感谢李锦女士的大量资料收集和整理工作;也感谢马骁勇先生的部分文字工作!

由于作者水平有限,加之时间仓促,难免会有缺点甚至错误,恳请广大读者及同行、专家批评指正!以便改正!

张才明

目 录

第一章 现代管理学概述 ··· 1
课前案例导入 ··· 1
1.1 管理概述 ·· 1
    1.1.1 管理的概念 ·· 2
    1.1.2 管理的性质 ·· 3
    1.1.3 管理的职能 ·· 4
1.2 管理者 ··· 6
    1.2.1 管理者的分类 ··· 6
    1.2.2 管理者的角色 ··· 8
    1.2.3 管理者的素质和技能 ··· 10
1.3 管理环境 ·· 12
    1.3.1 管理环境的概念 ··· 12
    1.3.2 管理环境的分类 ··· 13
    1.3.3 组织与环境的关系 ·· 17
    1.3.4 管理环境的特点 ··· 18
1.4 现代管理学概述 ··· 20
    1.4.1 现代管理学的学科分类结构 ·· 21
    1.4.2 现代管理学的特点 ·· 25
    1.4.3 现代管理学研究的内容和范围 ··· 26
    1.4.4 学习现代管理学的意义 ·· 27
    1.4.5 学习现代管理学的方法 ·· 28
本章小结 ··· 30
课后案例分析 ··· 31
实践教学 ··· 32
课后习题 ··· 32

第二章 管理理论的形成与发展 ·· 33
课前案例导入 ··· 33
2.1 西方管理理论的形成与发展 ·· 33

        2.1.1　古典管理理论 ……………………………………………………………… 34
        2.1.2　行为科学理论 ……………………………………………………………… 39
        2.1.3　现代管理理论 ……………………………………………………………… 45
    2.2　中国古代管理实践与管理思想 ……………………………………………………… 48
        2.2.1　中国古代管理实践 ………………………………………………………… 48
        2.2.2　中国古代管理思想 ………………………………………………………… 49
        2.2.3　中国古代管理思想的基本特征 …………………………………………… 51
    2.3　当代管理理论的发展 ………………………………………………………………… 52
        2.3.1　组织行为管理 ……………………………………………………………… 53
        2.3.2　企业文化 …………………………………………………………………… 55
        2.3.3　管理组织的虚拟化理念 …………………………………………………… 57
        2.3.4　自我管理 …………………………………………………………………… 58
        2.3.5　团队管理 …………………………………………………………………… 59
        2.3.6　流程再造 …………………………………………………………………… 60
        2.3.7　知识管理 …………………………………………………………………… 61
        2.3.8　人本管理 …………………………………………………………………… 62
本章小结 …………………………………………………………………………………………… 64
课后案例分析 ……………………………………………………………………………………… 64
实践教学 …………………………………………………………………………………………… 65
课后习题 …………………………………………………………………………………………… 65

第三章　管理的基本原理 …………………………………………………………………… 66

课前案例导入 ……………………………………………………………………………………… 66
    3.1　管理原理概述 ………………………………………………………………………… 67
        3.1.1　管理原理的概念 …………………………………………………………… 67
        3.1.2　管理的基本原则 …………………………………………………………… 68
        3.1.3　管理原理的特点 …………………………………………………………… 72
        3.1.4　学习管理原理的意义 ……………………………………………………… 74
    3.2　系统原理 ……………………………………………………………………………… 75
        3.2.1　系统原理的含义 …………………………………………………………… 75
        3.2.2　系统原理的要点 …………………………………………………………… 77
    3.3　人本原理 ……………………………………………………………………………… 79
        3.3.1　人本原理的含义 …………………………………………………………… 79
        3.3.2　人本原理的要点 …………………………………………………………… 81
    3.4　能级原理 ……………………………………………………………………………… 84
        3.4.1　能级原理的含义 …………………………………………………………… 84
        3.4.2　能级原理的要点 …………………………………………………………… 85

3.5 效益原理 ·· 87
    3.5.1 效益原理的含义 ·· 87
    3.5.2 效益原理的要点 ·· 88
本章小结 ·· 90
课后案例分析 ·· 91
实践教学 ·· 92
课后习题 ·· 93

第四章　计划 ·· 94

课前案例导入 ·· 94
4.1 计划 ·· 94
    4.1.1 计划的概念和内容 ·· 95
    4.1.2 计划的特征 ·· 96
    4.1.3 计划的作用 ·· 98
    4.1.4 计划的表现形式 ·· 99
    4.1.5 计划的类型 ··· 101
    4.1.6 计划的程序 ··· 103
    4.1.7 计划的方法 ··· 104
4.2 目标管理 ·· 108
    4.2.1 目标的定义及特征 ··· 109
    4.2.2 目标管理的含义 ··· 111
    4.2.3 目标管理的特点 ··· 112
    4.2.4 目标管理评价 ··· 114
4.3 预测 ·· 115
    4.3.1 预测的概念 ··· 115
    4.3.2 预测的作用与分类 ··· 117
    4.3.3 预测的原理 ··· 118
    4.3.4 预测的方法 ··· 120
4.4 决策 ·· 122
    4.4.1 决策的概念 ··· 122
    4.4.2 决策的特征 ··· 124
    4.4.3 决策的程序 ··· 125
    4.4.4 决策的类型 ··· 128
    4.4.5 决策的方法 ··· 130
本章小结 ·· 137
课后案例分析 ·· 137
实践教学 ·· 138

课后习题 …………………………………………………………………… 138

第五章　组织 ………………………………………………………………… 139

　　课前案例导入 ………………………………………………………………… 139
　　5.1　组织概述 …………………………………………………………… 140
　　　　5.1.1　组织的概念 ……………………………………………………… 140
　　　　5.1.2　组织的要素 ……………………………………………………… 141
　　　　5.1.3　组织的职能 ……………………………………………………… 142
　　　　5.1.4　组织的作用 ……………………………………………………… 143
　　5.2　组织结构设计 ……………………………………………………… 145
　　　　5.2.1　组织结构设计的原则 …………………………………………… 145
　　　　5.2.2　组织结构设计的程序 …………………………………………… 147
　　5.3　组织结构类型 ……………………………………………………… 148
　　　　5.3.1　直线制 …………………………………………………………… 149
　　　　5.3.2　职能制 …………………………………………………………… 150
　　　　5.3.3　直线职能制 ……………………………………………………… 152
　　　　5.3.4　事业部制 ………………………………………………………… 153
　　　　5.3.5　矩阵制 …………………………………………………………… 154
　　5.4　人员配备 …………………………………………………………… 155
　　　　5.4.1　人员配备的概念 ………………………………………………… 155
　　　　5.4.2　人员配备的任务 ………………………………………………… 156
　　　　5.4.3　人员配备的原则 ………………………………………………… 158
　　　　5.4.4　人员配备的程序 ………………………………………………… 160
　　5.5　非正式组织 ………………………………………………………… 162
　　　　5.5.1　非正式组织的概念 ……………………………………………… 163
　　　　5.5.2　非正式组织的作用 ……………………………………………… 164
　　　　5.5.3　正确对待非正式组织 …………………………………………… 166
　　5.6　组织创新与变革 …………………………………………………… 167
　　　　5.6.1　组织创新 ………………………………………………………… 167
　　　　5.6.2　组织变革 ………………………………………………………… 168
　　本章小结 ……………………………………………………………………… 172
　　课后案例分析 ………………………………………………………………… 172
　　实践教学 ……………………………………………………………………… 173
　　课后习题 ……………………………………………………………………… 174

第六章　领导 ………………………………………………………………… 175

　　课前案例导入 ………………………………………………………………… 175

6.1 领导 ·· 176
6.1.1 领导及领导者 ··· 176
6.1.2 领导理论 ··· 180
6.1.3 领导艺术 ··· 187
6.2 激励 ·· 190
6.2.1 激励概述 ··· 190
6.2.2 人性假设理论 ··· 192
6.2.3 激励理论 ··· 194
6.2.4 激励的原则与方法 ··· 200
6.3 沟通 ·· 203
6.3.1 沟通的含义 ··· 203
6.3.2 正式沟通网络和非正式沟通网络 ··················· 204
6.3.3 有效沟通的障碍与改善技巧 ························· 208
本章小结 ·· 211
课后案例分析 ·· 212
实践教学 ·· 213
课后习题 ·· 213

第七章 控制 ·· 214

课前案例导入 ·· 214
7.1 控制概述 ·· 214
7.1.1 控制的含义 ··· 214
7.1.2 控制的作用与目的 ··· 215
7.1.3 控制的前提条件 ··· 217
7.1.4 控制的类型 ··· 218
7.2 控制的过程 ·· 221
7.2.1 制定控制标准 ··· 221
7.2.2 衡量实际工作 ··· 223
7.2.3 纠正偏差 ··· 225
7.3 控制的方法 ·· 226
7.3.1 预算控制法 ··· 227
7.3.2 内部控制法 ··· 229
7.3.3 审计控制法 ··· 231
7.3.4 其他控制法 ··· 232
7.4 有效控制 ·· 235
7.4.1 有效控制的原则 ··· 235
7.4.2 有效控制的技巧 ··· 236

本章小结 ………………………………………………………………… 237
课后案例分析 …………………………………………………………… 237
实践教学 ………………………………………………………………… 238
课后习题 ………………………………………………………………… 239

第八章 创新 ………………………………………………………… 240

课前案例导入 …………………………………………………………… 240
8.1 创新概述 ………………………………………………………… 241
　　8.1.1 创新的含义 ……………………………………………… 241
　　8.1.2 创新的特征 ……………………………………………… 242
　　8.1.3 创新的条件 ……………………………………………… 244
8.2 创新的内容 ……………………………………………………… 245
　　8.2.1 观念创新 ………………………………………………… 245
　　8.2.2 目标创新 ………………………………………………… 246
　　8.2.3 技术创新 ………………………………………………… 247
　　8.2.4 制度创新 ………………………………………………… 249
　　8.2.5 市场创新 ………………………………………………… 250
　　8.2.6 文化创新 ………………………………………………… 255
8.3 创新的过程 ……………………………………………………… 256
　　8.3.1 准备阶段 ………………………………………………… 256
　　8.3.2 寻找机会 ………………………………………………… 257
　　8.3.3 提出构想 ………………………………………………… 258
　　8.3.4 迅速行动 ………………………………………………… 259
　　8.3.5 完善并形成模式 ………………………………………… 259
本章小结 ………………………………………………………………… 261
课后案例分析 …………………………………………………………… 261
实践教学 ………………………………………………………………… 262
课后习题 ………………………………………………………………… 263

第九章 管理方法与管理信息系统 ………………………………… 264

课前案例导入 …………………………………………………………… 264
9.1 现代管理方法 …………………………………………………… 264
　　9.1.1 基本管理方法 …………………………………………… 265
　　9.1.2 任务管理法 ……………………………………………… 268
　　9.1.3 人本管理法 ……………………………………………… 269
　　9.1.4 系统管理方法 …………………………………………… 271
9.2 管理信息系统 …………………………………………………… 273

  9.2.1 管理信息系统的定义 …………………………………………………… 273
  9.2.2 管理信息系统的构成与开发 ……………………………………………… 275
  9.2.3 管理信息系统的应用 …………………………………………………… 279
本章小结 ……………………………………………………………………………… 280
课后案例分析 ………………………………………………………………………… 281
实践教学 ……………………………………………………………………………… 282
课后习题 ……………………………………………………………………………… 282

参考文献 ……………………………………………………………………………… 283

第一章

现代管理学概述

吴经理的困境

宏达建筑公司原本是一家小企业,仅有十多名员工,主要承揽一些小型建筑项目和室内装修工程。创业初期,大家齐心协力,干劲十足,经过多年的艰苦创业和努力经营,目前已经发展成为员工过百的中型建筑公司。虽然目前公司经营状况尚好,但有许多问题已经开始让吴经理感到头疼。

创业初期,公司人手少,吴经理和员工不分彼此,大家也没有具体分工,经常是一个人顶几个人用。拉项目,与工程队谈判,监督工程发展,谁在谁干,大家不分昼夜,不计较报酬,有什么事情饭桌上就可以讨论解决。吴经理为人随和,十分关心和体贴员工。由于吴经理的工作作风以及员工工作具有很大的自由度,大家工作热情高涨,公司因此得到快速发展。

然而,随着公司业务的发展,特别是经营规模不断扩大之后,吴经理在管理工作中不时感觉到不如以前得心应手了。首先,让吴经理感到头痛的是那几位与自己一起创业的"元老",他们自恃劳苦功高,对后来加入公司的员工,不管现在在公司职位高低,一律不放在眼里。这些"元老"们工作散漫,不听从主管人员安排。这种散漫的作风很快在公司内部蔓延开来,对新来者产生了不良的示范作用。宏达建筑公司再也看不到创业初期的那种工作激情了。其次,吴经理经常感觉到公司内部的沟通不顺畅,大家谁也不愿意承担责任,一遇到事情就来向他汇报,而且也提不出解决问题的建议,许多棘手的工作都得吴经理亲自去处理。另外,吴经理还感到,公司人员的质量意识开始淡化,对工程项目的管理大不如以前,客户抱怨也逐渐增多。

吴经理焦急万分,他认识到必须进行管理整顿。但如何整顿呢?吴经理想抓纪律,想建立更加规范的管理,想把"元老"们请出公司,想改变现有的分配制度,想加强全面质量管理……可是,这么多工作,应从何处入手?特别是对待那些与自己一起"打江山"的"元老"们更是难"下手"。他陷入了困境……

思考

以上现象揭示了一个什么共性问题?想一想什么是管理?

1.1 管理概述

管理从人类社会存在的那一刻起就已经存在了,跨越了几千年的历史长河。管理一再为社会发展与进步所用,特别是历史进入21世纪,现在社会生活正在发生巨大的变化,管理越来越成为管理者在管理各种组织过程中的重要工具。大到一个国家的治理、国民经济的发展,小到一个企业的兴办运营、一个项目的实施,乃至一个人工作、生活的安排,都离不开管理活动。人们越来越重视社会各个领域和人类各种活动中存在的管理问题。

1.1.1 管理的概念

管理学界对于关于管理概念的认识,至今仍未有一个公认和统一的解释。多年来,许多西方管理学者从不同的研究角度,对管理的概念作出了不同阐释。

科学管理之父弗雷德里克·泰勒认为:管理是一门怎样建立目标,然后用最好的方法经过他人的努力来达到目的的艺术。

美国管理学家和社会科学家西蒙提出:决策贯穿管理的全过程,管理就是决策。

法国早期管理专家法约尔认为:管理是由计划、组织、领导、控制等一系列职能组成的不断循环的过程。

美国著名管理学家哈罗德·孔茨认为:管理就是设计和保持一种良好的环境,使人们在群体里高效地完成既定目标。

综上所述,对管理学可以总结出这样一个概念:管理就是在特定的环境中,为了实现组织的目标,管理者对组织可支配的资源进行有效的计划、组织、领导、协调、控制,以取得最大效益的过程。这个概念可以从以下几个方面进行理解。

(1) 任何管理活动都是在一定环境下进行的。
(2) 管理的对象是组织的资源(如人、财、物、信息等)。
(3) 管理的目的是实现组织目标。
(4) 管理都以组织为载体。
(5) 管理是一个动态的过程。

因此,管理的本质就是使用正确的程序,保证人尽其才、物尽其用,实现组织目标的过程。

管理决定企业兴衰

20世纪80年代,美国的邓白氏公司(Dun&Bradstreet,Inc.)对管理与企业运营关系有较为系统深入的研究,结果表明,美国企业失败的原因(见表1-1)列在前位的主要是管理方面的问题。

表1-1 美国企业失败的原因

失败的百分比	失败的原因	失败的百分比	失败的原因
44%	企业管理者无能	1%	疏忽
17%	缺乏管理经验	1%	欺诈或灾害
16%	经验失衡	6%	原因不详
15%	缺乏行业经验	100%	

(资料来源:徐子健.管理学[M].北京:对外经济贸易大学出版社,2002.)

1.1.2 管理的性质

为了更好地发挥管理的作用,除了完整地掌握管理的概念外,还要正确了解管理的性质。管理的根本属性在于:管理具有二重性——自然属性和社会属性。

1. 管理的自然属性

管理是由许多人进行协作劳动而产生的,是由生产社会化引起的,是有效地组织共同劳动所必需的活动,因此它具有同生产力、社会大生产相联系的自然属性。

自然属性是指管理过程中要处理好人与自然的关系,管理是由许多人进行协作劳动而产生的,要合理组织生产力,故自然属性又称为生产力属性。任何社会、任何企业,其生产力是否发达,都取决于它所拥有的各种经济资源、各种生产要素是否得到有效的利用,取决于从事社会劳动的人的积极性是否得到充分的发挥,这两者都有赖于管理。

管理的自然属性不以人的意志为转移,它是客观存在的。

2. 管理的社会属性

管理是在一定的生产关系下进行的,体现着生产资料占有者指挥劳动、监督劳动的意志,因此,它具有同生产关系、社会制度相联系的社会属性。在管理的过程中,为维护生产资料所有者的利益,需要调整人们之间的利益分配,协调人与人之间的关系。这是一种调整生产关系的管理工作,反映的是生产关系与社会制度的性质,故称为管理的社会属性。

总之,管理的自然属性只由生产力决定,而与生产关系、社会制度无关;管理的社会属性是由管理所处的生产关系和社会制度的性质决定的。

汽车制造业的新一代管理者

詹米·伯尼尼33岁那年被任命为克莱斯勒公司在安大略文萨的货车工厂的经理。当时工厂的销售状况很一般,而且正面临开发新卡车的任务。

他必须获得下属的84名经理和1 800名工人的支持。其他经理也想得到这个职位,并普遍认为詹米·伯尼尼太年轻、没有经验,甚至,一些人想要他失败。但是,在一年内,他成功地对过时的系统进行了改造,改变了工厂的变化,提高了员工的士气和生产率。他上任不到一年,《华尔街日报》将他列为改变美国汽车业制造工厂面貌的新一代管理者。文章认为,他在其他行业也会同样成功。同时,《福布斯》杂志选择克莱斯勒为年度最佳公司。它们选择克莱斯勒源于它的成果、运作方式和超凡的管理。"我们认为克莱斯勒公司有超凡的管理,不仅在高层,直到组织的最低层,都是如此。"

克莱斯勒公司在较基层管理者实施新的管理方式:给工人更多的权力,而不是执行从上到下的监督、控制式管理。以前在克莱斯勒公司的一些制造工厂,管理者被比喻成"钻头警官",产品质量问题成堆,员工士气低下。负责克莱斯勒全球制造业务的丹尼·鲍利决定彻底改变这种状况,雇用了年轻的詹米·伯尼尼。

这个工厂是同行业中自动化水平最低的工厂之一,有上百个工种还是手工操作。销售情况不好,工厂准备开发一种新货车,这些对伯尼尼是一种挑战。此外,还有来自其他可能晋升的管理者的抵触和认为伯尼尼不够资格的闲言碎语。他回忆说："回想起来，我很害怕，有时我会想，我要陷进去了。"他还是去了文萨工厂，不到一年，生产率、销售和士气都上去了。

在文萨工厂成功后，伯尼尼被调往拉丁美洲任职，负责克莱斯勒公司与德国宝马公司合建的发动机工厂。他想看到新货车开发出来，员工也不愿意他离开。但他不能放弃这个机会，他接受了这份工作，现在他可能正对世界其他地方的汽车制造产生影响呢。

(资料来源：朱秀文.管理学教程[M].天津：天津大学出版社，2004.)

1.1.3 管理的职能

管理的职能就是管理者为了有效地管理所必须具备的功能，或者说管理者在执行其职务时应该做些什么。为了通过他人达到组织目标，管理者需要对资源进行调配，这就需要用到管理职能。

管理活动应该具有好多种职能，国内外学者有着不同的观点，并形成了不同功能的众多学派。但是，至今没有统一的看法。管理学是一门发展中的科学，随着社会、经济的发展，管理的内容、方法、侧重点也不一样，管理的职能是随着社会的发展而发展的。

许多新的管理理论和管理实践已一再证明：计划、组织、领导、控制、创新这五种职能是一切管理活动最基本的职能。

1. 计划

计划职能是管理的首要职能，它是指对未来发展目标及实现目标的活动所进行的具体设计、谋划及具体的部署安排。管理工作都是从计划开始的，它包括对组织所拥有的和可能拥有的人力、物力、财力所进行的设计和谋划，找到一条合适的实现组织目标的途径。正确发挥计划职能的作用，有利于组织活动适应市场需要和环境变化；有利于管理者正确地把握未来，对付外部环境带来的不确定性；有利于对有限的资源进行合理的分配和使用，以取得较高的效益。

2. 组织

组织就是管理者根据计划对组织活动中各种要素和人们的相互关系进行合理的安排，组织工作包括分工、构建部门、确定层次等级和协调等活动，其任务是构建一种工作关系网络，使组织成员在这样的网络下更有效地开展工作。组织工作是计划工作的延伸，其目的是把组织的各类要素、各个部门和各个环节，从劳动的分工和协作上，从时间和空间的连接上，从相互关系上都合理地组织起来，使劳动者之间和劳动工具、劳动对象之间，在一定的环境下，形成最佳的结合，不断提高组织活动的效率和效益。

3. 领导

领导是管理的基本职能，它贯穿于管理活动的整个过程。它是管理者依据组织所赋予的影响力去指挥、命令和激励下属，进行有效沟通和协调，从而有效实现组织目标的行为。领导职能一般包括：选择正确的领导方式；运用权威，实施指挥；激励下级，调动其积极性；进行有效沟通等。凡是有下级的管理者都要履行领导职能，不同层次、类型的管理者领导职能的内容及侧重点各不相同。领导职能是管理过程中最经常、最关键的职能。

4．控制

控制职能是指管理者为保证实际工作与目标一致而进行的活动。管理者须由始至终地根据计划派生出来的标准，对组织中的各项活动的执行情况进行监督检查，发现或预见到偏差后及时采取纠正偏差的措施，以保证组织目标的顺利实现。控制的实质就是使实践活动符合计划，计划就是控制的标准。控制工作主要包括制定标准、衡量工作、纠正出现的偏差等。控制的方法有很多种，有事前控制、事中控制、事后控制等。

5．创新

创新是指对组织的整体或其中的某些部分进行变革，从而使其得以更新与发展的活动。管理界开始重视创新职能是在20世纪70年代，由于科学技术的飞速发展，市场需求瞬息万变，社会关系日益复杂，管理者每天都会遇到新情况、新问题。要应付新形势的挑战，就不能墨守成规，必须要创新，才能完成所肩负的管理任务。创新是社会发展的源泉，人类社会就在不断的创新中获得了进步、发展和完善。

计划、组织、领导、控制和创新是最基本的管理职能，它们回答了一个组织要做什么和怎么做、靠什么做，如何做得更好等基本问题，它们之间相互联系、相互影响形成了一个有机的整体，是一个动态的循环过程。管理职能总是与组织环境、管理主体、管理客体相联系的。有什么样的组织要素，就应有什么样的管理职能。

柯达失败：时代的错？

拥有132年历史的老牌影像器材生产商柯达，曾一度是全球最大胶卷生产商，创造了"胶卷时代"的巅峰——全球超过14.5万名员工，占据全球2/3的市场份额，地位相当于今天的苹果或谷歌。然而，2012年1月19日，柯达向纽约曼哈顿的一家法院提交了破产保护申请。翻开历史的相册，这位"黄色巨人"在为世人保留下精彩瞬间的同时，自身也仿佛成为一个永恒的经典。

"你按快门，剩下的交给我们！"这则闻名世界的广告语，是柯达公司创始人乔治·伊士曼在一个多世纪前提出的著名口号。1880年，当时还是银行职员的乔治·伊士曼用自己发明的专利技术——批量生产摄影干版成立了伊士曼干版公司，这就是柯达公司的前身。1886年，伊士曼又研制出卷式感光胶卷，即"伊士曼胶卷"，结束了笨重易碎的玻璃片作照相底片的历史。当时的照相设备极为复杂，包括一个黑色的大帐篷、一个水箱、一个装着厚厚玻璃感光板的容器等，而更为复杂的则是操作，如果没有接受专门的培训，一般人根本无法驾驭这个庞大的家伙。在伊士曼的努力下，一款小型、轻便、人人都会用的照相机诞生了，伊士曼为它取名"柯达"。

1975年又一个具有里程碑意义的事件降临柯达。柯达的工程师斯蒂夫·萨森在实验室中制造出第一台数码相机。不过，公司管理层对于这个新鲜玩意儿似乎并不感兴趣。在传统影像没落和数码影像崛起的转换期，柯达未能及时把握转型的机会。2003年，柯达胶片利润下滑了70%。直到此时，柯达才意识到数码技术已经是大势所趋，但此时，已为时晚矣。

相比在数字化道路上患得患失、举棋不定的柯达,老对手日本富士公司在数码相机这条路上走得更坚决。自从1999年研发出 Super CCD 技术后,富士就一直在大力发展自己的数码业务,并成为全球少数几家完整掌握数码相机技术的厂商之一。2002年,柯达产品数字化比例只有25%,而富士已经达到60%。随着数字技术逐渐取代了昔日的胶片和显影液,柯达这家百年老店终于走到近乎关门大吉的地步。

而最具讽刺意味的是,这个曾经的数码技术先驱,最后却倒在了数码应用兴起的时代。柯达的失败充分证明:在自主创新是企业生命的时代,任何抱残守缺、故步自封,甚至随波逐流的做法,都将被这个时代所淘汰和遗忘。

(资料来源:东方财经网.)

1.2 管 理 者

管理者是管理的主体,是管理的组织者、实施者,是管理的关键、核心要素,表现为单个管理者或管理者群体。在组织中,管理者决定着组织的发展战略,是目标的确认者;负责制订各类计划,是行动的指挥者;掌握着组织人财物各类资源的配置权,是资源的分配者。管理者的素质与技能直接决定着一个组织能否高效地运行和发展。

1.2.1 管理者的分类

一个组织可能很庞大,工作方方面面非常复杂,而每个管理者的管理能力又是有限的,即不可能一个人把所有的事都管好,因此组织内要进行分工,从而产生了各种各样的管理者。由于他们的层次、责任和权限不同,就产生了不同的划分方法。

1. 按管理层次划分

按管理者在组织中所处的位置即管理层次划分,可分为高层管理者、中层管理者和基层管理者。

(1) 高层管理者

高层管理者对外代表组织,对内拥有最高职位和最高职权,对组织的总体目标负责,并计划未来的发展方向。负责决定组织的方针政策,主要把精力放在组织全局性或战略性问题的考虑上。负责制订组织的发展战略和行动计划,有权分配组织拥有的一切资源的管理人员。以决策为主要职能,故高层又称为决策层。

(2) 中层管理者

中层又称为执行层,中层管理者承上启下,执行企业组织政策,指挥一线管理人员或操作人员工作。他们的主要职责是贯彻高层管理者所制定的方针、政策,指挥基层管理者的活动。他们的主要管理对象是基层管理者。中层管理者负责制订具体的计划及有关细节和程序,贯彻执行高层管理者作出的决策和计划。

(3) 基层管理者

基层管理者是指在第一线的管理人员。他们负责将组织的决策在基层落实,制订作业计划,负责现场指挥与监督。他们的主要职务是传达上级的计划、指示,直接分配每一个成员的工作任务,随时协调下属的活动,控制工作进度,解答下属提出的问题,反映下属的要求。所以基层又被称为操作层或作业层。

2. 按管理范围与职责领域划分

按管理范围与职责领域划分,可分为综合管理者和职能管理者。

（1）综合管理者

综合管理者是指负责管理整个组织或组织中某个事业部全部活动的管理者。对于一个小型组织来说,企业的总经理就是综合管理者,他要统管该组织生产、经营、人事、财务等主要业务活动。但对于按事业部设立的大型企业组织而言,组织的权力层层下授,高层管理者无法统管组织的各个层面和环节。此时,该组织的综合管理者的范围就大大拓宽,也包括组织中各分公司经理或事业部经理等。

（2）职能管理者

职能管理者指负责组织某一专门管理职能的管理人员,如计划管理人员、财务管理人员、生产管理人员等。这类管理者只对组织中某一职能或专业领域的工作目标负责,只在本职能或专业领域内行使职权、指导工作。职能管理者大多具有某种专业或技术专长,如一个工厂的总工程师、办公室主任、财务处长等。就一般工商企业而言,职能管理者主要包括以下类别：计划管理、生产管理、技术管理、市场营销管理、物资设备管理、财务管理、行政管理、人事管理、后勤管理、安全保卫管理等。

3. 按职权关系的性质划分

按职权关系的性质划分可分为直线管理人员和参谋人员。

（1）直线管理人员

直线管理者是指有权对下级进行直接指挥的管理者,简称直线人员。他们与下级之间存在着领导隶属关系,是一种命令与服从的职权关系。直线管理者的主要职能是决策和指挥,他们是组织等级链中的各级主管,即综合管理者。例如,企业中的总经理、部门经理、班组长等就是典型的直线管理者。

（2）参谋人员

参谋人员是指对上级提供咨询、建议,对下级提供专业指导的管理者。参谋人员通常是各级职能管理者。他们的职责是收集、整理、提供与决策相关的各种信息,为决策者提供合理的建议和方案。他们与上级的关系是一种参谋、顾问与主管领导的关系,与下级是一种非领导隶属的专业指导关系。他们的主要职能是咨询、建议和指导。

有效的管理

某应用科学研究所的所长是一位有较大贡献的专家,他是在"让科技人员走上领导岗位"的背景下被委任为所长的,没有领导工作的经验。他上任后,只是潜心搞自己的研究,对整个研究所的科研项目的申请、经费的来源、职称评定政策等根本不关心,且对员工也不关心,很少和下属进行沟通,员工的疾苦也不去了解。之前很多人本以为跟着他可以大干一番,做出几个像样的项目,成就自己的梦想,但是现在看到此种现象后很失望,感觉跟着他的话,没什么前途可言。该所长在成果及物质奖励等问题上则搞平均主义,也不考虑员工对研究所的实际贡献,一些员工特别是年轻人很不满意,研究所里人心涣散。

上级部门了解情况后,聘任了一位成绩显著的家用电器厂厂长当所长,该厂长是一位转业军人,是当地号称整治落后单位的铁腕人物。新所长一上任,立即实施一系列新的规章制度,包括"坐班制",并把中青年科技人员集中起来进行"军训",以提高其纪律性;在提升干部、奖励等问题上,向"老实、听话、遵守规章制度"的人倾斜。这样一来,涣散的状况有所改变,但大家还是无事可做,在办公室看看报纸,谈谈天,要求调离的人不断增加,员工与所长之间也经常出现矛盾。一年后,该所长便辞职而去,并留下了"知识分子太难管了"的感叹。

上级部门进行仔细分析和研究后,又派一位市科委副主任前来担任所长。该所长上任后,首先进行周密的调查,然后在上级的支持下,进行了一系列有针对性的改革,把一批有才能、有思想、有开拓精神的人提升到管理工作岗位,权力下放到科室、课题组;奖励、评职称实行按贡献大小排序的原则;提倡"求实、创新"的工作作风;在完成指定科研任务的同时,大搞横向联合,制定优惠政策,面向市场。从此,研究所的面貌焕然一新,原来的一些不正常现象自然消失,科研成果、经济效益成倍增长,成了远近闻名的科研先进单位。

1.2.2 管理者的角色

美国著名管理学家彼得·德鲁克1955年首先提出了"管理者角色"这个概念。所谓管理者的角色,实际上是指管理者在组织体系内从事各种活动时的立场、行为表现等的一种特性归纳。他认为管理者大体上扮演管理组织、管理下属、管理工人和工作三种角色。

20世纪70年代,加拿大管理学家亨利·明茨伯格等人开创了"经理角色"学派,他以对经理所担任的角色的分析为中心来考察经理的职务和工作。经过长期研究,明茨伯格认为,管理者扮演着十种不同但却高度相关的角色,这十种角色可以归纳为人际关系、信息传递、决策制定三个方面。

1. 人际关系方面的角色

人际关系方面的角色是指管理者在人际关系建立和维护方面担任的角色。管理者要与各界打交道,故需建立各种人际关系。人际关系方面的角色包含三个具体角色,即挂名首脑、领导者和联络者。

(1) 代表人角色

代表人角色是经理所担任的最基本的角色。代表人角色是指所有的管理者是组织的象征,必须从事本部门或组织中礼仪性或象征性的活动,必须履行许多法律性或社会性的例行义务。有些属于例行公事,有些是为了鼓舞人心,但只涉及人际关系,不涉及信息处理和决策。很多职责有时可能是日常事务,然而,它们对组织能否顺利运行非常重要,不能被忽视。

(2) 领导者角色

管理者还要扮演领导者的角色,因为他们是管理活动的出发者,通常负责雇用和培训职员,负责对员工进行激励或者引导,以某种方式使他们的个人需求与组织目的达到和谐。

(3) 联络者角色

联络者角色是指管理者的角色是维护组织内部和外部的各种关系、信息渠道,从中得到有用的信息。信息的来源,可以是组织内部的,也可以是组织外部的,这样的联络通常都是通过参加外部的各种会议、参加各种公共活动和社会事业来实现的。实际上,联络角色一方面可以建立管理者自己的外部信息系统以便及时获得对组织有用的信息;另一方面可以为自己的组织开发关系资源。

2. 信息传递方面的角色

信息传递方面的角色是指管理者在组织内外的信息传递中处于中心地位的角色。管理者在信息传递方面也扮演了三种角色,即监听者、传播人和发言人。

(1) 监听者角色

监听者角色是指管理者要通过各种内部事务、外部事务和分析报告等时刻寻求和获取各种内部和外部信息,以便全面、透彻地了解组织和环境的变化,找出问题和机会,成为组织内部和外部信息的中枢神经。

(2) 传播者角色

管理者必须分享并分配信息,把外部信息传递到企业内部,内部信息要让组织内更多人知道。当下属彼此之间缺乏便利联系时,管理者有时会分别向他们传递信息。

(3) 发言人角色

发言人角色是指管理者代表组织向外界发布组织的计划、政策、行动、结果等信息,使得那些对企业有重大影响的人能够了解企业的经营状况,以期争取公众、利害关系人的理解与支持。

3. 决策制定方面的角色

管理者最重要的角色就是制定决策。决策制定方面的角色有企业家、干扰应对者、资源分配者和谈判者四个方面。

(1) 企业家角色

企业家角色又称组织家角色,是指管理者负责寻求组织和环境中的机会,具有敏感的商业头脑、卓越的决策能力;是组织的掌控者,具有高超的管理技巧;勇于创新,是改革的设计者和发起者。

(2) 干扰应对者角色

管理者必须善于处理冲突或解决问题。如平息客户的怒气、同不合作的供应商进行谈判或者对员工之间的争端进行调解等。

(3) 资源分配者角色

资源分配者角色是指管理者负有分配组织中的各种资源的责任,各种资源包括人力、物力、财力、时间等。

(4) 谈判者角色

研究显示,管理者花了相当多的时间用于谈判。谈判者角色是指管理者代表组织与相关单位和个人进行协商和谈判。

"不用聪明人"的西武精神

在著名财经杂志《福布斯》公布的全球最富有的企业家排名中,西武集团老板堤义明曾于 1987 年、1988 年两度雄居世界第一。日本西武集团旗下目前拥有一百七十多家大型企业,员工超过 15 万人。面对这样一个庞大的集团,堤义明是如何实现自己的领导呢?其中"不用聪明人"的西武精神已经获得许多中外企业家的共鸣,成为影响一个时代的商业智慧。

西武集团为什么不轻易用一般认为是聪明绝顶的人?有三个原因:第一,聪明人常犯的毛病是看不起身边的人。堤义明认为,让自大的人做高层领导会造成员工不安情绪,从而破坏员工信心,降低整体效率,最后形成一股影响公司发展的阻力,聪明人尽管在才智方面超过常人,但很少长期保持谦逊反省的态度。第二,聪明人的欲望较常人强烈。因此,在群体中经常成为麻烦的来源,堤义明认为聪明人欲望重,而荣誉、地位、利益时常会腐蚀一个人的内心,这就会在群体中造成矛盾,破坏团结。第三,堤义明认为聪明人的欲望、野心是常人的 10 倍甚至 100 倍,一旦掌权,很可能私心超良心,开始为自己的权力欲找出路,不仅压制别人工作,还可能以权谋私。所以,堤义明认为,那些中等人才比较容易满足,他们注重公司给予的职位,会踏踏实实地工作,也易于出成绩。这是堤义明从父亲那里继承而来的西武社旨,是西武成功的原因,是员工不愿离开西武的原因,也是西武精神。

他对那些一上手工作便能干得十分出色冒尖的员工,从不轻易给予宠信。他的原则是"看人看三年",不到三年不作评价。因为,他发现,干工作,一时干好并不难,难的是长期干好;少数"聪明人"头一年表现出色,第二年起就开始动脑筋偷懒,倒是起初成绩平平的人,一旦进入角色,便能坚持长久地埋头苦干。堤义明的这一主张源自他对公司职员的工作性质的独到见解:他们应做马拉松运动员,而非短跑选手。堤义明表示,一项工作如果不做上 20 年,就不会成为真正的专家。西武体系的旅馆和高尔夫球场的经理,多半在同一职位上持续待了 10 年、15 年。相反,开始时动作迟钝的、缺乏表现力又其貌不扬的职员,也许领悟力较差,不容易掌握工作要领,但一旦掌握就绝不会偷懒。而且,这种人还担心如果不加紧努力就会被人赶上,所以努力不懈,即使别人不愿做的工作他也做。出于这种独特的思路,堤义明对经理和子公司的社长的提拔方法也别具一格,能言善道、思路敏捷而又自命不凡的人,基本上绝不会被安置在重要的岗位上。

1.2.3 管理者的素质和技能

1. 管理者的素质

管理者要成功地扮演好角色,正确地行使权力,有效地履行职责,必须具备相应的能力素质。管理者的素质是指管理者与管理相关的内在基本属性与质量。它是管理者成功地执行管理工作,实现管理的目标所要具备的条件。

(1) 品德素质

作为管理者应首先加强品德素质修养。品德指导着一个人对现实的态度和行为方式。一个人的高尚品德是一生事业的基础。现代管理者应具备的品德素质主要包括：强烈的事业心和高度的责任感；公道正派，与人为善；谦虚谨慎；以身作则，清正廉洁。责任心是促使管理者做好管理工作的内在动力。

（2）知识素质

对于一个管理者应力求掌握以下几方面知识：一是自然科学知识；二是社会科学知识；三是专业知识。

（3）业务素质

业务素质是管理者在所从事工作领域内的知识与能力。作为管理者所应具备的专业素质，主要是指管理知识与技能。

（4）身心素质

身心素质是指管理者本人的身体状况与心理条件，包括健康的身体，坚强的意志，开朗、乐观的性格，广泛而健康的兴趣等。管理者应有对复杂问题较强的分析、判断、处理能力，敢于面对，遇事沉着、冷静，分析透彻。管理者应具有宽宏的气度，胸怀大局，待人宽厚、诚恳，有度量，能容纳不同意见。具有合作精神和奉献精神。

（5）创新素质

创新素质包括创新意识、创新精神、创新思维、创新能力等，不具备创新素质的管理者不能称之为优秀的管理者。

管理者的素质是由多重要素共同构成的有机统一体，各要素之间相互联系、相互制约。提高管理者素质要从整体推进，从各个角度思考、学习、掌握和提高。

2．管理者的技能

一个管理者的管理工作是否有效，取决于他是否具备管理者应该具备的管理技能。管理者应具备的技能包括技术技能、人际技能和概念技能。

（1）技术技能

技术技能是指管理者掌握与运用某一专业领域内的知识、技术和方法的能力。技术技能包括：专业知识、经验；技术、技巧；程序、方法、操作与工具运用熟练程度等。

相对来说，管理层次越低的管理人员越需要具备技术技能，特别是基层管理人员，他们必须知道如何去做自己下属人员所做的各种工作，这样才能成为下属所尊重的有效的管理人员。

（2）人际技能

人际技能是指管理者处理人事关系的技能。包括对外与有关的组织和人员进行联系、接触的能力，对内联系下属、协调下属以及激励诱导下属的积极性的能力，简称为人际技能。许多调查表明，各层次管理者的大部分时间和活动都是在与人打交道，因此人际技能是管理者必备技能中最重要的一种，对各层次管理者具有同等重要的意义。

（3）概念技能

概念技能是指对事物的洞察、分析、判断、抽象和概括的能力。具体包括：把握全局的能力，理解事物的相互关联性，从而识别关键因素的能力；权衡方案优劣及其内在风险的能力。

概念技能对高层管理者最重要，对中层管理者较重要，对基层管理者较不重要。

一个成功的管理者必须具有上述三个技能,但是,不同层次的管理者在技能的掌握上并不完全相同。各种层次管理所需要的管理技能比例如图1-1所示。

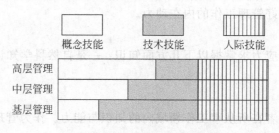

图1-1 各种层次管理所需要的管理技能比例

他是天生的管理者吗

章豪是一位车间主任,当他从厂长办公室向外观望时说道:"费方真是一个天生的领导者。"

厂长点头道:"是的,木工间的工人就是听他的,我相信那些木匠永远会跟他走的。"

费方是某铸件公司运输部门木工间的管理员。他是个大个子,身高1.8米,体重90公斤,嗓音洪亮。他那高大的身躯,坚定而又刚毅的黑眼睛,和他随和的脾气简直无法相称。他很少与人发生冲突,对待下属很有耐心,且富有同情心。他和六位组员负责制造装运铸件的木箱,销售部门每天都要运送出厂。这种工作虽然技术性不强,但却是该厂的一个重要部门。

在费方就任之前,木工间是个老大难部门,经常耽误运输,有时甚至达数日之久,即使调换了工人也无济于事,似乎该部门的木工家庭问题也特别多。

费方就任后,立刻发生了变化,数天之内,工作大为改观,耽误运输的事不再发生了。木工们也都很高兴。有一天费方正在计划次日所需的木箱,他想:"我得和其他人一样努力工作,只能多干不能少干。"在和新来的副手朱建强一起巡视车间前,费方还问了问他家新生婴儿的情况,昨天他在干完了本职工作后请假提前回家的。

1.3 管理环境

任何管理活动都是在一定的环境中进行的,环境的特点及其变化必然制约管理活动的方向和内容的选择。管理环境的研究,就是要通过分析管理活动的内外影响因素,为管理活动的方向和内容的选择与调整提供依据,并在此基础上运用科学的方法进行合理的决策。

1.3.1 管理环境的概念

组织作为一个与外界保持密切联系的开放系统,需要不断地与外界进行各种资源和信息的交换,其运行和发展不可避免地受到各种环境因素的影响。管理环境指的是企业内外对企业管理产生影响的各种力量与条件。这些力量与条件不断变化着,对管理者形成威胁,带来机会。管理环境的变化要求管理的内容、手段、方式、方法等随之调整,以利用机会,趋利避害,更好地实施管理。

管理环境中的各种力量与条件,对特定的企业而言有时以个别的方式,有时以成组的方式产生影响,特别是后者作用甚大。管理者对这些力量与条件及其发展变化规律的把握、理解的水平与质量及制定适当的对策的能力是影响企业业绩的核心因素。

以组织界限来划分,可以把环境分为内部环境和外部环境,或称为工作环境和社会环境。组内部环境是指管理的具体工作环境。影响管理活动的组织内部环境包括物理环境、心理环境、文化环境等。组织外部环境是指对组织绩效有着潜在影响的外部机构或力量的总和。外部环境从总体上来说是不易控制的,因此它的影响是相当大的,有时甚至能影响到整个组织结构的变动。对外部环境作分析,目的是要寻找出在这个环境中可以把握住哪些机会,必须要规避哪些风险。

我国家电企业市场环境变化

我国改革开放初期,家电市场对彩色电视存在着巨大的需求,而当时我国绝大部分厂家还未能掌握彩电荧光屏生产技术,这就为拥有此类技术的日本厂家提供了进入中国市场的机会。而到了 20 世纪 90 年代初期,中国绝大部分彩电厂家掌握了彩电荧光屏技术之后,伴随着国民经济的高速发展,凭借着低成本与遍及全国的销售网络以及对中国国情更了解的优势,中国彩电企业迅速占据了彩电业的主导地位,以至于曾经执彩电业之牛耳的日本松下电器公司海外销售部的负责人哀叹,"中国企业不仅是我们在中国市场的强有力的对手,即使是在世界市场也对我们形成巨大的威胁"。

1.3.2 管理环境的分类

对管理者带来机会或形成威胁的管理环境分为内部环境和外部环境。

1. 内部环境

1) 经营资源

(1) 经营资源的含义

经营资源是企业竞争优势的根本源泉。经营资源可以理解为能够给企业带来竞争优势或劣势的任何要素,它既包括那些看得见、摸得着的有形资源,如企业雇员、厂房、设备、资金等,也包括那些看不见摸不着的无形资源,如专利权、品牌、企业文化等。

(2) 价值链分析

所谓价值链是一个企业用来进行设计、生产、营销、交货以及对产品起辅助作用的各种活动的集合。价值链概念的提出基于如下基本逻辑关系:经营资源—价值活动—竞争优势。在市场经济条件下,一个企业的竞争优势最终是由其产品或服务的价值体现并由消费者接受与否以及接受程度决定,而消费者是否接受的关键则在于他们对企业提供产品或服务与其他竞争者的价值判断,也可以说,他们对公司设计、生产、销售、供货及支持活动完成方式的价值评价。企业要想在竞争中获得优势,就必须把自己的经营资源通过各种活动为顾客创造价值。也就是说,企业内部的各种活动都应该是创造价值的活动,由于这些活动在企业内部犹如一条链条,因而称为"价值链"。

价值链分析的重点在于价值活动分析。价值活动可以分为两大类:基本活动和辅助活动。基本活动是涉及产品的物质创造及其销售、转移给买方和售后服务的各种活动;辅助活动是辅助基本活动并通过提供外购投入、技术、人力资源以及各种公司范围的职能以相互支持。

(3) 资源审核

资源审核所要解决的主要问题是分析和判定在所有可控资源中,哪些资源是形成公司核心能力的战略性资源,它要何种程度上支持公司的战略行动并帮助公司构建起市场竞争的优势地位。

2) 战略能力

(1) 财务能力分析

评估判断一个企业的现实经营能力,首先必须对企业的财务状况进行客观公正的分析。

(2) 营销能力分析

企业营销能力可以分解为产品竞争能力、销售活动能力、新产品开发能力和市场决策能力等,这四种能力自成系统,相互联系,相互影响。

① 产品竞争能力。反映一个企业产品竞争能力的指标包括产品的市场地位、收益性、成长性、竞争性与结构性。② 销售活动能力。是对优势产品和劣势产品进行销售能力分析,即通过分析其销售组织、渠道、业绩和促销等方面,找到销售活动中的问题和原因、优势和劣势。③ 新产品开发能力。新产品开发能力分析是在现有产品的市场竞争力分析的基础之上,着重从新产品开发组织、开发效果、开发过程和开发计划四个方面进行分析。其目的在于提高新产品开发的效果,改进企业的产品组合,增强企业的应变能力。④ 市场决策能力。市场决策能力分析是以前述产品的市场竞争力分析、销售活动能力分析以及新产品开发能力分析的结果为依据,对照企业的经营方针和经营计划,指出企业在市场决策中的不当之处,探讨企业的中、长期市场营销课题和应采取的市场战略,以提高企业经营领导层的决策能力和决策水平,使企业获得持续的发展。

(3) 组织效能分析

① 良好组织的四项基本原则。一个良好组织至少要体现以下四项原则:有效性原则;统一指挥原则;合理管理层次和幅度原则;责权对等原则。② 组织效能分析的主要问题。有了良好组织的四项原则作为基准以后,就可以对管理组织所涉及的多方面问题进行分析。其中最重要的是对组织内管理的层次和幅度状况以及职权对等匹配情况进行分析。

(4) 企业文化、业绩与问题分析

① 企业文化分析。企业文化是指一个企业的全体成员共同拥有的信念、期望值和价值观体系。在企业内部环境中,必须对企业文化进行分析,尤其以下几点内容更应注意:文化特征;文化建设过程;文化与目标、战略的一致性;文化的环境适应性。② 企业

业绩分析。从企业过去一段时期的经营业绩中,可以总结成功的经验和失败的教训,发现企业的优势和劣势。这方面的分析主要包括如下内容:目标的完成情况;战略的执行情况;成绩与经验;失败与教训。③企业现存问题分析。任何企业在任何时候都存在着一定的问题,这是前进中的困难,是在制定未来目标和战略时必须认真研究和解决的。分析的主要内容包括:现存问题的内容;现存问题的重要程度;解决问题的可能性。

3) 核心能力

(1) 核心能力的理解

核心能力是指局域核心地位并能产生竞争优势的要素作用力,具体地说是组织的集体学习能力和集体知识,尤其是如何协调各种生产技术以及如何将多种技术、市场趋势和开发活动相结合的知识。

核心能力不仅仅是有关协调技术趋势与发展路径的知识,它还包括关于组织的熟练协作和传递价值的知识,还包括对跨域组织边界的工作进行沟通交流、参与创造以及承担责任,它涉及许多层次、个人和各种职能。

(2) 核心能力的确认

可以从三个方面确认公司的核心能力。①市场和事业的开拓能力。②对消费者福利贡献的能力。③阻挡竞争者模仿的能力。

(3) 核心能力的评价标准

尽管各公司核心能力的表现形式有所差异,但衡量和评价核心能力能否形成可持续竞争优势的标准是相同的,即占用性、耐久性、转移性、复制性。

2. 外部环境

宏观环境是指对企业发展具有战略性影响的环境因素。企业的宏观环境因素包括政治法律环境、经济环境、社会文化环境、技术环境和自然环境。这是企业一般共处的环境。它一方面具有变动性和不可控性;另一方面也具有一定的规律性。

1) 政治法律环境

(1) 政治因素分析

政治环境主要分析的因素有以下几点。①企业所在地区和国家的政局稳定状况。②执政党所要推行的基本政策以及这些政策的连续性和稳定性。③政府对企业行为的影响。④各种政治性团体。

(2) 法律因素分析

随着市场经济的发展,政府以往所采取的行政管理手段将变为主要通过法律形式来贯彻执行,政府将依法行政。这些法律法规的作用是双重的:一方面,它们对企业的行为有着种种的限制;另一方面,它们也保护着企业的合理竞争与正当权利。

法律环境分析主要分析的因素如下。①法律规范,特别是和企业经营密切相关的经济法律法规。②国家司法执法机关。③企业的法律意识。④国际法所规定的国际法律环境和目标国的国内法律环境。

2) 经济环境

(1) 企业经济环境的构成

企业经济环境包括:①经济体制;②经济发展水平;③社会经济结构;④经济政策;

⑤社会购买力；⑥消费者收入水平和支出模式；⑦消费者储蓄和信贷。

(2) 反映宏观经济运行状况的指标

反映宏观经济运行状况的指标有：①国民经济运行状况及其趋势；②利率（利息率）；③通货膨胀率；④汇率。

3) 社会文化环境

社会文化环境是指一个国家或地区人们共同的价值观、生活方式、人口状况、文化传统、教育程度、风俗习惯、宗教信仰等各个方面，这些因素是人类在长期的生活和成长过程中逐渐形成的，人们总是自觉不自觉地接受这些准则作为行动的指南。社会文化因素对企业有着多方面的影响，最主要的是它能够极大地影响社会对产品的需求和消费。

(1) 价值观

价值观是指社会公众评价各种行为的观念标准。不同的国家和地区，其价值观是不同的。

(2) 文化传统

文化环境对企业的影响是间接、潜在和持久的。文化的基本要素包括哲学、宗教、语言与文字、文学艺术等，它们共同构成文化系统，对企业文化有重大的影响。

(3) 社会发展趋向

社会环境方面的变化日趋加快，这些变化打破了传统习惯，使人们开始重新审视自己的信仰、追求和生活方式，影响着人们的消费倾向、业余爱好、穿着款式，以及对产品与服务的需求，从而使企业面临更加严峻的挑战。

(4) 消费者心理

在当代物质丰富的条件下，人们购买商品不仅是要满足生理需求，更重要的是还要获得心理或精神上的享受，因此，企业在制定战略时，必须注意到消费者的心理因素，树立"创造市场、创造需求"的观念。

(5) 社会各阶层对企业的期望

社会各阶层包括股东、董事会成员、原材料供应者、产品销售人员及其他与企业有关的阶层。这些阶层对企业的期望是不同的。

(6) 人口因素

人口因素对企业战略的制定有重大影响。人口总数直接影响着社会生产总规模；人口的地理分布影响着企业的厂址选择；人口的教育文化水平直接影响着企业的人力资源状况等。

(7) 科技环境

科技环境因素主要是指与本企业产品有关的科学技术的现有水平、发展趋势和发展速度。现代企业的发展在很大程度上也受到科学技术的影响，包括新材料、新设备、新工艺等物质化的硬技术，以及体现新技术、新管理的思想、方式、方法等信息化的软技术。科学技术的发展和应用，对于提高生产效率、降低成本、开发新产品新技术有着十分重要的作用，它能为企业带来新的发展机会和生存空间。

青 蛙 实 验

19世纪末,美国康奈尔大学做过一次有名的实验。经过精心策划安排,他们把一只青蛙冷不防丢进煮沸的油锅里,这只反应灵敏的青蛙在千钧一发的生死关头,用尽全力跃出了那势必使它葬身的滚滚油锅,跳到地面安然逃生。

隔半小时,他们使用一个同样大小的铁锅,这一回在锅里放满冷水,然后把那只死里逃生的青蛙放在锅里。这只青蛙在水里不时地来回游动。接着,实验人员偷偷在锅底下用炭火慢慢加热。青蛙不知究竟,仍然在微温的水中享受"温暖",等它开始意识到锅中的水温已经使它熬受不住,必须奋力跳出才能活命时,一切为时太晚。它欲试乏力,全身瘫痪,呆呆地躺在水里,终致葬身在铁锅里面。

1.3.3 组织与环境的关系

环境对组织的生存和发展起着决定性作用。组织作为一个开放的系统,必然时刻与环境进行物质、能量、信息的交换,一方面组织需要从外部环境获取必要的信息、人力、物力等资源;另一方面需要向外部环境输出自己的产品或服务,并获得信息反馈。因此组织离不开外部环境,需要时刻与外部发生互动。外部环境的特点及其变化趋势会影响组织活动的方向、内容及方式的选择。

组织与外部环境的关系有两个方面的表现。

一是外部环境对组织的决定和制约作用。外部环境对组织的决定和制约作用主要表现在外部环境为组织的生存与发展提供了必要的条件,同时外部环境对组织输出的产品或服务提出了限制,如企业的经营活动必须符合有关法律,否则就会受到制裁。

二是组织对外部环境的影响或反作用。组织对外部环境的反作用主要表现在是积极主动地适应环境还是消极被动地适应环境上。积极主动适应环境是指组织通过科学分析和预测环境要素及其发展变化趋势,并采取积极、主动的措施,顺应环境变化的趋势,甚至改变环境要素,为组织的发展创造条件;被动消极地适应环境是指组织完全按照环境的特点和要求调整自己的行为内容和行为方式,利用自身的条件适应环境,而不对外部环境有任何的影响和改变。二者相比,显然前者对组织的发展更有利。

李维斯的振兴之路

李维斯公司准备把最新的产品——被命名为"特别准备"的一系列蓝色牛仔裤,发送给零售商。但就在新品牌面市的几周前,李维斯不得不宣布取消这一新产品面市的决定。因为这一新产品没解决李维斯的核心问题:青少年不感兴趣。1990年,李维斯占有美国蓝色牛仔裤市场的30.9%,但现在只剩下18.7%了。主要问题是15岁到19岁的青少年顾客量在减少。而且,李维斯还面临着来自其他企业的挑战。

为了吸引青少年的注意力,李维斯计划1998年将三倍于最初的资金投入到"银色标签"上。同时其他牌子也增加了面向青少年的营销。举例来说,李维斯资助日渐出名的乐队在纽约和旧金山举办音乐会。它还为热门电视剧的演员提供服装。

急切提升李维斯形象的要求使公司开始搜寻新的广告代理商,它近期的广告是一位年轻人驾车驶过洗车房的画面。据说已得到了青少年的好评。

另外,李维斯还对零售店的摆设、服装的包装和标签进行改变。公司要推出更艳丽、颜色更丰富的包装,目的是让产品看起来更振奋人心、更年轻、富有生机。李维斯已经做好计划要在全国各大商场开设100个新铺子。它还效仿耐克公司的零售方法,在一些大城市开了几家主店。第一家店定在1999年在旧金山开店。但营销和产品的改善并不能解决一切问题。公司还整顿了管理。批评者认为:李维斯之所以与市场失去联系,是因为公司不从外部招聘管理者或不采纳有独立见解的意见,有人说"它总是孤芳自赏、家长作风、还有点自鸣得意"。

(资料来源:加雷思·琼斯,珍妮弗·乔治,查尔斯·希尔.当代管理学[M].北京:人民邮电出版社,2003.)

1.3.4 管理环境的特点

进入20世纪90年代以来,由于科学技术不断进步和经济的不断发展、全球化信息网络和全球化市场形成及技术变革的加速,围绕新产品的市场竞争也日趋激烈。技术进步和需求多样化使得产品寿命周期不断缩短,企业面临着缩短交货期、提高产品质量、降低成本和改进服务的压力。所有这些都要求企业能对不断变化的市场作出快速反应,源源不断地开发出满足用户需求的、定制的"个性化产品"去占领市场以赢得竞争,市场竞争也主要围绕新产品的竞争而展开。毋庸置疑,这种状况将延续到21世纪,使企业面临的环境更为严峻。

综合而言,企业管理面临的环境有如下特点。

1. 信息爆炸的压力

大量信息的飞速产生和通信技术的发展迫使企业把工作重心从如何迅速获得信息转到如何准确地过滤和有效利用各种信息。

2. 技术进步越来越快

新技术、新产品的不断涌现一方面使企业受到空前未有的压力;另一方面也使每个企业员工受到巨大的挑战,企业员工必须不断地学习新技术,否则他们将面临由于掌握的技能过时而遭淘汰的压力。

3. 高新技术的使用范围越来越广

全球高速信息网使所有的信息都极易获得。而更敏捷的教育体系将使越来越多的人能在越来越少的时间内掌握最新技术。面对一个机遇可以参与竞争的企业越来越多,从而大大加剧了国际竞争的激烈性。以计算机及其他高技术为基础的新生产技术在企业中的应用是20世纪的主要特色之一。例如,计算机辅助设计、计算机辅助制造、柔性制造供应链管理系统、自动存储和拣出系统、自动条码识别系统等,在世界各国尤其是工业发达国家的生产和服务中得到广泛应用。虽然高技术应用的初始投资很高,但它会带来许多竞争上的优势。高技术的应用不仅仅在于节省人力，降低劳动成本，更重要的是提高了产品和服务质量，降低了废品和材料损耗，缩短了对用户需求的响应时间。由于可以在很短时间内就把新产品或服务介绍给市场，企业赢得了时间上的优势。这种趋势在21世纪还会进一步加强。

4．市场和劳务竞争全球化

企业在建立全球化市场的同时也在全球范围内造就了更多的竞争者。尽管发达国家认为发展中国家需要订单和产品，许多发展中国家却坚持他们更需要最新技术，希望也能成为国际市场上的供应商。商品市场国际化的同时也创造了一个国际化的劳动力市场。教育的发展使得原本相对专门的工作技能成为大众化的普通技能，从而使得工人的工资不得不从他们原有的水准上降下来，以维持企业的竞争优势。

5．产品研制开发的难度越来越大

越来越多的企业认识到新产品开发对企业创造收益的重要性，因此许多企业不惜工本予以投入，但是资金利用率和投入产出比却往往不尽如人意。原因之一，是产品研制开发的难度越来越大，特别是那些大型、结构复杂、技术含量高的产品在研制中一般都需要各种先进的设计技术、制造技术、质量保证技术等，不仅涉及的学科多，而且大都是多学科交叉的产物，因此如何能成功地解决产品开发问题是摆在企业面前的头等大事。

6．可持续发展的要求

人类只有一个地球！维持生态平衡和环境保护的呼声越来越高。臭氧层、热带雨林、全球变暖、酸雨、核废料、能源储备、可耕地减少，一个又一个的环境保护问题摆在人们面前。在全球制造和国际化经营趋势越来越明显的今天，各国政府将环保问题纳入发展战略，相继制定出各种各样的政策法规，以约束本国及外国企业的经营行为。人类在许多资源方面的消耗都在迅速接近地球的极限。随着发展中国家工业化程度的提高，如何在全球范围内减少自然资源的消耗成为全人类能否继续生存和持续发展的大问题。一位销售经理曾说："过去生产经理常问我该生产什么，现在是我问他能生产什么。"原材料、技术工人、能源、淡水资源、资金及其他资源越来越少，各种资源的短缺对企业的生产形成很大的制约，而且这种影响在将来会越加严重。在市场需求变化莫测，制造资源日益短缺的情况下，企业如何取得长久的经济效益，是企业制定战略时必须考虑的问题。

7．全球性技术支持和售后服务

赢得用户信赖是企业保持长盛不衰的竞争力的重要因素之一。赢得用户不仅要具有吸引力的产品质量，而且还要有销售后的优质技术支持和服务。许多世界著名企业在全球拥有健全而有效的服务网就是最好的印证。

8．用户的要求越来越苛刻

随着时代的发展，大众知识水平的提高和激烈竞争带给市场的产品越来越多、越来越好，用户的要求和期望越来越高，消费者的价值观发生了显著变化，需求结构普遍向高层次发展。一是对产品的品种规格、花色品种、需求数量呈现多样化、个性化要求，而且这种多样化要求具有很高的不确定性；二是对产品的功能、质量的要求日益提高，而且这种要求提高的标准又是以不同用户的满意程度为尺度的，产生了判别标准的不确定性；三是要求在满足个性化需求的同时，产品的价格要向大批量生产的那样低廉。制造商将发现，最好的产品不是他们为用户设计的,而是他们和用户一起设计的。全球供应链使得制造商和供货商得以紧密联系在一起来完成一项任务。这一机制同样也可以把用户结合进来,使得生产的产品供应链管理真正满足用户的需求和期望。

21世纪的管理环境

20世纪最后的10年到21世纪初的这几年可以说是历史上从事商业活动最激动人心的时期之一。技术创新的速度令人难以置信,消费者人口统计特征的千变万化以及新兴工业国家和发展中国家经济的快速增长,这些因素共同产生了一个充满生机的竞争环境,它不仅为企业家带来了机会,也给已成立的企业带来了相当大的风险。这个动态的竞争环境所提出的挑战在今后可能会变得更加严峻,因为若干因素将继续对商业界产生影响。这里我们将探讨这些因素。其一是竞争环境的快速变化。商业环境的变化速度总是比管理者想象的更快,然而当今的消费者人口统计特征,消费者兴趣和偏好,产品和服务的性质以及企业用以提供产品和服务的技术比以往的任何时候变化得更为迅速。在一些迅速变化的市场中,如个人计算机,有些公司就面临着产品生命周期只有四个月的情况。

其二是传统的市场,国家和公司界限正被重划。出现了大量并购,新近的例子是曾经是美国某家个人计算机代理商的中国企业——联想购买了大名鼎鼎的IBM的PC业务。不可计数的企业通过外包形式极大地降低了生产成本。

其三是产品和服务越来越知识密集化。传统产业,其大部分产品与服务,最主要的成本来自原材料的直接成本或用于装配产品和交付服务的劳动力。但今天,在大部分产品中原材料成本和劳动力已变得无足轻重。例如,对大部分产品而言,劳动力很少占有超过15%~25%的总成本额。现在,隐含在产品与服务中的知识,以及用于发展、生产和提供产品及服务的知识在总成本中的比重逐渐增加。实际上,这些"知识成本"已经大体取代了传统劳动力和原材料开支的重要性。举个例子:微处理器最大成本构成不是原材料成本——硅砂,而是嵌于微处理器中的技术知识以及嵌于高度专业设备中的知识,这种专业设备用于将硅砂类半成品转变为半导体成品。

其四是"固定资产"与"人力资本"相对重要性的变化。对公司内部运作的评估一直集中于固定资产配置并强调工厂、设备的生产能力与效率。然而从美国制造业的复兴中我们可以得出教训,竞争优势在很大程度上依赖于"社会复杂资源",如领导能力、企业文化、公司信誉及组织的内部流程。组织的内部流程是人们彼此之间的以及与固定资产之间的互动,其有效性有赖于雇员的知识,而且这种组织的知识和学习主要依赖于个人"从做中学"。人力资源管理在人力资本的招聘、培训、动机和保留中将发挥更大的作用。

(资料来源:布儒瓦,杜海米,斯廷珀特.战略管理[M].北京:中信出版社,2004.)

1.4 现代管理学概述

现代管理学是系统研究管理活动的基本规律和一般方法的科学。现代管理学是适应现代化大生产的需要产生的,它的目的是:研究在当前的条件下,如何通过合理地组织和配置人、财、物等因素，提高生产力的水平。现代管理学也是一门综合性的交叉学科。

它有三层含义：

（1）管理是一种有意识，有目的的活动，它服务并服从于组织目标。

（2）管理是一个连续进行的活动过程，实现组织目标的过程，就是管理者执行计划组织领导控制等职能的过程。由于这一系列职能之间是相互关联的，从而使得管理过程体现为一个连续进行的活动过程。

（3）管理活动是在一定的环境中进行的，在开放的条件下，任何组织都处于千变万化的环境之中，复杂的环境成为决定组织生存与发展的重要因素。

1.4.1 现代管理学的学科分类结构

现代管理学是一门集社会科学理论基础与自然科学方法论为一体的应用型学科。关于学科结构，目前主要有三个标准。

一是1992年11月1日国家技术监督局发布的《中华人民共和国学科分类与代码国家标准》(GB/T 13745—92)；《中华人民共和国学科分类与代码国家标准》于1992年11月1日正式在北京发布，1993年7月1日实施。共设五个门类、58个一级学科、573个二级学科、近6 000个三级学科。关于管理学的学科分类，国家标准如下。

630　管理学
　　630.10　管理思想史
　　630.15　管理理论
　　　　630.1510　管理哲学
　　　　630.1520　组织理论
　　　　630.1530　行为科学
　　　　630.1540　决策理论
　　　　630.1550　系统管理理论
　　　　630.1599　管理理论其他学科
　　630.20　管理心理学
　　630.25　管理计量学
　　630.30　部门经济管理
　　630.35　科学学与科技管理
　　　　630.3510　科学社会学
　　　　630.3520　科技政策学
　　　　630.3530　科学心理学
　　　　630.3540　科学计量学
　　　　630.3550　科技管理学
　　　　630.3599　科学学与科技管理其他学科
　　630.40　企业管理
　　　　630.4010　生产管理
　　　　630.4015　经营管理

                630.4020 财务管理
                630.4025 成本管理
                630.4030 劳动人事管理
                630.4035 技术管理
                630.4040 营销管理
                630.4045 物资管理
                630.4050 设备管理
                630.4055 质量管理
                630.4099 企业管理其他学科
        630.45 行政管理
        630.50 管理工程
                630.5010 生产系统管理
                630.5015 研究与开发管理
                630.5020 质量控制与可靠性管理
                630.5025 物流系统管理
                630.5030 战略管理
                630.5035 决策分析
                630.5040 决策支持系统
                630.5045 管理信息系统
                630.5050 管理系统仿真
                630.5055 工效学
                630.5060 部门管理工程
                630.5099 管理工程其他学科
        630.55 人力资源开发与管理
                630.5510 人力资源开发战略
                630.5520 人才学
                630.5599 人力资源开发与管理其他学科
        630.60 未来学
                630.6010 理论预测学
                630.6020 预测评价学
                630.6030 技术评估学
                630.6040 全球未来学
                630.6099 未来学其他学科
        630.99 管理学其他学科

二是国家教育部于1998年颁布的《普通高等学校本科专业目录》；教育部于1998年颁布的《普通高等学校本科专业目录》中，管理类的专业设置如下。

学科门类：管理学

1101 管理科学与工程类

1102　工商管理类
　　110201　工商管理
　　110202　市场营销
　　110203　会计学
　　110204　财务管理
　　110205　人力资源管理
　　110206　旅游管理
　　110207　物流管理
　　110208　工程管理
1103　公共管理类
　　110301　行政管理（注：可授管理学或法学学士学位）
　　110302　公共事业管理（注：可授管理学、教育学、文学或医学学位）
　　110303　劳动与社会保障
　　110304　土地资源管理（注：可授管理学或工学学士学位）
1104　农业经济管理类（注：可授管理学或农学学士学位）
　　110401　农林经济管理
　　110402　农村区域发展
1105　图书档案学类
　　110501　图书馆学
　　110502　档案学

三是1997年国家教育部和国务院学位委员会颁布的《授予博士、硕士学位和培养研究生的学科、专业目录》，把管理学分为五个一级学科，内容如下。

12　管理学
　　1201　管理科学与工程（可授管理学、工学学位）注：本一级学科不分设二级学科（学科、专业）
　　1202　工商管理
　　　　120201　会计学
　　　　120202　企业管理（含：财务管理、市场营销、人力资源管理）
　　　　120203　旅游管理
　　　　120204　技术经济及管理
　　1203　农林经济管理
　　　　120301　农业经济管理
　　　　120302　林业经济管理
　　1204　公共管理
　　　　120401　行政管理
　　　　120402　社会医学与卫生事业管理（可授管理学、医学学位）
　　　　120403　教育经济与管理（可授管理学、教育学学位）
　　　　120404　社会保障

　　　　　120405　土地资源管理
　　1205　图书馆、情报与档案管理
　　　　　120501　图书馆学
　　　　　120502　情报学
　　　　　120503　档案学
美国商学院联盟(AACSB)将商学院划分为13个学科，它们是：
　　会计(Accounting)
　　战略(Corporate Strategy/Business Policy/Business and Society)
　　经济学(Economics)
　　财务(Finance)
　　人力资源管理(Human Resource Management)
　　保险(Insurance)
　　国际工商管理(International Business)
　　组织行为(Management/Organizational Behavior)
　　营销(Marketing)
　　信息管理(MIS/CIS)
　　运作管理(Operations Management/Production)
　　运筹学(Operations Research/Management Science/Decision Science)
　　房地产管理(Real Estate)
　　及其他学科或综合性学科(Others/Miscellaneous)
　　这个分类，除了运筹学以外，大体上就是我们所说的工商管理学科。

LMT 公司的计划

　　弗兰克·W.贝茨是 LMT 公司的总裁。LMT 是一家规模很大的公司，生产的产品有飞轮、制动器、弹簧、无线电和其他为汽车制造公司配套的零部件。这家公司还有一个分部，从事开发和制造宇航计划的零部件。LMT 宇航计划分部由总经理茱莉亚·桑德斯担任领导。

　　人事经理刘易斯·莱姆基向她提出建议，为使这个分布中的各级主管人员得到发展，应该让他们在心理学和人际关系方面进行学习并给予训练。他提出这点是因为：归根结底，管理工作是"人"的问题，而成为一个有效的主管人员的唯一办法就是要完全理解自己，并且理解同他们在一起工作的主管人员和职工。

　　桑德斯为这种思想所感动，并告诉莱姆基她同意他的计划并要他立即实行。这位人事经理于是尽力而认真地贯彻执行。几年以后，这个分部从最高层到基层的全部主管人员都通过了一系列课程的学习和训练，理解了自己和别人，也理解了人际关系的所有方面。

　　然而，桑德斯发现，虽然员工之间有了更好的了解，但这个分部的管理质量并没有因此而有所改进。事实很明显，LMT 公司的其他部门的成绩要比宇航计划分部好得多。贝茨总裁对此也很关注，并且要求桑德斯解释她的部门是怎样培训主管人员的。贝茨在听完该计划的内容后说："我怀疑他们是否走在正确的轨道上。"

1.4.2 现代管理学的特点

一般来说，现代管理学具有以下五个特点。

1. **一般性**

现代管理学作为一般管理学区别于"宏观管理学"和"微观管理学"，具有一般性的特点。它是研究所有管理活动中的共性原理的基础理论学科，无论"宏观管理"还是"微观管理"，都需要现代管理学的原理作为基础来加以学习和研究，现代管理学是各门具体的或专门的管理学科的共同基础。

2. **综合性**

现代管理学也表现为综合性的特点，具体表现为：在内容上，它需要从社会生活的各个领域、各个方面及各种不同类型组织的管理活动中概括和抽象出对各门具体管理学科都具有普遍指导意义的管理思想、原理和方法；在方法上，它需要综合运用现代社会科学、自然科学和技术科学的成果，来研究管理活动过程中普遍存在的基本规律和一般方法。

3. **科学性**

现代管理学的基本思想来源于人们的生产实践，经过科学的抽象和概括，同时吸取了其他门类的科学思想，这种抽象和概括反映了管理工作的内在规律，又在实践中得到了验证，因此，现代管理理论具有科学性。同时，现代管理学又是一门不精确的学科。因为影响管理效果的因素很多，许多因素是无法完全预知的，也是无法精确度量的，如自然环境的突变和企业的经营决策等。如果说其他自然科学是硬科学，现代管理学就是一门软科学。

4. **历史性**

现代管理学是对前人管理实践、经验和管理思想、理论的总结、扬弃和发展。割断历史，不了解前人对管理经验的理论总结，不进行历史考察，就很难理解建立现代管理学的依据。

同时，社会进步和全球科学技术的发展，对各级各类组织的形式、运行方式和管理手段产生了巨大的影响。由此产生了许多新的管理问题，需要人们去研究、去解决，为此所产生的新的管理理论和方法将会大大推动现代管理学基础理论体系的更新和扩展。因此，现代管理学是一门体现时代实践的要求、每时每刻都在发展的课程。

5. **实践性**

现代管理学的理论与方法是人们通过对各种管理实践活动的深入分析、概括、总结、升华而得到的，反过来它又被用来指导人们的管理实践活动。因此，现代管理学又是一门实用学科，只有把现代管理理论同管理实践相结合，才能真正发挥这门学科的作用。

"管"和"理"双管齐下看收效

A企业是一家房地产公司,近日来HR正为员工的考勤情况担忧。公司整体的考勤状况始终不理想,尤其是公司的售楼部,考勤情况十分不理想,且有越演越烈之势!看来,加强员工考勤管理势在必行了。故HR对原公司《员工考勤管理制度》加大执行力度。三个月下来,员工的考勤情况确有很大改观。其中,行政人员已经基本上制止了迟到现象。可是售楼部的情况却不尽如人意。尤其是一到雨雪天,迟到现象依然如故。看来,不加大惩罚力度是不行了!于是在原《员工考勤管理制度》的基础上,除了加大经济上的处罚外,视情节还加上了行政上的处罚。原以为可以收到令行禁止之效,可没想到的是售楼部反应冷淡。你罚你的,我晚我的。这下HR可犯难了,几经思索,多方求证后,做出了如下决定:"售楼部的接单为排号接单,而排号的顺序将遵循到岗的顺序。"新规定一经落实,顿收奇效,不但日常的考勤有了保障,而且越是天气恶劣员工的考勤时间反而越准时。

HR前期两次严肃纪律,反复加大惩罚力度,强调的是管理中的"管",而后期反复调研修改规则,侧重的则是管理中的"理"。而最终解决售楼部考勤问题的关键作用,并非是"管"得如何,即惩罚有多重,恰恰是"理"清员工心里最在乎的是什么,约束和引导并用,收到水到渠成之效。

1.4.3 现代管理学研究的内容和范围

现代管理学的研究对象是管理活动和管理过程。管理活动是普遍存在的,虽然不同性质的组织活动有差异,方法不尽相同,在此基础上进行科学总结和概括形成各具特色的管理办法,但是,现代管理学所研究的是管理中的一般规律和一般原理,它不是研究某一特殊领域的管理活动,而是研究共同的原理和共同的原理和共同的原则,现代管理学是各类活动的基础理论。

现代管理学研究的内容广泛,大体上有三个层次:

一是根据管理活动总是在一定的社会生产方式下进行的特点,研究内容可以分为生产力、生产关系和上层建筑三个方面;

二是从历史的角度研究管理实践、管理思想和管理理念的形成与演变过程;

三是着重从管理者的工作或职能出发,系统研究管理活动的原理、规律和方法问题。

在漫长而重复的管理实践中,管理思想逐渐形成,而随着社会生产力的发展,人们把各种管理思想加以归纳和总结后就形成了管理理论。人们反过来又运用管理理论去指导管理实践,以取得预期的效果。同时,管理理论又受到管理实践的检验,并且在管理实践中修正和完善管理理论。

1. 管理思想

管理思想是在管理实践的基础上进行科学分析而得出来的。研究这些管理思想在管理的各个过程中是如何发生作用的,有利于把握管理思想、理论和方法及其演变的历史脉络,以便总结管理的经验教训。

2. 管理理论

管理的基本原理及原则是管理者在实践中掌握行动的准则。通过这种研究，提示管理全过程的内在联系，实现最优化的管理。

3. 管理实践与管理创新

管理原理、原则的运用及管理职能的发挥都要受限于管理的环境条件，不同的国家有不同的管理特色，各国之间相互学习、借鉴管理经验，要从实际出发，不可生搬硬套。管理的移植要与管理创新相结合。环境差异分析与管理的新方向研究是取得管理成效的保证。

本田公司的想法

日本本田汽车公司视人才为珍宝，把调动每一位员工的积极性、发挥他们的创造性，使人尽其才、才尽其用、用得其所作为企业兴旺发达之本。公司董事长本田与职工和工人穿一样的工作服，他把所有的同事看作他的"老师"。他认为，可通过向他们提出问题进行学习，因为他们每个人在其专业知识及实践中的具体问题都比他知道的多，他有2 500名老师（同事），因而就有了相当丰富的知识，有了世界上最大的图书馆。

为了发掘人的潜能，本田避免职工长期在同一岗位上重复同样的操作，而经常使他们的工作有变换，以便他们掌握多种专业知识和工作技能，多方面发挥才能。公司广泛提倡每一位员工都参与管理，积极采纳他们的合理化建议。公司将有天资的人和最优秀者安置在重要的研究部门。每年，从那些提出过特别有益的革新建议的人中，挑选出20名最优秀者到公司的研究中心来。本田认为，他取得成功的一个重要原因是授予每一个人进行思考和学习的权利。他利用职工的这种特性，激发他们的主动精神和发明创造的天才。本田指挥的人中，没有不能独立思考的机器人，都是决心尽可能完美地做好工作的助手。

职工不是机器，不是工具，是有头脑、有思想、有独立意识的人。充分发挥每一个人的作用，才是企业家真正成功之本。领导的高明之处不仅在于使用大贤大德之人，更在于善于使用有缺点的平常人，发现这些人可利用的地方，变"废才"、"庸才"为"人才"。

1.4.4 学习现代管理学的意义

管理是人类各种活动中最重要的理论之一，它潜藏于人类生活的各个角落。大至一个国家一个民族，小至一个企业一个家庭，再者到每一个人，都处在管理学的范围之内并受其影响。可以说管理充溢着整个人类社会，自从人们开始组成群体来实现个人无法完成的目标以来，管理工作就成为协调个体努力必不可少的因素。

管理学是系统研究管理活动的基本规律和一般方法的科学。现代管理学是适应现代社会化大生产的需要产生的，它的目的是：研究在现有的条件下，如何通过合理的组织和配置人、财、物等因素，提高生产力的水平。由于人力资源和其他资源（时间、资金、物资、信息、技术等）相对于人类的欲望来说总是短缺的，因此管理的必要性是普遍存在的。人们为了更好地实现自己的欲望（目标），就必然千方百计地想办法充分利用其有限的资源。

现代管理学作为大学的一门重要学科,它的任务是研究管理活动的共同特点和普遍规律,以便为管理活动提供方针和方法。所以说管理学是一门很实用的学科。我们可以通过计划、组织、领导、控制等科学方法提高效率,不论是在工作中还是生活中,通过正确地运用管理学中的科学理论,可以使我们的目标更容易实现,提高效率,获得更多的效益。

管理学是人类智慧的结晶,它为人们提供了一套比较完整的有关组织管理的理论和方法。通过学习现代管理学,我们应该掌握现代管理基本原理和基本知识,熟悉现代管理的主要职能和一般过程,掌握现代管理的科学方法和技能,为今后工作和生活奠定一定的理论和方法基础。学习管理学,有助于人们在实践中少走弯路。管理学不仅是适用于企业高层管理人员的一门科学,其实管理学所倡导的一些思想对我们的学习和日常生活也有很大的积极作用。生活中,我们经常会遇到一些理财和人际交往问题,管理学中的一些技巧可以帮助我们分析市场中企业的前景和实力,可以帮助我们合理分配我们的剩余财产合理投资;另外,管理学中关于控制、领导的理论,可以帮助我们有效地处理人与人之间的关系。学习中、工作中、生活中都离不开管理,自然也会不同程度地受到管理思想的益处。学习管理学无论对于我们以后的学习、生活,还是工作都有很大的关系。有效的管理方式,能够提高我们工作和学习效率,生活质量。管理无论是古代还是现在都是很重要的,管理的改善对社会和人类的发展有很大的意义。

食品厂厂长的困惑

李华是一个食品厂的厂长。在过去的几年中,食品厂每年的销售量都稳步递增,但是去年的情况发生了较大的变化:到去年 8 月,累计的销量比前年同期下降了 17%,生产量比所计划的少了 15%,缺勤率比去年高了 20%,迟到、早退现象也有所增加。李华认为这种情况的发生很可能与管理有关,但他不能确定发生这些问题的原因,也不知道应该怎样改变这种情境。他决定去请教管理专家。

具有不同管理思想的管理专家在分析企业问题时都会有不同的见解,关键是综合专家的意见,找到问题的核心,解决企业存在的问题。

1.4.5 学习现代管理学的方法

管理学和其他许多社会科学一样,其研究方法基本上有三种:第一种是归纳法;第二种是试验法;第三种是演绎法。

1. 归纳法

归纳就是通过客观存在的一系列典型事物进行观察,从掌握典型事物的典型特点、典型规律入手,进而分析、研究事物之间的因果关系,从中找出事物变化发展的一般规律,这种从典型到一般的研究方法也成为实证研究。由于管理过程十分复杂,影响管理活动的因素极多,并且相互交叉,人们能观察到的往往只是综合结果,很难把各个因素的影响程度分解出来,所以大量的管理问题就只能用归纳法进行实证研究。

归纳法的局限性表现在三个方面。

（1）一次典型调查知识近似于无穷大的总体中的一个样本，所以必须对足够多的对象进行研究才有价值。如果选择的研究对象没有代表性，归纳出的结论很难反映出事物的本质。

（2）研究事物的状态不能人为地重复，管理状态也不可能完全一样，所以研究出的结论只是近似的。

（3）研究的结论不能通过实验加以证明，只能用过去发生的事实来证明，但将来未必就是过去的再现。

2．试验法

管理中的许多问题，特别在微观组织内部，关于生产管理、设备布置、工作程序、操作方法、现场管理、质量管理、营销方法以及工资奖励制度、劳动组织、劳动心理、组织行为、商务谈判等许多问题都可以采用试验法进行研究。即人为地为某一试验创造一定条件，观察其实际试验结果，再与未给予这些条件的对比试验的实际结果进行比较分析，寻找外加条件与试验结果之间的因果关系。如果做过多次试验，而且总是得到相同结果，那就可以得出结论，这里存在某种普遍适用的规律性。著名的霍桑研究就是采用试验法研究管理中人际关系的成功例子。

试验方法的应用具有普遍意义，但是，管理中也有许多问题，如高层所进行的风险性决策管理，由于问题的复杂性和环境变化的不确定性，很难通过试验进行研究。由此可见，试验方法的应用也是有条件限制的。

3．演绎法

演绎法是从普遍性结论或一般性事理推导出个别性结论的论证方法。对于复杂的管理问题，管理学家可以从某种概念出发，或从某种统计规律出发，也可以在实证研究的基础上，用归纳法找到一般的规律性，并加以简化，形成某种出发点，建立起能反映某种逻辑关系的经济模型，这种模型与被观察的事物并非完全一致，它反映的是简化了的事实。而演绎法与归纳法相反，它是在简化了的事实前提下推广得来的，完全合乎逻辑的推理，所以这种方法称为演绎法。

演绎法的局限性：演绎法是创造性较小的思维方法。演绎法的主要作用在于逻辑证明，而不在于科学发现。演绎法的结论受到前提的制约。由于演绎法的结论的正确性取决于前提的正确性，前提一般是通过归纳法得到的一般原理，所以演绎法结论并不是绝对可靠，还需要时间来检验。

上述三种方法是学习管理学的基本方法。除此之外，还有其他方法可以进行管理学的学习。

李嘉诚的管理名言

"亚洲首富"和"华人首富"李嘉诚是全球财富巨人中令人尊敬的一个人。因为李嘉诚牢牢地抓住了市场经济的两大支柱：一个是信用；一个是资本。他运用资本的智慧以及他的个人信用,让人们不得不跟着他走。

李嘉诚的管理名言:"两个生命,八点主张。"李嘉诚说:"资金,它是企业的血液,是企业生命的源泉;信誉、诚实,也是生命,有时比自己的生命还重要!"也就是说,企业管理应突出资金和信誉的作用。李嘉诚的管理思想非常全面,他提出管理的八点主张:

(1) 勤是一切事业的基础。要勤奋工作,对企业负责,对股东负责。

(2) 对自己要勤俭,对他人则要慷慨。处理一切事情以他人利益为出发点。

(3) 始终保持创新意识,用自己的眼光注视世界,而不随波逐流。

(4) 坚守诺言,建立良好的信誉。一个人良好的信誉,是走向成功的不可缺少的前提条件。

(5) 决策任何一件事情的时候,应开阔胸襟,统筹全局。而一旦决策之后,则要义无反顾,始终贯彻这个决定。

(6) 给下属树立高效率的榜样。集中讨论具体事情之前,应早几天通知有关人员准备资料,以便对答时精简确当,从而提高工作效率。

(7) 政策的实施要沉稳持重。在企业内部打下一个良好的基础,注重培养企业管理人员的应变能力。

(8) 要了解下属的希望。除了生活,应给与员工好的前途;并且一切以员工的利益为重,特别是在员工年老的时候,公司应给予他们绝对的保障,从而使员工对集团有归属感,以增强企业的凝聚力。

(资料来源:中国企业家 EMBA 特训班教材,根据 EMBA 经典案例——李嘉诚智慧改编.)

本 章 小 结

1. 管理就是管理者通过计划、组织、领导、控制、创新等职能,对组织成员的活动进行协调并有效地运用一切资源,以实现组织的目标的活动过程。

2. 管理是一种社会现象或文化现象,管理的"载体"是组织,管理的核心是处理各种人际关系。

3. 管理具有自然性和社会性双重属性,管理又是科学与艺术的结合。

4. 管理职能是管理者实施管理的功能或程序,即管理者在实施管理中所体现出的具体作用及实施程序或过程。管理基本职能包括计划、组织、领导、控制和创新。任何管理者,为实现目标,实施有效管理,都要履行计划、组织、领导、控制、创新的职能。

5. 管理者是指履行管理职能,对实现组织目标负有贡献责任的人。管理者指组织中指挥他人完成具体任务的人。

6. 组织环境对组织的形成、发展和灭亡有着重大的影响。组织环境为某些组织的建立起到积极的促进作用,相反,由于某些组织未能适应环境的变化,因而已不复存在。在当代和未来,组织的目标、结构及其管理等只有变得更加灵活,才能适应环境多变的要求。

7. 管理者的技能可概括为技术技能、人际技能和概念技能。

升任公司总裁后的思考

郭宁最近被所在的生产机电产品的公司聘为总裁。在准备接任这个职位的前一天晚上,他回忆起了在该公司工作二十多年的情况。

郭宁在大学时学的是工业管理,大学毕业后就到该公司工作,最初担任液压装配单位的助理监督。他当时不知道如何工作,因为他对液压装配所知甚少,在管理工作上也没有实际经验,几乎每天都手忙脚乱。可是他非常认真好学,一方面仔细参阅该单位所制定的《工作手册》,努力学习有关的技术知识;另一方面监督长也主动对他进行指导,使他渐渐摆脱了困境,胜任了工作。经过半年多时间的努力,他已有能力独担液压装配的监督长工作。当时公司没有提升他为监督长,而是直接提升他为装配部经理,负责包括液压装配在内的四个装配单位的领导工作。

在他当助理监督时,他主要关心的是每日的作业管理,技术性很强。而当他担任装配部经理时,他发现自己不能只关心当天的装配工作状况,还得做出此后数周乃至数月的规划,还要完成许多报告和参加许多会议,没有多少时间去从事他过去喜欢的技术工作。当上装配部经理不久,他就发现原有的《装配工作手册》已基本过时,因为公司已安装了许多新的设备,引入了一些新的技术。于是他花了整整一年时间去修订《工作手册》,使之切合实际。在修订手册的过程中,他发现要让装配工作与整个公司的生产作业协调起来是需要有很多讲究的。他还主动到几个工厂去访问,学到了许多新的工作方法,并把这些吸收到了修订的工作手册中去。由于该公司的生产工艺频繁发生变化,工作手册也不得不经常修订,郭宁对此都完成得很出色。他工作了几年后,不但自己学会了这些工作,而且还学会了如何把这些工作交给助手去做,教他们如何做好,这样他可以腾出更多时间用于规划工作和帮助他的下属工作得更好,可以花更多的时间去参加会议、批阅报告和完成自己向上级的工作汇报。

郭宁担任装配部经理6年之后,该公司负责规划工作的副总裁辞职应聘于其他公司,郭宁便主动申请担任这一职务。在同另外5名竞争者较量之后,郭宁被正式提升为规划工作副总裁。他自信拥有担任此职位的能力,但由于此高级职务工作的复杂性,仍使他在刚接任时就碰到了不少麻烦。例如,他感到很难预测1年之后的产品需求情况。可是一个新工厂的开工乃至一个新产品的投入生产,一般都需要在数年前做准备。而且,在新的岗位上他还要不断对市场营销、财务、人事、生产等部门进行协调,这些他过去都不熟悉。他在新岗位上感到越是职位上升,越难于仅仅按标准的工作程序开展工作。但是,他还是渐渐适应了,做出了成绩,以后又被提升为负责生产工作的副总裁,而这一职位通常是由该公司资历最深的、辈分最高的副总裁担任的。到了现在,郭宁又被提升为总裁。他知道,一个人当上公司最高主管职位之时,应该自信有处理可能出现的任何情况的能力,但他也明白自己尚未达到这样的水平。因此,他不禁想到自己明天就要上任了,今后数月的情况会是怎么样,他不免为此而担忧。

思考

1. 郭宁担任这四个职务,其管理职责各有何不同?请结合基层、中层、高层管理者的职能进行分析。

2. 如果你是郭宁,你认为当上公司总裁后自己应该具备哪些素质才能使公司取得更好的绩效?

实 践 教 学

实践教学项目

调查和访问企事业单位的管理者,了解管理者的工作职责。

实践教学目的

了解现代企业管理,以及不同管理者的工作内容。

实践教学内容与要求

学生自愿组成小组,每组6~8人。利用课余时间,选择1~2个企事业单位的管理者进行调查与访问,了解不同类型管理者的工作职责;在调查访谈之前,每组需根据课程所学知识经过讨论制定调查访问的提纲,设计调研的主要问题、具体方法和安排。

1. 每组写出一份简要的调查访问笔录和小结。
2. 调查访问结束后,利用课堂活动时间,组织一次课堂交流与讨论。

实践教学成果与检测

1. 同学们写下自己的访问感想,总结心得。
2. 根据每个同学在讨论中的表现进行评估。

课 后 习 题

1. 管理的定义是什么?
2. 你认为管理的职能应该有哪些?它们之间的关系是什么?
3. 管理的三大技能是什么?对于不同层级的管理者技能的要求有什么不同?
4. 管理者应该具备哪些素质和技能?
5. 管理者有哪些类型,这些类型的管理者有本质的区别吗?
6. 管理环境的特点有哪些?

第二章

管理理论的形成与发展

古代中西管理思想和成就光芒万丈

中国有许多世界历史上的伟大工程,长城就是其中最令人赞叹不已的例子。早在春秋战国时期,各国为了互相防范,在形势险要的地方开始修筑长城,后来经过历代修缮,于明万历年间(1573年)终于形成了西起嘉峪关,东至山海关,总长六千七百多公里,连为一体的万里长城。这一工程历时两千多年,投入的劳动力达数百万人,动用的土石方如筑成一条一米高一米宽的墙可以绕地球13.5圈。筑城所用的砖都按统一规格由全国各地烧制后运送到工地。为了监督检查制砖的质量责任,每块砖上都刻有制造州府县及制造者的名字。要完成如此浩大的工程,在科学技术尚不发达的当时,其计划、组织、领导、控制等管理活动的复杂程度是现代人难以想象的。

西方文化起源于希腊、罗马、埃及、巴比伦等文明古国,他们在公元前6世纪左右即建立了高度发达的奴隶制国家,在文化、艺术、哲学、数学、物理学、天文学、建筑等方面都对人类作出了辉煌的贡献。埃及金字塔、罗马水道、巴比伦"空中花园"等伟大的古代建筑工程与中国的长城并列为世界奇观。这些古国在国家管理、生产管理、军事、法律等方面也都曾有过许多光辉的实践。3世纪后,随着奴隶制的衰落和基督教的兴起,基督教所包含的伦理观念和管理思想,对以后西方封建社会的管理实践起着指导性的作用。

思考

说一说你所了解的中西方管理思想,并谈谈你的认识。

2.1 西方管理理论的形成与发展

管理活动是一种历史范畴,是与一定历史条件下人类的生产实践相联系的。因此,管理思想理论的形成和发展与时代特征密切相关。我们将工业化开始迄今分为工业化初期、工业化中期、工业化后期和后工业化时期(新经济初期)四个历史时代,如表2-1所示。

表 2-1 西方管理理论阶段

时间	时代	时代特征	主要管理理论	代表人物和著作
18世纪60年代至19世纪末	工业化初期	• 电报、电话、信件、单据 • 铁路、马车、轮船 • 蒸汽机、机械 • 殖民地统治（英国成为日不落帝国）	• 工厂代替作坊 • 劳动分工能够提高生产率	• 亚当·斯密《国富论》(1776) • 查里·巴贝奇《论机器和制造业的经济》(1832)
20世纪初至1950年	工业化中期	• 电话、电报、信件、单据 • 汽车、铁路、轮船、飞机 • 电气化、机械化、流水线生产 • 殖民地纷纷独立，殖民体系瓦解（经历两次世界大战）	• 科学管理 • 一般行政管理 • 行为管理 • 定量管理	• 泰勒《科学管理理论》(1911) • 法约尔《工业管理与一般管理》(1916) • 梅奥《工业文明中人的问题》(1933) • 麦格雷戈《企业的人性面》(1960) • 统计学、运筹学等
1960年至1980年	工业化后期	• 计算机网络、传真、电话、电视 • 飞机、高速公路、高速铁路、轮船 • 电子化、自动化 • 冷战时期（美苏两大阵营对峙）	• 过程管理 • 系统管理 • 权变管理 • 精益生产 • 全面质量管理 • 大规模定制	• 哈罗德·孔茨《管理丛林》(1965) • 系统管理学会《经营系统》(1975) • 弗雷德·费德勒的权变理论 • 大田耐一《丰田的生产系统》(1978) • 威廉·大内《Z理论》(1980)
1990年至今	后工业化时期	• 高速大型飞机、高速公路、高速铁路 • 信息网络化 • 经济全球化 • 知识资源化 • 管理人本化 • 世界级制造系统 • 苏联解体"冷战"结束	• 流程再造 • ERP • 虚拟组织 • 核心能力理论 • 学习型组织 • 世界供应链 • 业务外包	• 迈克尔·哈默《公司再造》(1994) • 威廉·戴维陶，麦克·马隆《虚拟企业》(1992) • 普瑞斯，戈德曼，内格尔《敏捷竞争者与虚拟组织》(1995) • 彼得·圣吉《第五项修炼》(1994) • 托马斯·弗里得曼《世界是平的》(2005)

2.1.1 古典管理理论

古典管理理论产生于19世纪末至20世纪20年代，是现代管理学理论的一个重要部分，它为我们探讨管理的性质与范畴提供了某些重要见解，后面其他学派的科学家们都是在它的基础上作出自己的贡献的。

1. 泰勒的科学管理理论

泰勒(Fredreick W. Taylor)一生致力于工厂生产管理,系统地进行各种工序操作方法和工时研究,形成了被后人称为"泰勒制"的一套管理理论方法,是当时科学管理的主要倡导者,被西方管理学界称为"科学管理之父"。

1) 泰勒科学管理理论的主要内容

泰勒所创立的管理理论有以下几个主要观点。

(1) 科学管理的根本目的是谋求最高工作效率。泰勒认为,最高的工作效率是工厂主和工人共同达到富裕的基础。它能使较高的工资与较低的劳动成本统一起来,从而使工厂主得到较多的利润,使工人得到较高的工资。这样,便可以提高他们扩大再生产的兴趣,促进生产的发展。所以,提高劳动生产率是泰勒创立科学管理理论的基本出发点,是泰勒确定科学管理的原理、方法的基础。

(2) 达到最高工作效率的重要手段,是用科学的管理方法代替旧的经验管理。泰勒认为管理是一门科学,在管理实践中,建立各种明确的规定、条例、标准,使一切科学化、制度化,是提高管理效能的关键。

(3) 实施科学管理的核心问题是要求管理人员和工人双方在精神上和思想上来一个彻底变革。1912年,他在美国众议院特别委员会所作的证词中强调指出:科学管理是一场重大的精神变革。通过这种重大的精神变革,可使管理人员和工人双方都把注意力从赢利的分配转到增加赢利数量上来。当他们用友好合作、互相帮助代替对抗和斗争时,他们就能够创造出更多的赢利,从而使工人的工资大大增加,使企业主的利润也大大增加,双方之间没有必要再为赢利的分配而争吵。

根据以上观点,泰勒提出了以下的管理制度:

(1) 对工人提出科学的操作方法,以便合理利用工时,提高工效。具体做法是从执行同一种工作的工人中,挑选出身体最强壮、技术最熟练的一个人,把他的工作过程分解为许多个动作、在其最紧张劳动时,用秒表测量并记录完成每一个动作所消耗的时间,然后按照经济合理的原则加以分析研究,对其中合理的部分加以肯定,不合理的部分进行改进或省掉,制定出标准的操作方法,并规定出完成每一个标准操作或动作的标准时间,制定出劳动时间定额。

(2) 在工资制度上实行差别计件制。按照作业标准和时间定额,规定不同的工资率。对完成和超额完成工作定额的工人,以较高的工资率计件支付工资;对完不成定额的工人,则按较低的工资率支付工资。

(3) 对工人进行科学的选择、培训和提高。泰勒曾经对经过科学选择的工人用上述的科学作业方法进行训练,使他们按照作业标准工作、以改变过去凭个人经验选择作业方法及靠师傅带徒弟的办法培养工人的落后做法。这样改进后,生产效率大为提高。例如,在搬运生铁的劳动试验中,经过选择和训练的工人,每人每天的搬运量从12.5吨提高到47.5吨;在铲铁的试验中,每人每天的平均搬运量从16吨提高到50吨。

(4) 制定科学的工艺规程,并用文件形式固定下来以利推广。泰勒用了十年以上时间进行金属切削试验,制定出了切削用量规范,使工人选用机床转数和走刀量都有了科学标准。

(5) 使管理和劳动分离,把管理工作称为计划职能,工人的劳动称为执行职能。

泰勒还提出了组织机构上的管理控制原理。泰勒提出规模较大的企业不能只依据职能原则来组织和管理,而必须应用例外原则。

2) 对泰勒制的评价

泰勒的科学管理是为了适应工厂制度和资本主义发展的客观需要而发展起来的,因而有其产生、发展的客观必然性。同时,科学管理又对西方资本主义的发展起到巨大的促进作用。泰勒制在当时也遭到了反对,一方面是因为社会上传统意识的影响;另一方面是由于它本身也存在着弱点。我们应当用历史的观点客观地加以评价。

(1) 它冲破了百多年沿袭下来的传统的落后的经验管理办法,将科学引进了管理领域,并且创造了一套具体的科学管理方法来代替单凭个人经验进行作业和管理的旧方法。这是管理理论上的进步,也为管理实践开创了新局面。

(2) 由于采用了科学的管理方法和科学的操作程序,使生产效率提高了两三倍,推动了生产的发展,适应了资本主义经济在这个时期发展的需要。

(3) 由于管理职能和执行职能的分离,企业中开始有一些人专门从事管理工作。这就使管理理论的创新和发展有了实践基础。

(4) 把人看作纯粹的"经济人",认为人的活动仅仅出于个人的经济动机,忽视企业成员之间的交往及工人的感情、态度等社会因素对生产效率的影响。泰罗认为,工人的集体行为会降低工作效率,应将工作分解为尽可能由各个工人单独执行的一系列单独的动作,只有使"每个工人个别化"才能达到最高效率。泰罗的"标准作业方法"、"标准作业时间"、"标准工作量",都是以身体最强壮、技术最熟练的工人进行最紧张的劳动时所测定的时间定额为基础的,是大多数工人无法忍受和坚持的。因此,泰罗制是资本家最大限度压榨工人血汗的手段。

泰勒制是适应历史发展的需要而产生的,同时也受到历史条件和倡导者个人经历的限制。

2. 法约尔的组织管理理论

亨利·法约尔(Henry Fayol)是古典管理理论在法国的最杰出代表。他所提出的一般管理理论对西方管理理论的发展具有重大的影响,成为后来管理过程学派的理论基础,也是以后西方的各种管理理论和管理实践的重要依据之一。他研究的对象与泰勒有所不同,泰勒着重于车间、工厂的生产管理研究,而法约尔着重于企业全面经营管理的研究。

1) 内容

法约尔把整个企业经营活动概括为六个方面。

(1) 技术活动,即设计制造;

(2) 商业活动,即进行采购、销售和交换;

(3) 财务活动,即确定资金来源及使用计划;

(4) 安全活动,即保证员工劳动安全及设备使用安全;

(5) 会计活动,即编制财产目录,进行成本统计;

(6) 管理活动,包括计划、组织、指挥、协调、控制五项。

在这六项活动中,管理活动居于核心地位。

2) 管理的五大职能

法约尔首次把管理活动划分为计划、组织、指挥、协调与控制五项职能,并对这五大职能进行了详细的分析。

(1) 计划是管理的首要职能;

(2) 组织包括有关组织结构、活动和相互关系的规章制度,以及职工的招募、评价和训练;

(3) 指挥是指对下属活动的指导;

(4) 协调是结合、统一以及调和所有企业活动与个人活动的努力,以实现共同的目标。

(5) 控制是指为了保证实际工作按已定计划和命令完成的那些活动。

3) 十四条原则

法约尔还提出了管理人员解决问题时应遵循的十四条原则:

(1) 劳动分工。

(2) 权力与责任。

(3) 纪律。

(4) 统一命令。

(5) 统一领导。

(6) 个人利益服从集体利益。

(7) 人员的报酬要公平。

(8) 集权。

(9) 等级链。

(10) 秩序。

(11) 公平。

(12) 人员的稳定。

(13) 创新精神。

(14) 集体精神。

法约尔强调指出,管理的十四条原则不是一成不变的,应灵活掌握,在同样条件下,几乎从不两次使用同一原则来处理事情,应注意各种可变因素的影响。

法约尔的贡献是在管理的范畴、管理的组织理论、管理的原则方面提出了崭新的观点,为以后管理理论的发展奠定了基础。

此外,法约尔还认为管理能力可以通过教育来获得,他大力提倡在大学和专科学校中讲授管理学,将管理视为一门科学,法约尔关于管理职能、原则和过程等方面的研究,从较高层次上弥补了泰罗科学管理思想的不足,为形成一般管理学作出了巨大贡献。

3. 韦伯的行政组织理论

马克斯·韦伯(Max Weber)是德国社会学家、经济学家和德国古典管理理论的代表人物。他的关于新教教义和资本主义发展等论述和思想对西方社会科学具有极其重要的影响。他在管理思想方面的贡献是提出了理想行政组织体系理论,由此被人们称为"行政组织理论之父"。

韦伯的行政组织理论涉及组织的制度、权力基础、组织结构、管理原则等不同方面。

1）理想的行政组织的权力基础

韦伯认为，任何社会组织的管理都必须以某种形式的权力为基础。他将社会所存在的权力分为三类：第一类是理性—法律的权力。这种权力是由社会公认的法律规定或者掌有职权的那些人下命令的权力。第二类是传统的权力。这是由历史沿袭下来的惯例、习俗而规定的权力，它是以对古老传统的不可侵犯性和按传统执行权力的人地位的正统性为基础的。第三类是超凡的权力。它是以对某人的特殊和超凡的神圣、英雄主义或模范品质的崇拜为基础的。

韦伯认为在这三类权力中传统权力的效率较差，超凡权力则过于带感情色彩并且是非理性的。所以这两种权力都不宜作为行政组织体系的基础，只有理性—法律的权力才能作为理想的行政组织的权力基础。

2）理想行政组织体系的特点

（1）明确分工。对每个职位上的组织成员的权力和责任都有明确的规定，并作为正式职责之合法化。

（2）权力体系。官员们按职务等级系列和权力等级进行安排，形成一个自上而下的等级严密的指挥体系，每一职务均有明确的职权范围。

（3）规范录用。人员的任用完全根据职务的要求，通过正式的考评、教育和训练来实现。每个职位上的人员必须称职，同时，不能随意免职。

（4）管理人员专职化。管理人员有固定的薪金和明文规定的晋升制度，是一种职业管理人员，而不是组织的所有者。

（5）公私有别。管理人员在组织中的职务活动应当与私人事务区别开来，公私事物之间应该有明确的界限。管理人员没有组织财产的所有权，并且不能滥用职权。

（6）遵守规则和纪律。组织中的所有成员，包括管理人员在内，都必须严格遵守组织中的法规和纪律，这些规则不受个人感情的影响，而适用于一切情况。组织对每个成员的职权和协作范围都有明文规定，使其能正确地行使职权，从而减少内部的冲突和矛盾。

科学管理理论使企业管理走向了正规化、制度化和科学化的轨道，极大地推动了劳动生产率的提高。但与生产高效化相伴生的是人的工具化，以及工人对工作的厌烦，劳资矛盾的激化。科学管理理论在实践中暴露出本质的弱点：对人性的忽视，没有看到工人精神上、感情上的需求。

泰勒的"搬运生铁块的实验"

泰勒以工序为对象，通过动作研究，把每一个工作都分成尽可能多的简单的基本动作，同时，选择最适用的工具、机器，然后通过对最熟练工人每一个操作动作的观察，选择出每一个基本动作的最快和最好的方法，并把时间记录下来，然后再加上必要的休息时间和其他延误的时间,得到完成这项工作的标准定额时间。

在伯利恒钢铁公司,有 75 名搬运工人负责搬运生铁块这项工作。每个铁块重 40 多千克,搬运距离为 30 米,每人每天平均只能把 12.5 吨的铁块搬上火车。泰罗在助手的帮助下对这项工作进行了认真的观察、分析和研究,重新确定了工作的时间和程序。泰勒的助手挑选一名叫施米特的工人进行试验,施米特在泰勒助手的指挥下工作,搬起铁块、行走、放下铁块、休息等都严格按照流程要求。一天下来,施米特搬运了 47 吨铁块,以后每天施米特都能搬运 47 吨,而且不会危害健康。泰勒经过认真的观察、分析,就把这项工作的每人每日标准工作定额确定为 47 吨,提高了将近 3 倍,并使工人的工资也有了很大提高。

2.1.2 行为科学理论

行为科学是研究人的行为的一门综合性科学。它研究人的行为产生的原因和影响行为的因素,目的在于激发人的积极性、创造性,达到组织目标。它的研究对象是探讨人的行为表现和发展的规律,以提高对人的行为预测以及激发、引导和控制能力。

1. 人际关系理论

行为科学的发展是从人际关系理论开始的。人际关系理论的代表人物是乔治·埃尔顿·梅奥(Elton Mayo)。

梅奥参加了在芝加哥西方电气公司霍桑工厂进行的试验工作,即引起管理学界重视的"霍桑试验"。

霍桑试验是从 1924 年至 1932 年在美国芝加哥郊外的西方电气公司的霍桑工厂进行的,以验证生产环境对工人劳动生产率的影响。该试验是一项以科学管理的逻辑为基础的试验。霍桑工厂当时有 25 000 名工人,有较完善的娱乐设施、医疗制度和养老金制度,但是工人们仍有很强的不满情绪,生产效率很低。为了探明原因,1924 年 11 月,美国国家研究委员会组织了一个包括多方面专家的研究小组进驻霍桑工厂,开始进行试验。当时,许多管理者和学者认为,工作环境的物质条件同工人的健康及生产率之间有明确的因果关系。因此霍桑试验是根据工人对给予的工作条件可能作出相应的反应的假设进行的,其目的是想研究工作环境的物质条件与产量的关系,以发现提高劳动生产率的途径。在这项试验的基础上,梅奥创立了早期的行为科学——人际关系学说。霍桑试验分为四个阶段。

(1) 工作场所照明试验

该试验从变换车间的照明开始,打算研究工作条件与生产效率间的关系。研究人员希望通过试验得出照明强度对生产率的影响。他们将接受试验的工人分为两组,一组采用固定照明,称为控制组;另一组采用变化的照明,称为试验组。研究人员原以为试验组的产量会由于照明的变化而发生变化。但试验结果却发现,照明强度的变化对生产率几乎没有什么影响。试验结果说明,照明度与生产率之间并无直接的因果关系,照明灯光仅是影响产量的一个因素,还有其他因素对工人劳动生产率产生影响。由于牵扯因素较多,难以控制,所以照明对产量的影响无法准确衡量。

(2) 继电器装配室试验

继电器装配室试验目的是通过试验发现各种工作条件变动对生产率的影响。研究人员将装配继电器的 6 名女工从原来的集体中分离出来,使她们在单独的一间工作室内工作。在试验中分期改善工作条件,如改进材料供应方式、增加工间休息、供应午餐和茶点、缩短工作时间、实行集体计件工资制等,女工们在工作时间可以自由交谈,观察员对她们的态度也很和蔼。这些条件的变化使女工们的日产量增加了 30% 以上。试验一段时间后,梅奥又取消了所有这些优待,但是生产率并没有因此而下降,反而仍在上升。经过研究发现,是社会条件和督导方式的改变导致了女工们工作态度的变化,因而产量仍在增加。同时也说明,各种工作条件,包括福利待遇,也不是提高工人劳动生产率的唯一因素。

(3) 大规模访谈

梅奥还进行了另一方面的试验,即用两年多的时间对 2 万多名职工进行了调查。调查涉及的问题很广泛,允许职工自己选择话题,提建议、发牢骚,结果收到很好的效果,生产量大幅度上升。通过这个试验,梅奥等人又一次发现,物质条件的变化往往对生产率的影响不大,人们的工作成绩还受其他人的因素影响,即不仅仅取决于个人自身,还取决于群体成员。

(4) 观察研究

梅奥又组织了"接线板小组观察室"试验。目的是想搞清楚社会因素对激发工人积极性的重要性。研究人员选择了 14 名接线板工人,通过 6 个月的观察,发现许多行为准则会影响工人的行为。这些准则包括:工作时干多少活、与管理人员的信息交流等,如活不应干得太多,也不应干得太少;不应向上司告密(同事中发生的事情)等。梅奥等人由此得出结论:实际生产中,存在着一种"非正式团体",决定着每个人的工作效率,对每个职工来说,其在群体中的融洽性和安全性比工资、奖金等物质因素有更重要的作用。

梅奥等人就试验及访问交谈结果进行了总结,得出的主要结果是:生产效率不仅受物理的、生理的因素影响,而且受社会环境、社会心理的影响。这一点是与科学管理的观点截然不同的。

2. 梅奥的人际关系理论

梅奥人际关系理论的主要内容有以下几个方面。

1) 企业的职工是"社会人"

从亚当·斯密(Adam Smith)到科学管理学派都把人看作是仅仅为了追求经济利益而进行活动的"经济人",或者是对于工作条件的变化能够作出直接反应的"机器的模型"。但是,霍桑试验表明,物质条件的改变,不是劳动生产率提高或降低的决定性原因,甚至计件制的刺激工资制对于产量的影响也不及生产集体所形成的一种自然力量大。因此,梅奥等人创立了"社会人"的假说,即认为人不是孤立存在的,而是属于某一工作集体并受这一集体影响的。他们不是单纯地追求金钱收入,还要追求人与人之间的友情、安全感、归属感等社会和心理欲望的满足。

2) 满足工人的社会欲望、提高工人的士气是提高生产效率的关键

科学管理理论认为,生产效率与作业方法、工作条件之间存在着单纯的因果关系,只要正确地确定工作内容,采取恰当的刺激制度,改善工作条件,就可以提高生产效率。但

是,霍桑试验表明,这两者之间并没有必然的直接的联系;生产效率的提高,关键在于工作态度的改变,即工作士气的提高。梅奥等人从人是社会人的观点出发,认为"士气"高低决定于安全感、归属感等社会、心理方面的欲望的满足程度。满足程度越高,"士气"就越高,生产效率也越高。"士气"又取决于家庭、社会生活的影响以及企业中人与人之间的关系。

3) 企业中实际存在着一种"非正式组织"

"人的组织"可分为"正式组织"和"非正式组织"两种。所谓"正式组织",是指企业组织体系中的环节,是指为了实现企业总目标而担当着明确职能的机构。这种组织对于个人有强制性。这是古典组织论者所强调和研究的。人群关系论者认为:企业职工在共同工作、共同生产中,必然产生相互之间的人群关系,产生共同的感情,自然形成一种行为准则或惯例,要求个人服从,这就构成了"非正式组织"。这种非正式组织对于工人的行为影响很大,是影响生产效率的重要因素。正式组织与非正式组织在本质上是不同的。正式组织以效率和成本为主要标准,要求企业成员为了提高效率,降低成本而确保形式上的协作。非正式组织则以感情为主要标准,要求其成员遵守人群关系中形成的非正式的不成文的行为准则。

人群关系论者认为:非正式组织不仅存在于工人之中,而且存在于管理人员、技术人员之中,只不过效率与成本对于管理人员、技术人员比之对于工人更为重要,而感情一般说来,在工人中比在管理人员、技术人员中占有更为重要的地位。如果管理人员、技术人员仅仅依据效率与成本的要求来进行管理而忽略工人的感情,那么两者之间必将发生矛盾冲突,妨碍企业目标的实现。

4) 企业应采用新型的领导方法

新型的领导方法,主要是要组织好集体工作,采取措施提高士气,促进协作,使企业的每个成员都能与领导真诚持久地合作。例如:建立邀请职工参加企业各种决策的制度,借以改善人与人的关系,提高职工士气;实行上下意见交流,上级交代任务必须详加说明,并允许下级向上级提意见,尊重下级的意见和建议;建立面谈制度,给职工以表达感情、不满和争论的机会,以消除不良的人与人的关系;美化工作环境,建设宿舍等福利设施,组织娱乐、体育活动等。

以上即以霍桑试验为基础所提出的人群关系理论。人群关系理论是"行为科学"管理学派的早期思想,它强调要重视人的行为;而行为科学还要求进一步研究人的行为规律,找出产生不同行为的影响因素,探讨如何控制人的行为以达到预定目标。人群关系理论为管理思想的发展开辟了新的领域,也为管理方法的变革指明了方向。

3. 行为科学理论

在人群关系学说的基础上,"行为科学"理论在 20 世纪 30 年代到 20 世纪 60 年代期间得到了迅速发展。行为科学是研究人类行为的一门综合性的科学,它研究人的行为产生的原因和影响行为的因素,以求提高对人的行为的预测和控制的能力,目的在于激发人的工作积极性,达到组织的目标。管理实际上就是行为科学的运用。

1) 需要层次理论

行为科学认为人的各种行为都是由一定的动机引起的,而动机又产生于人们本身存在的各种需要。人们为了满足自己的需要,就要确定自己行为的目标。人都是为了达到一定的目标而行动的。这种从一定的需要出发,为达到某一目标而采取行动,进而实现需要的满足,而后又为满足新的需要产生新的行为的过程,是一个不断的激励过程。至于应该是些什么需要,需要之间的关系怎样,美国人亚布拉罕·马斯洛(Abraham Maslow)提出了需求层次理论。

(1) 马斯洛的需要层次理论的论点

马斯洛的需要层次理论有两个基本论点。一是人的需要取决于他已经得到了什么,尚缺少什么,只有尚未满足的需要能够影响行为。也就是说,已得到满足的需要不能起激励作用。二是人的需要都有轻重层次,某一层需要得到满足后,另一个需要才出现。马斯洛认为,在特定的时刻,人的一切需要如果都未得到满足,那么满足最主要的需要就比满足其他需要更迫切。只有排在前面的那些需要得到了满足,才能产生更高一级的需要,后面的需要才能显出其激励作用。

(2) 马斯洛的需要层次理论的内容

马斯洛将需要分为五级:生理的需要,安全的需要,感情的需要,尊重的需要,自我实现的需要。这几种需要的重要程度的层次结构如图 2-1 所示。

图 2-1 马斯洛的需要层次图

① 生理的需要:包括人体生理上的主要需要,即衣、食、住、行、医疗保健等生存的基本条件。

② 安全的需要:包括劳动中的安全措施、职业病的避免、不公正待遇的去除以及对未来的保障。

③ 感情和归属的需要:包括友谊、爱情、归属感等各方面的需要。

④ 受人尊重的需要:包括个人自尊心、自信心、求知欲、地位欲望以及受到他人尊重和赞赏等。

⑤ 自我实现的需要:这是最高一级的需要。它可以理解为我们通常所说的事业心,即人可以自觉地充分发挥自己的聪明才智的一种内在需要。

2) 双因素理论

"双因素"理论是着重于研究激励人的动机的内容的理论。弗雷德里克·赫茨伯格(Frederick Herzberg)在 20 世纪 60 年代根据影响人的行为因素的研究提出了激励的双因素理论,把影响人的行为因素分为两类。一类是工作环境和工作关系方面的因素,称为保健因素。如公司的政策、管理、监督、工资、同事关系、工作条件等。另一类是工作内容本身方面的因素,称为激励因素。如成就、上级赏识、工作责任、个人进步等。他认为保健因素只能消除职工的不满,但不能起到调动积极性的作用,只有激励因素才能使人们感到满意,调动人们的工作积极性。作为组织的管理者,不仅要满足人们的保健因素,更要满足人们的激励因素。

(1) 保健因素,意思是这类因素对职工行为的影响类似卫生保健对人们身体的影响。当卫生保健工作达到一定的水平时,可以预防疾病,但不能治病。同理,当保健因素低于一定水平时,会引起职工的不满;当这类因素得到改善时,职工的不满就会消除。但是,保健因素对职工起不到激励的积极作用。保健因素可以归纳为十项:企业的政策与行政管理、监督、与上级的关系、与同事的关系、与下级的关系、工资、工作安全、个人生活、工作条件、地位。

(2) 激励因素,这类因素具备时,可以起到明显的激励的作用;当这类因素不具备时,也不会造成职工的极大不满。这类因素归纳起来有六种:工作上的成就感、受到重视、提升、工作本身的性质、个人发展的可能性、责任。

保健因素是与工作的外部环境有关,属于保证完成工作的基本条件;而激励因素是以工作为中心的,即以对工作本身是否满意,工作中个人是否有成就,是否得到重用和提升为中心的。当职工受到很大激励时,他对外部环境的不利能产生很大的耐性;反之,就不可能有这种耐性。

3) 麦格雷戈的 X 理论与 Y 理论

美国麻省理工学院教授道格拉斯·麦格雷戈(Douglas Mcgregor)在 1957 年所著的《企业的人性面》一书中首次提出关于人性假设的 X、Y 理论。

麦格雷戈所指的 X 理论主要有以下观点。

人的本性是坏的,一般人都有好逸恶劳、尽可能逃避工作的特性;由于人有厌恶工作的特性,因此对大多数人来说,仅用奖赏的办法不足以战胜其厌恶工作的倾向,必须进行强制、监督、指挥、并惩罚进行威胁,才能使他们付出足够的努力去完成给定的工作目标;一般人都胸无大志,通常满足于平平稳稳地完成工作,而不喜欢具有"压迫感"的创造性的困难工作。

在 X 理论的假设下,管理人员必须用强硬的控制方法,如用惩罚等方法去驱使下属工作,根本谈不上对下属的激励。在这种情况下,大多数管理者将人看成动机唯一的"经济人",只注意人的生理需要和安全需要,以金钱做管理工具,采取惩罚手段,即"胡萝卜加大棒"理论。显然,在这种人性假设基础上的管理方法是难以激发其工作主动性的。

与 X 理论相反的是 Y 理论。麦格雷戈认为,Y 理论是较为传统的 X 理论的合理替换物。Y 理论的主要观点是:人并不懒惰,他们对工作的喜欢和憎恶取决于这工作对他是一种满足还是一种惩罚;在正常情况下人愿意承担责任;人们都热衷于发挥自己的才能和创造性。

在 Y 理论的假设下,管理者所采取的主要管理方式就应是正确激励下属。具体地说,就是要协调组织目标与个人目标之间的矛盾。让工作人员参与组织目标的设计,相信下属有良好的工作愿望,让他们自己参与管理,使之承担一定的责任,并注意在组织中创造有利于个人发展的良好环境。

4) Z理论

美国加州大学管理学院教授威廉·大内(William Ouchi)在研究分析了日本的企业管理经验之后，提出了他所设想的Z理论。1981年，他出版了《Z理论——美国企业界怎样迎接日本的挑战》一书。Z理论认为企业管理当局与职工的利益是一致的，两者的积极性可融为一体。

按照Z理论，管理的主要内容如下：

(1) 企业对职工的雇用应是长期的而不是短期的。企业在经济恐慌及经营不佳的状况下，一般也不采取解雇职工的办法，而是动员大家"节衣缩食"共渡难关。这样，就可使职工感到职业有保障而积极地关心企业的利益和前途。

(2) 上下结合制定决策，鼓励职工参与企业的管理工作。从调查研究、反映情况，到参与企业重大问题的决策，都启发、支持职工进行参与。

(3) 实行个人负责制。要求基层管理人员不机械地执行上级命令，而要敏感地体会上级命令的实质，创造性地去执行。强调中层管理人员对各方面的建议要进行协调统一，统一的过程就是反复协商的过程。这样做虽然费些时间，但便于贯彻执行。

(4) 上下级之间关系要融洽。企业管理当局要处处显示对职工的全面关心，使职工心情舒畅、愉快。

(5) 对职工要进行知识全面的培训，使职工有多方面工作的经验。如果要提拔一位计划科长担任经营副经理，就要使他在具有担任财务科长、生产科长的能力之后，再选拔到经营副经理的位置上。

(6) 相对缓慢的评价与稳步提拔。强调对职工进行长期而全面的考察，不以"一时一事"为根据对职工表现下结论。

(7) 控制机制要较为含蓄而不正规，但检测手段要正规。

早期管理思想成就伟大的摩西

《圣经·出埃及记》记载：摩西带领希伯来人摆脱埃及人的奴役而出走，之后在旷野生活了40年，这期间，百姓人数越来越多，摩西对各种事务事必躬亲，出现了百姓从早到晚站立在摩西两侧等待他裁决事务的景象。此时，来访的摩西岳父叶忒罗给了他恰当的建议："你做的事情效果不好，你和跟随你的百姓都会累垮的，因为这些工作对你来说负担太重，你不可能单独一人来完成这些工作。现在请听我说，你应该一是制定法令，诏告民众；二是建立等级，授权委任管理者，从百姓中挑出有能力的人，千人之长，百人之长，五十人之长和十人之长，让他们协助你审理百姓的事情，小事都由他们审理，大事提交给你。只要这样，你才能坚持到底，而百姓也会平安到达目的地。"当摩西听到岳父清晰的建议时，他毫不犹豫地照做了。自此，以色列不再是一盘散沙，不再是彷徨的流浪者，而是将领导者和管理者的职能区别开来，挑选有才能的人作为管理者，将管理权力逐级下放、逐级授权，发挥组织整体的力量的统一、高效的组织整体。最终，摩西成为以色列民族的领袖，成为那个时代所向披靡的征服者。

摩西岳父叶忒罗传授给摩西的就是一种人类早期的管理思想。公元前5000年的摩西凭借人类早期的管理思想就完成了如此伟业,那么,今天我们系统地学习发展完善的管理理论更能有助于我们成就国家、社会、个人的各项事业。

2.1.3 现代管理理论

第二次世界大战之后,许多国家都致力于本国经济的发展,随着现代自然科学和技术的日新月异,生产和组织规模急剧扩大,生产力迅速发展,生产社会化程度不断提高,这一切都推动了管理研究的进一步深入。许多学者在前人的理论与实践经验的基础上,结合自己的专业知识,从不同的角度出发对管理进行多方面的研究,由于研究条件、掌握材料、观察角度以及研究方法、思路等方面的不同,产生了众多的管理学派。

现代管理理论阶段(从20世纪40年代至今)的特点是:众多学派之间相互补充、相互影响,从不同方面来阐述管理中的有关问题,极大地丰富了管理科学,共同构筑了完整的管理理论体系,形成了盘根错节的局面,被称为"管理理论丛林"。

1. 管理科学学派

管理科学学派又称数量学派,或计量学派,也称数量管理科学学派。这一学派的理论与泰勒的"科学管理"理论实际上属于同一思想体系,但它又不是泰勒理论的简单延续,而是在泰勒理论的基础上有新的发展。该学派是将数学引入管理领域,运用科学的计量方法来研究和解决管理问题,使管理问题的研究由定性分析发展为定量分析。这一学派认为,管理就是运用数学模型,对管理领域中的人、财、物和信息、时间等资源进行系统定量分析,求出实现目标的最优方案并使之实施的过程。

"管理科学"理论有如下主要特点:

(1) 生产和经营管理各个领域的各项活动都以经济效果好坏作为评价标准。
(2) 使衡量各项活动效果的标准定量化。
(3) 依靠计算机进行各项管理。
(4) 特别是强调使用先进的科学理论和管理方法。

2. 管理过程学派

管理过程学派又称管理职能学派或经营管理学派。主要代表人物是哈罗德·孔茨(Harold Koontz)。该学派推崇法约尔的管理职能理论。这一学派的特点是把管理学说同管理人员的职能,也就是同管理人员从事管理工作的过程联系起来。

该学派认为,不论组织的性质多么不同,所处的环境多么不同,但管理人员的职能是相同的。因此,应该确定管理人员的职能,作为理论的概念结构,例如法约尔把管理划分为计划、组织、指挥、协调、控制五种职能。以后各管理学家的职能划分虽不完全一致,但也大同小异。该学派认为,一切最新的管理思想都能纳入上述的理论结构中。管理理论就是围绕这样的结构,把经过长期的管理实践积累起来的经验、知识综合起来,提炼出管理的基本原则。

管理过程学派是以管理的职能及其发挥作用的过程为研究对象,认为管理就是通过别人或同别人一起完成工作的过程。管理过程与管理职能是分不开的,管理的过程也就是管理的诸职能发挥作用的过程。以这一认识为出发点,管理过程学派试图通过对管理过程或管理职能的研究,把管理的概念、原则、理论和方法加以理性概括,从而形成一种"一般性"的管理理论。反过来又可以指导管理实践。在研究方法上,这一学派一般是首先把管理人员的工作划分为各种职能,然后对这些职能进行分析研究,并结合管理实践探索管理的基本规律和原则。

3. 社会系统学派

社会系统学派最早的代表人物是美国的彻斯特·巴纳德(C. I. Barnard)。该学派认为,人的相互关系就是一个社会系统,它是人们在意见、力量、愿望以及思想等方面的一种合作关系。管理人员的作用就是要围绕着物质的、生物的和社会的因素去适应总的合作系统。该学派从社会学的角度来分析各类组织,将组织看作一个社会系统,是整个社会大系统中的一部分,会受到社会环境各方面因素的影响。

4. 决策理论学派

决策理论学派的最主要代表人物是美国的赫伯特·西蒙(H. A. Simon)。决策理论学派认为:

(1) 决策是管理的中心,决策贯穿管理的全过程。西蒙认为,任何作业开始之前都要先作决策,制订计划就是决策,组织、领导和控制也都离不开决策。

(2) 在决策准则上,用满意性准则代替最优化准则。西蒙认为,完全的合理性是难以做到的,管理中不可能按照最优化准则来进行决策。首先,未来含有很多的不确定性,信息不完全,人们不可能对未来无所不知;其次,人们不可能拟订出全部方案,这既不现实,有时也是不必要的;最后,即使用了最先进的计算机分析手段,也不可能对各种可能结果形成一个完全而一贯的优先顺序。

(3) 强调集体决策与组织对决策的影响。西蒙指出,经理的职责不仅包括本人制定决策,也包括负责使他所领导的组织的某个部门能有效地制定决策。他所负责的大量决策制定活动并非仅仅是他个人的活动,同时也是他下属人员的活动。

(4) 发展人工智能,逐步实现决策自动化。他强调计算机在企业管理中的应用,特别是计算机在高层管理及组织结构中的应用。

5. 系统管理学派

系统管理理论学派的代表人物是理查德·约翰逊(Richard Johnson)、弗理蒙特·卡斯特(F. E. Kast)和罗森茨韦克(J. E. Rosenzweig)。该理论强调管理的系统观点,要求管理人员树立全局观念、协作观念和动态适应观念,既不能局限于特定领域的专门职能,也不能忽视各自在系统中的地位和作用。该学派的理论要点有:

(1) 企业是由人、物资、设备和其他资源在一定的目标下组成的一体化系统,它的成长和发展同时受到这些组成要素的影响,在这些要素的相互关系中,人是主体,其他要素则是被动的。人是决定性要素,具有主观能动性。管理人员需力求保持各部分之间的动态平衡、相对稳定和一定的连续性,以便适应情况的变化,达到预期目标。

(2) 企业是一个开放型的社会技术系统。企业是社会大系统中的一个子系统,企业的生存与发展受到周围环境因素的影响,同时企业也影响环境。而在企业系统内部,又包含许多子系统、分系统。企业这个开放的系统是由五种不同的子系统构成的,它们分别是目标与价值子系统、技术理性子系统、社会心理子系统、结构子系统、管理子系统。这五个分系统之间既相互独立,又相互作用,不可分割,从而构成一个整体。

(3) 企业管理必须坚持系统观点。运用系统观点来考察管理的基本职能,可以把企业看成一个投入—产出系统,投入的是物资、劳动力和各种信息,产出的是各种产品(或服务)。运用系统观点使管理人员不至于只重视某些与自己有关的特殊职能而忽视了大目标,也不至于忽视自己在组织中的地位与作用,可以提高组织的整体效率。

6. 经验主义学派

经验主义学派又称案例学派。主要代表人物有彼得·德鲁克(Peter F. Drucker)、欧内斯特·戴尔(E. Dale)和威廉·纽曼(W. Newman)等。这个学派的基本观点是,否认管理理论的普遍价值,主张从"实例研究"、"比较研究"中导出通用规范,由经验研究来分析管理。他们通过对大量管理的实例和案例的研究,分析管理人员在个别情况下成功或失败的管理经验,从中提炼和总结出带有规律性的结论,这样,可以使管理人员学习到更多的管理知识和技能。该学派重点分析了许多组织管理人员的经验,然后加以概括,找出他们成功经验中共性的东西,然后使其系统化、理论化,并据此向管理人员提供实际的建议。很多学者认为,该学派的主张实质上是传授管理学知识的一种方法,称为"案例教学"。实践证明,这是培养学生分析问题和解决问题的一种有效途径。

7. 权变理论学派

权变理论学派的主要代表人物有劳伦斯(P. R. Lawrence)、洛希(Jay W. Lorsch)和弗雷德·卢桑斯(Fred Luthans)等。权变理论的核心是在变化的环境中灵活运用管理的理论和方法,强调管理的适应性和灵活性。权变理论认为,在企业管理中要根据企业所处的内外条件随机应变,没有什么一成不变、普遍适用的"最好的"管理理论和方法,"权变"的意思就是权宜应变。该学派是从系统观点来考察问题的,它的理论核心就是通过组织的各子系统内部和各子系统之间的相互联系,以及组织和它所处的环境之间的联系,来确定各种变数的关系类型和结构类型。它强调在管理中要根据组织所处的内外部条件随机应变,针对不同的具体条件寻求不同的最合适的管理模式、方案或方法。

权变理论的出现意味着管理手段和方法追求更精确、更有效、更适应组织个体的内外状况的独特个性的目标。权变理论的出现意味着管理理论向实用主义方向发展前进了一步。

菲亚的汽车经销商店

菲亚拥有一家经营得十分成功的汽车经销商店——菲亚商店。25年来,菲亚一直坚持独资经营,身兼所有者和管理者两职。现在他已经70岁了,打算从管理岗位上退下来,但是他希望汽车经销商店仍能掌握在家族手中,他的长远目标是将这份产业留给自己的儿孙。

菲亚正在考虑是否应该将他的商店转为公司制经营。如果他将商店改组为股份公司,那么他就可以给自己的每一位儿孙留下数目合适的股份。另外,他可以将商店整个留给儿孙们让他们进行合伙经营。为了能够选择正确的企业组织形式,菲亚制定了下列目标。

1. 所有权。菲亚希望他的两个儿子各拥有 25% 的股份,五个孙子各拥有 10% 的股份。

2. 存续能力。菲亚希望即使发生儿孙死亡或放弃所有权的情况也不会影响经营的存续性。

3. 管理。当菲亚退休后,他希望将产业交给一位长期服务于商店的雇员乔·汉兹来管理。虽然菲亚希望家族保持产业的所有权,但他并不相信他的家族成员有足够的时间和经验来完成日常的管理工作。事实上,菲亚认为他有两个孙子根本不具有经济头脑,所以他并不希望他们参与管理工作。

4. 所得税。菲亚希望产业采取的组织形式可以尽可能减少他的儿孙们应缴纳的所得税。他希望每年的经营都可以尽可能多地分配给商店的所有人。

5. 所有者的债务。菲亚知道经营汽车商店会出现诸如对顾客汽车修理不当而发生车祸之类的意外事故,这要求商店有大量的资金。虽然商店已投了保,但菲亚还是希望能够确保在商店发生损失时,他的儿孙们的个人财产不受任何影响。

(资料来源:百度文库)

2.2 中国古代管理实践与管理思想

尽管中国管理学在近期才逐渐形成一个比较完善的体系,但中国管理学存在的历史非常悠久。中国传统管理思想萌芽于夏、商、周,繁荣于春秋战国,定型于汉、唐,止步于宋、元,盛行于明清,衰落于清末,振兴于现当代。在浩如烟海的古代典籍中,记载着我国古代杰出思想家、军事家、政治家关于国家管理、军事管理、经济管理等方面的学说和主张,蕴藏着丰富的管理智慧和实践经验。

2.2.1 中国古代管理实践

中国是世界上历史最悠久的文明古国之一。早在五千年前,中国已经有了人类社会最古老的组织——部落和王国,有了部落的领袖和帝王,因而也就有了管理。到了约公元前 17 世纪的商、周时代,中国已形成了组织严密的奴隶制和封建制的国家组织,出现了从中央到地方,高度集权、等级森严的金字塔形的权力结构。

中国自古就是世界上人口最多,幅员最大的国家之一。早在公元前二百多年前,秦朝就形成了与现代中国国土相近的统一国家。秦始皇不但建立了第一个多民族的统一国家,而且在他短暂的统治时期内,表现出了卓越的管理才能。他建议了以郡县制为基础的中央集权体制,设立了以三公九卿为主的行政管理机构,制定了一系列法律条令,统一了全国的文字、货币和度量衡制度。在以后两千多年漫长的历史中,中国曾经发生过无数次战争和多次外国入侵,经历了数百次改朝换代,虽然也曾有过短暂的分裂,但历代统治者都能对如此辽阔的疆土和众多的人口进行着有效的控制和管理。人类历史上出现过的古希腊、古罗马帝国都曾创造过辉煌业绩,推动了社会文明的进步,但随着时间的推移,这些横跨欧亚的大国都分崩离析、烟飞云散了。唯有中国自古至今基本上保持着完整的国家领土和主权,至今成为世界上人口最多的大国,并且正在迅速崛起。历代统治者的功过是非应当由历史学家去研究和评述,但从管理学的角度来看,历史也给我们留下了有关管理国家、巩固政权、统率军队、组织战争、治理经济、发展生产、安定社会等方面极为丰富的经验和理论,其中也包含着许多至今仍闪耀着光辉的管理思想。

中国有许多世界历史上的伟大工程。万里长城始建于春秋战国时代,后经历代王朝修建,东起河北省的山海关,西至甘肃省的嘉峪关,横跨河北、北京、山西、内蒙古、陕西、宁夏和甘肃七个省、自治区、直辖市,蜿蜒于崇山峻岭之中,长达6 700公里。这样浩大的工程必须依靠严密的施工组织、完善的工程管理才得以完成。据《春秋》记载,当时没有任何机械,工作环境又是崇山峻岭、峭壁深壑,而工程计划却十分周到细致,不仅计算了城墙的土石方量,连所需的人力、材料,以及从何处征集劳力,他们往返的路程、所需口粮,各地应担负的任务也都一一明确分配。筑城所用的砖都按统一规格由全国各地烧制后运送到工地。为了监督检查制砖的责任和质量,每块砖上都刻有制造州府县及制造者的名字。要完成如此浩大的工程,在科学技术尚不发达的当时,其计划、组织、领导、控制等管理活动的复杂程度是现代人难以想象的。

一 箭 三 雕

宋真宗年间,因皇城失火,宏伟的昭君宫殿被烧毁,大臣丁渭受命全权负责宫殿的修复。这是一项浩大的工程,需要解决很多问题,特别是运输问题。丁渭提出了一个巧妙的"一箭三雕"方案:先在宫殿前的街道挖沟,挖出的泥土烧砖烧瓦;再把京城附近的河水引入沟渠中,形成一条运河,用船把各地的木材石料等建筑材料运至宫前;最后沟渠撤水,把清墟的碎砖烂瓦和建筑垃圾就地回填,修复原来的街道。

丁渭为了解决修复皇宫所用材料的运输问题,运用了许多在现在看来也是非常先进的管理思想。在科学技术尚不发达的当时,想要完成这样浩大的工程,没有大量的管理活动几乎是不可能的。它是中国古代管理实践的典型范例,对现代管理思想具有借鉴意义。

2.2.2 中国古代管理思想

中华民族悠久的历史积累了丰富的管理经验,在对这些经验思考的基础上,逐渐提炼,形成了早期的管理思想。

中国古代的管理思想极为丰富,春秋时期可以说是中国古代文明的鼎盛时期,各种管理思想也出现了百家争鸣的局面,秦汉以后,也出现了许多杰出的管理思想家,大都是在前人基础上的补充和发展。但是中国古代的管理思想还不能成为科学,其属性属于经验管理,研究的主要内容是治国之道、为君之方和做吏之规。

1. 儒家的管理思想

以孔子、孟子为代表的儒家,作为利益一元化管理体制的维护者,在"人性本善"的前提下提出了以仁政、德治为主要内容的管理模式。

1) 仁政

孔子提出"仁"："仁者,爱人。"儒家经典《礼记·中庸》中有："为政在人,取人以身,修身以道,修道以仁。仁者人也,亲亲为大。"其意思是："为政之道,在于得到人才,而得到人才的方法,在于领导者能修养自身,以德行感召人才。"孟子则提出"仁政"："以不忍人之心,行不忍人之政,治天下可运之掌上。"孟子进一步指出："仁者无敌"——"天子不仁,不保四海；诸侯不仁,不保社稷；卿大夫不仁,不保宗庙。"

2) 德治

儒家主张施仁政,其中的重要内容是反对苛政与任意刑杀,认为"苛政猛于虎"。儒家倡导用道德感化的方式来统治人民,因此主张德治。

3) 礼制

推行仁政德治,必须要借助一定的制度规范,这就是"礼"。儒家认为："人无礼则不生,事无礼则不成,国无礼则不宁。"

儒家管理思想是以血缘宗法关系为基础、道德伦理为本位,把整个管理和治国思想伦理化了,具有理想化的色彩。儒家的管理思想十分丰富,影响了中国社会几千年,至今还发挥着重要作用。

2. 道家的管理思想

老子认为"道常无为",管理者应"处无为之事,行不言之教"。道家进一步认为"无为而无不为"。因为行无为之道,万物就会按其本性自然生长、自由发展,人也会实现自己的一切愿望。具体来说,无为而治就是通过最少的、必要的、有效的法律制度把社会干涉行为减少到最低限度,从而实现组织的自然和谐与个人自由的协调发展。"无为而治"的管理方式是现代管理的最高境界,值得今天的管理者深入研究。

3. 法家的管理思想

法家主张"法治",反对"人治"。韩非子提出"上法而不上贤"（《韩非子·忠孝》）。他认为,历史上的贤君和暴君都是很少的,绝大多数君主都属于"中人",就可以把国家管理好；如果实行"人治"则非要等"千世一出"的圣贤不可,那是不现实的。

4. 兵家的管理思想

春秋战国时期,杰出的军事家孙武所著的《孙子兵法》对于现代的军事和管理都有重要的参考价值。对于管理的战略,孙子强调,优秀的战争指挥员应该依靠计谋取胜,"故上兵伐谋,其次伐交,其次伐兵,其下攻城"；"知己知彼,百战不殆；不知彼而知己,一胜一负；不知彼,不知己,每战必殆"。这些重视战略筹划的思想,对于管理人员具有重要的启迪作用。对于管理的策略,孙子指出："水因地而制流,兵因敌而制胜。故兵无常势,水无常形；能因敌变化而取胜者,谓之神。"这种"因变制胜"的策略思想,对于现代管理仍是有参考价值的。

孙子提出分级管理的原则,即"治众如言寡,分数是也"。要使管理多数人像管理少数人一样,就要依靠组织和编制的作用。如何形成富有战斗力的组织呢？孙子又提出"令文齐武"的治军原则,文武两手包含恩威并用、信赏明罚、爱卒善俘,就是要用思想教育的手段,对部属晓之以理,动之以情。同时要用制度控制的方法,严明纪律,严肃法度。这对于现代管理仍是适用的。

中国古代管理思想博大精深，是一个丰富的、无尽的宝库，不仅成为滋养中华民族蓬勃发展的智慧之源，而且也被世界各国有识之士所开发和利用。

滴 水 藏 海

有一个年轻人跋涉千山万水来到森林中的寺院，请求寺院里德高望重的住持收他为徒。住持郑重地告诉他："如果你真要拜我为师追求真道，你必须履行一些义务与责任。""我必须履行哪些义务和责任呢？"年轻人急切地问。"你必须每天从事扫地、煮饭、劈柴、打水、扛东西、洗菜……的工作。""我拜你为师是为了习艺正道，而不是来做琐碎的杂工、无聊的粗活。"年轻人一脸不悦地丢下这句话，就悻悻然离开了寺院。

其实，正道不是深不可测、高不可攀的，正如所有的管理思想都是在长期的管理活动实践中积累、总结出来的。一滴水可以藏海，平凡的日常琐碎、生活细节都孕育、隐藏着大的哲理。学会在生活和工作中多观察、多思考、多感悟才有可能成就大事业。

（资料来源：智库百科）

2.2.3 中国古代管理思想的基本特征

通过对中国古代思想家的管理思想进行归纳、提炼和综合，我们可以发现中国古代管理思想的基本特征有以下几点。

第一，把人作为管理的重心。"以人为本"的思想在中国古代管理思想中始终占主导地位，把人作为管理的重心，管理者必须以人为本，"爱人贵民"，认为管理的成败在于用人。

第二，把组织与分工作为管理的基础。强调组织与分工是管理的基础，建立层次分明的组织体系，家庭是最基本的组织形式，儒家和法家的富国富民之学都是把一家一户作为一个单位，以男耕女织的个体农业作为社会生产的基本形式。"齐家"是管理的主要方面。

第三，强调了农本商末的固国思想。重农限商的思想一直在中国古代管理思想中居于主导地位，倡导以农富国，《管子》认为农业是富国富民的本事、本业。韩非提出："富国以农"，"仓廪之所以实者，耕农之本务也"。荀子主张："轻田野之税，平关市之征，省商贾之数，罕兴力役，无夺农时，如是则国富矣。"商鞅主张以农固国，认为："国不农，则与诸侯争权不能自持也，兵力不足也。"只有通过政治、经济、法律等手段把农民稳定在土地上，国家才能安稳。

第四，突出了义与情在管理中的价值。中国古代充满着浓重的讲情讲义的管理思想，倡导"见利思义"、"义然后取"、"义，利也"、"兼相爱，交相利"、"晓之以理，动之以情"、"以德服人"等理念。

第五，赞赏用计谋实现管理目标。重视谋划，主张以谋取胜为上策，适应环境变化，善于权变，不拘泥于既定的清规戒律。

第六，把中庸作为管理行为的基准。中庸思想在中国古代管理思想中始终占重要地位，把中庸作为道德标准、决策准则。

第七，把求同视为管理的重要价值。重求同是中国古代管理思想的重要特征。中国地大物博、自给自足的地理及经济生活特点使得中国的管理活动获得了一个天然的"隔离机制"，管理体制和思维方式一直保持着自己的特色，没有发生过大的文化"断层"、交融与更替现象，长期以来一直稳定地延续下来，使中国的传统管理思想中凸显出求同性。孔子毕生致力于"克己复礼"；董仲舒甚至把封建统治制度与"道"和"天"联系起来，提出"道之原大与天，天不变，道亦不变"。国家的统一始终成为当政者的追求，这种思想被扩展到社会生活的各个方面。

洞察人性，利义兼顾的管理手段

明万历初年，明神宗朱翊钧对首辅张居正不但给之高位，赐以金钱，并且对张居正敬重备至，待之以师臣之礼，口口声声称"先生"或"张先生"。就是在下御札时，也从不直呼其名，只称先生或元辅。以后传旨批奏时也多不提其名，只写"谕元辅"。

1574年的一天，神宗在宫中传皇太后旨意，询问近侍太监："元辅张先生父母存乎？"左右回答："先生父母俱存，年俱七十，甚健康。"

到了五月十九日视朝的日子，神宗给张居正写了手谕："闻先生父母俱存，年各古稀，朕心嘉悦，特赐大红蟒衣一袭，银钱二十两，又玉花坠七件、彩衣纱六匹，乃奉圣母恩赐。咸钦承，著家僮往赏之。外银钱二十两，是先生的。"命文官刘东把手谕及赏物送至内阁。

皇恩不仅降于自己一身，还被及父母，这样的厚恩使张居正感激涕零，立即写了谢恩疏给皇帝，说："恩出非常，感同罔极"；"士而知己，许身尚不为难；臣之受恩，捐躯岂足云报。"并且表示，立即派遣僮仆星夜兼程赶往江陵老家，归奉亲欢，传子孙为世宝。

这里，明神宗采取的政策就是用荣誉来辅助奖赏的不足。每个人都希望自己富而且贵，人的本性就是这样的。领导者要笼络人心，不但要使人富，还应使人贵，这个"贵"就是身份、地位的贵重。

上有榜样，下必效尤，一时满朝臣工对张居正都是敬重有加，从而使得张居正对神宗皇帝一心一意，竭力辅佐。在他的努力下，万历新政顺利施行，万历初期经济得到大力发展，国库充实，国力强盛，人民安居乐业。

义利兼顾的行赏往往能让受赏者更加心存感激。聪明的领导不但用利益激励下属，而且要认同他，授予他荣誉。

(资料来源：陈东升.中国式管理的32个手段[M].北京：中国致公出版社，2005.)

2.3 当代管理理论的发展

当代管理理论的基本目标是要在不断急剧变化的社会中，保持一个充满活力的组织，使之能够持续地低消耗、高产出，完成组织的使命，履行其社会责任，因而要求管理理论不断发展和完善。自20世纪90年代以来，经济全球化、信息化和知识化迅猛发展，使现代组织所面临的经营环境日益复杂多变,竞争愈演愈烈。众多管理者不断探索,提出了许多新的管理观念、原则和方法。

进入20世纪70年代以后,由于国际环境的巨变,尤其是石油危机对国际环境产生了重要的影响。这时的管理理论以战略管理为主,研究企业组织与环境关系,重点研究企业如何适应充满危机和动荡的环境的不断变化。迈克尔·波特(M. E. Porter)所著的《竞争战略》把战略管理的理论推向了高峰,他强调通过对产业演进的说明和各种基本产业环境的分析,得出不同的战略决策。

20世纪80年代为企业再造时代,该理论的创始人是原美国麻省理工学院教授迈克尔·哈默(M. Hammer)与詹姆斯·钱皮(J. Champy),他们认为企业应以工作流程为中心,重新设计企业的经营、管理及运作方式,进行所谓的"再造工程"。美国企业从20世纪80年代起开始了大规模的企业重组革命,日本企业也于20世纪90年代开始进行所谓第二次管理革命,这十几年间,企业管理经历着前所未有的、类似脱胎换骨的变革。

20世纪80年代末以来,信息化和全球化浪潮迅速席卷全球,顾客的个性化、消费的多元化决定了企业只有适应不断变化的消费者的需要,在全球市场上争得顾客的信任,才有生存和发展的可能。这一时代,管理理论研究主要针对学习型组织而展开。彼得·圣吉(P. M. Senge)在所著的《第五项修炼》中更是明确指出企业唯一持久的竞争优势源于比竞争对手学得更快更好的能力,学习型组织正是人们从工作中获得生命意义、实现共同愿景和获取竞争优势的组织蓝图。针对西方管理理论缺乏中国人性基因的先天不足问题,中国管理界逐渐开始反思,着重分析应用中国已有的优秀管理思想并形成了论权者谋等管理理论。

2.3.1 组织行为管理

组织是一种自然系统,进程需要凭借自身的资格去考察的生物体。任何一个组织,其成员的行为都会影响该组织的结构和功能,并影响该组织所适用的管理原则,组织成员不仅为组织工作,而且他们本身就是组织。

组织行为管理是采用系统分析的方法,综合运用心理学、社会学、人类学、伦理学、管理学和政治学等多学科知识,来研究和解释一定组织中人的心理和行为规律的交叉性、边缘性社会科学。目的是提高管理人员预测、引导和控制人的行为的能力,实现组织预定目标。

组织行为管理的研究对象已规定了其研究内容,即研究一定组织中人的心理和行为的规律,而组织中人的心理与行为又分为组织中的个体心理与行为、群体心理与行为和组织心理与行为三个层次。组织行为管理的研究目的是要对上述三个层次的心理与行为进行预测、引导和控制,以便更合理地利用人力资源,更有效地实现组织的目标。

1. 个体心理与行为

所谓个体心理,确切地说,是个体的社会心理,即个体在特定的社会部门或组织系统中,因其所处的角色地位而表现出的心理现象。包括个人行为的发展过程,态度、个性、价值观以及自我意识等发展,社会认知的确定,人格特征的形成等。个体行为则是指处组织环境中的个人的所作所为。组织行为学研究个体行为的共同规律,目的在于探讨个体内在的能力，引导和控制个体行为，激发个体的工作潜能，实现管理科学化。

2. 群体心理与行为

组织中的人们总是处在一定的关系之中，这些关系又表现为亲近或疏远的不同程度，并呈现为不同的群体。要有效地达到管理目标，就必须研究群体心理与行为，包括群体心理的特征、群体的凝聚力、群体的合作与竞争、群体的冲突与沟通以及群体中的人际关系、团队行为、领导行为等，使管理者能掌握群体行为形成的原因，并对之进行有效的协调与控制。组织中的团队行为及领导行为是在一定条件下实现组织目标的引导性和调控性行为，是影响组织、群体和个体行为，进而直接影响组织绩效的一个关键因素。

3. 组织心理与行为

组织行为直接关系到组织自身的生存和发展。同时，组织又是个体和群体实现某种目标的关键要素，组织状况直接影响个体或群体的行为效率。如何使组织的形态与功能既能顺应外部环境的变化，又能适合群体成员的心理需要，促进组织目标的实现，便成了组织行为研究的重要内容。组织行为研究主要包括：组织结构与设计、组织文化以及组织变革与发展等问题。组织行为研究的目的在于：分析组织结构、管理体制、组织文化对组织成员心理和行为以及组织效率的影响，以期形成良好的组织机制，促进组织管理效率的提高；探索组织变革、组织发展的原理和模式，促进组织不断完善和发展。

从系统论的角度来看，个体、群体和组织三者之间，互相依存、互相制约，又互相补充，共同形成了一个大系统。因此，我们在研习时既要对组织中的个体行为进行多层次、多水平、多角度的系统分析，又要把人的各种心理活动和行为表现看成是整个系统相互关系的结果。我们不能离开人的社会情感去研究人的社会认知，也不能离开人们已有的相对稳定的个性特征，去孤立地研究其某些心理活动或行为表现。

组织行为管理模型主要有以下几种。

1. 专制模式

专制模式（autocratic model）是以强权为基础来达到管理目标的管理模式。这种模式的基础是权力，如果员工不服从命令就将受到惩罚。

在专制模式条件下，管理层认为雇员的责任就是服从命令。这种传统的管理观念导致工作中对员工的严密监管。员工的取向是服从老板，老板的雇用、解雇的权力是绝对的。在这种管理模式下，员工完成最低限度的绩效，老板支付最小限度的薪水。员工之所以还愿意完成最低限度的绩效，是因为他们必须为自己和家庭满足最低限度的生存需要。

专制模型对于完成工作是一种有效的方法，它的主要缺点在于其高昂的人力成本。在过去没有其他选择时，专制模型是一种可接受的指导管理行为的理论，而如今在某些情况下（如组织危机），它也依然是有效的。但是，随着对员工需要的认识逐渐深入，再加上社会价值观的普遍改变，需要实施更加人性化的组织行为方法。

2. 看护模式

看护模式（custodial model）是以改善劳资关系为基础来达到管理目标的管理模式。在专制的管理模式下，虽然员工嘴上从来不顶撞，但他们的心里却满怀积怨。员工对老板的感受是充满了不安、沮丧和愤恨。客观上要求管理者采取办法，提高员工的满足感和安全感。如果能消除员工的不安全感、挫折感和敌意，他们可能会感到更喜欢工作。因此，

19世纪末20世纪初,很多公司启动了福利计划来为员工提供安全感,业主、工会、政府都开始注意员工的安全保障需要,看护模式在许多场合得到了运用。

看护模式有赖于企业经济财力,如果一个组织无力支付各项福利费用,便不能有效地达到管理目标。看护模式的管理取向是:由于员工的生理需要已经获得了一定的满足,管理人员把安全保障需要(需要层次论的第二层次)作为对员工的激励动力。

3. 支持模式

支持模式(supportive model)起源于"支持关系理论",其观点与人力资源观点很类似。支持模型是以领导而不是以权力或金钱为基础,通过领导和管理营造一种推动员工成长的气氛,为员工提供一种适当的机会,优先考虑支持雇员成就业绩,而不是单纯地提供物质福利等一套经济保健措施。其结果是使员工感到他们在"参与"管理,自己也包含在组织之中,使员工获得了从以前模式中从未获得过的强大激励,满足了员工们的高层次需要,促发了员工对工作的自觉驱动力。管理的取向在于对员工的工作绩效予以支持,员工得到更大的激励,因为他们的地位和尊重的需要都得到了更大的满足。

4. 团队模式

团队模式(collegial model)是对支持模型的一种有效扩展,体现一种团队的精神。它也在其他各类组织中得到了广泛的应用。团队模式给员工造成的心理效果是自我约束,自我要求。如同足球队员为了整个球队取胜而自觉遵守比赛规则和维护集体利益一样,为了完成协同任务而严格要求自己。置身于这样的环境中,员工会具有某种程度的恪尽职守、工作价值和自我实现感。过去这个模型很少被用于生产一线,因为其严格的工作环境使社团模型很难得到发展。而对于没有固定程序的工作,在脑力劳动环境,在有相当的工作自由的地方,团队模式往往会更有效。团队模式的"管理取向"是协作、指导、协调,员工则以高度的责任感参与协作。采用团队模式的心理学结果是自律,以自我实现感来激发员工的工作热情。

福特汽车公司

20世纪60年代,艾柯卡进入福特汽车公司,开始为他们推销汽车。1970年,艾柯卡推销福特公司的野马牌汽车获得巨大成功,于是升职为福特公司的总经理。他上任后,不顾董事长亨利·福特的反对,改革经营措施,推出一款低能耗的小型汽车,这款汽车一上市,立即受到消费者的欢迎。可是老福特对艾柯卡的这一举措并不看好,反而满怀嫉妒地寻找各种理由解雇了艾柯卡。福特为了自己一时的虚荣赶走了为自己赚进35亿美元的总经理,也失去了一位难得的人才。艾柯卡离开福特公司后,被克莱斯勒公司网罗旗下,克莱斯勒公司对艾柯卡十分重用。不久,濒临倒闭的克莱斯勒一跃成为福特公司强有力的竞争对手,从而使福特失掉很大一部分市场份额。

(资料来源:中华文本库)

2.3.2 企业文化

企业文化理论是一个全新的企业管理理论,是世界企业管理史上出现的第四个管理阶段的理论，也称世界企业管理史上的"第四次管理革命"。

企业文化通常是由企业理念文化、企业制度文化、企业行为文化和企业物质文化四个层次所构成。企业文化的以上四个层次是紧密联系的。物质文化是企业文化的外在表现和载体，是行为文化、制度文化和理念文化的物质基础；制度文化是理念文化的载体，制度文化又规范着行为文化；理念文化是形成行为文化和制度文化的思想基础，也是企业文化的核心和灵魂。

企业文化建设的重要意义在于：解决思想转轨的决定力量，战略管理的关键所在，企业管理的领导助手，企业中个人的导向标。一个企业有了积极向上的文化，就会重视科学，尊重人才，吸引客户，创出名牌。企业文化，不仅仅是一种准绳，一种信念，一种象征，更是一种凝聚力。

企业文化的主要作用有：凝聚作用，企业文化像一根纽带把职工和企业的追求紧紧联系在一起，使每名职工产生归属感和荣誉感；激励作用，企业文化注重研究的是人的因素，强调尊重每一个人，相信每一个人，凡事都以职工的共同价值观念为尺度，能最大限度地激发职工的积极性和创造性；协调作用，企业文化的形成使企业职工有了共同的价值观念，对很多问题的认识趋于一致，增强了他们之间的相互信任、交流、沟通，使企业的各项活动更加协调；约束作用，企业文化对职工行为具有无形的约束力，经过潜移默化形成一种群体规范和行为准则，实现外部约束和自我约束的统一；塑造形象作用，优秀的企业文化向社会大众展示着企业成功的管理风格、良好的经营状况和高尚的精神风貌，从而为企业塑造良好的整体形象，树立信誉，扩大影响，是企业的无形资产。

济南九阳电器有限公司

济南九阳电器有限公司董事长王旭宁认为企业不论大小，都应重视企业文化的建设。企业文化不是一次运动，用三年两年时间就能够达到。最好是从企业小的时候就开始着手企业文化建设，因为大了以后，再去建设企业文化就比较困难了。一个企业文化底蕴有多深，企业发展就有多大，浅薄的企业文化不可能发展成强势企业。九阳的目标是要做一个百年企业。综观世界上的百年不衰的企业，它们都有的一个共同特点是：重视企业文化建设，不以追求利润为唯一目标，都有超越利润的社会目标。这是它们共同的企业价值观，也是企业文化的核心之一，这也正是九阳公司努力学习的典范。具体到九阳企业，企业文化概括为八个字，即"人本、团队、责任、健康"。以人为本就是既要尊重员工，又要发挥其潜能；其次是鼓励员工自觉地融入团队中，在九阳，自私的、本位的、不协作的员工是不受欢迎的，也是没有前途的；九阳企业的价值观是做有责任感的企业，对员工、消费者、合作者与社会负责任，并在企业经营中努力让他们感到满意。同时倡导每一位员工都要做有责任感的人；九阳的健康理念是让员工拥有健康的身心和健康的生活方式，企业拥有健康的机制，以保证长期生存和发展。

（资料来源：百度百科）

2.3.3 管理组织的虚拟化理念

管理组织的虚拟化理念表现为虚拟组织的形成,所谓虚拟组织是指两个以上的独立的实体,为迅速向市场提供产品和服务,在一定时间内结成的动态联盟。它不具有法人资格,也没有固定的组织层次和内部命令系统,而是一种开放式的组织结构。约翰·伯恩将虚拟组织描述成企业伙伴间的联盟关系,是一些相互独立的企业通过信息技术连接的暂时联盟,这些企业在诸如设计、制造、分销等领域分别为该联盟贡献出自己的核心能力,以实现技能共享和成本分担,其目的在于建立起某种特定产品或服务的世界一流竞争能力,把握快速变化的市场机遇,它既没有办公中心也没有组织结构图,可能还是无层级、无垂直一体化的组织。

虚拟组织在形式上,没有固定的地理空间,也没有时间限制。组织成员通过高度自律和高度一致的价值取向,共同实现团队的共同目标。虚拟组织中的成员可以遍布在世界各地,彼此也许并不存在产权上的联系,不同于一般的跨国公司,相互之间的合作关系是动态的,完全突破了以内部组织制度为基础的传统管理方法。虚拟组织的特征表现在以下几个方面:

1. 虚拟组织具有较强的适应性,在内部组织结构与规章制度方面具有灵活性和便捷性。
2. 虚拟组织共享各成员的核心能力。
3. 虚拟组织中的成员必须以相互信任的方式行动。

随着信息技术的发展、竞争的加剧和全球化市场的形成,没有一家企业可以单独地面对全球竞争,所以,由常规组织向虚拟组织过渡是必然的,虚拟组织日益成为公司竞争战略"武器库"中的核心工具。这种组织形式有着强大的生命力和适应性,它可以使企业准确有效地把握住稍纵即逝的市场机会。对于小型企业来说尤为重要。

泰勒的差别计件工资制

泰勒在米德维尔钢铁公司任工长的时候,发现工人在工作中存在的最大弊端是"磨洋工";工人一般只干正常工作量的三分之一至二分之一。

泰勒认为工人磨洋工的原因是:

(1) 人的懒惰的天性引起的"无意磨洋工";

(2) 错综复杂关系和重重顾虑引起的"有意磨洋工";

(3) 企业报酬制度不合理。泰勒认为磨洋工现象的存在应该责怪管理部门,而不应该由工人负责,管理工作就是要设计好工作,并提出适当的激励办法,以克服"磨洋工"现象。

泰勒在分析了原有的报酬制度后认为,要在科学地制定劳动定额的基础上,采用差别计件工资制度。其具体做法是:如果工人完成或超额完成定额,可按比正常单价高出25%计酬。不仅超额部分,而且定额内的部分也按此单价计酬。如果工人完不成定额,则按比正常单价低20%计酬。这种工资制度大大提高了工人们的劳动积极性,从而大大提高了劳动生产率。

2.3.4 自我管理

自我管理有广义和狭义之分,狭义的自我管理是指个人通过不断地自我认识、自我设计、自我教育、自我激励、自我控制、自我完善的动态过程,以实现个人理想和目标。而广义的自我管理的对象则扩大到组织,是指为实现目标,取得最大效益而进行的组织内部的自我调解、自我控制的过程。在组织管理中,自主性和平等民主参与性是自我管理活动的两大显著特征。因此,自我管理的原则包括自识、系统、统一、自愿、效率等。

自我管理具有以下几方面的特点。

(1) 管理范围的普遍性。自我管理虽然只是管自己,但是它却几乎适用于所有人。

(2) 管理时域的全程性。自我管理贯穿于人生的全过程,从儿童、少年、青年、壮年到老年。

(3) 管理内容的复杂性。自我管理具有十分广泛的内容,主要包括目标的确定、行为的控制、情感的调解、才智的发挥、时间的利用、信息的处理等许多内容。

(4) 管理方法的差异性。人的个性、素质、能力及经历、处境是千差万别的,人的自身的管理方式也是因人而异的。

(5) 管理理论的广延性。人的生命运动是人的思维运动的物质基础,而人的思维运动对人的生命运动产生着强大的能动作用。此外,人生活在世上,每天都要与自然界、社会接触,收到大量的自然信息和社会信息,这些信息要靠人的身心自动调节功能来处理。这些都给研究人的自我管理的理论带来了广延性。

自我管理有两种表现形式:个人的自我管理与团队的自我管理。

1. 个人的自我管理

个人的自我管理就是指个人可以在组织共同愿景或共同的价值观指引下,在所授权的范围内自我决定工作内容、工作方式,实施自我激励,并不断地用共同愿景来修正自己的行为,以使个人能够更出色地完成既定目标。也就是在这样一个过程中,个人使自己得到了充分的发展,使自己在工作中得到了最大的享受。

2. 团队的自我管理

团队的自我管理是指组织中的小工作团队的成员在没有特定的团队领导人条件下自己管理团队的工作,进行自我协调,共同决定团队的工作方向,大家均尽自己所能为完成团队任务而努力。团队自我管理在某种条件下比个人自我管理更为困难一些,因为团队中有许多人,如果有一两个希望搭便车的人的话,就会在团队中造成很大的冲突与麻烦。所以,成功的团队自我管理不仅需要每个团队成员均有良好的素质和责任,还需要有一个团队精神,以此凝聚众人。

自我管理已成为现代组织广泛采用的一种组织机制,它以重视人为基础,通过民主参与管理,在成就人的同时推进组织的有效运行。

世界著名公司的用人之道

麦当劳的"学校观念"。麦当劳的管理者认为,企业首先是培养人的学校,其次才是快餐店，它用自己独特的职业道德取胜市场，着力于寻求相貌平平，但具有吃苦耐劳的创业精神的人，并以公司自身的经验和麦当劳精神来培训自己的职工。

东芝的"重担子主义"。"合理化先生"士光敏夫在担任日本东芝株式会社社长时认为，要尊重人就应委以重任，论证谁担得起100公斤，就交给谁120公斤，从而激发人的创造力。他推行的"重担子主义"的用人路线，使企业经久不衰。

索尼的"人才开发政策"。索尼公司的不断发展，其关键在于不拘一格使用人才。演员出身的大贺则卫被录用以至提升为总裁的例子最为典型。他充分发挥自己声乐和经营方面的特长，9年以后，终于使索尼的录音公司成为日本最大的录音公司。

松下的"人才再生产"。日本松下公司，以电视和录像器材蜚声世界。松下幸之助在《对人的思考》等著作中谈到成功的经营管理经验，重要的一条就是重视人才的培养和人才的"再生产"。公司建有36个实验室，培养了2.2万名研究员、工程师，使企业获得了5.5万项专利产品。

（资料来源：搜狐IT频道）

2.3.5 团队管理

团队指在一个组织中，依成员工作性质、能力组成各种小组，参与组织各项决定和解决问题等事务，以提高组织生产力和达成组织目标。基本上，小组是组织的基本单位，各种小组的形成，若是成员能力具有互补性，形成异质性团队，其效果较佳，因为可从不同观点讨论，激发更有创意或独特的问题解决方式。团队管理基础在于团队，团队建立适当与否，直接影响团队管理成效。

团队管理是运用成员专长，鼓励成员参与及相互合作，致力于组织发展，所以可以说是合作式管理，亦是一种参与式管理。随着组织工作的复杂性日益增多，很多工作实难靠个人独立完成，必须依赖于团队合作才能发挥力量，所以团队管理有时代需求性，成功组织建立各种不同功能性的团队管理。因此，组织若能善用团队管理，对于激发成员潜能、协助问题解决、增进成员组织认同、提升组织效率与效能，具有一定的帮助。

为发挥团队管理的效果，每位成员首先需了解小组目标与使命及个人角色和责任；其次成员亦须了解如何完成小组任务；最后要能积极投入小组目标的达成。如能事先举办讲习会，建立成员有效沟通技巧，更可使团队管理有良好效果。

团队管理是未来管理的新取向，但不能陷入团队管理的迷思：认为所有的团队都是好的，成员在一起就是一种团队、彼此会相互喜欢等。这些都不是务实的看法，只有在一个开放、沟通顺畅的环境下，才能发挥团队管理的功能。

团队的奖金

某公司有一个10人小团队，在主管的带领下日复一日地为目标平静地工作着，每人拿着一份稳定的差异不多的工资。为了达成上级交给自己的任务，主管尽其所能地动员团队成员努力工作，管理结果是两个人工作努力，七个人工作中等，还有一个人工作差劲。

后来,公司领导和人力资源部希望通过评价考核和对优秀者进行奖励,以便达到激励更多人努力工作的目的。第一个月的评价结果出来了,理所当然那两个热爱工作的员工评价最高,获得了数百元的奖金。奖金发放之后,原来的平静被打破了,本来相安无事的团队出现了裂痕,原因是随大溜的七个人抱怨,自己也算尽心尽力,为什么没有奖金?那位工作差劲的员工反而做起了"思想工作",告诫随大溜的七个人,你们又没有奖金拿,瞎忙活什么?其结果是,因为奖金的缘故,团队工作效率非但没有提高,反而降低了。这就是我们许多企业的管理现实。

(资料来源:http://blog.renren.com)

2.3.6 流程再造

流程再造的思想是美国人迈克·哈默(Michael Hammer)和詹姆士·钱皮(James Champy)在1994年出版的一本著作《再造企业》中首先系统表述的。流程再造理论认为,由英国经济学家亚当·斯密在其著作《国富论》中创立的劳动分工论是建立在大量生产基础上的,而现在是"后工商业"时代,市场需求多变,企业不能再以量求胜,而是以质、以品种求胜,按劳动分工论组建起来的公司无法发挥高度的弹性和灵活性以及市场应变能力,因为社会大生产的发展,使劳动分工越来越精细、协作越来越紧密,相应地企业行政管理结构和生产经营组织结构也越来越复杂,这样管理及生产经营成本不断上升,管理效率不断下降,企业应付市场挑战的能力越来越呆滞。所以要求"彻底抛弃亚当·斯密的劳动分工论,而面对市场需要,在拥有科技力量的状况下,去重新组织工作流程和组织结构"。

流程再造指"根本重新思考,彻底翻新作业流程,以便在衡量绩效的重要指标上,如成本、质量、服务、速度等方面,取得戏剧性的改善"。流程再造强调要打破原有分工理论的束缚,重新树立"以流程为导向"的思想。

流程再造直接针对的就是被割裂的支离破碎的业务流程,其核心是业务程序的再造。流程再造的最终目标是要重建完整和高效率的新流程。在重组中,强调将过去分割开的工作按工作流程的内在规律,并在良好的企业文化基础上重新整合和恢复起来,通过水平和垂直压缩,合并工作、扁平组织、简化流程、提高效率、节约开支,从而达到企业增强竞争能力的作用。

马自达的流程再造

在福特汽车公司取得日本马自达公司25%的股权之后,经过观察,福特的主管阶层发现,马自达公司物资采购部的全部财务会计工作,竟然只用了5个人来处理,而福特汽车公司却用了50多人,与马自达公司区区5个人相比,简直是天壤之别。就算福特公司借助办公自动化,降低了两成的人事费用,仍旧无法和马自达公司精简的人事相提并论。其中,根本的区别在于两者作业流程的不同,因此,修正这种流程就成为提高效率的根本。然而,修正流程不能只从财务部门做起,而要从整个企业的流程改革着手。

(资料来源:杨凤敏.管理学基础与应用[M].北京:中国农业出版社,2005.)

2.3.7 知识管理

所谓知识管理是在组织中建构一个量化与质化的知识系统,让组织中的资讯与知识,透过获得、创造、分享、整合、记录、存取、更新、创新等过程,不断地回馈到知识系统内,形成永不间断地累积个人与组织的知识成为组织智慧的循环,在企业组织中成为管理与应用的智慧资本,有助于企业做出正确的决策,以适应市场的变化。

知识管理以无形资产管理为主要对象,比以往任何管理形式都更加强调知识资产的重要性。它遵循"知识积累—创造—应用—形成知识平台—再积累—再创造—形成新的知识平台"的循环过程。知识管理包括显性知识管理和隐性知识管理,但以隐性知识管理为重点,并注重显性知识与隐性知识之间的共享与转换。以知识管理创新为直接目标,以建立知识创新平台为基本策略,智力性和创新性是知识管理的标志性特点。与以往其他管理形式所采取的金字塔式的等级模式不同,知识管理采取开放的、扁平式管理的学习型组织模式。

知识管理要遵循以下三条原则:

(1) 积累原则。知识积累是实施知识管理的基础。

(2) 共享原则。知识共享是指一个组织内部的信息和知识要尽可能公开,使每一个员工都能接触和使用公司的知识和信息。

(3) 交流原则。知识管理的核心就是要在公司内部建立一个有利于交流的组织结构和文化气氛,使员工之间的交流毫无障碍。

知识积累是实施知识管理的基础,知识共享是使组织的每个成员都能接触和使用公司的知识和信息,知识交流则是使知识体现其价值的关键环节,它在知识管理的三个原则中处于最高层次。

按照上述原则进行知识管理,首先就要明确知识管理涉及组织的所有层面和所有部门,一个组织要进行有效的知识管理,关键在于建立起系统的知识管理组织体系。这一体系所实现的功能主要包括以下几个方面:组织能够清楚地了解它已有什么样的知识和需要什么样的知识;组织知识一定要能够及时传递给那些日常工作中最需要它的人;组织知识一定要使那些需要它的人能够获取;不断生产新知识,并要使整个组织的人能够获取它;对可靠的、有生命力的知识的引入进行控制;对组织知识进行定期的检测和合法化;通过企业文化的建立和激励措施使知识管理更容易进行。

尼康公司的知识管理

尼康选择了由知识管理软件公司提供的基于智能神经网络技术的主题知识系统作为其泛欧洲地区的客户服务的支持系统。作为尼康欧洲网站中"Nikon Vision"系统的后台引擎,主题知识系统不仅仅提供了自动化的客户服务支持,同时也形成了一个交互式的学习系统。尼康欧洲区技术支持部的经理 David Ward 说:"没有一个企业能够承担得起为每一个客户配备一个专门服务人员的费用,主题知识系统将会成为最好的客户支持系统,没有什么比它做得更好。"

尼康认为提供信息是一个十分重要的任务,而不仅仅是相机销售后的辅助性工作。同时,尼康也认识到应当引导客户参与到数码摄影的创作、交流等活动中,体会数码摄影的乐趣,而不是使客户感觉到他们只是从尼康购买了某种产品。

从20世纪50年代开始,尼康被认为是专业领域及民用领域高质量相机的代名词。随着数码影像时代的到来,尼康意识到客户需要的不仅是最好的相机,而且需要以更快、更容易理解的方式获得信息。

几年以前,尼康已经开始建立各种信息的HTML页面,并将它们发布在企业的内部网和公共网上,作为已有手册资料的补充。但是HTML技术有很大的局限性,正如Ward所说:"积累的信息越多,用户检索到正确答案的难度越大,没有经过过滤的信息就如同噪声。"因此,使用原始的HTML页面不是一种为客户提供自助服务的理想方式。但是,Ward坚持认为,采用基于Web方式的自助服务是尼康的客户服务的发展方向,他也坚信能找到一种适当的机制将信息恰当地传递给客户。

他开始在市场上寻找知识管理产品,但是最初没有找到合适的软件。Ward回忆道:"当在展会上看见主题知识系统时,我们立即认识到这是唯一满足我们需求的产品。"主题知识系统能够利用已有的HTML生成知识库,并能够以回答问题的方式,将其所包含的内容传递到尼康众多的客户那去,对客户而言,就好像和一个服务人员对话一样。"主题知识系统是所有我们见过的产品中唯一能够满足我们需求的软件。"Ward补充道,"我们正在逐步成为真正的知识管理者,正在逐步意识到我们的知识领域,正在逐步能够将我们的知识组织起来,发挥最大的价值。"

(资料来源:http://www.360doc.com)

2.3.8 人本管理

以人为本的管理,简称人本管理。人本管理思想产生于西方20世纪30年代,真正将其有效运用于企业管理,是在20世纪六七十年代。可以说人本管理思想是现代企业管理思想、管理理念的革命。

人本管理思想是把员工作为企业最重要的资源,以员工的能力、特长、兴趣、心理状况等综合性情况来科学地安排最合适的工作,并在工作中充分地考虑到员工的成长和价值,使用科学的管理方法,通过全面的人力资源开发计划和企业文化建设,使员工能够在工作中充分地调动和发挥工作积极性、主动性和创造性,从而提高工作效率、增加工作业绩,为达成企业发展目标作出最大的贡献。

1. 人本管理标准

首先,在企业的人、财、物、信息四大资源要素之中,人的管理是第一位的。凡是出色的大企业家,对人都有深刻的理解。"办企业就是办人",只有理解了人,才能把企业这个人群的能量充分发挥出来。

其次,满足人的需要,以激励为主要方式。包括满足社会人的需要,企业不断创造顾客;满足企业投资者的需要,实现利润最大化;满足企业全体员工的需要,使员工获取收入最大化。同时,以获得全面发展。

再次,优化教育培训体系,完善人,发展人。企业人自身不断地发展与完善,始终是人本管理的最高目标,也是人本管理最本质的核心含义。

复次,建立和谐的人际关系。人际关系影响着企业的凝聚力,影响着员工的身心健康。

最后,企业与员工个人共同发展。企业发展依赖于员工,特别是高素质人才。个人发展必须以企业为依托,离开企业及其工作,无所谓个人发展。必须坚持个人与企业共同命运、共发展、双赢的原则。

2．企业人本管理的操作层次

(1) 情感沟通管理是人本管理的最低层次,也是提升其他层次的基础。

(2) 员工参与管理。即企业管理者与员工的沟通不再局限于对员工的生活关心,员工已经开始参与到工作目标决策之中。

(3) 随着员工参与管理的程度越来越高,对业务娴熟的员工或知识员工可实行自主管理。

(4) 有针对性地进行人力资源开发培训工作,建立完善的培训体系。

(5) 企业文化的建立。企业文化说到底就是一个公司的工作习惯和风格。企业文化的形成需要公司管理的长期积累。企业文化作用就是建立这样一种导向。企业文化的关键是对员工的工作习惯进行引导,而不仅仅是为了公司形象的宣传。

格罗培斯的难题:最人性化的就是最好的

世界著名建筑大师格罗培斯设计的迪士尼乐园,经过了3年的施工,马上就要对外开放了。然而各景点之间的道路该怎样联络还没有具体的方案。施工部打电话给正在法国参加庆典的格罗培斯大师,请他赶快定稿,以便按计划竣工和开放。

格罗培斯大师从事建筑研究40多年,攻克过无数建筑方面的难题,在世界各地留下了70多处精美的杰作。然而建筑中最微不足道的一点小事——路径设计却让他大伤脑筋。对迪士尼乐园各景点之间的道路安排,他已修改了50多次,没有一次是让他满意的。

接到催促电报,他心里更加焦躁。巴黎的庆典一结束,他就让司机驾车带他去了地中海海滨。他想清醒一下,争取在回国前把方案定下来。汽车在法国南部的乡间公路上奔驰,这里是法国著名的葡萄产区,漫山遍野到处是当地农民的葡萄园。一路上他看到人们将无数的葡萄摘下来提到路边,向过往的车辆和行人吆喝,然而很少有人停下来。

当他们的车子进入一个小山谷时,发现在那里停着许多车子。原来这儿是一个无人看管的葡萄园,你只要在路边的箱子里投入5法郎就可以摘一篮葡萄上路。据说这座葡萄园主是一位老太太,她因年迈无力料理而想出这个办法。起初她还担心这种办法能否卖出葡萄。谁知在这绵延百里的葡萄产区,她的葡萄总是最先卖完。她这种给人自由选择的做法使大师格罗培斯深受启发。他下车摘了一篮葡萄,就让司机调转车头,立即返回了巴黎。

回到住地,他给施工部发了一封电报:撒上草种提前开放。施工部按要求在乐园撒了草种,没多久,小草出来了,整个乐园的空地都被绿草覆盖。在迪士尼乐园提前开放的半年里,草地被踩出许多小道,这些踩出的小道有窄有宽,优雅自然。第二年,格罗培斯让人按这些踩出的痕迹铺设了人行道。1971年在伦敦国际园林建筑艺术研讨会上,迪士尼乐园的路径设计被评为最佳设计。

当人们问他,为什么会采取这样的方式设计迪士尼乐园的道路时,格罗培斯说了一句话:艺术是人性化的最高体现。最人性化的,就是最好的。

(资料来源:http://www.jrj.com)

本 章 小 结

1. 管理思想就是人们在社会实践中对管理活动的思考所形成的观点、想法和见解的总称。它是人们对管理实践中种种社会关系及其矛盾活动自觉的和系统的反映。

2. 泰勒的科学管理是为了适应工厂制度和资本主义发展的客观需要而发展起来的,因而有其产生、发展的客观必然性。

3. 梅奥人际关系理论的主要内容有:
  (1) 企业的职工是"社会人";
  (2) 满足工人的社会欲望、提高工人的士气是提高生产效率的关键;
  (3) 企业中实际存在着一种"非正式组织";
  (4) 企业应采用新型的领导方法。

4. 现代管理理论阶段的特点是:众多学派之间相互补充、相互影响,从不同方面来阐述管理中的有关问题,共同构筑了完整的管理理论体系。

5. 中国古代的管理思想极为丰富,其中儒家、道家、法家、兵家的思想中蕴藏了大量管理智慧。

6. 当代管理发展出许多新的理论,例如,组织行为理论、企业文化理论、管理组织的虚拟化理念、自我管理、团队管理、流程再造、知识管理、人本管理等。

联合邮包服务公司的科学管理

联合邮包服务公司(UPS)雇用了15万名员工,平均每天将900万件包裹发送到美国各地和180个国家,为了实现他们的宗旨"在邮运业中办理最快捷的运送",UPS的管理当局系统地培训他们的员工,使他们以尽可能高的效率从事工作。UPS的工业工程师们对每一位司机行驶路线都进行了时间研究,并对每种货运、暂停和取货活动都设立了标准。这些工程师记录了红灯、通行、按门铃、穿过院子、上楼梯、中间休息喝咖啡的时间,甚至上厕所的时间,将这些数据输入计算机,从而给出每一位司机每天工作的详细时间标准。

为了完成每天取送130件包裹的目标,司机们必须严格遵循工程师设计的程序。当他们接近发送站时,他们松开安全带,按喇叭、关发动机、拉起紧急制动、把变速器推到1

挡上,为送货完毕的启动离开做好准备,这一系列动作严丝合缝。然后,司机从驾驶室走到地面上,右臂夹着文件夹,左手拿着包裹,右手拿着车钥匙。他们看一眼包裹上的地址把它记在脑子里,然后以每秒0.9米的速度快步走到顾客门前,先敲一下门以免浪费时间找门铃。送货完毕后,他们在回到卡车的路途中完成登录工作。

这种刻板的时间表是不是看起来有点烦琐?也许是,它真能带来高效率吗?毫无疑问!生产率专家公认,UPS是世界上效率最高的公司之一。举例来说吧,联邦捷运公司平均每人每天不过取送80件包裹,而UPS却是130件。在提高效率方面的不懈努力,对UPS的净利润产生了积极的影响。虽然这是一家未上市的公司,但人们普遍认为它是一家获利丰厚的公司。UPS为获得最佳效率所采用的程序并不是UPS创造的,他们实际上是科学管理理论的成果。

思考
1. 科学管理理论为什么能够成为管理学产生的标志?
2. 科学管理理论在现代管理实践中的应用价值如何?

实 践 教 学

实践教学项目
与企业家进行交流,了解管理的重要性。

实践教学目的
1. 对管理的概念和重要性有大概的了解。
2. 对企业家应有的素质和人格魅力有初步认识。
3. 了解管理在社会生产实践中的大量应用。

实践教学内容与要求
使学生与企业家双向交流,学生提问可参考以下问题:
(1)您是如何处理管理中遇到的问题的?
(2)您认为什么是最重要的管理学知识?

实践教学成果与检测
1. 针对不同的企业家,大家组织讨论并写下自己的感想。
2. 根据每个同学的表现和感想进行评估。

课 后 习 题

1. 如何客观评价泰勒制?
2. 法约尔提出了哪些管理职能和哪十四条管理法则?
3. 简述马斯洛的需求层次理论的主要论点。
4. 理解中国古代管理思想的主要内容,并思考对现代企业经营有何启示。
5. 当代管理理论是否可以指导未来的企业管理实践?为什么?
6. 自我管理靠什么实现?个人在团体的自我管理中承担了什么角色?

第三章

管理的基本原理

事故发生后的部门间扯皮

A公司是一家制造企业,以大型工程机械产品为主,其品牌和价格均具有市场竞争力,拥有不少老用户。自从2003年和银行合作开展了工程机械购买"按揭业务",市场需求被进一步激发出来,订单连连不断。A公司的车间也一直处于加班加点的生产状态。然而,乐极生悲。2004年5月的一天,上午10点,销售部王经理突然接到某地区经销商徐某打来的电话:"王经理,有个客户反映他们不久前购买的你们公司生产的工程机械车,在使用过程中吊车的车臂突然断裂,而当时吊车承载量并未超过额定的最大承载量。我们现在已经派维修人员赶到事故现场了,我估计需要把机车拖回来,重新修理才行。现在我最担心的是其他的工程机械车会不会有问题?这个月我们销售了六台同型号的机车,你们赶紧让质量部门查查,要确保没有问题才行。万一让其他客户知道了,那些还没有提货的机车肯定会被退货的。"

放下电话,销售部王经理一时不知道该怎么办才好:"不向上汇报吧,这么大的事情,自己做不了主,也不知道该怎么办;向上汇报吧,公司肯定要闹翻天的。"思来想去,王经理决定还是应该往上报,"把这个难题交给总经理去处理吧,反正自己是销售部门,应该没有什么责任。"总经理邵洋得到消息后,立即通过办公室把这次的产品事故告知各相关部门负责人,并通知全体中高层管理人员于下午两点钟在一层的会议室召开紧急会议,集中讨论这件事情的处理办法。但随着事故的内部公开,几乎所有人都知道了这件事情,A公司立刻炸开了锅。

下午两点钟未到,各个部门的与会者都已集中在了会议室里,议论声、争论声不断,这情景大别于以往的任何会议。随着总经理邵洋的到来,会议室也霎时安静下来。邵洋先是扫视了一遍各个部门的负责人,在沉默了几秒钟之后说:"这次的机车断臂事故想必大家都已清楚,我不再多言,只想听听各部门负责人关于这个事故的看法。"

会议室一阵沉默。半分钟后,质量部张经理首先发言:"我先来说一下。听到这件事情后,质量部立即把之前的检验记录翻看了一遍。根据检验记录,我们完全是按照标准的检验程序以及设计部给出的技术参数进行检验的,所有的检验记录都非常完善。所以从检测上来讲肯定是符合规范的,我们随时可以接受检查。至于为什么会出现这种质量事故,质量部的确没有找到原因。"

思考
1. 请分析部门间扯皮的原因是什么。
2. 你认为销售部王经理的做法对吗？

3.1 管理原理概述

在人类长期的管理实践中，我们可以逐渐领悟到人类在进行管理活动时存在的某些基本规律。我们在这里提出管理的四项基本原理，即系统原理、人本原理、能级原理和效益原理。

3.1.1 管理原理的概念

管理是指在特定的环境下，管理者通过执行计划、组织、领导、控制等职能，整合组织的各项资源，实现组织既定目标的活动过程；原理是指某种客观事物的实质及运动的基本规律。

管理原理是对管理工作的实质内容进行科学分析总结而形成的基本真理，它舍去了管理学中的具体方法、措施、制度等，而着重研究管理学的基本理论、基本原理和基本原则，是现实管理现象的抽象，是对各项管理制度和管理方法的高度综合与概括，是管理学在不同业务领域都需应用的概念、理论、准则和方法，对一切管理活动具有普遍的指导意义。

管理科学兴国之道

中国与发达国家相比，在哪些方面差距最大？对于这一问题，大多数人会认为我国的科技水平与国外先进水平相差最大。这是事实，但比较容易被人忽视的是：我国的管理水平也大大落后。在西方企业所有权与经营权分离，早已形成了一个管理阶层，大学中也专门培养工商管理硕士（MBA），为社会培养专业经理人员。管理已经成为一门职业，如同会计、律师等专业人士一样，也需要专业知识。

但恰恰是这点，在我国没有形成共识，其直接后果是对管理人员任命的混乱无序。最明显的例子就是：一家大型国企的一把手离任后，继任者很可能对该行业一无所知。对管理人员的任命不是一种经营行为，而是一种行政行为。这类例子不胜枚举。与这种认识相对应的是：没有认识到管理者对于企业的重要性。既然谁都可以当领导，缺了谁地球都照样转，随便找个人来代替即可。小霸王公司的兴衰充分说明了这一问题。该公司在段永平总经理的领导下红极一时，小霸王学习机打遍全国无敌手。此后他提出个人要参股公司。这一"无理"要求被拒绝后，他辞职创办了步步高公司，短短数年，步步高公司就将小霸王远远地甩在了后面。

忽视管理的另一表现形式是：大多数企业在经营时没有将重点放在加强管理上，而是靠政府给政策、靠银行给贷款、靠炒作扬名气、靠关系揽客户，就是想不到靠科学的管理制度和严格的劳动纪律出效益,实现可持续发展。出现大批如山东秦池、珠海巨人、郑州亚细亚等流星式企业的根本原因,就是企业在高速发展后,由于管理者缺乏系统的管理知识,内部管理没能相应跟上,缺乏后劲,导致管理混乱、决策失误、一溃千里。这个教训非常深刻。

解决管理落后的唯一途径就是大力发展管理教育,培养未来的管理人才,培养现有的管理干部。20世纪80年代以来,管理教育在我国异军突起,几乎所有的大学都开办了经济管理专业,经济管理专业在20世纪80年代中后期一度是高考热门专业。有许多大学开办了工商管理硕士专业,目前全国有50多所大学可以授予MBA学位。但是,管理教育远没到过热的程度,对管理的重视还很不够。政府高层领导已认识到这一问题,朱镕基曾多次强调:建设有中国特色的社会主义,需要一大批掌握市场经济一般规律、熟悉其运行规则而又了解中国企业实情的经济管理人才。要掀起一股学习管理、加强管理、发展管理科学、加强管理培训的热潮,只有这样才能纠正时弊。

3.1.2 管理的基本原则

管理原则是组织活动的一般规律的体现,是人们在管理活动中为达到组织的基本目标而在处理人、财、物、信息等管理基本要素及其相互关系时所遵循和依据的准绳。一方面,管理原则是对管理活动的科学抽象,是对管理规律的总结和概括,是管理理论的重要组成部分;另一方面,管理原则是以客观事实为依据并在管理实践中逐步产生和发展起来的。

管理作为一种实践方法体系,其方法千变万化,举不胜举。特别是当今管理界,流行的和被遗忘的各种管理方法让管理者眼花缭乱。作为管理者总是摆脱不了寻找最佳管理方法的诱惑,于是,我们会经常看到这样的局面:哪些方法被吹得神乎其神,我们就试用哪个;不好用了,就放弃,再去寻找神奇的方法。反而复之,不间断做着管理工作,却忘记了管理真正的目的所在。实际上,所有的管理方法都是为了某一特殊目的而存在的,舍此,方法就没有意义。正可谓:万法归宗。所有的管理方法,都不会违背管理的本质,否则,就不会是正确的管理方法,正可谓:理唯一贯。

因此,正确的管理实践方法是有目的可依的,也是有理可循的。这个可依、可循,称之为管理的原则。管理的原则是我们创新管理方法、选择管理方法、应用管理方法的衡量标准。在进行管理实践时,不能忘记管理原则,否则就会背离真正的管理,换句话说,就会导致管理失败。

为了使管理者能很好地履行各种管理职能,管理上存在着十四项一般原则。

1. 工作分工原则

工作分工属于自然规律。通过工作分工,可以提高人们的熟练程度,从而提高人们的工作效率。工作分工不只适用于技术工作,而且也适用于管理工作。应该通过分工来提高管理工作的效率。但是,工作分工有一定的限度,经验与尺度感告诉我们不应超越这些限度。

2. 权力与责任原则

这个原则实际上就是权力与责任相符的原则。所谓权力,"就是指挥和要求别人服从的权利"。领导者的权力分成两类,一类是由领导者的职务和职位所决定的正式权力;另一类由领导者个人的智慧、博学、经验、精神道德等个人的品质和素质所决定的个人权力。作为一个出色的领导人,应该把个人权力作为正式权力的必要补充。同时,有权力的地方,就有责任。责任是权力的孪生物,是权力的当然结果和必要补充,这就是著名的权力与责任相符的原则。为了贯彻权力与责任相符的原则,还应该有有效的奖励和惩罚制度,即"应该鼓励有益的行动而制止与其相反行动"。实际上,这就是权、责、利相结合的原则。

3. 纪律原则

所谓纪律,"实质上就是和企业同其下属人员之间的协议相一致的服从、勤勉、积极、举止及尊敬的表示"。纪律是一个企业兴旺发达的关键,没有纪律,任何一个企业都不能兴旺繁荣。制定和维持纪律最有效的办法是:

(1) 各级都有好的领导。
(2) 尽可能明确而又公平的协议。
(3) 合理执行惩罚。

因为"纪律是领导人造就的。无论哪个社会组织,其纪律状况都主要取决于其领导人的道德状况"。有了一个好的领导,还要有明确而又公平的协定。"协议应当清楚明了,并能尽量使双方都满意。"最后,组织还应通过有效的奖罚制度来维护组织的纪律。"企业的利益不容许忽视那些可以阻止或减少无纪律行为的惩罚。领导人的经验和机敏表现在选择所使用的惩罚办法上,即指责、警告、罚款、停职、降级或开除。"

4. 统一指挥原则

所谓统一指挥原则,就是"无论对哪一件工作来说,一个下属人员只应接受一个领导人的命令。它是一项普遍的、永久必要的准则。如果这条准则受到破坏,那么权力将受到损害,纪律将受到危害,秩序将受到扰乱,稳定将受到威胁。如果两个领导人同时对同一个人或同一件事行使他们的权力,就会出现混乱;如果事情继续下去,混乱便会加剧,就像一个动物机体受到外界物体侵害那样出现病状。所以,人们得出以下结论:要么撤销其中一个领导人,停止双重领导,恢复企业兴旺;要么使整个企业日趋衰败。在任何情况下,都不会有适应双重指挥的社会组织。"按照这个原则的要求,一个下级人员只能接受一个上级的命令。与统一指挥原则有关的还有下一个原则,即统一领导原则。

5. 统一领导原则

统一领导原则是指:"对于力求达到同一目的的全部活动,只能有一个领导人和一项计划。人类社会和动物界一样,一个身体有两个脑袋,就是个怪物,就难以生存。"统一领导原则讲的是,一个下级只能有一个直接上级。它与统一指挥原则不同,统一指挥原则讲的是,一个下级只可以接受一个上级的指令。

这两个原则之间既有区别又有联系。统一领导原则讲的是组织机构设置的问题,即在设置组织机构的时候,一个下级不能有两个直接上级。而统一指挥原则讲的是组织机构设置以后运转的问题,即当组织机构建立起来以后,在运转的过程中,一个下级不能同时接受两个上级的指令。

比如说泰勒提出的职能工长制,从组织机构的设置来看,一个下级同时有两个以上的上级,就违反了统一领导原则。在这种组织机构中,由于每个上级的运转的过程中,就必然会违反统一指挥原则,即一个下级要接受来自两个或两个以上的上级指令。所以说,违反了统一指挥原则,就必然会违反统一领导原则。

但坚持了统一领导原则,并不一定能坚持统一指挥原则。比如说,在一个不违反统一领导原则的组织中,如果上级越级向下级发出指令,对于这个下级来说,除了要接受他原来的直接上级的指令外,还要接受来自于这个非直接上级的指令,这就使他要接受来自两个或两个以上上级的指令。这时,在组织中就违反了统一指挥原则。坚持统一指挥原则有两个基本要求,一是在组织中要形成一条不中断的等级链,也就是说,首先要坚持统一领导原则;二是上级不能越级下达指令,下级也不能越级接受指令。

关于统一领导原则与统一指挥原则的关系,不要把"统一领导"(一个领导人、一项计划)与"统一指挥"(一个下属人员只能听从一个领导人的命令)混淆起来。人们通过建立完善的组织来实现一个社会团体的统一领导;而统一指挥取决于人员如何发挥作用。统一指挥不能没有统一的领导而存在,但并不来源于它。

6. 个人利益服从整体利益的原则

这条原则是说,在一个企业里,一个人或一些人的利益不能置于企业利益之上,一个家庭的利益应先于其一个成员的利益,国家利益应高于一个公民或一些公民的利益。对于这个原则,应该是一些人们都十分明白清楚的原则,但是,往往由于无知、贪婪、自私、懒惰以及人类的一切冲动总是使人为了个人利益而忘掉整体利益。为了能坚持这个原则,成功的办法是:①领导人坚定性和好的榜样;②尽可能公平的协议和规划;③认真的监督。

7. 人员的报酬原则

人员报酬首先取决于不受雇主的意愿和所属人员的才能影响的一些情况,如生活费用的高低、可雇人员的多少、业务的一般状况、企业的经济地位等,然后再看人员的才能,最后看采用的报酬方式。在这里,人员的报酬首先要考虑的是维持职工的最低生活消费和企业的基本经营状况,这是确定人员报酬的一个基本出发点。在此基础上,再考虑根据职工的劳动贡献来决定采用适当的报酬方式。对于各种报酬方式,不管采用何种适当的报酬方式,都应该能做到:①它能保证报酬公平;②它能奖励有益的努力和激发热情;③它不应导致超过合理限度的过多的报酬。

8. 集中的原则

像工作分工一样,集中是一种必然现象;就是指在每个动物机体或社会组织中,感觉集中于大脑或领导部门,从大脑或领导部门发出命令,使组织的各部分运动。在这里,指的是组织的权力的集中与分散的问题。按照集中原则,集中或分散的问题是一个简单的尺度问题。问题在于找到适合于该企业的最适度。对于小型企业,可以由上级领导者直接把命令传到下层人员,所以权力就相对比较集中;而在大型企业里,在高层领导者与基层人员之间,还有许多中间环节,因此,权力就比较分散。影响一个企业是集中还是分散的因素有两个,一个是领导者的权力;另一个是领导者对发挥下级人员的积极性态度。"如果领导人的才能、精力、智能、经验、理解速度……允许他扩大活动范围,他则可以大大加强集中,把其助手作用降低为普通执行人的作用,相反,如果他愿意一方面保留全面领导的特权,一方面更多地采用协作者的经验、意见和建议,那么可以实行广泛的权力分散……所有提高部下作用的重要性的作法就是分散,降低这种作用的重要性的作法则是集中。"

9. 等级制度原则

所谓"等级制度"就是从最高权力机构直到低层管理人员的领导系列。而贯彻等级制度原则就是要在组织中建立这样一个不中断的等级链,这个等级链说明了两个方面的问题:一是它表明了组织中各个环节之间的权力关系,通过这个等级链,组织中的成员就可以明确谁可以对谁下指令,谁应该对谁负责;二是这个等级链表明了组织中信息传递的路线,即在一个正式组织中,信息是按照组织的等级系列来传递的。贯彻等级制度原则,有利于组织加强统一指挥原则,保证组织内信息联系的畅通。

10. 秩序原则

秩序原则包括物品的秩序原则和人的社会秩序原则。"对于物品的秩序原则,每件东西都有一个位置,每个东西都在它的位置上。"这句话的意思是说,对于每一件物品来说,都有个最适合它存放的地方,坚持物品的秩序原则就是要使每一件物品都在它应该放的地方。在贯彻物品的秩序原则时,要注意防止表面上的整齐所掩盖着的实际上的混乱;相反,有些表面上看起来很混乱的东西却实际上可能是有秩序的。因此,贯彻物品的秩序原则就是要使每件物品都在它应该放的位置上。

所谓社会秩序原则,每个人都有个位置,每个人都在他的位置上。每个人都有他的长处和短处,贯彻社会秩序原则就要确定适合每个人的能力发挥的工作岗位,然后使每个人都在最能使自己能力得到发挥的岗位上工作,也就是"合适的人在合适的位置上"。为了能贯彻社会的秩序原则,首先要对企业的社会需要与资源有确切的了解,并保持两者之间经常的平衡;同时,要注意消除任人唯亲、偏爱徇私、野心奢望和无知等弊病。

11. 公平原则

公道是实现已订立的协议。但这些协议不能什么都预测到,要经常地说明它,补充其不足之处。为了鼓励组织所属人员能全心全意和无限忠诚地执行他们的职责,应该以善意来待他们。公平就是善意与公道产生的。也就是说,贯彻公道原则就是要按已定的协议办。但是在未来的执行过程中可能会因为各种因素的变化使得原来制定的"公道"的协议变成"不公道"的协议,这样一来,即使严格地贯彻"公道"原则,也会使得职工的努力得不到公平的体现,从而不能充分地调动职工的劳动积极性。因此,在管理中要贯彻"公平"原则。所谓"公平"原则就是"公道"原则加上善意地对待职工。也就是说,在贯彻"公道"原则的基础上,还要根据实际情况对职工的劳动表现进行"善意"的评价。当然,在贯彻"公平"原则时,还要求管理者不能"忽视任何原则,不忘掉总体利益"。

12. 人员的稳定原则

一个人要适应他的新职位,并做到能很好地完成他的工作,这需要时间。这就是提出的"人员的稳定原则"。按照人员的稳定原则,要使一个人的能力得到充分的发挥,就要使他在一个工作岗位上相对稳定地工作一段时间,使他能有一段时间来熟悉自己的工作,了解自己的工作环境,并取得别人对自己的信任。但是人员的稳定是相对的稳定,而不是绝对的,年老、疾病、退休、死亡等都会造成企业中人员的流动。所以说人员的稳定是相对的,而人员的流动是绝对的。对于企业来说,就要掌握人员的稳定和流动的合适的度,以利于企业中人员的能力得到充分的发挥。像其他所有的原则一样,稳定的原则也是一个尺度问题。

13. 首创精神

想出一个计划并保证其成功是一个聪明人最大的快乐之一,这也是人类活动最有力的刺激物之一。这种发明与执行的可能性就是人们所说的首创精神,建议与执行的自主性也都属于首创精神。人的自我实现需求的满足是激励人们的工作热情和工作积极性的最有力的刺激因素。因此作为管理者就应该使职工在这方面的需求得到满足以充分地调动职工的积极性。当然,纪律原则、统一指挥原则和统一领导原则等原则的贯彻,会使得组织中人们的首创精神的发挥受到限制。因此,对于领导者来说,需要极有分寸地,并要有某种勇气来激发和支持大家的首创精神。

14. 人员的团结原则

团结就是力量,能使敌人分裂以削弱其力量是聪明的;但使自己的队伍分裂对企业来说则是个严重的错误。人们往往由于管理能力的不足,或者自私自利,或者由于追求个人的利益等忘记了组织的团结。

以上十四项管理基本原则是由法约尔提出的。对于这些原则,法约尔认为,原则是灵活的,是可以适应于一切需要的,但关键问题在于懂得如何使用它。这是一门很难掌握的艺术,它需要智慧、经验、判断和注意尺度。由机智和经验合成的掌握尺度的能力是一个管理人的主要才能之一。没有原则,人们就处于黑暗和混乱之中;没有经验与尺度,即使有最好的原则,人们仍将处于困惑不安之中。在这里,阐明了管理作为一门科学与一种艺术之间的关系,即理论是可以指导实践的,它的问题在于如何应用这个理论,因为再好的管理理论,如果不懂得如何去应用,也是没有用处的。

宓子贱的管理

孔子的学生宓子贱有一次奉命担任某地方的官吏。他到任以后,时常弹琴自娱,不管政事,可是他所管辖的地方却治理得井井有条、民兴业旺。这使一位前任官吏百思不得其解,因为他每天即使起早摸黑、从早忙到晚,也没有把地方治理好。于是他请教宓子贱:"为什么你能治理得这么好?"宓子贱回答说:"你只靠自己的力量去治理,所以十分辛苦;而我却是借助别人的力量来完成任务的。"

一个聪明的领导人,应该正确地利用部属的力量,发挥团队协作精神。这样不仅能使团队很快成熟起来,同时也能减轻管理者的负担。管理者,要管头管脚(指人和资源),但不能从头管到脚。

3.1.3 管理原理的特点

1. 客观性

管理原理是对管理的实质及客观规律的表述。因此,它与管理工作中所确定的原则有严格区别。原则是根据对客观事物的基本原理的认识引申而来的,是人们规定的行动准则。原则的确定固然应以客观真理为依据,但是有一定的人为因素,为了加强其约束作用,一般带有指令性和法定性,它是要求人们共同遵循的行为规范,人们违反了规定的原则要受到群体组织的制裁。而原理则是对管理工作客观必然性的刻画,原理之"原"即"源",原本、根本的意思,原理之"理"即道理、基准、规律。违背了原理必然会遭到客观规律的惩罚,承受严重的后果,但在群体组织上不一定有某种强制反应。

2. **概括性**

管理原理所反映的事物很广泛,涉及自然界与社会的许多领域,包括人与物的关系、物与物的关系以及人与人的关系。但它不是现象的罗列,不反映管理的多样性。管理原理是对包含了各种复杂因素和复杂关系的管理活动客观规律的描绘;或者说,是在总结大量管理活动经验的基础上,舍弃了各组织之间的差别,经过高度综合和概括而得出的具有普遍性、规律性的结论。管理原理对不同的企业都是适用的,具有普遍的指导意义。

3. **稳定性**

管理原理不是一成不变的僵死的教条,它随着社会经济和科学技术的发展而不断发展。但是,它也不是变化多端和摇摆不定的,而应是相对稳定的。管理原理和一切科学原理一样,都是确定的、巩固的,具有"公理的性质"。不管事物的运动、变化和发展的速度多么快,这个确定性是相对稳定的。因此,管理原理能够被人们正确认识和利用,从而指导管理实践活动取得成效。

4. **系统性**

本书提出的四大管理原理,即系统原理、人本原理、能效原理和效益原理,本身就是具有高度系统性的相互联系相互制约的有机整体。任何管理对象不管看上去如何纷乱繁杂,但都可以用系统原理进行分析归类,研究内外各部分各要素之间的相互关系,理出不同的脉络和层次、分清问题的轻重主次。根据各自的特点和规律进行管理,这是一切管理工作的基础。在此基础上实施管理时又必须以人为本原理为指导,真正做到重视人、尊重人和促进人的全面发展。这样才能建立起一个有活力的管理系统。因为管理系统不管运用多么先进的管理技术,最终仍然是一个以人为本的系统。为了确保系统整体目标的实现,必须建立稳定结构的管理系统,运用能级原理按照人员能力的大小安排工作,使人尽其才。人类进行管理活动的根本目的都是为了取得良好的效益。所以管理是否有效最终要以效益原理来衡量,是否能通过管理使组织获得比较满意的效益。遵循这四大原理的精神就可建立起一个有效的科学管理系统。

华生集团提前应对危机

华生集团是美国最大的银行企业,有 3 300 家分支机构。该集团被认为是创新银行业务的领导者,而且被认为有一个得力的领导团体。在整个 20 世纪 80 年代,这家银行机构几乎每年都盈利。尽管华生集团在金融业拥有强大的实力,而且具有良好的管理力量,但它近年来还是受到了世界范围银行业危机的影响——许多银行纷纷倒闭,其数量创纪录。特别是在以下三个领域,一直困扰着华生集团:美国政府债权交易中糟糕的业绩、公司伦敦分部的困境和投资银行业拓展势力的失败。

华生集团的管理者最近宣布:计划步其他美国公司的后尘,进行经济规模收缩。公司最近并没有财政困难,但公司希望通过积极主动的行为避免未来出现的问题。作为紧缩的一部分,公司决定削减2 000个职位。正如所预料的,公司雇员反应十分强烈,并有两名雇员自杀。压力增大,导致了工作事故和失误的显著增加。

华生集团意识到了伴随紧缩出现的问题,并采取措施去帮助雇员应付面临的不确定性,收效还不错。

(资料来源:百度文库)

3.1.4 学习管理原理的意义

管理原理,是现实管理现象的一种抽象,是大量管理实践经验的升华,它指导一切管理行为,即对于做好管理工作有着普遍的指导意义。

1. 掌握管理原理有助于提高管理工作的科学性,避免盲目性

管理原理是不可违背的管理的基本规律。实践证明,凡是遵循这些原理的管理,都是成功的管理,反之,都有失败的记录。认识管理原理之后,实践就有了方向,建立管理组织、进行管理决策、制定规章制度等就有了科学依据。

2. 研究管理原理有助于掌握管理的基本规律

管理工作虽然错综复杂、千头万绪、千变万化,但万变不离其宗,各类管理工作都具有共同的基本规律,管理者只要掌握了这些基本规律,面对任何纷乱繁杂的局面都可胸有成竹,管理得井井有条。这也就是许多成熟的管理者在各种迥然不同的管理岗位上都能取得成功的原因。在现实生活中,许多管理者是通过自己的管理实践,经历漫长的积累过程,才一点一滴逐渐领悟到管理的基本规律。通过学习管理原理是加速人们掌握管理基本规律的过程,使人们更快地形成自己的管理哲学,以应付瞬息万变的世界。

3. 对于管理原理的掌握有助于迅速找到解决管理问题的途径和手段

依据组织的实际情况,建立科学合理的管理制度、方式与方法,使管理行为制度化、规范化,使管理的许多常规性工作有章可循,有规可依。这样,领导者就可从事务堆中摆脱出来,集中精力对例外事项的管理,即使领导者更换,系统运作仍可照常顺利进行。

制度的作用

有七个人住在一起,每天分一大桶粥,但是,粥每天都是不够的。一开始,他们抓阄儿决定谁来分粥,每天轮一个。于是乎每周下来,他们只有一天是饱的,就是自己分粥的那一天。后来他们开始推选出一个道德高尚的人出来分粥。强权就会产生腐败,大家开始挖空心思去讨好他,贿赂他,搞得整个小团体乌烟瘴气。然后大家开始组成三人的分粥委员会及四人的评选委员会,互相攻击扯皮下来,粥吃到嘴里全是凉的。最后想出来一个方法:轮流分粥,但分粥的人要等其他人都挑完后拿剩下的最后一碗。为了不让自己吃到最少的,每个人都尽量分得平均,就算不平,也只能认了。大家快快乐乐,和和气气,日子越过越好。同样是七个人,不同的分配制度,就会有不同的风气。

所以一个单位如果有不好的工作习气,一定是机制问题,一定是没有完全公平、公正、公开,没有严格的奖勤罚懒。如何制定这样一个制度,是每个领导需要考虑的问题。

3.2 系 统 原 理

系统原理是从系统论角度认识和处理问题的理论和方法。任何社会都是由人、物、信息组成的系统,任何管理都是对系统的管理,没有系统,也就没有管理。系统原理不仅为认识管理的本质和方法提供了新的视角,而且它所提供的观点和方法广泛地渗透到其他各个管理原理职能中,从某种程度上说,它在管理体系中起着统率作用。

系统原理是现代管理科学的一个最基本的原理。它是指人们在从事管理工作时,运用系统的观点、理论和方法对管理活动进行充分的系统分析,以达到管理的优化目标,即从系统论的角度来认识和处理管理中出现的问题。

3.2.1 系统原理的含义

系统,是指由若干相互联系、相互作用的部分组成,在一定环境中具有特定功能的有机整体。就其本质来说,系统是"过程的复合体"。系统是普遍存在的,它既可以应用于自然和社会事件,又可应用于大小单位组织的人际关系之中。因此,我们可以把任何一个管理对象都看成是特定的系统。组织管理者要实现管理的有效性,就必须对管理进行充分的系统分析,把握住管理的每一个要素及要素间的联系,实现系统化的管理。管理的系统原理源于系统理论,它认为应将组织作为人造开放性系统来进行管理。它要求管理应从组织整体的系统性出发,按照系统特征的要求从整体上把握系统运行的规律,对管理各方面的前提做系统的分析,进行系统的优化,并按照组织活动的效果和社会环境的变化,及时调整和控制组织系统的运行,最终实现组织目标,这就是管理系统原理的基本含义。

系统的整体具有不同于组成要素的新的性质和功能。具体来讲,系统的各要素之间、要素与整体之间,以及整体与环境之间,存在着一定的有机联系,从而在系统的内部和外部形成一定的结构。可以说,要素、联系、结构、功能和环境是构成系统的基本条件。

要素是指构成系统的基本成分。要素和系统的关系,是部分与整体的关系,具有相对性。一个要素只有相对于由它和其他要素构成的系统而言,才叫要素;而相对于构成它的组成部分而言,则是一个系统。

联系是指系统要素与要素、要素与系统、系统与环境之间的相互作用关系。一方面,它表明系统内的要素处于不断的运动之中。系统中任何一个要素的变化都会影响其他要素的变化,进而影响系统的发展。同时,要素的发展也要受到系统的制约,这是因为系统的发展是要素或部分存在和发展的前提。另一方面,作为一个整体的系统与它周围的环境进行物质、能量和信息的交换,形成了从系统的输入端到系统输出端的物质流、能量流和信息流。总之,事物是在联系中运动,运动发展中着联系。

结构是指系统内部各要素的排列组合方式。每一个系统都有自己特定的结构,它以自己的存在方式,规定了各个要素在系统中的地位与作用。结构是实现整体大于部分之和的关键,结构的变化制约着整体的发展变化,构成整体的要素间发生数量比例关系的变化,也会导致整体性能的改变。总之,系统的整体功能是由结构来实现的。

功能是指系统与外部环境在相互联系和作用的过程中所产生的效能。它体现了系统与外部环境之间的物质、能量和信息的交换关系。系统的功能取决于过程的秩序,如同要素的胡乱堆积不能形成一定的结构一样,过程的混乱无序也无法形成一定功能。从本质上说,功能是由运动表现出来的。离开系统和要素之间及其外部环境之间的物质、能量和信息的交换过程便无从考察系统的功能。

环境是指系统与边界之外进行物质、能量和信息交换的客观事物或其总和。系统边界将起到对系统的投入与产出进行过滤的作用,在边界之外是系统的外部环境,它是系统存在、变化和发展的必要条件。虽然由于系统的作用,会给外部环境带来某些变化,但更为重要的是,系统外部环境的性质和内容发生变化,往往会引起系统的性质和功能发生变化。因此,任何一个具体的系统都必须具有适应外部环境变化的功能,否则,将难以获得生存与发展。

系统是客观存在的,具有普遍性。从系统组成要素的性质来看,可以划分为自然系统和人造系统。自然系统是由自然物组成的,它的特点是自然形成的,如生态系统、星际系统等;人造系统是人们出于某种目的而制造的系统,如生产系统、交通系统、商业系统、管理系统等。从系统与环境的联系程度来看,可以划分为封闭系统和开放系统;从系统的状态与时间的关系来看,可以划分为静态系统和动态系统。

在实际工作中运用系统原理研究、管理问题,应做到以下四点:

(1) 对管理的对象进行系统的分析,包括对系统要素、结构、功能、集合、联系、历史等方面的分析。管理的决策和措施就是建立在系统分析基础之上。

(2) 根据系统的目的性特征,要坚持一个系统只有一个目的,其子系统要围绕这个目的形成合力,统筹运动。

(3) 根据系统的整体性特征,必须树立全局观点,不要孤立地看问题,局部利益服从整体利益,处理好国家、单位和个人的关系,克服本位主义及自给自足的小生产思想。

(4) 根据系统的层次性特征,各个系统都应建立合理的层次结构,上一层次只管下一层次,下一层次只对上一层次负责。要求领导只做本级领导岗位职责的事,各层做好各层的事,职责分明,各司其职,各负其责。

图书馆的系统原理分析

如果将图书馆作为一个完整系统,依据现代管理的系统理论,对其进行系统分析,主要包括以下几个方面。

(1) 系统要素方面:构成图书馆的各个组成部分和相关条件。

(2) 系统结构方面:图书馆各部分的组成方式及其相互关系。

(3) 系统功能方面:表现为图书馆系统整体和局部功能的总和。

(4) 系统集合方面：揭示维持、完善与发展图书馆系统的源泉与因素。

(5) 系统联系方面：研究图书馆系统与其他系统间以及其内部子系统之间相互纵横的联系。

(6) 系统历史方面：展示整个图书馆系统的产生和发展的历史过程，揭示其一般的历史规律。

同样，图书馆系统也包括不同层级的子系统，各子系统都各司其职。高层级子系统的主要任务是根据系统的整体目标，向下一层级发出指令，最后考核该层级指令执行的结果，同时解决下一层级各子系统之间的不协调或矛盾；低层级的子系统要对上一层级子系统负责，协调相关层级子系统共同完成任务。从系统原理的观点出发，图书馆管理者必须重视各层级子系统之间的协调，制定适当的管理制度，从图书馆工作目标出发，合理分配各部门的职责，理顺不同部门之间的关系，防止各部门由于职责不清导致互相推诿，影响整个图书馆系统的正常运作。

（资料来源：百度文库）

3.2.2 系统原理的要点

1. 整体性原理

整体性原理指系统要素之间的相互关系及要素与系统之间的关系以整体为主进行协调，局部服从整体，使整体效果为最优。实际上就是从整体着眼，部分着手，统筹考虑，各方协调，达到整体的最优化。

从系统目的的整体性来说，局部与整体存在着复杂的联系和交叉效应。大多数情况下，局部与整体是一致的。对局部有利的事，对整体也是有利的，对整体有利的对局部也有利。但有时，局部认为是有利的事，从整体上来看并不一定就是有利的，甚至是有害的。有时，局部的利越大，整体的弊反而更多。因此，当局部和整体发生矛盾时，局部利益必须服从整体利益。

从系统功能的整体性来说，系统的功能不等于要素功能的简单相加，而是往往要大于各个部分功能的总和，即"整体大于各个孤立部分的总和"。这里的"大于"，不仅指数量上大，还指系统的功能（在各部分组成一个系统后，产生了总体的功能）。这种总体功能的产生是一种质变，它的功能大大超过了各个部分功能的总和。因此，系统要素的功能必须服从系统整体的功能，否则，就要削弱整体功能，从而也就失去了系统功能。

在现实情形中，经常可以看到一个系统中，重局部，轻全局，特别是局部之间不协调，互相扯皮，从而损害了全局的利益。在这种情况下，子系统的功能虽好，但不利于达到整体的目的，效果当然不会好；相反，有时候子系统的效益虽然低一些，但有利于实现系统的功能，有利于达到整体的目的，其效果自然一定是好的。例如，教育管理者在分析课堂教学系统时，在找到教师和学生两大要素之后，必须从教师和学生、学生和学生之间的关系入手，并且还要注意到这些关系不是一成不变的。教育管理者只有把这些关系和关系的改变考虑在内，才能从整体上把握住课堂教学的性质和规律。因此，全方位地分析多个变量因素及其内在联系，使局部服从整体，使整体效果达到最优，这应成为每一个管理者分析问题和解决问题的出发点。

2. 动态性原理

系统作为一个运动着的有机体，其稳定状态是相对的，运动状态则是绝对的。系统不仅作为一个功能实体而存在，而且作为一种运动而存在。系统内部的联系就是一种运动，系统与环境的相互作用也是一种运动。系统的功能是时间的函数，因为不论是系统要素的状态和功能，还是环境的状态或联系的状态都是在变化的，运动是系统的生命。例如，企业是社会经济系统中的子系统，它为了适应外部社会经济系统的需要，必须不断地完善和改变自己的功能，而企业内部各子系统的功能及相互关系也必须随之相应的发展和变化。企业系统就是在这种不断变化的动态过程中生存和发展的，因此，企业的产品结构、工艺过程、生产组织、管理机构、规章制度、经营方针、管理方法等都具有很强的时限性。

掌握系统动态原理，研究系统的动态规律，可以使我们预见系统的发展趋势，树立起超前观念，减少偏差，掌握主动，使系统向期望的目标顺利发展。

3. 开放性原理

封闭系统因受热力学第二定律作用，其熵将逐渐增大，活力逐渐减少。严格地说，完全封闭系统是不能存在的。实际上，不存在一个与外部环境完全没有物质、能量、信息交换的系统。任何有机系统都是耗散结构系统，系统与外界不断交流物质、能量和信息，才能维持其生存。并且只有当系统从外部获得的能量大于系统内部消耗散失的能量时，系统才能克服熵而不断发展壮大。所以，对外开放是系统的生命。在管理工作中，任何试图把本系统封闭起来与外界隔绝的做法，都会导致失败。明智的管理者应当从开放性原理出发，充分估计到外部对本系统的种种影响，努力从开放中扩大本系统从外部吸入的物质、能量和信息。

4. 环境适应性原理

系统不是孤立存在的，它要与周围事物发生各种联系。这些与系统发生联系的周围事物的全体，就是系统的环境，环境也是一个更高级的大系统。如果系统与环境进行物质、能量和信息的交流，能够保持最佳适应状态，则说明这是一个有活力的理想系统。否则，一个不能适应环境的系统则是无生命力的。

系统对环境的适应并不都是被动的，也有能动的，那就是改善环境。环境可以施加作用和影响系统，系统也可施加作用和影响环境。如构成社会系统的人类具有改造环境的能力，没有条件可以创造条件，没有良好的环境可以改造环境。这种能动地适应和改造环境的可能性，受到一定时期人类掌握科学技术（包括组织管理）知识和经济力量的制约。作为管理者既要有勇气看到能动地改变环境的可能，又要冷静地看到自己的局限，这样才能实事求是地作出科学的决策，保证组织的可持续发展。例如大学组织在传统上是有能力阻挡外界力量（象牙之塔）并将它的工作环境限制在一定范围的因素之内的。大学组织作为生命有机体一样向前进化，它所面临的困境是如何在适应社会的改变中保持大学的内在发育逻辑。大学组织要保持学术发展的完整性，必须具有修复功能的机制，以超稳定的形态来表明大学组织的适应性。

5. 综合性原理

综合性，就是把系统的各部分各方面和各种因素联系起来，考察其中的共同性和规律性。任何一个系统都可以看作是由许多要素为特定的目的而组成的综合体。

系统的综合性原理包括的含义,一方面是系统目标的多样性与综合性。系统最优化目标的确定,是依靠从各种复杂的甚至对立的因素中综合的结果。由于大系统涉及一系列的复杂因素,如果对这些因素在分析的基础上能够综合得好,系统目标确定得恰当,各种关系能够协调一致,就能大大发挥系统的效益,反之,如果综合得不好,不适当地忽略了其中的某一个目标或因素,有时会造成极为严重的后果。另一方面是系统实施方案选择的多样性与综合性,就是说同一问题,可以有不同的处理方案,为了达到同样一个目标,可以有各种各样的途径与方法。方案的多样性,必须进行综合研究,选出满意方案。系统的综合性原理的又一重要方面是由综合而创造。现在一切重大尖端科学技术,无不具有高度的综合性,世界上许多新的东西都是通过综合而得到的。量的综合导致质的飞跃,产生了新的事物,综合的对象越多,范围越广,所做出的创造也就越大。正因为任何复杂的系统都是由许多子系统和单元综合而成的,因此,任何复杂的系统又都是可以分解的。系统整体可能看上去十分复杂不可战胜,但如果将其分解到每个子系统和单元就可能变得简单而容易解决。所以管理者既要学会把许多普普通通的东西综合为新的构思、新的产品、创造出新的系统,又要善于把复杂的系统分解为最简单的单元去解决。

美而雅纺织品公司的采购事件

程世远是美而雅纺织品公司的总经理。一天,印染厂的经理王刚抱怨道:那位直接受总经理指挥的采购部经理买了不合规格的纺织品,并已经运货到厂。王刚说:"我特别关照采购部经理,从那家进的纺织品把我们的工序搞乱了,以后别买它的了。"

程世远问:"那你为什么不来告诉我呢?"

王刚说:"我认为直接对他讲了,就不用绕圈子做官样文章了。再说,印染车间主任打过电话给那家供货商,叫他们以后别再运这种货来了。"

程世远说:"是吗?我们和那个厂家已签订了采购合同,他们对此会特别敏感的,你这样做真让我们处境难堪。以后,让采购部经理来决定我们买哪家的,别再给供应厂商直接打电话,那是采购部经理的责任。"

王刚说:"那个电话不是我打的,是印染车间主任打的。"

(资料来源:http://wenku.baidu.com)

3.3 人本原理

人本原理顾名思义就是以人为本的原理。它要求人们在管理活动中坚持一切以人为核心,以人的权力为根本,强调人的主观能动性,力求实现人的全面、自由发展。其实质就是充分肯定人在管理活动中的主体地位和作用。同时,通过激励调动和发挥员工的积极性和创造性,引导员工去实现预定的目标。

3.3.1 人本原理的含义

人本原理是指管理者要达到组织目标,则一切管理活动都必须以人为中心,以人的积极性、主动性和创造性的发挥为核心和动力来进行。人本管理原理以人为中心、以人为目的的管理理念,强调人是管理中最主要的因素或决定因素,是管理活动的最终目的,管理既是"依靠人的管理",也是"为了人的管理"。

人本原理特别强调人在管理中的主体地位,它不是把人看成是脱离其他管理对象的要素而孤立存在的人,而是强调在作为管理对象的整体系统中,人是其他构成要素的主宰,财、物、时间、信息等只有在为人所掌握,为人所利用时,才有管理的价值。具体地说,管理的核心和动力都来自于人的作用。

人本原理要求管理者研究人的行为规律,掌握激励、沟通和领导艺术,真正地做到了解人、关心人、尊重人、信任人和激励人,努力开发和利用人的创造力,充分实现人的社会价值。从人的本质出发,分析考虑和满足人的各种合理需要,开发人的潜能,实现人的自我价值。

在管理中必须把人的因素放在首位,体现以人为本的指导思想,这就是人本原理。以人为本有两层含义:一是一切管理活动都是以人为本展开的,人既是管理的主体,又是管理的客体,每个人都处在一定的管理层面上,离开人就无所谓管理;二是管理活动中,作为管理对象的要素和管理系统各环节,都是需要人掌管、运作、推动和实施。运用人本原理的原则包括以下几个方面。

1. 动力原则

推动管理活动的基本力量是人,管理必须有能够激发人的工作能力的动力,这就是动力原则。对于管理系统,有3种动力,即物质动力、精神动力和信息动力。

2. 能级原则

现代管理认为,单位和个人都具有一定的能量,并且可按照能量的大小顺序排列,形成管理的能级,就像原子中电子的能级一样。在管理系统中,建立一套合理能级,根据单位和个人能量的大小安排其工作,发挥不同能级的能量,保证结构的稳定性和管理的有效性,这就是能级原则。

3. 激励原则

管理中的激励就是利用某种外部诱因的刺激,调动人的积极性和创造性。以科学的手段,激发人的内在潜力,使其充分发挥积极性、主动性和创造性,这就是激励原则。人的工作动力来源于内在动力、外部压力和工作吸引力。

广西玉柴"人为本、争第一、零起点"

广西玉柴机器集团公司,是国内最大的内燃机制造基地。它的前身是广西玉林柴油机厂,1984年,2 000人的工厂,1 000台柴油机的产量,年利税96万元,是当时玉柴的"历史最高水平"。当时玉柴在国内同行中排名第173位。

1985年,玉柴出炉了玉柴人称之为"灵魂"的玉柴精神:"顽强进取、刻意求实、竭诚服务、致力文明"。实现了3 010台的年生产计划,完成了玉柴历史上的一次大跳跃。

当年年底,玉柴"跳"过了"在国内拿第一"的目标,直接提出要"跻身国际内燃机强手之林"。伴随着目标追求,诞生了危机哲学:零起点!后来1994年公司在纽约上市,美国的投资银行、律师事务所在撰写募股说明书时,问及玉柴的管理哲学,董事长王建明回答了9个字:"人为本、争第一、零起点。"

1985年玉柴突破3 000台大关时,告诫自己"零起点";10年后,玉柴在中国内燃机行业的主要经济技术指标排名终于跃居第一位时,仍然提"零起点";进入21世纪,2002年玉柴已经月生产2万台发动机,还是告诫自己"零起点";当视质量为生命的玉柴实现了柴油机可靠性运行目标达到3万公里不出故障时,是"零起点";达到10万公里不出故障时,是"零起点";达到国际标准30万公里不出故障时,还是"零起点";玉柴称之为"三级跳"。于是,2002年玉柴正式提出:5年内,玉柴要打入国际前4强,闯进半决赛!要想争第一,就永远是"零起点"!

永远零起点的玉柴需要不寻常的人才发挥。玉柴的育人方针是:为每一个岗位的发展创造机会,为每一个层级的攀登的创造条件。玉柴的用人方针是:尊重、爱护、发挥、发展。

尊重员工的主体利益,玉柴的人本思想体现为:"人本方针",侧重的是育人、用人;"人本保障",侧重的是对责任的公正分配。具体落实在两个方面。干部"十字"要求(民主、开朗、顽强、竭诚、约束)和干部的"六项基本功"。

"干部六项基本功":①要对职工说清楚要求——目标机制;②要使绝大多数职工愿意达到要求——民主机制;③要使每一个岗位的职工懂得如何达到要求——教育机制;④使每一个岗位的职工能够达到要求——投入机制;⑤使每一个岗位的职工必须达到要求——责任分配机制;⑥集思广益、反复检讨、周而复始、完善要求——反馈机制。

今天玉柴已经成为中国最大的内燃机生产基地,其内燃机生产能力在世界上排行第二。

(资料来源:http://www.docin.com)

3.3.2 人本原理的要点

人本原理主要包括下述主要观点:职工是企业的主体;职工参与是有效管理的关键;使人性得到最完美发展是现代管理的核心;服务于人是管理的根本目的。

1. 职工是企业的主体

劳动是企业经营的基本要素之一。人们对提供劳动服务的劳动者在企业生产经营中的作用是逐步认识的,这个认识过程大体上经历了三个阶段。

(1) 要素研究阶段。

对劳动力在生产过程中的作用研究是随着以机器大生产为主要标志的现代企业的出现而开始的。但在早期,这种研究基本上限于把劳动者视为生产过程中的一种不可缺少的元素。

(2) 行为研究阶段。

第二次世界大战前夕,有一部分管理学家和心理学家,开始认识到劳动者的行为决定了企业的生产效率、质量和成本。在此基础上,他们进行了大量的案例分析,研究劳动者行为的影响因素。通过这些研究他们发现,人的行为是由动机决定的,而动机又取决于需要。劳动者的需要是多方面的,经济需要只是其基本内容之一。因此他们强调,管理者要从多方面去激励劳动者的劳动热情,引导他们的行为,使其符合企业的要求。这一阶段的认识有其科学合理的一面,但其基本出发点仍然是把劳动者作为管理的客体。

(3) 主体研究阶段。

19 世纪 70 年代以来,随着日本经济的崛起,人们通过对日本成功企业的经验剖析,进一步认识到职工在企业生产经营活动中的重要作用,逐渐形成了以人为主体的管理思想。中国管理学家蒋一苇在 1980 年年末明确提出"职工是社会主义企业的主体"的观点。根据这种观点,职工是企业的主体,而非客体;企业管理既是对人的管理,也是为人的管理;企业经营的目的,绝不是单纯商品的生产,而是为包括企业职工在内的人的社会发展服务的。

2. 有效管理的关键是职工参与

实现有效管理有两条完全不同的途径。

(1) 高度集权、从严治厂,依靠严格的管理和铁的纪律,重奖重罚,使得企业目标统一,行动一致,从而实现较高的工作效率。

(2) 适度分权、民主治厂,依靠科学管理和职工参与,使个人利益与企业利益紧密结合,使企业全体职工为了共同的目标而自觉地努力奋斗,从而实现高度的工作效率。

两条途径的根本不同之处在于,前者把企业职工视作管理上的客体,职工处在被动被管的地位;后者把企业职工视作管理的主体,使职工处于主动地参与管理的地位。当企业职工受到饥饿和失业的威胁时,或受到政治与社会的压力时,前一种管理方法可能是有效的;而当职工经济上已比较富裕,基本生活已得到保证,就业和流动比较容易,政治和社会环境比较宽松时,后一种方法就必然更为合理、更为有效。

由于企业全体职工的共同努力,才使企业各项资源(包括劳动者本身)得到最合理的利用,才使企业创造出了产品、利润和财富。所以,企业全体职工都有权参与企业管理。企业职工中的一部分(经营者和管理人员)其职业就是管理。所以要特别重视非专职管理的职工(普通工人、职员和技术人员)参与企业管理的问题。具体的途径和形式是多种多样的。但有三种形式应当是最基本的。

(1) 通过职工代表大会选举代表参加企业的最高决策机构——管理委员会或董事会。职工代表在管委会和董事会中应占有一定比例,并享有与其他代表同等的权利和义务。

(2) 由职工代表大会选举代表参加企业的最高监督机构——监事会。职工代表在监事会中应占有较多名额,并与其他监事一样,享有监督企业生产经营活动的职权。

(3) 广泛参加日常生产管理活动(如质量管理、设备管理、成本管理、现场管理等)。由于劳动者最了解自己直接参与的那部分生产经营活动的实际情况,因此在参与日常生产管理活动时应有更大的发言权,并且一定能取得更好的效果。

3. 现代管理的核心是使人性得到最完美的发展

任何管理者都会在管理过程中影响下属人性的发展。同时,管理者行为本身又是管理者人性的反映。只有管理者的人性达到比较完美的境界,才能使企业职工的人性得到完美的全面发展,而职工队伍的状况又是企业成功的关键。在多元文化的时代,在多样化的组织中,实施每一项管理措施、制度、办法时,不仅要看到实施取得的经济效果,同时要考虑对人精神状态的影响。一定要从尊重人、尊重人的种族、信仰、文化、爱好、兴趣出发,才能真正促进人的全面发展。

4. 管理是为人服务的

我们说管理是以人为主体的,是为人服务的,是为了实现人的全面发展。这个"人"当然不仅包括企业内部、参与企业生产经营活动的人(虽然在大多数情况下,这类人是管理学研究的主要对象),而且包括存在于企业外部的、企业通过提供产品为之服务的用户。

为社会生产和提供某种物质产品(或服务),是企业存在的主要理由。为用户服务,满足用户的需要,实质是企业实现其社会存在的基本条件。

企业要在这种思想的指导下,研究市场需求的特点及发展趋势,据此确定企业的经营和产品发展方向。由于人的社会发展通常需要借助物质产品的消费来实现,因此广义的人的发展服务的企业经营及管理,不仅要研究作为社会成员的消费者已经表现出的需求的特点,更应重视那些尚未被消费者认识的新产品的开发,以帮助消费者挖掘他们的潜在需求。

企业要从用户的角度出发,努力提高设备和材料的使用效率,加速资金周转,以减少资金占用和材料消耗,降低生产成本,从而降低产品的销售价格;以使消费者能够充分利用有限的货币购买力,获取更多的物质产品,满足更多的需要。

企业还要在这种思想的指导下,研究消费者使用本企业产品要求得到的满足的实现条件。消费者购买某种产品不是为了这种产品的物质本身,而是为了获得这种产品所具有的使用价值。为了保证产品的使用价值能充分实现,消费者不仅要求企业提供符合需要的产品,而且要求企业提供与其使用有关的各种服务。

为用户服务,还要求企业在提供的产品品种对路、功能完善、质量优良、价格合理的前提下,提供使用方法培训和指导、使用过程中的维护和修理等售后服务。

伦迪汽车分销公司的管理

伦迪汽车分销公司是一家新成立的企业,下设若干销售门市部。

公司刚成立时,为具体体现民主管理,制定了若干的责任制度,运转尚属顺利。随着时间的推移,员工中相互推诿的事情时有发生,但在处理这种事情时,又说不清谁承担责任,以致有的事情就不了了之。为了推进民主管理,公司力争下属参与某些重要决策。他们引进了高级小组制度,从每一个销售门市挑选一名非管理者,共挑出五人,公司主管人员每月与他们开一次会,讨论各种问题的解决方法和执行策略。尽管如此,人们的积极性仍没有被充分地调动起来。

经过两年的经营,公司的营业收入有了一定的增长,但企业的税前利润增长不快,第二年比第一年只增长 1.8%。这给主管人员带来很大的苦恼。

(资料来源:http://www.docin.com)

3.4 能级原理

能级原理是指管理的组织结构与组织成员的能级结构必须相互适应和协调,这样才能提高管理效率,实现组织目标。能级原理中的"能级",是指组织成员在一定条件下,能对实现组织目标起作用的各种能力之和的差别。

3.4.1 能级原理的含义

能级,指人的能力大小分级,不同行业或不同岗位对从业人员能级的标准是不一样的。

在物理学中,物理学家把能量按大小排列,犹如梯级的状况叫作能级。物理学的能级概念,给予现代管理理论以深刻的启示:一定的管理结构是由不同层次、不同能级的要素所组成的复杂系统,在这个系统中,每一个单元根据其本身的能量的大小而处于不同的地位,以此来确保系统结构的稳定性和有效性。

能级对应是指在人力资源开发中,要根据人的能力的大小安排工作、岗位和职位,使人尽其才,才尽其用。能级对应原理要求我们要承认人具有能力的差别,根据人的能力层次要求建立稳定的组织形态,同时承认能级本身的动态性、可变性与开放性,使人的能级与组织能级动态对应。

能级对应原理揭示了人力资源能级结构必须是一个稳定的结构。这种结构应是上小下大,呈正三角形,即能级越高,人越少,能级越低,人越多。

根据能级原理,管理者的重要责任之一,就是把本系统内的机构、法、人等各种管理手段和要素,按其能量大小进行分级,制定出每一能级相应的行动规范和操作标准,以此来建立管理系统的稳定结构,确保系统整体目标的实现。

在管理活动中,按能级使用人才,实现合理的能级管理,能保证组织结构的稳定性和有效性,并能获得最佳的管理效率和效益。根据国内外行政管理实践的经验,运用能级原理应注意以下原则或要求:

(1) 能级的划分与组合应保证行政组织结构的稳定性和有效性。稳定的结构层次应是正三角形或正宝塔形,上窄下宽,如果是菱形或倒立三角形,定然不稳。在一个正三角形的行政组织中,每个层级的职责和任务,一般应按"战略规划层—战术计划层—具体执行层"这样三个层次由上向下排列。每个行政人员应按其不同的素质和能力安排到相称的层级上。

(2) 不同的能级应具有不同的责任、权力和利益,实行责权利一致的原则。在对各个能级合理分解任务,明确各自职责的前提下,授予他们相应的权力,使责任和权力统一起来。任何一级行政组织,只要承担了一定的任务和责任,就应当拥有完成此任务的权力。同时,为了调动各个能级履行其职责的积极性,应按照他们的工作实绩给予相应的利益和荣誉。只有做到责权利三者相统一,才能充分发挥各级组织的主动性和创造性,保证他们各自承担的任务高效率地完成。

(3) 各类能级必须动态对应。首先是对应,即根据各层能级的不同要求,相应地把有关人员安排到适当的能级岗位上,做到量才任用,人尽其才。其次,这种对应不是静止的,而是动态对应。因为人的年龄、精力、知识、才能、经验、思想品质及修养都会发生变化。因此,必须根据个人的思想、学识、才能的发展变化的情况,适时作出调整,将其安排到相应的能级岗位上,以使行政人员充满生机和活力。

齐鲁石化公司的"信得过"管理

齐鲁石化公司是一个现代石油化工生产的企业,由于这种行业具有特殊性和危险性,公司一开始就实行从严从实管理,制定岗位操作要求,实行公司、厂两级的检查和奖惩制度。

1990年7月,公司所属烯烃厂裂解一班工人提出"自我管理,让领导放心"的口号,并提出"免检"申请。公司抓住这一契机,在全公司推广创"免检"活动,并细化为一套可操作的行为准则,这就是:①工作职责标准化;②专业管理制度化;③现场管理定量化;④岗位培训星级化;⑤工作安排定期化;⑥工作过程程序化;⑦经济责任和管理责任契约化;⑧考核奖惩定量化;⑨台账资料规格化;⑩管理手段现代化。

公司开展"信得过"活动,使企业基层以及整个企业的管理水平有了显著提高。主要表现在:

(1) 职工的主人翁意识普遍增强,实现了职工从"我被管理"到"我来管理",群众性从严管理蔚然成风;

(2) 基层建设方面明确了由专业管理制度、管理人员职责范围和工作标准、班级岗位十项规章制度三方面构成,使基层管理水平有了明显提高;

(3) 星级管理使职工主动学技术、技能,努力成为多面手,对管理装置工艺流程全面了解,提高了处理本岗本系统突发事件的应变能力,事故发生率大幅度降低;

(4) 企业经济效益显著提高。

(资料来源:百度文库)

3.4.2 能级原理的要点

能级原理打破了按部就班"熬台阶"的保守用人观念,为人才的选拔和培训,指出了一条捷径,从而为防止和解决较高管理层次"老化",达到了制度化的保障。

能级原理有以下几个要点:

(1) 管理能级必须按层次具有稳定的组织形态。稳定的管理结构应是三角形。三角形的上部具有尖锐的锋芒,下部又有宽厚的基础,这种稳定的管理结构正是建立在合理分级的基础上。管理三角形分为四个层次,即经营层、管理层、执行层和操作层。

(2) 不同能级应表现出不同的权力、物质利益和精神荣誉。这不仅是能量的一种外在体现,而且只有与能级相对应,才能符合封闭的原理。有效的原理不是拉平或消灭权力、物质利益和精神荣誉的差别,而是对应合理的能级给予适当的均衡。

(3) 各类能级必须动态地对应。各种管理岗位有不同能级,人也有各种不同的才能。

现代管理必须使相应才能的人处于相应能级的岗位。

在现代管理系统中,各元素的活动必须服务于系统,具有高效率与高可靠性的要求。能级原理的基本内容包括:

(1) 承认人具有能力的差别。

(2) 人力资源管理的能级要求按层次建立和形成稳定的组织状态。

(3) 不同能级应表现为不同的权力、物质利益和荣誉,人的能级必须与其所处的管理层次动态对应。

(4) 人的能级不是固定不变的,能级原理承认能级本身的动态性、可变性与开放性。

(5) 人的能级与管理级次相互之间的对应程度,标志着社会进步和人才使用的状态改变。

海尔集团案例分析

海尔集团是世界第四大白色家电制造商、中国最具价值品牌。海尔在全球建立了29个制造基地,8个综合研发中心,19个海外贸易公司,全球员工总数超过5万人,已发展成为大规模的跨国企业集团,2009年海尔集团实现全球营业额1 240亿元。

据中国最权威市场咨询机构中怡康统计:2008年,海尔在中国家电市场的整体份额达到26.2%以上,依然保持份额第一;尤其在高端产品领域,海尔市场份额近30%,其中,海尔在白色家电市场上仍然遥遥领先。在智能家居集成、网络家电、数字化、大规模集成电路、新材料等技术领域也处于世界领先水平。"创新驱动"型的海尔集团致力于向全球消费者提供满足需求的解决方案,实现企业与用户之间的双赢。

众所周知,海尔集团的工作有极高的效率。为什么海尔的工作有如此高效率?管理学基本原理中的能级原理和责任原理能够解释这一原因。首先,海尔合理分工,公司让每一个员工都做自己了解并且喜爱的工作,这就是合理分工,将他们自己的工作扩大化和丰富化,保证高效率的工作,又激发了他们对工作的积极性和创造性。并且他们明确各自的责任,知道他们的职责所在,所以就做到了事事有人负责。并且海尔将员工的责任和利益紧密结合,让员工们了解其职责所在也让他们了解其利益所在,不仅仅是其员工,海尔的高层也深知其责任的重大,他们对自己提出"下级的自身素质低不是你的责任,而不能提高下级的素质则是你的责任"的要求,让公司的整体素质得到了有效的提升。例如,海尔让其员工的收益由市场决定,让市场给海尔员工"发"工资,他们做到了三个转化:外部指标转化为内部指标,内部指标转化为个人指标,个人指标转化为个人收入,这种转化让员工的工作积极性得到了充分地发挥,让海尔员工以及海尔公司的利益最大化,从中也可以发现不同员工的能力差别,有利于公司未来的发展。海尔在培训阶段就培养了海尔员工的一种责任心,让他们形成了"干什么学什么,缺什么补什么,急用先学,立竿见影"的原则,也让他们明确了"什么是对的,什么是错的,什么该干,什么不该干"的价值观。另外海尔还鼓励新员工说出自己的想法,不管是否合理,让员工把话说出来是最好的解决矛盾的办法。海尔给新员工每个人都发了"合理化建议卡",员工有什么想法,无论制度、管理、工作、生活等任何方面都可以提出来。对合理化的建议，海尔会立即采纳并实行，对提出人还有一定的物质和精神奖励。而对不适用的建议也会给予积极回应，因为这会让员工知道自己的想法已经被考虑过，他们会有被尊重的感觉，更敢于说出自己心里的话，在这个过程中，不仅培养了员工对企业的责任心，还将员工的能力更好地展示了出来，也体现了海尔以人为本的一种企业理念。他们的决策层、管理层、执行层、操作层分工明确，建立起了一种全稳定的能级结构系统，满足管理智力和权力在质上递增、在量上递减的要求，做到了政出一门、令行统一。

（资料来源：百度文库）

3.5 效益原理

效益是管理的永恒主题。任何组织的管理都是为了获得某种效益。效益的高低直接影响着组织的生存和发展。效益的核心是价值，必须通过科学而有效的管理，对人、对组织、对社会有价值的追求，实现经济效益和社会效益的最大化。效益是一个对比概念，通过以尽可能小的投入获得尽可能大的产出来实现效益的最大化。在许多情况下，通过对投入产出微小增量的比较分析来考察实际效益的大小，以做出科学决策。

3.5.1 效益原理的含义

效益是某种活动所要产生的有益效果及其所达到的程度，是效果和利益的总称。它可分为经济效益和社会效益两类，其中经济效益是人们在社会经济活动中所取得的收益性成果；社会效益则是在经济效益之外的对社会生活有益的效果。经济效益和社会效益，两者既有联系又有区别。经济效益是讲求社会效益的基础，而追求社会效益又是促进经济效益提高的重要条件。两者的区别主要表现在，经济效益比社会效益更加直接些，可以运用若干经济指标来计算，而社会效益则难以计量，必须借助于其他形式来间接考核。

效果指人们或组织通过某种行为、力量、手段、方式而产生的结果。这种结果其中有的是有效益的，有的是无效益的。例如，有的企业生产的产品虽然质量合格，但产销不对路，在市场上卖不出去，积压在仓库里，最后甚至会变成废弃的物质。这些产品是不具有效益的。所以，只有那些为社会所接受的效果，才是有效益的。

效率是指特定的系统在单位时间内的投入与所取得的效果之间的比率。这个比率是一个经常用来衡量管理水平的标准。例如，要衡量企业管理的水平，就必须考察企业投入的资金、技术、人力、物力等因素与所获得的利润之间的比率。在一定的时间内，如果消耗的物资、能量等因素越少，而产生的效果越大，就意味着效率越高；反之，如果消耗的物资、能量等因素越多，而产生的效果越小，就意味着效率越低。

一般而言，企业组织所开展的诸多管理活动就是为取得经济效益而服务的。企业追求良好的经济效益，不仅是企业出于积累资金自我发展的需要，而且更为重要的是能够促进社会进步、国民经济的发展以及社会生产力的提高，因此，经济效益与社会效益从根本上说应该是一致的。但是，当有的企业从局部考虑问题，或者采取不合理、不合法的手段获得经济效益时，二者就会产生矛盾，管理的作用就在于要消除这种矛盾，力求将经济效益与社会效益有机地结合起来。

效益原理,是指组织的各项管理活动都要以实现有效性、追求高效益作为目标的一项管理原理。它表明现代社会中任何一种有目的的活动,都存在着效益问题,它是组织活动的一个综合体现。影响企业效益的因素是多方面的,例如,科学技术水平、管理水平、资源消耗和占用的合理性等。从管理的这一具体因素来看,管理的目标就是追求高效益。有效地发挥管理功能,能够使企业的资源得到充分地利用,带来企业的高效益。反之,落后的管理会造成资源的损失和浪费,降低企业活动的效率,影响企业的效益。向管理要效率,管理出效率,已成为人们的共识。

效益原理体现的原则包括:

(1) 价值原则

效益的核心是价值,必须通过科学而有效的管理,对人、对组织、对社会有价值的追求,实现经济效益和社会效益的最大化。

(2) 投入产出原则

效益是一个对比概念,通过以尽可能小的投入来取得尽可能大的产出的途径来实现效益的最大化。

(3) 边际分析原则

在许多情况下,通过对投入产出微小增量的比较分析来考察实际效益的大小,以作出科学决策。

鲶鱼效应

西班牙人爱吃沙丁鱼,但沙丁鱼非常娇贵,极不适应离开大海后的环境。当渔民们把刚捕捞上来的沙丁鱼放入鱼槽运回码头后,用不了多久沙丁鱼就会死去。而死掉的沙丁鱼味道不好,销量也差。倘若抵港时沙丁鱼还活着,鱼的卖价就比死鱼高出若干倍。为了延长沙丁鱼的存活期,渔民们想了许多方法。后来一位渔民想出一个法子,将几条沙丁鱼的天敌鲶鱼放在运输容器里。因为鲶鱼是食肉鱼,放进鱼槽后,鲶鱼便会四处游动寻找小鱼吃。为了躲避天敌的吞食,沙丁鱼自然加速游动,从而保证了旺盛的生命力。如此一来,沙丁鱼就一条条活蹦乱跳地回到渔港。

(资料来源:http://blog.renren.com)

3.5.2 效益原理的要点

所有的管理都是致力于提高效益,但并不是所有的管理都是有效的。从管理的角度来看,效益的提高,涉及的因素是多种多样的,如管理思想、管理制度、管理方法、管理环境和管理措施等,这些因素对管理效益的影响是十分重大的,尤其是像管理者的思想观念、行为方式,能够直接影响管理的计划、组织、领导、控制和创新的一系列活动,并对管理效益产生直接的作用。因此,遵循效益原理,就要求管理者把握以下三个方面。

1. 提高管理工作的有效性

管理学家德鲁克认为：作为管理者，不论职位高低，都必须力求有效。管理的有效性，应是管理的效率、效果和效益的统一。其实现的重要途径是要确立有效管理的评价体系。一是在评价标准上要注意直接的成果和价值的实现。从组织获取的产值、利润等方面看组织目标实现的状况，以考察组织在产品或服务的质量方面所获得的效果和效益。而价值的实现则是比对直接成果的追求体现出更高水平的管理，是一种深层次的管理，像组织文化、经营哲学、组织形象的塑造、开发并向市场推出民众欢迎的产品、服务特色等，就是大价值意义上的管理追求。二是在评价内容上应以工作绩效为主，以贡献为主，并分清主客观条件对工作绩效的影响。具体来讲，对管理者的评价主要结合德、能、勤、绩等方面的内容加以考察；对管理集体的评价，要考察其管理上的服务态度与质量，与相关管理部门的协调性等。三是在评价方法上应综合不同评价主体的评价结果。一般来说，评价主体可以是管理者（机构）本身，也可以是上级主管或职工，还可以是有相互工作往来、服务关系的其他管理者或管理部门。只有综合这些不同评价主体的结果，并做到定性与定量相结合，才能保证评价结果的全面性、客观性和公正性。

2. 处理好局部利益和全局利益的关系

全局效益是一个比局部效益更为重要的问题。如果全局效益很差，局部效益提高就难以持久。不过，局部效益是全局效益的基础，没有局部效益的提高，全局效益的提高也是难以实现的。局部效益和全局效益是统一的，有时又是矛盾的。因此，当局部效益与整体效益发生冲突时，管理必须把全局效益放在首位，做到局部效益服从整体。管理者在实践中把握这一关系要遵循以下原则。

首先，应该遵循整体优化原则。因为整体优化是决策的关键步骤。它要求经过系统地分析和综合，提出各种不同方案、途径和办法，从不同的方案中，选出符合整体优化原则的方案，作出科学的决策。无论在哪一类组织中，从事任何一项工作，都应该考虑两个以上的方案，并将远期和近期、直接和间接的效果进行整体分析比较，因事、因时、因地制宜做出整体而科学的评价。通过比较分析各种方案带来的影响和后果，进而考虑各种方案所需的人力、物力、财力等要素的条件，选择最优方案。在选择整体优化方案之后，有时还要进行局部试验，成功之后进行全面推广，实行由点到面的工作方法。

其次，遵循要素有效性原则。任何一个组织的管理都离不开人、财、物、时间和信息，它是由这些互为作用的要素组合而成。为取得组织整体效益的最优化，管理者必须充分激发每个要素的作用。这一原则要求管理者用科学手段来处理系统内的矛盾，以便做到人尽其才、才尽其用、息（信息）尽其流。在现代管理中，人是管理要素中的主宰，只有充分发挥人的积极性、主动性和创造性，才能使系统内各要素各尽所能，为组织创造更多、更好的经济效益和社会效益。

3. 追求组织长期稳定的高效益

管理者要追求组织长期稳定的高效益，一方面，不仅要"正确地做事"，更为重要的是要"做正确的事"。这是因为效益与组织的目标方向紧密相连：如果目标方向正确，工作效率越高，获得的效益越大；如果目标方向完全错误，工作效益越高，反而效益会出现负值。因此，管理者在管理工作中，首要的问题是确定正确的目标方向，搞好组织的战略管理,并在此前提下讲究工作的高效率。只有这样,才能获得较高的经济效益和社会效益。另一方面,组织管理者必须具有创新精神。如企业管理者不能只满足眼前的经济效益水平,而应该居安思危,不断地推行新产品,以高质量、低成本的优势去迎接市场的挑战。只有不断地积极进行企业的技术改造、技术开发、产品开发和人才开发,才能保证企业有长期稳定的较高的经济效益。

病房管理方式改变带来的效果

某市一所以烧伤为重点专科的综合性医院,烧伤科技术力量强,设备比较先进,病房设置合理,几年来收治了几千名烧伤患者,由于治疗率高,死亡率低,在社会上享有较高的信誉。但是,近年来,该科的住院患者人数逐月减少,2～5月平均每月住院患者由原来的41名下降至20名,而同期有的厂矿医院的烧伤科患者却逐渐增多。这种变化引起了该医院领导的重视,决定做一次认真的调查。

经过对市内几所设有烧伤科的医院的调查,院领导召集本院烧伤科的医护人员座谈。大家认为,本医院烧伤科患者减少的主要原因是过去对烧伤科病房的管理搞得过死,凡是入院患者一律不准陪护,不准探视,不准出病房活动。而其他医院的烧伤科病房完全开放,可有陪护,允许探视,满足了患者及其家属的心理要求。因此,许多患者宁愿到条件较差的医院去住院。

根据调查的情况,该医院领导做了认真研究,认为烧伤病房完全开放,放开管理,违背烧伤的治疗原则,是不可取的。但完全采用封闭的管理方式,也不是科学的管理。因此,决定采用半开放式的分级病房管理方式,即将烧伤总面积50%以上或总面积不足50%但Ⅲ度烧伤面积达50%以上的患者作为重病区,对该区实行严格管理,陪护、探视必须戴消毒帽子、口罩,穿消毒的隔离衣,每周探视一次。其余烧伤患者病房作为一般病区,陪护、探视要换拖鞋,每周允许探视两次,整形患者按普通病房管理。总之,对烧伤、整形病房管理采取针对病情区别对待的方式,使病房管理不仅符合科学要求,而且适应广大患者及其家属的心理要求。

从4月实行新的病房管理方式以来,该医院烧伤科的病床使用率很快得到了提高,第二季度的住院患者平均每日稳定在40～45名,有时多达五十余名,烧伤科的社会效益与经济效益均得到了大幅度的提高。

(资料来源:http://www.sohu.com)

本 章 小 结

管理原理是对管理工作的实质内容进行科学分析总结而形成的基本真理,对一切管理活动具有普遍的指导意义。

管理有四项基本原理:系统原理、人本原理、能级原理和效益原理。

系统原理为认识管理的本质和方法提供了新的视角,它所提供的观点和方法广泛地渗透到其他各个管理原理职能中,在管理体系中起着统率作用。

人本原理主要包括下述主要观点:职工是企业的主体;职工参与是有效管理的关键;使人性得到最完美发展是现代管理的核心;服务于人是管理的根本目的。

人力资源能级结构必须是一个稳定的结构。这种结构应是上小下大,呈正三角形,即能级越高,人越少,能级越低,人越多。

效益原理,是指组织的各项管理活动都要以实现有效性、追求高效益作为目标的一项管理原理。

海盐衬衫厂的兴衰

海盐衬衫厂成立于 1956 年(当时称红星成衣社)。全厂职工不过 30 来名,改革开放之前,全厂固定资产净值只有 2.2 万元,全部自有资金不足 5 万元,年利润 5 千元。改革开放之后,在厂长步鑫生的带领下,小厂进行了全面改革。他们果断地扔掉了商业包销的拐棍,由综合性服务加工转为专业生产衬衫。他们立足国内市场,陆续开发了"双燕"男女衬衫、"三毛"儿童衬衫和"唐人"高级衬衫三个品牌;衬衫生产实行了现代化,并成立了衬衫的花型、款式设计研究室;对劳动工资进行了改革,打破了"大锅饭",提高了工作效率。到 1983 年,该厂已拥有固定资产净值 107 万元,全厂工业产值达 1 028 万元,实现利润 52.8 万元,比改革前增加了 100 多倍,一跃成为全省同行业的佼佼者。许多新闻记者蜂拥而至,步鑫生成为全国改革风云人物,整天忙于社会活动,声言要建造中国服装托拉斯,但却无暇像过去那样认真思考经营管理问题。

1984 年中国刮起了一股"西服风"。起初,步鑫生不为所动,但不久他就办起了一个领带车间,接着又办起了印染车间,最后决定兴办西服分厂。这项决策是在与上级主管部门的一次谈话中,前后不过 2 个小时做出的,而且决策作出之前并未对市场进行科学分析,也未对本厂的技术和生产实力进行实事求是的评价。

在省主管部门扶植先进的"好心"帮助下,海盐衬衫厂又增加了 200 万元的投入。但好景不长,国家宏观经济过热而不得不采取紧缩政策,并控制基建规模。

海盐衬衫厂的西服大楼被迫停工。与此同时,市场也发生了微妙的变化,原来异常走俏的西服也出现了滞销现象。

在此之后,该厂匆匆上马的印染车间,由于技术不过关而停留在停工状态。在生产规模迅速扩大后,该厂基础管理工作跟不上、质量不稳定。1985 年在"全国衬衫评选会"上,代表着海盐衬衫生产水平的"唐人"牌高级衬衫名落孙山,使海盐厂丧失了产品优势。

一项兴建分厂的决策使海盐厂"赔了夫人又折兵",元气大伤。而与此同时,企业内部管理者素质的低下更加速了企业的衰败。

步鑫生精明强干,精力充沛,每天工作十五六个小时,厂里无论大事小情他都要过问,可谓"殚精竭虑"、"废寝忘食",职工们也反映说他是厂里"工作热情最高"的人。然而,步鑫生文化程度不高,虽然在本行业有几十年的工作经验,但终究脱离不了小生产者的思维。如在建西服厂时,他坚持搞"成龙配套"、"小而全"的生产,结果造成了严重的损失。在企业的组织结构上,他实行高度集中的管理和控制,大小决策都要由他最后裁决。一些年轻有为的助手感到事事插不上手,"英雄无用武之地",只好离开海盐厂另谋高就。

步鑫生刚愎自用,听不进不同意见,在西服分厂筹建工作受阻、西服市场变冷之后,及时撤出仍可亡羊补牢,上上下下许多人劝他下马,他却一次又一次地拒绝了,致使企业危机日益严重。

在企业人员流失的同时,企业的运转也出现了混乱。这主要是因为规模虽然上去了,但管理人员的管理水平没有相应提高。企业过去制定的一些规章制度,有些已不能适应大工业生产的需要,但并未对其进行及时的修改和调整。比如在规模扩大、产品结构改变后,供销管理却没能跟上去。特别是虽然有领带、衬衫、西服和印染四个车间的分工,但由于协调不好,互不通气,重复进料、超度进料,造成严重的积压。不久,财务科便发出危机的信号:已无钱购进衬衫面料了。

1986年,海盐厂账上亏损300万元,工厂负债几百万。步鑫生备尝创业的艰辛,终因企业濒临破产而被免去厂长之职。

(资料来源:百度文库)

思考
1. 运用系统原理分析海盐衬衫厂兴衰的经验教训。
2. 你认为步鑫生在对管理原理的理解和运用上存在的主要不足是什么?
3. 本案例对我国中小企业发展有何启示?

实 践 教 学

实践教学项目
模拟组建公司。
实践教学目的
培养初步运用管理系统的思想建立现代企业的能力。
实践教学内容与要求
根据所学知识与对实际企业调查访问所获得的信息资料,组建模拟公司。
情景模式一:全班6人一组,组建"×××模拟公司",自定公司名称,列出一年的工作计划。
情景模式二:假设公司由于对市场信息把握不准,年度销售业绩不理想,出现亏损,假设你是公司总经理,进行一段鼓舞士气的演讲。
实践教学成果与检测
1. 由团队成员进行投票选举,选出公司总经理。
2. 各小组将情景模拟中的演讲提纲列出。
3. 由教师与学生对各公司组建情况和成员现场表现进行打分。

课 后 习 题

1. 管理原理的特点有哪些？你是怎样理解的？
2. 学习管理原理的意义是什么？如何运用管理原理对管理活动进行指导？
3. 系统原理要点中的整体性原理在现实情形中是如何体现的？
4. 什么是人本原理？实现有效管理的两条途径是什么？
5. 运用能级原理，说明管理者是如何建立管理系统的稳定结构，确保系统整体目标的实现的？
6. 效益原理的含义是什么？人类一切活动为何要遵循效益原理？

第 四 章

计 划

诺基亚计划之殇

诺基亚发布了 2012 财年第一季度财报,数据显示依然亏损。连续四个季度出现亏损,诺基亚可谓步履维艰。然而就在 2006 年,诺基亚还稳坐全球手机市场第一把交椅,当时的诺基亚几乎就是手机的代名词。短短几年时间,昔日王者转眼濒临破产。屡战屡胜的诺基亚或许被曾经的成就冲昏了头脑,长时间执着于 2G 的光环。在 IOS、安卓等更先进的手机技术崭露头角时却视而不见,死守塞班操作系统。结果,随着苹果以及安卓系统手机在市场上日渐风生水起,诺基亚的发展却越来越萧条。

眼看曾经打下的江山,被别人一点点侵蚀,诺基亚才意识到问题的严重性,于是在 2010 年与英特尔合作共同研发了应用于智能手机的 Meego 系统。2011 年 2 月更是迫不及待地与微软公司达成协议,生产支持 Windows Phone 系统软件的智能手机。

然而一系列举措并没有使诺基亚的现状发生改观,2012 年 4 月 11 日诺基亚发布第一季业绩预警,调降了设备和服务业务本财年第一季度的业绩预期指标,营业利润率从之前预测盈利平衡点上下 2% 浮动,下调至 -3%,这是诺基亚不到一年之内第二次发布盈利预警。由此可见,诺基亚不仅没能创造出普及市场的高端手机,其低端机的份额也正被蚕食。

这巨大落差的出现正是由于诺基亚对环境的变化没能做出及时的反应,对战略计划的制订存在重大问题所导致的。由此可见,计划的失误会对企业造成严重打击,甚至令企业一蹶不振。

思考

诺基亚的计划出现了什么问题?

4.1 计 划

计划职能是管理的首要职能,也是管理职能中最基本的一个职能。它与其他职能有着密切的联系。要实现目标就必须制订计划,计划是目标的蓝图。计划工作既包括选定组织和部门的目标,又包括确定实现这些目标的途径,具体明确了实现目标所必需的资源组合、时间进度、任务和其他举措。如果说目标是要明确未来要达到的状态,那么计划就是明确现在的手段。制订切实可行的计划是实现目标的唯一途径和手段。为使组织中的各项活动能够顺利开展,组织在各项工作开始之前必须制订相应的计划。

4.1.1 计划的概念和内容

1. 计划的概念

计划有广义和狭义之分:

广义的计划是指制订计划、执行计划和检查计划执行情况的工作过程。确切地说,广义的计划包括从分析预测未来的情况与条件,确定目标,决定行动方针与行动方案,并依据计划去配置各种资源,进而执行任务,最终实现既定目标的整个管理过程。它是一项既广泛又复杂的管理工作,涉及组织的每一项活动。

狭义的计划是指制订计划,即根据组织内外部的实际情况,权衡客观的需要和主管的可能,通过科学的猜测,提出未来一定时期内组织所需要达到的具体目标及实现目标的方法。一般情况下计划在制订出来以后多数是不变的。这样有助于计划执行者"依计而行"去开展卓有成效的工作,同时也有助于发挥计划的激励作用。但是在某些情况下,当制订计划的条件和情况发生变化以后,就必须调整计划,尤其是在发生了"计划跟不上变化"的情况下,计划已失去了指导作用,此时就必须修订原计划。因此,计划具有两种特性,其一是它的严肃性,即一旦计划出台,在条件不变或变化不大的情况下,必须严格执行计划;其二是它的灵活性,即当计划条件发生较大变化时,必须调整计划,以适应变化了的条件。

2. 计划的内容

计划工作的内容包括六个方面,可以概括为"5W1H",计划必须清楚地确定和描述这些内容。

What——做什么?(目标与内容)

需要什么样的行动。也就是明确所要进行的活动内容和要求。例如企业信息资源计划,就是要明确企业的信息范围、信息量、信息的组织方式、进度、费用等,以保证充分利用企业的其他资源,按质、按量、按期完成企业信息资源建设,并提供考核依据。

Why——为什么做?(原因)

为什么需要这项行动。这是要明确计划的目的和原因。使计划执行者了解、接受和支持这项计划,把"要我做"变成"我要做",以充分发挥计划执行者的积极性、主动性和创造性,实现预期目标。这体现了计划的灵活性,即计划是纲领,是依据,而不是教条和死框框。

Who——谁去做?(人员)

谁负责这项行动。规定计划工作任务由哪些部门和人员负责,哪些部门和人员协助,哪些部门和人员参加鉴定和审核。总之,要使得参与计划活动的部门和人员各司其职,相互配合,各环节交接手续完备,责任明确。

Where——何地做?(地点与环境)

在何地实施这项行动。规定计划实施的地点或场所,做到知晓计划实施的环境条件和限制因素,从而合理安排计划的实施空间。

When——何时做？（时间）

何时行动。规定计划中各项工作的开始和完成时间，以便进行有效的控制，对组织的能力和资源进行平衡，保证各项工作有条不紊地进行，而不会导致顾此失彼。

How——怎样做？（方式与手段）

如何行动。制定实现计划的措施以及相应的政策和规则，对资源进行合理有效地利用，以达到计划的目标。

好的计划是成功的开始

美国几个心理学家曾做过这样的实验：把学生分成三组进行不同方式的投篮技巧训练。第一组学生在20天内每天练习实际投篮，把第一天和最后一天的成绩记录下来。第二组学生也记录下第一天和最后一天的成绩，但在此期间不做任何练习。第三组学生记录下第一天的成绩，然后进行实际练习，并花20分钟做想象中的投篮；如果投篮不中时，他们便在想象中做出相应的纠正。实验结果表明：第二组没有丝毫长进；第一组进球增加了24%；第三组增加了26%。由此，他们得出结论：行动前进行头脑热身，构想要做之事的每个细节，梳理心路，然后把它深深铭刻在脑海中，当你行动的时候，就会得心应手。

（资料来源：龚丽春.管理学原理[M].北京：冶金工业出版社，2008.）

4.1.2 计划的特征

计划是单位、部门或个人对未来一定时期内要完成的工作、生产、经营和学习等任务拟订目标、内容、步骤、措施和完成期限的一种应用文体。继法约尔之后的管理学家，一直将计划列在管理职能之首，这是由以下计划的特征决定的。

1. **目的性**

计划的首要功能就是把今后的一切行动都集中在目标上，预测并确定哪些行动有利于达到目标、哪些行动不利于达到目标或与目标无关，进而指导今后的行动向着目标的方向前进。

2. **首要性**

计划相对于其他管理职能处于首位。因为计划影响和贯穿于组织、人员配备、指导、领导和控制中。

3. **普遍性**

计划对任何一个管理层次的管理人员都有约束，在组织的各项工作中都渗透着计划，管理的其他四项职能，即组织、领导、控制和创新，都要根据已制订的计划来展开工作。

4. **效率性**

计划的目的就是促使组织的活动获得良好的经济效益与社会效益。计划工作的任务不仅是为了确保组织目标的实现，而且要在实现目标的若干方案中进行选优，以减少组织活动的无序和浪费，提高组织的工作绩效。

5. 持续性

组织目标的实现具有持续性,而计划是指导着各个目标实现的,因此计划工作前后也是有连续性的。过去的计划可以作为现在计划的参考,现在的计划也一定会与将来的计划相衔接。

6. 创新性

计划是关于组织未来的蓝图,未来往往充满着各种不确定的因素,计划总是针对需要解决的新问题和可能发生的新变化、新机会而做出的决定,因而计划是一个创新性的管理过程。

7. 预见性

这是计划最明显的特点之一。计划不是对已经形成的事实和状况的描述,而是在行动之前对行动的任务、目标、方法、措施所作出的预见性确认。但这种预想不是盲目的、空想的,而是以上级部门的规定和指示为指导,以本单位的实际条件为基础,以过去的成绩和问题为依据,对今后的发展趋势作出科学预测之后作出的。可以说,预见是否准确,决定了计划制订的成败。

8. 针对性

计划一是根据党和国家的方针政策、上级部门的工作安排和指示精神而定,二是针对本单位的工作任务、主客观条件和相应能力而定。总之,从实际出发制订出来的计划,才是有意义、有价值的计划。

9. 可行性

可行性是和预见性、针对性紧密联系在一起的,预见准确、针对性强的计划,在现实中才真正可行。如果目标定得过高、措施无力实施,这个计划就是空中楼阁。反过来说,目标定得过低,措施方法都没有创见性,实现虽然很容易,但并不能因而取得有价值的成就,那也算不上有可行性。

10. 约束性

计划一经通过、批准或认定,在其所指向的范围内就具有了约束作用,在这一范围内无论是集体还是个人都必须按计划的内容开展工作和活动,不得违背和拖延。

木 桶 定 律

众所周知,一只木桶盛水的多少,并不取决于桶壁上最长的那块木板,而是取决于桶壁上最短的那块木板。人们把这一规律总结成为"木桶定律"或"木桶理论"。根据这一核心内容,木桶定律还有三个推论:其一,只有当木桶壁上的所有木板都足够长时,木桶才能盛满水,只要这个木桶里有一块木板长度不够,木桶里的水就不可能是满的;其二,比最短木板长的所有木板的长出部分都是没有意义的,长的越多,浪费就越大;其三,要想提高木桶的容量,应该设法增加最短木板的长度,这是最有效的也是唯一的途径。与木桶定律相似的还有一个链条定律:一根链条最薄弱的环节和其他环节承受着相同的强度,那么链条越长,它就越薄弱。

对一个组织来说,构成组织的各个部分往往是参差不齐的,而各个组成部分往往决定了整个组织的水平。"最短的木板"与"最薄弱的环节"都是组织中有用的一部分,只不过比其他部分稍差一些,不能把它们当作烂苹果扔掉。因此,管理的真正意义就是去修补最短的那块木板。

4.1.3 计划的作用

计划是一项重要的管理工作,它是组织实施各项工作的行为纲领。计划的最终成果是对未来发展的行动方针作出预测和安排。尽管各项管理职能都必须考虑组织的未来,但都不可能像计划那样以谋划未来为主要任务。计划的具体指标和要求为组织、领导、激励、控制和协调等职能作用的发挥提供了目标依据和质量标准,增强了组织适应复杂多变的客观环境的能力。

有了计划,工作就有了明确的目标和具体的步骤,就可以协调大家的行动,增强工作的主动性,减少盲目性,使工作有条不紊地进行。同时,计划本身又是对工作进度和质量的考核标准,对大家有较强的约束和督促作用。所以计划对工作既有指导作用,又有推动作用。良好的计划是成功的先决条件,其重要作用可以归纳为以下几个方面。

1. 明确工作方向

计划为组织成员的行为活动确定了明确的方向,使各方面的行动获得了明确的指示和指导,促使组织成员行动方向的一致性,保证目标的实现。

2. 合理配置资源

任何一个组织的资源都是有限的,计划就是要对组织有限的资源在空间和时间上作出合理的配置和安排,即达到资源配置和使用的最优化。因为计划工作说明并确定了组织中每一部门应做什么,为什么要做这些事,应在什么时候去做,目的和手段都很明确。通过计划对管理活动的各个方面进行周密的安排,综合平衡,减少了重复和浪费活动,并协调各项活动,使之与其他有关活动相配合。

3. 预测未来变化

计划通过预计变化来降低不确定性。为了制订合理的计划,管理者必须不断关注组织外部环境的动态变化,预测未来环境的变化趋势。当然,在"计划不如变化快"的市场经济年代,再好的计划也不能消除变化,因此计划工作的开展是为了预测各种变化和风险,并对它们作出最为有效的反应,而不是为了消除变化。

4. 提高管理效率

目标的实现有多种方法和手段,计划工作从各种可行方案中选出最优方案,从源头上就决定要以最低的费用取得较好的效果。组织在实现目标过程中,各种活动会出现前后不协调、联系脱节的现象,在多项活动同时进行的过程中也往往会出现不协调现象,一个好的计划可以通过设计好的协调一致、有条不紊的工作流程来避免上述现象的发生,从而减少重复和浪费性的活动。

5. 实现有效控制

计划尤其是中、短期计划总是通过具体的计划指标来体现的,正是这些具体的计划指标使管理者能将实际的业绩和目标进行对照,有利于对计划进行监督和检查,及时纠正偏差、进行控制。通过计划明确组织行为的目标,规定实施目标的措施和步骤,来保证组织活动的有序性。计划不仅是组织行动的标准,同时也是评定组织效率的标准。所以说,没有计划也就无所谓控制。

未来取决于今天的定位

有三个人要被关进监狱三年,监狱长允许他们每人提一个要求。美国人爱抽雪茄,要了三箱雪茄。法国人最浪漫,要一个美丽的女子相伴。而犹太人说,他要一部与外界沟通的电话。

三年过后,第一个冲出来的是美国人,嘴里鼻孔里塞满了雪茄,大喊道:"给我火,给我火!"原来他忘了要火了。接着出来的是法国人。只见他手里抱着一个小孩子,美丽女子手里牵着一个小孩子,肚子里还怀着第三个孩子。最后出来的是犹太人,他紧紧握住监狱长的手说:"这三年来我每天与外界联系,我的生意不但没有停顿,反而还增长了200%,为了表示感谢,我送你一辆劳斯莱斯!"

这个故事告诉我们,选择什么样的目标决定什么样的生活。今天的生活是由三年前我们的选择决定的,而今天我们的抉择将决定我们三年后的生活。

(资料来源:百度文库)

4.1.4 计划的表现形式

对于一个企业来说,计划是一种层级体系。计划的表现形式为:目的或使命、目标、战略、政策、程序、规划、规则、方案和预算。

1. 目的或使命

目的或使命指明一定的组织机构在社会上应起的作用,所处的地位。它决定组织的性质,决定此组织区别于彼组织的标志。一种有组织的活动,如果要使它有意义的话,至少应该有自己的目的或使命。

2. 目标

组织的目的或使命往往太抽象、太原则化,它需要进一步具体为组织一定时期的目标和各部门的目标。组织的使命支配着组织各个时期的目标和各部门的目标,并且组织各个时期的目标和各部门的目标是围绕组织存在的使命所制定的,并为完成组织使命而努力的。

3. 战略

战略是企业在某一个时期为了实现最高目标而采取的重大行动方案。在不同的时期,企业面临不同的内外环境和阶段性发展目标,需要解决的关键问题不同。这需要企业统一思想,并统一行动,集中力量做好最重要的事情。为此,企业必须制定合理的战略。同时,在战略的执行过程中,不仅要让战略在企业内部得到各部门和员工的高度认同和坚决执行,还要努力使供应商、合作伙伴、客户充分理解,并获得他们的支持。

4. 政策

政策是指导或沟通决策思想的全面的陈述书或理解书。但不是所有政策都是陈述书，政策也常常会从主管人员的行动中含蓄地反映出来。政策帮助实现决定问题处理的方法，这减少了对某些例行事件处理的成本。政策支持了分权，同时也支持上级主管对该项分权的控制。政策允许对某些事情有酌情处理的自由，一方面我们切不可把政策当作规则，另一方面我们又必须把这种自由限制在一定的范围内。自由处理的权限大小一方面取决于政策自身，另一方面取决于主管人员的管理艺术。

5. 程序

程序是制定处理未来活动的一种必需方法的计划。它详细列出必须完成某类活动的切实方式，并按时间顺序对必要的活动进行排列。它与战略不同，它是行动的指南，而非思想指南。它与政策不同，它没有给行动者自由处理的权力。出于理论研究的考虑，我们把政策与程序区分开来，实践工作中，程序往往表现为组织的规章制度。组织中每个部门都有程序。而在基层，程序变得更加具体化并且数量更多了。

6. 规则

规则没有酌情处理的余地。它详细地阐明明确的必需行动或非必需的行动，其本质是一种必需或无须采取某种行动的管理决策。规则通常是最简单形式的计划。

规则不同于程序，规则指导行动但不说明时间顺序，可以把程序看作是一系列的规则，但是一条规则可能是也可能不是程序的组成部分。但是，一种规定顾客服务的程序可能表现为一些规则，如在接到顾客需要服务的信息后30分钟内必须给予顾客答复。

规则也不同于政策。政策的目的是要指导行动，并给执行人员留有酌情处理的余地；而规则虽然也起指导行动的作用，但是在运用规则时，执行人员没有自行处理之权。必须注意的是，就其性质而言，规则和程序均旨在约束思想；但我们只有在不要求组织成员使用自行处理权时，才应该使用规则和程序。

7. 方案（规划）

方案是一个综合性的计划，它包括目标、政策、程序、规则、任务分配、要采取的步骤、要使用的资源以及为完成既定行动所需的其他因素。一项方案可能很大，也可能很小。通常情况下，一个主要方案（规划）可能需要很多支持计划。在该主要计划实行之前，都必须把这些支持计划制订出来，并付诸实施。所有这些支持计划都必须加以协调和安排时间。

8. 预算

预算是一种"数字化"的计划，预算作为一种计划，勾勒出未来一段时期内的现金流量、费用收入、资本支出等的具体安排。

蒙牛的"百亿计划"

牛根生1998年被伊利集团免去生产经营副总裁一职后，创办了内蒙古蒙牛乳业（集团）股份有限公司，并担任董事长兼总裁职务。

牛根生分析了全世界乳业发展的规律，发现发达国家在发展到我国这个阶段的时候，

GDP每增长1%,牛奶就增长3%。他同时分析了国内乳业的发展情况,并估计中国总体经济在未来一段时期内将以年均10%的速度增长,那么国内的牛奶行业将至少按20%的速度增长。他相信,中国牛奶业的增长空间很大。

因此,当2001年,蒙牛集团的销售额达到8亿多元的时候,牛根生大胆提出,2006年蒙牛要达到100亿元的销售额,并提出了相应的5年规划。100亿元,这相当于当时中国乳业全行业年销售收入的一半。这一宏伟计划超出了当时蒙牛管理层和员工的想象,遭到激烈的反对,甚至认为"老牛疯了"。

在一片质疑声中,牛根生耐心做董事的工作,做高管人员的工作并最终通过了这个"五年规划"。

到了2002年,当蒙牛销售收入达到16.7亿元的时候,大家才开始真正信服。到了2004年,蒙牛销售收入蹿升至72.138亿元时,大家又仿佛觉得牛根生当初制订的计划"偏小"了。2005年,蒙牛提前一年实现目标,销售收入达到108.25亿元。

在总结的时候,牛根生指出,2001年要是没有这个"百亿计划",蒙牛几年来的资源配置结构就不可能那样"大派",那样富有"吞吐性"——会不会盖第一批全球样板工厂,会不会建第一批国际示范牧场,会不会放眼华尔街携手摩根,会不会开拓香港市场并最终上市——都很难说。"有准备的仗"和"没准备的仗",一定会是两种完全不同的打法。有计划不一定赢,但没有计划一定会输。

(资料来源:牛根生.超乎常人想象的期望,是可能[OL].2007.http://blog.sina.com.cn/niugensheng)

4.1.5 计划的类型

依照不同的标准,可将计划分为不同的类型,各种类型的计划不是彼此割裂的,而是由分别适用于不同条件下的计划组成的一个计划体系。

1. 按时间跨度划分:长期计划、中期计划和短期计划

长期计划——5年以上,描述组织在较长时间的发展方向和方针,绘制组织长期发展的蓝图。

中期计划——1~5年,确定组织具体的目标和战略,介于长期计划与短期计划之间。

短期计划——1年以下,确定组织在短期内要完成的目标和任务,具有比较具体的方法和程序。

2. 按综合性程度划分:战略性计划和战术性计划

战略性计划是由高层管理者制定的关于企业在一个较长时间内的总体目标和战略方案的计划。战略计划的基本特点:计划所包含的时间跨度长,涉及范围广;计划内容抽象、概括,不要求直接的可操作性;不具有既定的目标框架作为计划的着眼点和依据,反而是设立目标本身成为计划工作的一项主要任务;计划方案往往是一次性的,很少能在将来得到再次或重复使用;计划的前提条件多是不确定的,计划执行结果也往往带有高度不确定性,因此,战略计划的制定者必须要有较高的风险意识,能在充满不确定性的环境中选定企业未来的行动目标和经营方向。

战术性计划也称行动计划,是企业在一个较短的时间内如何实现总目标下的某个具体的子目标的计划。战术计划的主要特点是:时间跨度比较短,覆盖的范围也较窄;计划内容具体、明确,并通常要求具有可操作性;计划的任务主要是规定如何在已知条件下实现企业总体目标并将其分解而提出的具体行动目标,这样计划制定的依据就比较明确,风险程度较低。

3. 按职能空间划分:生产计划、营销计划、财务计划等

从组织的横向层面看,组织内有着不同的职能分工,每种职能都需要形成特定的计划。如企业要从事生产、营销、财务、人事等方面的活动,就要相应地制订生产计划、营销计划、财务计划等。计划过程是决策的组织落实过程。计划通过将在一定时期内的活动任务分解给组织的每个部门、环节和个人,从而不仅为这些部门、环节和个人在该时期的工作提供了具体的依据,而且为决策目标的实现提供了组织保证。

4. 按照计划内容是否明确划分:指导性计划和具体性计划

指导性计划一般由高层管理者制订,只规定某些一般的方针和行动原则,给予行动者较大自由处置权。它指出重点但不把行动者限定在具体的目标上或特定的行动方案上。具体性计划一般是由基层管理者制订的,具有明确规定的目标,不模棱两可,具有很强的可操作性的计划。

5. 按照决策和活动的程序划分:程序性计划和非程序性计划

西蒙把组织活动分为两类:一类是例行活动,指一些重复出现的工作。有关这类活动的决策是经常重复的,而且具有一定的结构,因此可以建立一定的决策程序。每当出现这类工作或问题时,就利用既定的程序来解决,而不需要重新研究,这类决策叫作程序化决策。与之对应的计划是程序性计划。另一类活动是非例行活动,不重复出现。处理这类问题没有一成不变的方法和程序,因为这类问题在过去尚未发生过,或因为其确切的性质和结构捉摸不定或极为复杂,再或因为这类问题十分重要而需用个别方法加以处理。解决这类问题的决策叫作非程序化决策,与此对应的计划是非程序性计划。

海尔集团不同时期的战略

名牌战略阶段(1984—1991年)

特征:只干冰箱一个产品,探索并积累了企业管理的经验,为今后的发展奠定了坚实的基础,总结出一套可移植的管理模式。

多元化的战略阶段(1992—1998年)

特征:从一个产品向多个产品发展(1984年只有冰箱,1998年时已有几十种产品),从白色家电进入黑色家电领域,以"吃休克鱼"的方式进行资本运营,以无形资产盘活有形资产,在最短的时间里以最低的成本把规模做大,把企业做强。

国际化战略阶段(1998—2005年)

特征:产品批量销往全球主要经济区域市场,有自己的海外经销商网络与售后服务网络,海尔品牌已经有了一定知名度、信誉度与美誉度。

全球化品牌战略阶段(2006年以后)

特征:为了适应全球经济一体化的形式,运作全球范围的品牌,从2006年开始,海尔

集团继名牌战略、多元化战略、国际化战略阶段之后,进入第四个发展战略创新阶段:全球化品牌战略阶段。国际化战略和全球化品牌战略的区别是:国际化战略阶段是以中国为基地,向全世界辐射;全球化品牌战略则是在每一个国家的市场创造本土化的海尔品牌。海尔实施全球化品牌战略要解决的问题是:提升产品的竞争力和企业运营的竞争力。与供方、客户、用户都实现双赢。从单一文化转变到多元文化,实现持续发展。

(资料来源:http://www.haier.cn)

4.1.6 计划的程序

计划制订本身也是一个过程,是把企业的决策在组织中进行落实的过程,必须采用科学的方法制订计划,以保证计划的合理性。尽管计划有很多种,也有各种各样的形式,但是,制订计划的方法和步骤是相同的。我们可以按照以下步骤进行计划制订的工作。

1. 确定目标

由于计划是组织目标的实施方案和规划,在制定计划之前,必须首先确立目标。目标为管理的各项活动指明方向,也为衡量管理活动的绩效提供标准。当然,计划中的目标应该具体可衡量,并且简明扼要。

目标和任务的明确是一项计划的核心。每一项计划最好只针对一个目标。因为一项计划如果设立的目标过多,行动时就可能会发生不知如何决定优先次序或协调达成各目标的情形。

2. 确定前提条件

计划是为了指导未来的行动,企业经营管理环境中各种不可能的条件,不能作为计划的基础。因此,在明确目标之后,要积极与各方面沟通,收集各方面的信息,明确计划的前提条件。

前提条件是关于要实现计划的环境的所有可能的假设情况,是限于那些对计划来说是关键性的,或具有重要意义的假设条件,也就是说,限于那些最影响计划贯彻实施的假设条件。前提条件,有来自企业内部的,也有来自企业外部的。企业内部的前提条件如资金实力、人才储备、技术水平、管理水平等,一般是企业能够清楚了解并且可以控制的。企业外部的前提条件如资源供给、市场状况,以及国家的经济政策等。外部条件在未来的变化往往是企业不能控制,也很难准确预测的。这是决策和制订计划富有挑战性的地方。

3. 制定战略或行动方案

明确了目标,确定了前提条件后,就要从现实出发分析实现目标所要解决的关键问题或需要开展的工作。在各项工作明确之后,通过对各项工作之间相互关系和先后次序的分析,就可以制定行动方案,并在多个可行方案中选择最佳方案。

制定方案时,要反复考虑和评价各种方法和程序,因为一个好的计划,不仅应该程序、方法清楚可行,而且所需人力、物力和资金等各项资源能够保证,并且力争以最小的投入取得最大的成果。

4. 拟订派生计划

完成方案的选择之后,计划工作并没有结束,还必须帮助设计计划内容的各个下属部门制定总计划的派生计划。几乎所有的总计划都需要派生计划的支持保证实施,完成派生计划是实施总计划的基础。

5. 编制预算

在做出决策和确定计划后,赋予计划含义的最后一步就是把计划转变成预算,使计划数字化。编制预算,一方面是为了计划的指标体系更加明确,另一方面是企业更易于对计划执行进行控制。定性的计划,往往在可比性、可控性和进行奖惩方面比较困难,而定量的计划则具有较强的约束。

6. 制定应变预案

制订计划时,最好事先备妥替代方案或制定 2~3 个计划。制定多个方案的目的,一是因为在一个组织中,计划必须经过各方面的审议才能获得批准,制订多个计划有助于早日获得各方面的认可;二是因为尽管在制订计划时是按未来最有可能发生的情境制订计划,但未来的不确定性始终存在,为了应对未来可能的其他变化,保证在任何情况下都不会失控,就有必要在按最有可能的情况制定正式计划的同时,按最坏情况制订应急计划。值得注意的是,应急计划可以是一个完整的应对最可能发生的最坏情况的计划,也可以只是简单说明一旦出现最坏情况该如何做。

食品公司的计划

一家食品公司通过市场调查和分析,发现儿童营养食品具有非常广阔的市场前景,该食品公司又有能力研究开发和生产此类产品,这是一个市场机会。该公司估量了这次机会之后,确立了生产儿童营养食品的目标。食品公司确定生产儿童营养食品后,具体预测分析了当前的消费水平,公司制造能力,产品市场价格,原材料的种类、来源、价格,市场潜力以及市场竞争者情况等。食品公司具体拟订了多个可供选择的方案,接着组织专家评估各种备选方案,最后从诸多可行方案中选择了一个较优方案作为决策方案,确定了具体生产何种儿童营养食品,每年生产多少,需要投入多少人力、物力和财力,各部门具体应该做哪些工作等。决策方案下达后,各业务部门和下层单位又拟订了具体的部门计划,如生产计划、销售计划和财务计划等,以支持总计划的实现。然后进行方案的实施,并进行情况的检查和反馈。

4.1.7 计划的方法

计划的方法有很多,每一种都有其特点和应用背景。计划工作的效率高低、质量好坏在很大程度上取决于采用的计划方法。下面介绍几种常用的方法。

1. 甘特图法

甘特图是由亨利·劳伦斯·甘特(Henry L. Gantt)在 1917 年首先提出来的。甘特图实际上是一种常用的日程工作计划进度图表。其横轴表示时间,纵轴表示要安排的活动,在纵轴和横轴的交叉点上用线条或箭头表示在整个期间上计划的和实际活动完成情况。甘特图直观地表明任务计划在什么时候进行,以及实际进展与计划要求的对比。甘特图的最大特点是能清楚地展示工作的日程计划,尤其是能较好地展示计划的递进性,十分有利于日程计划的管理。

假设某厂 6 月加工 A、B、C 三种零件，工作计划和现在完成状况如图 4-1 所示。

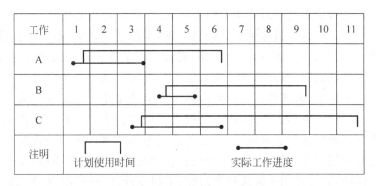

图 4-1　某厂工作计划甘特图

2．**滚动计划法**

滚动计划法是根据计划的执行情况和环境变化情况定期修订未来的计划，并逐期向前推移，是短期计划、中期计划的有机结合。

滚动计划法按照"近细远粗"的原则，把计划期分成若干阶段（三个至五个阶段为宜）及滚动间隔期。最近时间段的计划为实施计划，内容定的比较具体详细，以后各段的计划为预安排计划，定得逐渐粗简。随着计划的执行，在下一个滚动间隔期开始，根据企业外部和内部条件的变化，对以后几个间隔期的计划进行修订和调整。并把计划期向后延伸，产生新的实施计划和预安排计划。如此重复安排，把静态固定的计划变成动态跟踪的计划。图 4-2 显示了五年期的滚动计划方法。

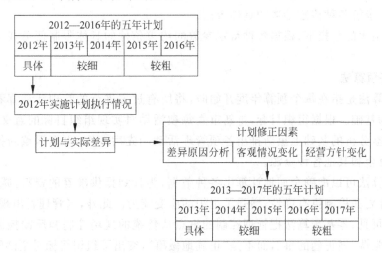

图 4-2　五年期滚动计划法示意

这种方法的缺点在于加大了计划的工作量。

这种方法的优点是：

（1）增强了计划的准确性，提高了工作的质量；

（2）保证了长期计划的指导作用，使各期计划基本上保持一致；

（3）能保证计划具有基本弹性，有助于提高组织的应变能力。

3. 线性规划法

线性规划法是解决多变量最优决策的方法，是在各种相互关联的多变量约束条件下，解决或规划一个对象的线性目标函数最优的问题，即给予一定数量的人力、物力和资源，如何应用而能得到最大经济效益。当资源限制或约束条件表现为线性等式或不等式，目标函数表示为线性函数时，可运用线性规划法进行决策。线性规划法是在一些线性等式或不等式的约束条件下，求解线性目标函数的最大值或最小值的方法。其中目标函数是决策者要求达到目标的数学表达式，用一个极大或极小值表示。约束条件是指实现目标的能力资源和内部条件的限制因素，用一组等式或不等式来表示。线性规划是决策系统的静态最优化数学规划方法之一。它作为经营管理决策中的数学手段，在现代决策中的应用是非常广泛的，它可以用来解决科学研究、工程设计、生产安排、军事指挥、经济规划、经营管理等各方面提出的大量问题。

线性规划法包括三要素：决策变量、目标函数和约束条件。运用线性函数规划法建立数学模型的步骤是：

首先，确定影响目标的变量；

其次，列出目标函数方程；

再次，找出实现目标的约束条件；

最后，找出是目标函数达到最优的可行解，即该线性规划的最优解。

另一种线性规划法可采取三个步骤：

第一步，建立目标函数。

第二步，加上约束条件。

第三步，求解各种待定参数的具体数值。

在目标最大的前提下，根据各种待定参数的约束条件的具体限制便可找出一组最佳的组合。

4. 零基预算法

零基运算法是指在每个预算年度开始时，将所有过去进行的管理活动都看做重新开始，即以零为基础。根据组织目标，重新审查每项活动对实现组织目标的意义和效果，并在成本—效益分析的基础上重新排出各项管理活动的先后顺序，再根据重新排出的先后顺序，分配资金和其他各种资源。

零基运算法可以准确全面地计算出各种数据，为计划提供准确的资料，减少盲目性。再者，它使计划和控制更有弹性，增强了组织的应变能力。此外，当管理者出现失误时，能及时纠正。可见，零基预算法把管理控制的重点从传统的现场控制和反馈控制转向了预先控制。它强调"做正确的事"，而不是"正确地做事"，突出了组织目标对全部管理活动的指导作用以及计划职能与控制职能的联系，以便更集中、更有效地利用资源，使组织目标的实现收到事半功倍的效果。

5. 投入产出计划法

投入产出法，作为一种科学的方法来说，是研究经济体系（国民经济、地区经济、部门经济、公司或企业经济单位）中各个部分之间投入与产出的相互依存关系的数量分析方法。

投入产出法,是由美国经济学家瓦西里·列昂惕夫创立的。他于1936年发表了投入产出的第一篇论文《美国经济制度中投入产出的数量关系》;并于1941年发表了《美国经济结构》(1919—1929)一书,详细地介绍了"投入产出分析"的基本内容;到1953年又出版了《美国经济结构研究》一书,进一步阐述了"投入产出分析"的基本原理和发展。列昂惕夫由于从事"投入产出分析",于1973年获得第五届诺贝尔经济学奖。列昂惕夫的"投入产出分析"曾受到20世纪20年代苏联的计划平衡思想的影响。因为列昂惕夫曾参加苏联20世纪20年代中央统计局编制国民经济平衡表的工作。按照列昂惕夫的说法,"投入产出分析"的理论基础和所使用的数学方法,主要来自于瓦尔拉斯的一般均衡模型(1874年瓦尔拉斯在《纯粹政治经济学要义》一书中首次提出)。因此,列昂惕夫自称投入产出模型是"古典的一般均衡理论的简化方案"。投入产出法的基本内容为编制投入产出表、建立相应的线性代数方程体系,综合分析和确定国民经济各部门之间错综复杂的联系,分析重要的宏观经济比例关系及产业结构等基本问题。投入产出表是指反映各种产品生产投入来源和去向的一种棋盘式表格。投入产出模型是指用数学形式体现投入产出表所反映的经济内容的线性代数方程组。

投入产出法的基本作用通过编制投入产出表和模型,能够清晰地揭示国民经济各部门、产业结构之间的内在联系;特别是能够反映国民经济中各部门、各产业之间在生产过程中的直接与间接联系,以及各部门、各产业生产与分配使用、生产与消耗之间的平衡(均衡)关系。正因为如此,投入产出法又称为部门联系平衡法。此外,投入产出法还可以推广应用于各地区、国民经济各部门和各企业等类似问题的分析。当用于地区问题时,它反映的是地区内部之间的内在联系;当用于某一部门时,它反映的是该部门各类产品之间的内在联系;当用于公司或企业时,它反映的是其内部各工序之间的内在联系。

投入产出法的基本特点如下。

(1) 它从国民经济是一个有机整体的观点出发,综合研究各个具体部门之间的数量关系(技术经济联系)。整体性是投入产出法最重要的特点。

(2) 投入产出表从生产消耗和分配使用两个方面同时反映产品在部门之间的运动过程,也就是同时反映产品的价值形成过程和使用价值的运动过程。

(3) 从方法的角度,它通过各系数,一方面反映在一定技术和生产组织条件下,国民经济各部门的技术经济联系;另一方面用以测定和体现社会总产品与中间产品、社会总产品与最终产品之间的数量联系。

(4) 数学方法和电子计算技术的结合。

投入产出法是对一般均衡模型的简化,这种简化主要表现在以下两个方面:

(1) 投入产出法将瓦尔拉斯模型体系中不胜枚举的方程式(或函数式)和变量,简化到可以实际应用和计量的程度。即用分类合并的统计方法,将成千上万种产品及更多的生产单位合并为有限数量的产品部门或行业,使方程式和变量的数目大大减少,从而解决了实际计算的困难。

(2) 在投入产出模型中省略了生产要素供给的影响,即假设生产要素的供给是相等的,这就进一步大大减少了一般均衡模型联立方程的数目。同时,还省略了价格对消费需求构成、中间产品流量以及对劳动等生产要素供给调节的影响。另外,在投入产出模型中,仍沿袭了一般均衡模型中的假设,即假设各种投入系数是固定不变的。这样,列昂惕夫就较大地改变了瓦尔拉斯的以论证全部均衡理论为目的的模型体系,使投入产出模型成为一种以技术联系为基础、研究经济系统中各部分之间相互依存数量关系的分析方法。同时,也使这种分析方法有了实际应用的可能。

6. 其他计划法

随着计算机技术的提高和广泛应用,以计算机技术应用为代表的计划方法也逐渐兴起。

北玻壳公司新的经营战略计划

北玻壳公司是我国创建较早的国有公司,是生产玻璃与玻壳的大型公司,曾经占据我国1/4的平板玻璃市场。自2008年开始,其主要的生产线都无法为公司获得利润。公司在不断地失去市场份额,在激烈的市场竞争中陷入困境。

经过管理咨询顾问的诊断及其公司管理层的讨论,公司高层一致认为:经营战略与计划需要大的调整。为此,2009年公司最高领导层制订了一个新的五年战略计划,该计划主要包括三个方面:第一,缩小平板玻璃的生产规模;第二,搞一条较复杂的玻璃用具生产线,并向不发达的国家扩展业务;第三,开辟既有挑战性又具有巨大潜在市场的新产品。

其中,第三方面又包括三个新的领域:一是开辟光波导器生产——用于电话和电缆电视方面的光波导器和网络系统以及高级而复杂的医疗设备等,希望这方面的年销售量能占公司销售计划额的50%;二是开辟生物工程技术,这种技术在食品行业大有前途;三是利用原来的优势,继续制造医疗用玻璃杯和试管、食品保鲜盒等,希望在这方面能够达到全国同行业中第一或第二的地位。

北玻壳公司正在进行着一个雄心勃勃的全新的战略计划。公司希望通过提高技术、提高效率,以获得更大的利润,实现销售额的快速增长,重振往日雄风。

4.2 目标管理

古典管理理论偏重于以工作为中心,忽视了人的一面;而行为科学理论偏重于以人为中心,忽视了人同工作相结合。目标管理将为实现组织目标所需做的工作和做这些工作的人相结合,通过鼓励工人参与管理,在满足工人自我实现需要的同时,实现了组织的目标;在工人个人需要得到满足的过程中实现了组织的目标。

目标管理是将科学管理的X理论和行为科学的Y理论有机结合起来的一种行之有效的管理制度或管理方法。德鲁克在1954年出版的《管理的实践》一书中最早提出了目标管理的思想。德鲁克认为人们在做任何事情时,首先必须知道他们的目标是什么,哪些活动有助于实现这些目标以及如何完成目标等。目标管理打破了传统管理的严格监督控制，提倡目标激励与自我管理和控制，将组织成员的个人需要和组织目标的实现结合起来。

4.2.1 目标的定义及特征

1. 目标的定义

目标是管理活动的起点，是组织内部各项管理活动的依据，同时，目标也是一个组织各项管理活动所指向的终点，它是根据宗旨而提出的组织在一定时期内要达到的预期成果，是判断一个组织管理合理性和有效性的标准。

每个组织要想存在与发展就必须要有自己明确的目标，并且在一定时期内，组织的目标不是只有一个，而是有一组。一个组织的目标通常是由各类、各级目标组成的，各目标之间相互联系、相互促进，形成一个相互关联的目标网络体系。

2. 目标的特征

目标表示最后结果，而总目标需要由子目标来支持。这样，组织及其各层次的目标就形成了一个目标网络。

目标具有如下特征。

1）层次性

组织目标形成一个有层次的体系，范围从广泛的组织战略性目标到特定的个人目标。这个体系的顶层包含组织的远景和使命陈述。第二层次是组织的任务，在任何情况下，组织的使命和任务必须要转化为组织总目标和战略，总目标和战略更多地指向组织较远的未来，并且为组织的未来提供行动框架。这些行动框架必须要进一步地细化为更多的具体的行动目标和行动方案，这样，在目标体系的基层，有分公司的目标、部门和单位的目标、个人目标等。

在组织的层次体系中的不同层次的主管人员参与不同类型目标的建立。董事会和最高层主管人员主要参与确定企业的使命和任务目标，也参与在关键成果领域中更多的具体的总目标。中层主管人员主要是建立关键成果领域的目标、分公司的和部门的目标。基层主管人员主要关心的是部门和单位的目标以及他们的下级人员目标的制定。

2）网络性

目标网络是从某一具体目标的实施规划的整体协调方面来进行工作。目标与计划方案，通常均形成所希望的结果和结局的一种网络。如果各种目标不相互关联，不相互协调且也互不支持，则组织成员往往出于自利而选择对本部门看来可能有利而对整个公司却是不利的途径。目标网络的内涵表现为以下四点：

（1）目标和计划很少是线性的，即并非一个目标实现后接着去实现另一个目标，目标和规划形成一个互相联系着的网络。

（2）主管人员确保目标网络中的每个组成部分要相互协调。不仅执行各种规划要协调，而且完成这些规划在时间上也要协调。

（3）组织中的各个部门在制定自己部门的目标时，必须要与其他部门相协调。

(4) 组织制定各种目标时,必须要与许多约束因素相协调。

3) 多样性

组织的管理活动是多种多样的,所以组织的目标也是多种多样的,有大目标和小目标,有重要目标和次要目标,有定性目标和定量目标,有明确目标和模糊目标,还有小组目标和个人目标。如企业在人、财、物、时间、信息等方面都有各自的目标,而企业的各个部门如销售部、研发部、人事部、生产部等也都有其不同的目标。

4) 可考核性

目标考核的途径是将目标量化。目标定量化往往也会损失组织运行的一些效率,但是对组织活动的控制、成员的奖惩会带来很多方便。目标可考核性表达的是这样一个意思:人们必须能够回答这样一个问题,"在期末,我如何知道目标已经完成了"。比如,获取合理利润的目标,可以最好地指出公司是盈利还是亏损的,但它并不能说明应该取得多少利润。因为在不同人的思想里,"合理"的解释是不同的,对于下属人员是合理的东西,可能完全不被上级领导人接受。如果意见不合,下属人员一般无法争辩。如果我们将此目标明确地定量为"在本会计年度终了实现投资收益率10%",那么它对"多少""什么""何时"都作出了明确回答。

5) 可实现性

人们在工作中的积极性或努力程度(激发力量)是效价和期望值的乘积,其中效价指一个人对某项工作及其结果(可实现的目标)能够给自己带来满足程度的评价,即对工作目标有用性(价值)的评价;期望值指人们对自己能够顺利完成这项工作可能性的估计,即对工作目标能够实现概率的估计。因此,一个目标对其接受者如果要产生激发作用的话,那么对于接受者来说,这个目标必须是可实现的。对一个目标完成者来说,如果目标是超过其能力所及的范围,则该目标对其是没有激励作用的。

6) 富有挑战性

如果一项工作完成所达的目的对接受者没有多大意义的话,接受者也是没有动力去完成该项工作的;如果一项工作很容易完成,对接受者来说,是件轻而易举的事情,那么接受者也没有动力去完成该项工作。所谓"跳一跳,摘桃子"说的就是这个道理。

目标的可实现性和挑战性是对立统一的关系,但在实际工作中,我们必须把它们统一起来。

7) 伴随信息反馈性

信息反馈是把目标管理过程中,目标的设置、目标实施情况不断地反馈给目标设置和实施的参与者,让人员时时知道组织对自己的要求、自己的贡献情况。如果建立了目标再加上反馈,就能进一步增强员工工作的积极性。

分段实现大目标

1984年,在东京国际马拉松邀请赛中,名不见经传的日本选手山田本一出人意料地夺得了世界冠军。当记者问他为什么能取得如此惊人的成绩时,他说了这么一句话:"用智慧战胜对手。"

当时许多人都认为这个偶然跑到前面的矮个子选手是故弄玄虚。马拉松赛是对体力和耐力的考验,只要身体素质好又有耐性就有望夺冠,爆发力和速度都在其次,说用智慧取胜确实有点勉强。于是,当时的报纸上充满了对山田本一的嘲讽。

两年后,意大利国际马拉松邀请赛在意大利北部城市米兰举行,山田本一代表日本参加比赛。这一次,他又获得了世界冠军,记者又请他谈经验。

山田本一性情木讷,不善言谈,回答的仍是上次那句话:"用智慧战胜对手。"面对这位名将,这回记者在报纸上没再挖苦他,但对他所谓的智慧仍迷惑不解。

10年后,这个谜终于被解开了,他在他的自传中是这么说的:"每次比赛之前,我都要乘车把比赛的线路仔细地看一遍,并把沿途比较醒目的标志画下来,比如第一个标志是银行、第二个标志是一棵大树、第三个标志是一座红房子……这样一直画到赛程的终点。比赛开始后,我就以百米的速度奋力地向第一个目标冲去,等到达第一个目标后,我又以同样的速度向第二个目标冲去。40多公里的赛程,就被我分解成这么几个小目标轻松地跑完了。起初,我并不懂这样的道理,我把我的目标定在40多公里外终点线的那面旗帜上,结果我跑到十几公里时就疲惫不堪了,我被前面那段遥远的路程给吓倒了。"

4.2.2 目标管理的含义

目标管理也称为成果管理,是把目标作为管理手段,通过目标进行管理,以自我控制为基础,注重工作成果的管理方法和制度。组织的最高领导层根据组织所面临的形势和社会需要,与下级进行协商,制定出一定时期内组织经营活动所要达到的总目标,然后层层落实,要求下属各部门管理者以至每个员工根据制定的总目标制定出自己工作的目标和相应的保证措施,形成一个目标体系,并把目标完成的情况作为各部门或个人工作绩效评定的依据。基于这种程序或过程,它使组织中的上级和下级一起协商,根据组织的使命确定一定时期内组织的总目标,由此决定上、下级的责任和分目标,并把这些目标作为组织经营、评估和奖励每个部门和个人贡献的标准。

目标管理的一个重要好处,是由各级管理人员和工作人员去承担完成任务的责任,从而让各级管理者和工作人员不再只是执行指标和等待指导,而成为专心致志于自己目标的人。他们参与自己目标的拟订,将自己的思想纳入计划之中,他们了解自己在计划中所拥有的自主处置的权限,能从上级领导那里得到多少帮助,自己应承担多大的责任,他们就会把管理工作做得更好。

目标管理的重点在于强调将组织的目标层层具体化、明确化,转化为各个部门的目标,转化为各个员工的目标,这是目标转化的自上而下的过程。目标管理同时也是自下而上的目标设定过程。这两个过程的结合形成一个环环相扣的目标层级体系,在这个体系中,每一个员工都有确定的绩效目标,每个人的努力成果都在单位的绩效中反映出来。由于这样明确、可行的目标设定,当每个员工完成自己的目标时,各部门的目标也就完成了,整个组织的目标自然也实现了。

在目标管理中,有四个要素:目标具体化、决策参与、限期完成、绩效反馈。

目标具体化是指明确、具体地描述预期的成果。比如,不应笼统地说要降低成本,提高产品质量,而应具体地指出"使成本降低5%","次品率控制在1%以下"。

决策参与是指目标并不是由上级单方面指定而由下级部门依从执行的。目标设定要求由涉及目标的所有群体来共同制定,并共同规定如何衡量目标的实现程度。

目标设定要规定目标完成的期限,比如半年、一年等。没有期限的目标等于毫无意义的目标,也就无所谓"目标"了。

绩效反馈是指要不断向员工指出目标的实现程度或接近目标的程度,这是使他们能够了解工作的进展,掌握工作的进度,及时进行自我督促和行为矫正,以便能如期完成目标。这种反馈不仅是针对基层的员工,也要针对各级主管人员,以便他们能随时了解部门工作近况,肯定成绩,发现不足,及时采取恰当的措施,确保顺利完成部门目标。比如,基层员工要知道自己的日产出、次品率,或是销售额、投诉率;部门经理要统计每日或每星期或每月产量或销售额,做进度报表,了解不同时期的工作业绩,同最终目标进行比较。部门或组织可定期举行工作汇报会,共同总结工作,探讨实现目标的新策略。

选择一个正确而统一的目标是管理的第一步

有位大富商订做了一辆豪华昂贵的马车,他嫌现有的四匹马拉得太慢,所以就从全国东南西北各地千里挑一,买来了四匹宝马。为了炫耀自己的财富,第二天,他在城郊向世人展示了他那配置完美的马车。刚开始一切都还顺利,可当马车的速度越来越快时,事情发生了变化,车夫逐渐控制不了这些宝马。因为配合时间太短,每匹马都习惯性地向各自家乡的方向跑去。最后,豪华的马车在一片尘嚣中被摔得粉碎,车上的富商也一命呜呼了。

由于组织内部每个人的知识、语言、文化、性格等都存在着差异,导致每个人对管理目标的理解和期望也迥异。对于快速发展的组织来说,如果组织内部各行其是、目标混乱,那么发展的速度越快,造成的损失也就越大。管理是一种有目的的活动,选择一个正确而统一的目标是管理的第一步,也是取得管理成效最起码的前提和条件。

4.2.3 目标管理的特点

目标管理与传统管理方式相比有鲜明的特点,可概括为以下几个方面。

1. 具有目标体系,是一种系统的管理

目标管理建立目标锁链与目标体系,通过专门设计的过程,将组织的整体目标逐级分解,转换为各部门、各员工的分目标。在目标分解过程中,权、责、利三者已经明确,而且相互对称。这些目标方向一致,环环相扣,相互配合,形成协调统一的目标体系。只有每个人完成了自己的目标,整个组织的总目标才有完成的希望。

2. 实行参与型管理,是自主的管理

目标的实现者同时也是目标的制定者,即由上级与下级在一起共同确定目标。上级与下级共同参与选择设定各对应层次的目标,即通过上下协商,逐级制定出整体组织目标、经营单位目标、部门目标直至个人目标,用总目标指导分目标,用分目标保证总目标,

形成一个"目标—手段"链。因此,目标管理的目标转化过程既是"自上而下"的,又是"自下而上"的。

3. 重视人的因素,强调"自我控制"

在管理方法上,目标管理通过对动机的控制来实现对行为的控制。用"自我控制的管理"代替"压制性的管理"。德鲁克认为,员工是愿意负责的,是愿意在工作中发挥自己的聪明才智和创造性的。"自我控制"可以激励员工尽自己最大努力把工作做好,使员工发现工作的兴趣和快乐,享受工作的满足感和成就感,形成平等、尊重、支持、依赖的上下级关系,同时组织的目标也得以完成。

4. 促使权力下放,是一种民主的管理

集权和分权的矛盾是组织的基本矛盾之一,推行目标管理有助于协调这一对矛盾。在目标制定之后,上级根据目标的需要,授予下级部门或个人以相应的权力,促使权力下放,有助于在保持控制的前提下,把局面搞得更有生机。授权是提高目标管理效果的关键。

5. 注重管理实效,是一种成果管理

目标管理重视对结果、目标的控制,而不是注重对过程、手段的控制。目标管理的工作评价特别强调把评价的中心放在工作成效上而不是放在个人品格上,这样的评价方法使评价具有建设性,可以激发人们的工作热情,并能促使员工成长和发展。

保险销售员的故事

有个同学举手问老师:"老师,我的目标是想在一年内赚 100 万!请问我应该如何计划我的目标呢?"

老师便问他:"你相不相信你能达成?"他说:"我相信!"老师又问:"那你知不知道要通过哪些行业来达成?"他说:"我现在从事保险行业。"老师接着又问他:"你认为保险业能不能帮你达成这个目标?"他说:"只要我努力,就一定能达成。"

"我们来看看,你要为自己的目标做出多大的努力,根据我们的提成比例,100 万的佣金大概要做 300 万的业绩。一年:300 万业绩。一个月:25 万业绩。每一天:8 300 元业绩。"老师说。

"每一天:8 300 元业绩,大概要拜访多少客户?"老师接着问他。

"大概要 50 个人。"

"那么一天要 50 人,一个月要 1 500 人;一年呢? 就需要拜访 18 000 个客户。"

这时老师又问他:"请问你现在有没有 18 000 个 A 类客户?"他说没有。"如果没有的话,就要靠陌生拜访。你平均一个人要谈上多长时间呢?"他说:"至少 20 分钟。"老师说:"每个人要谈 20 分钟,一天要谈 50 个人,也就是说你每天要花 16 个多小时在与客户交谈上,还不算路途时间。请问你能不能做到?"他说:"不能。老师,我懂了。这个目标不是凭空想象的,是需要凭着一个能达成的计划而定的。"

目标不是孤立存在的,目标是和计划相辅相成的,目标指导计划,计划的有效性影响着目标的达成。所以在执行目标的时候,要考虑清楚自己的行动计划。怎么做才能更有效地完成目标,是每个人都要想清楚的问题,否则,目标定得越高,达成的效果越差!

(资料来源:百度文库《目标管理七个小故事》)

4.2.4 目标管理评价

目标管理开展以后,组织成员都有自己的明确工作目标,而且曾参与过目标的制定过程,这就使目标成为激励人们努力工作的要素。同时,也在一定程度上解决了以工作为中心的管理与以人为中心的管理之间的矛盾。目标管理在实践过程中表现出了其他管理方法所替代不了的优点,但同时也暴露出了一些局限性。

1. 目标管理的优点

1) 提高管理效率

目标管理的全部优点概括为一句话,即它导致了管理工作效率的极大提高。目标管理是组织的每一个层次、每个部门、每个成员首先考虑目标的实现,因为这些目标是总目标的分解,所以当各层次、各部门、各成员的目标完成时,也就是组织总目标的实现。另外,在分解总目标时,并没有规定分目标实现的方式和手段,这就给大家一个创新的空间,也就提高了组织的管理效率。

2) 提高管理水平

因为目标的确定过程就是一次很好的问题分析过程,在上下共同参与,并经过反复讨论确定目标后,组织中人员的责任明确了,为了更好地实现目标,有关执行者一定要想办法,用尽可能少的付出来实现预定的目标,这本身就是加强管理的过程。组织内的成员都能够用最好的方式以实现目标为己任,管理水平也就能够得到逐步地提高。

3) 克服组织中的问题

在目标分解及成果评价过程中,我们会发现组织结构上存在的问题,如因人设事,机构臃肿,互相推诿等;目标管理还可以克服工作上的随意性以及本位主义;目标管理强调以成果为中心,有助于管理者从众多的日常事物性工作中摆脱出来;目标管理较好地体现了分权制的思想,使权力的分配更加合理。

4) 实现自我管理

目标管理实际上是一种自我管理的方式,或者说是引导成员自我管理的方式。

5) 有利于控制

控制就要有目标,而各级各类管理者以至每个职工都有与之配套协调的分支目标和个人目标,这就使考核每个人的工作成为可能。其实目标管理本身就是一种控制方式,即通过目标分解最终保证总目标实现,这就是一种结果控制方式。在目标实施过程中,组织的高层管理者要经常检查,如果有偏差,就及时纠正。另外,一个组织如果有明确的可考核的目标体系,那么其本身就是进行监督控制的最好依据。

2. 目标管理的缺点

1) 明确的目标不易确定

由于环境的变化,使目标前提条件的确定变得很困难,也使得目标的制定变得较为困难。确定目标是目标管理的第一步,也是关键的一步。如果目标确定得不合理,目标管理的优点就难以成立了。但是,所谓适当的目标又很难定义。一般认为,组织的目标不宜太高,否则执行者难以实现。组织目标也不宜太低,否则难以保证资源的优化利用,执行者也缺乏动力。因此,所谓适当的目标是指执行者需要努力才能实现的目标。实践当中,目标分解的过程常常伴有上下级的讨价还价,最终使目标偏低,目标管理的效果大受影响。

2) 重视了结果但忽视了过程

目标管理重在靠结果说话,最终的评价也是针对结果的,这就有可能造成为了追求结果而忽视对过程的分析研究的现象。

3) 强调短期目标

目标管理过程中,短期目标比较容易分解,而长期目标比较抽象难以分解。为了便于目标的层层分解和落实,一般确定的都是不超过一年的短期目标。组织似乎常常强调短期目标的实现而对长期目标不关心。如此做法,将不利于组织的长远发展。

北斗公司的目标管理

北斗公司刘总经理在一次职业培训中学习到很多目标管理的内容。他对于这种理论逻辑上的简单清晰及其预期的收益印象非常深刻。因此,他决定在公司内部实施这种管理方法。首先他需要为公司的各部门制定工作目标。刘总认为:由于各部门的目标决定了整个公司的业绩,因此应该由他本人为他们确定较高的目标。确定了目标之后,他就把目标下发给各个部门的负责人,要求他们如期完成,并口头说明在计划完成后要按照目标的要求进行考核和奖惩。但是他没有想到的是中层经理在收到任务书的第二天,就集体上书表示无法接受这些目标,致使目标管理方案无法顺利实施。刘总感到很困惑。

(资料来源:单大明.管理学[M].北京:中国传媒大学出版社,2010.)

4.3 预 测

预测是一个活动过程,是指预测者根据有关历史资料和新情报,运用适当的方法和技巧,对研究的对象的未来状态进行科学的分析、估算和推断,并对预测结果进行验证评价和应用的活动过程,预测的目的是为了合理规划未来的行动。预测与计划都与未来有关,但预测不同于计划,它们之间的不同表现在以下几个方面。计划是未来的部署,预测是对未来事件的陈述,是计划工作的一个环节。预测要说明的问题是将来怎样,即在一定的条件下,如果不采取或采取某些措施,估计将发生什么变化,而计划要说明的问题是要使将来成为怎样,即采取什么来改变现在的条件,并且对未来作出安排和部署以达到预期的目的。

4.3.1 预测的概念

一是预先推测或测定的意思。陈田《明诗纪事丙签·林潮》:"一家五尚书,三祭酒,三世謚文,非独明代仅见,古亦罕有其伦也……纵极力颂扬,安能预测子姓如此之盛耶?"茅盾《子夜》第五章中:"他对于此番的工潮不能预测,甚至是在昨天还没有正确地估量到工人力量的雄大。"

二是指事前的推测或测定的意思。鲁迅《书信集·致夏传经》:"经历一多,便能从前因而知后果,我的预测时时有验。"夏丏尊叶圣陶《文心》第十九章中:"乐华,我没有旁的话向你说,我只愿你不辜负我的预测。"

三是宗教学中的预测。《礼记·经解》中,"《易》曰:君子慎始,差若毫厘,谬以千里"。古人认为微小改变会对未来有很大影响。《吕氏春秋》记载:楚国有个边境城邑叫卑梁,那里的姑娘和吴国边境城邑的姑娘同在边境上采桑叶,她们在做游戏时,吴国的姑娘不小心踩伤了卑梁的姑娘。卑梁的人带着受伤的姑娘去责备吴国人。吴国人出言不恭,卑梁人十分恼火,杀死吴人走了。吴国人去卑梁报复,把那个卑梁人全家都杀了。卑梁的守邑大夫大怒,于是发兵反击吴人,把当地的吴人老幼全都杀死了。吴王夷昧听到这件事后很生气,派人领兵入侵楚国的边境城邑,攻占夷以后才离去。吴国和楚国因此发生了大规模的冲突。从做游戏踩伤脚,一直到两国爆发大规模的战争,直到吴军攻入郢都,中间一系列的演变过程,有一种无形的死亡力量把事件一步步地推入不可收拾的境地。因此古人很认真地来对待封印厄运和旺福,因为微小的事情就可以改变未来命运,古代宗教学认为带黑赤鳙牙并在结印册上添加"隐岐元简,水差芥子,染付春秋"结押,可以祈福并且封印厄运。

现代管理学中的预测是指根据事物的过去和现在推测它的未来,分析测算对实现组织目标可能产生影响的未来状态。预测是为设立目标服务的,它会为目标的设立提供依据;预测是以调查为基础的,只有通过调查,掌握大量的信息资料,才能作出可靠预测;预测的原理是通过对现在、过去事物的深刻研究,认识并运用客观规律来推断未来。预测不是主观臆断的过程,而是有科学的定性与定量的方法以及科学的程序。科学预测有很高的准确性与可信度,但任何预测,由于是对未来不确定事物的推断,总存在一定程度的随机性或不准确性。

预测的内容都是预计推测在未来组织内部条件和外部环境两个方面可能发生的事情。组织外部环境预测通常包括经济、社会、政治、技术发展变化趋势及其可能给组织带来的机会或风险。组织内部条件预测主要是预测组织对资源拥有情况和利用能力的发展变化趋势。

预测需要信息,预测不是猜测,信息越真实、充分,推断便越可靠,虚假的信息会将预测引入歧途。预测是对未来事件状态进行推测,因此,预测需要一定的超前时间,超前时间应该足够预测者进行预测,并采取相应的决策措施。

预测的基本功能,简单说就是为计划与决策提供科学的依据。特别是对于经济预测而言更是如此,企业管理的实质,就是在考虑外部因素影响的条件下,合理利用内部因素来实现企业目标,具体表现为预测与计划和决策的关系。从企业的角度来看,预测就是直接针对外部因素的活动,决策就是针对内部因素的活动,而计划则将二者联系成一个整体。

"太子"童装

2002年年底,位于北京市密云工业开发区的"太子"童装生产基地开始试产首批童装。引人关注的是,投资方不是什么服装企业,却是国内最大的乳酸菌企业湖南太子奶集团。无独有偶,国内的饮料巨头们均不甘寂寞,纷纷上演"串行"戏:娃哈哈卖上了方便面,统一进军白酒市场,如今太子奶集团又做起了童装。据了解,如此大规模、行业性的"串行"在饮料行业还是第一次。其实早在几年前,就有饮料巨头"百事可乐"大胆跨入运动服饰行业成功"串行"的先例。但像今年这样几家企业先后行动,却极为少见:先是"娃哈哈"紧锣密鼓地为设在河南的方便面厂招兵买马,然后是"统一"企业上月与吉林白酒集团签约进军白酒市场,到现在湖南太子奶集团在京投资数亿元建成"太子"童装生产基地。这种"大串行"现象,是与市场调查和预测分不开的。

经过周密的市场调查和预测,太子奶集团发现童装市场需求大,前景看好,于是做出了大胆的跨行经营举动。据有关部门统计,我国目前16岁以下的少年儿童约有3.2亿,占全国人口的27%,国内儿童服装生产企业共有4 000多家,年生产儿童服装6亿多件,而真正叫得响的儿童品牌服装也只有200家左右,整个儿童服装市场从数量到品质远远不能满足市场的需求。据悉,新落成的"太子"童装公司占地320多亩,投资数亿元,拥有数万标准化厂房和宽大的智能物流中心,世界先进的全智能电脑制衣生产线,独家从日本、法国进口符合当今国际流行色彩和环保要求的面料,据说每季可以推出至少200个以上流行款式。

(资料来源:http://wenku.baidu.com)

4.3.2 预测的作用与分类

所谓预测就是在事物发生以前,分析过去与现在的变化,对未来的事情的发展作出估计和推测,以指导人们的行动。预测主要具有以下几个方面的特征:科学性、近似性或不确定性、局限性等。

预测的原则包括:资料准备性原则、目的明确性原则、连贯性原则、反复核实原则、定性分析与定量分析相结合的原则等。

影响预测准确度的主要因素:预测环境的多变性、预测者的滞后性、预测资料的准确性、预测方法的适宜性。

提高预测准确性的措施:全方位、多角度审视预测课题,提高数据资料的准确性,提高预测人员的水平。

1. 预测的作用

(1) 预测为制订一个切实可行的计划提供科学依据事实;
(2) 预测是避免决策片面性和决策失误的重要手段;
(3) 预测既是计划的前提条件,又是计划工作的重要组成部分;
(4) 预测是提高管理预见性的一种手段;

(5) 向前看，面向未来，做好准备，发现问题集中力量解决，一定程度上决定组织成败。

2. 预测的分类

1) 按期限分

(1) 长期预测：其期限一般在十年或十年以上。

(2) 中期预测：其期限一般在五年左右。

(3) 短期预测：其期限通常在一年或短于一年。

2) 按方法分

(1) 定性预测：在缺乏足够的统计数据或原始资料的条件下以及对某些影响因素难以量化的情况下，依靠预测者的知识、经验等作出的预测。

(2) 定量预测：通过对数据的分析而进行的预测。

3) 按预测范围分

(1) 宏观预测：涉及全局或整体。

(2) 微观预测：指继承组织内的预测。

汽车与石油

美国汽车制造一度在世界上占霸主地位，而日本汽车工业则是20世纪50年代学习美国发展而来的，但是时隔30年，日本汽车制造业突飞猛进，充斥欧美市场及世界各地，为此美国与日本之间出现了汽车摩擦。在20世纪60年代，当时有两个因素影响汽车工业：一是第三世界的石油生产被工业发达国家所控制，石油价格低廉；二是轿车制造业发展很快，豪华车、大型车盛行。但是擅长市场调查和预测的日本汽车制造商，首先通过表面经济繁荣，看到产油国与跨国公司之间暗中正酝酿和发展着的斗争，以及通过发达国家消耗能量的增加，预见到石油价格会很快上涨。因此，必须改产耗油小的轿车来适应能源短缺的环境。其次，随汽车数增多，马路上车流量增多，停车场的收费会提高，因此，只有造小型车才能适应拥挤的马路和停车场。最后，日本制造商分析了发达国家家庭成员的用车情况。主妇上超级市场，主人上班，孩子上学，一个家庭只有一辆汽车显然不能满足需要。这样，小巧玲珑的轿车得到了消费者的青睐。于是日本在调研的基础之上作出正确的决策。在20世纪70年代世界石油危机中日本物美价廉的小型节油轿车横扫欧美市场，市场占有率不断提高，而欧美各国生产的传统豪华车因耗油大，成本高，销路大受影响。

(资料来源：百度文库)

4.3.3 预测的原理

预测的原理主要包括以下几个方面。

1. 惯性原理

惯性原理的基本含义：客观事物的发展变化过程常常表现出它的延续性。根据惯性原理,由研究对象的过去和现在状态,向未来延续,从而预测其未来状态,惯性原理是趋势外推预测方法的理论依据。

2．**类推原理**

类推原理的含义：特性相似的客观事物的变化有相似之处。根据类推原理,如果寻找并分析出类似事物的规律,则可以推断出具有近似特性的预测对象的未来状态。类推预测可以分为定性类推和定量类推。

3．**相关性原理**

相关性原理认为任何事物的变化都不是孤立的,而是在与其他事物的相互影响下发展的,事物之间的相互影响关系常常表现为因果关系,从时间的角度来看,相关事物的联系又可以分为同步和不同步相关两类。先导事件与预测事件的关系表现为不同步相关。相关性原理是因果型预测方法的理论基础。

4．**随机性分析与概率判断准则原理**

随机性分析理论认为随机性是一切事物都具有的性质,如果事件不具有随机性,就不需要预测,因此,对未来时间状态的推断实际上就是进行随机性分析,用概率来判定未来时间发生某种状态的可能性,如果事件未来某种状态发生的可能性非常大,就认为预测的结果具有可靠性。

随机性分析是随机型时间序列预测方法和马尔可夫预测方法的基本分析观点。

转产前的预测

某省专用汽车制造厂的前身是前进机车厂,该厂建厂几十年以来一直没有主导产品,有时为其他大厂生产部件,有时也生产整车。在改革开放之前,依靠国家计划,机车厂还能维持生存,但是随着经济体制改革的进行,由于没有自己的产品特色,该厂举步维艰,陷入了困境。高层管理者意识到必须发掘出定型产品,企业才有生存希望。

他们首先进行了深入的调查研究,广泛收集相关信息资料。将收集到的国内外信息进行整理分析后发现,随着我国国民经济的发展,专用汽车的需求比例势必会逐年增长。在肯定了专用汽车发展的前景后,仅在2年内,该厂就派出1 000多人次到全国120个城市进行调查研究,进一步获得了有关专用汽车有价值的信息。经过对这些信息的整理、分析、研究后他们发现,不仅专用汽车是很好的生产方向,而且市场对其中的环卫和石油两个系统的专用车需求尤为迫切。据此,该厂找到了开拓市场设计新产品的思路,将环卫系统所急需的垃圾车、真空吸粪车、喷洒冲洗车以及石油系统所需的油田修理工程车、原油运输车作为研发生产的主要方向。

接下来进行进一步的测算分析,首先对全国的垃圾车市场需求量进行预测,第二年全国垃圾车的客观需求量为10 177万辆,而且还将随着人口的增加而不断增加；垃圾车的预计寿命在10～19年,在此基础上对全国垃圾车销售饱和量的预测表明,垃圾车20年饱和需求量在10 499万～18 808万辆。同时,该厂也对真空吸粪车、喷洒冲洗车、油田修理工程车和原油运输车分别进行了市场需求量和销售量的预测,最终发现专用汽车前景是相当广阔的。

最后,高层管理人员经过认真权衡、慎重地分析,决定扬长避短,作出转产专用车的决策,并根据对各类专用汽车的预测结果作出相应的生产计划并投入生产。

随着时间的推移,该厂生产的专用车越来越受到用户的青睐。为了使更多的用户了解他们的厂及其产品,该厂就把原厂名更改为某省专用汽车制造厂。

(资料来源:苏文慧,等.管理学原理与案例[M].青岛:青岛海洋大学出版社,1999.)

4.3.4 预测的方法

预测方法按照对数据信息和预测者主观判断的依赖程度分为定量预测、定性预测和半定量预测。其中定量预测完全依赖数据;定性预测完全依赖主观判断;半定量预测则同时依赖数据和主观判断。定量预测是一种规范方法,只要数据和具体预测方法、程序确定,预测结果与预测者无关,容易实现软件化;定性预测是一种非规范化方法,对于同样的信息,不同的预测可能作出不同的判断,预测结果因人而异,难以软件化,强调预测者思想、知识和经验在判断中的作用;半定量预测方法的数据信息处理可用规范方法进行,但最终预测结果有赖于主观判断。

1. 定性预测

定性预测是在缺乏数据时,凭借预测者的直觉、经验和综合分析能力,根据预测对象的性质、特点、过去和现在的延续状况及最新信息等,对预测对象的未来发展趋势作出预测,并估计其可能达到的程度。这种方法适用于缺乏历史资料,或影响因素较复杂,或对主观因素难以定量分析的情况。

1)德尔菲法

这种方法是针对所要调查的问题,挑选一批专家,向他们提供一些调查表和背景资料,反复咨询专家们的预测意见,经几轮调查后,在专家们的意见趋向一致时,就汇总调查情况,得出预测结果。德尔菲法有三个要点:

(1)德尔菲法不把问题摆在桌面上来讨论,而要求专家们以匿名的方式提出书面意见;

(2)征求意见的过程反复进行,参加应答的专家们各自从反馈回来的问题调查表上得到集体的意见和目前的状况,以及同意或反对观点的理由,专家们相互影响,并以此作出新的判断;

(3)经过几轮反馈征询后,专家们的意见形成一致看法时,结果便成为可以接受的预测。

德尔菲法是一种常用的预测方法。其优点是:预测结果是由专家集体判断的,能达到集思广益的效果。缺点是:这种方法是人们的主观判断,有时可能出现偏差。

2)经验判断法

经验判断是在对有关资料进行分析的基础上,由有关人员凭借经验,运用主观决断力进行预测的一种方法。经验判断法,首先,由高层管理者根据经营管理需要,向下属单位(如业务、计划统计、财务会计等科室)和业务人员提出预测项目和预测期限的要求。其次,下属单位和业务人员根据高层管理者指示提出各自的预测方案。最后,对各种预测方案,进行综合分析判断,写出组织的预测结果。

这种方法的优点是能综合各种人员的知识,充分吸收他们的经验,得到的预测结果比较完整,其缺点是可能受到预测者了解情况的限制。

2. 定量预测

定量预测是根据已掌握的比较完备的历史统计数据,运用各种数学方法和模型研究、分析和推测事物的未来发展程度及其结构关系的预测方法。这类方法的优点是比较客观,能避免主观因素的干扰,得出的结论比较准确;缺点是难以考虑非定量因素的影响,同时对资料的完整性、可靠性和精确性要求比较高。

下面是常用的预测方法。

(1) 算术平均法

算术平均法是一种简单的直观的定量预测方法。就是用总体的各个数据之和除以数据点的个数,以其结果作为预测值。算术平均法没有考虑市场变化的趋势,因而只适用于销售趋势平衡的商品。预测准确度低,但可以消除偶然因素的影响。

(2) 移动平均法

随着时间的推移,计算平均值所用的各个时期也是向后移动的。移动平均法又可以分为一次移动平均法和二次移动平均法。即以前一周期销售的平均值作为下一周期的预测值,当预测下一周期销售时,将原计划平均值的周期向后移动一期,再以新的计算周期的平均值作为预测值。

(3) 指数平滑法

指数平滑法是以一个指标本身过去变化的趋势作为预测未来的依据的一种方法。对未来预测时,考虑到近期资料的影响应比远期大,因而对不同时期的资料给予不同的权数,越是近期资料权数越大,反之越小。

(4) 回归分析预测法

回归分析预测法,是在分析市场现象自变量和因变量之间相互关系的基础上,建立变量之间的回归方程,并将回归方程作为预测模型,根据自变量在预测期的数量变化来预测因变量。回归分析预测法是一种主要的市场预测方法,也是一种常用的预测方法。

预测方法的按照应用领域还可以分为:社会预测、经济预测、技术预测、军事预测等。

李厂长的预测

某市春花童装厂近几年沾尽了独生子女的光,生产销售连年稳定增长。谁料该厂李厂长这几天来却在为产品推销、资金搁置大伤脑筋。原来,年初该厂设计了一批童装新品种,有男童的香槟衫、迎春衫,女童的飞燕衫、如意衫等。借鉴成人服装的镶、拼、滚、切等工艺,在色彩和式样上体现了儿童的特点,活泼、雅致、漂亮。由于工艺比原来复杂,成本较高,价格比普通童装高出80%以上,比如一件香槟衫的售价在160元左右。为了摸清这批新产品的市场吸引力如何,在春节前夕厂里与百货商店联合举办了"新颖童装迎春展销",小批量投放市场十分成功,柜台边顾客拥挤,购买踊跃,一片赞誉声。许多商家主动上门订货。连续几天亲临柜台观察消费者反应的李厂长,看在眼里,喜在心上,不由想到:"现在都只有一个孩子,为了能把孩子打扮得漂漂亮亮的,谁不舍得花些钱?只要货色好,价格高些看来没问题,决心趁热打铁,尽快组织批量生产,及时抢占市场。"

为了确定计划生产量,以便安排以后的月份生产,李厂长根据去以来的月销售统计数,运用加权移动平均法,计算出以后月份预测数,考虑到这次展销会的热销场面,他决定生产能力的70%安排新品种,30%为老品种。2月的产品很快就被订购完了。然而,现在已是4月初了,3月的产品还没有落实销路。询问了几家老客商,他们反映有难处,原以为新品种童装十分好销,谁知2月份订购的那批货,买了一个多月还未卖三分之一,他们现在没有能力也不愿意继续订购这类童装了。对市场上出现的近一百八十度的需求变化,李厂长感到十分纳闷。他弄不明白,这些新品种都经过试销,自己亲自参加市场调查和预测,为什么会事与愿违呢?

(资料来源:http://wenku.baidu.com)

4.4 决 策

决策是管理工作的本质。管理的各项职能——计划、组织、领导、控制和创新都离不开决策。在管理活动中,决策居于首要的地位,管理成败的关键就取决于决策的正确与否。

4.4.1 决策的概念

关于决策的定义有许多不同的描述,美国学者亨利·艾伯斯曾说:"决策有狭义和广义之分。狭义地说,决策是在几种行为方案中做出选择。广义地说,决策还包括在做出最后选择之前必须进行的一切活动。"管理学教授里基·格里芬指出,"决策是从两个以上的备选方案中选择一个的过程"。

随着管理科学的发展,人们对现代决策的认识越来越趋于一致。主流学者认为:所谓决策,就是为了实现某一目的而制定行动方案并从若干个可行方案中选择一个满意方案的分析判断过程。这一定义可作如下理解。

1. 决策要有明确的目的

决策或是为了解决某个问题,或是为了实现一定的目标,没有问题就无须决策,没有目标就无从决策。因此,决策所要解决的问题必须是十分明确的,要达到的目标必须有一定的标准可资衡量比较。

2. 决策要有着若干可行的备选方案

如果只有一个方案,就无法比较其优劣,更没有可选择的余地,因此,"多方案抉择"是科学决策的重要原则。决策时不仅要有若干个方案相互比较,而且决策所依据的各方案必须是可行的。

3. 决策要进行方案的分析评价

人们总结出这样两条规则:一是在没有不同意见前,不要作出决策;二是如果看来只有一种行事方法,那么这种方法可能就是错误的。每个可行方案都有其可取之处,也存在一定的弊端,因此,必须对每个方案进行综合分析与评价,确定各方案对目标的贡献程度和所带来的潜在问题,比较各方案的优劣。

4. 决策的结果是选择一个满意方案

决策理论认为,最优方案往往要求从诸多方面满足各种苛刻的条件,只要其中有一个条件稍有差异,最优目标便难以实现。所以,决策的结果应该是从诸多方案中选择一个合理的满意方案。

5. 决策是一个分析判断过程

决策有一定的程序和规则,同时它也受价值观念和决策者经验的影响。在分析判断时,参与决策的人员的价值准则、经验和知识会影响决策目标的确定、备选方案的提出、方案优劣的判断及满意方案的抉择。管理者要做出科学的决策,就必须不断提高自身素质,以提高自己的决策能力。

"决策"一般理解为对需要解决的事情作出决定或选择。时至今日,对决策概念的界定有上百种,但仍未形成统一的看法,一种简单的定义是:"从两个以上的备选方案中选择一个的过程就是决策。"一种较具体的定义是:"所谓决策,是指组织或个人为了实现某种目标而对未来一定时期内有关活动的方向、内容及方式的选择或调整过程。"

我们将决策的概念定义为:"管理者识别并解决问题以及利用机会的过程。"对于这一定义,可作如下理解。

(1) 决策的主体是管理者(既可以是单个的管理者,也可以是多个管理者组成的集体或小组);

(2) 决策的本质是一个过程,这一过程由多个步骤组成;

(3) 决策的目的是解决问题或利用机会。也就是说,决策不仅仅是为了解决问题,有时也是为了利用机会。

日本的家用电视录像装置市场的成功决策

美国国际商用机器公司为了从规模上占领市场,大胆决策购买股权。1982年用2.5亿美元从美国英特尔公司手中买下了12%的股权,从而足以对付国内外电脑界的挑战;另一次是1983年,又以2.28亿美元收购了美国一家专门生产电讯设备的企业罗姆公司15%的股权,从而维持了办公室自动化设备方面的"霸王"地位。又如,早在1965年,美国的一家公司发明了盒式电视录像装置。可是美国公司只用它来生产一种非常昂贵的广播电台专用设备。而日本索尼的经营者通过分析论证,看到了电视录像装置一旦形成大批量生产,其价格势必降低,许多家庭可以购买得起此种录像装置。这样一来,家用电子产品这个市场就会扩大,如果马上开发研究家用电视录像装置,肯定会获得很好的经济效益和社会效益。由于这一决策的成功,国际家用电视录像装置的市场一度被日本占去了90%多,而美国则长期处于劣势。

4.4.2 决策的特征

1. 目标性

决策是组织或个人为了实现一定的目标而作出的。决策的产生必须根据这一目标，做到有的放矢。因为决策从本质上说是对未来实践的方向、目标、原则和方法所作出的选择性决定，决策具有明确的目的，不是凭空产生的，它为实现特定的目标而服务。

2. 可行性

方案的实施需要利用一定的资源。缺乏必要的人力、物力、财力，理论上十分完善的方案也只能是空中楼阁。因此，在决策过程中，决策者不仅要考虑采取某种行动的必要性，而且要注意实施条件的限制。

3. 选择性

决策的关键是选择，没有选择就没有决策。而要能有所选择，就必须提供可以相互替代的多种方案。事实上，为了实现同样的目标，组织总是可以从事多种不同的活动。这些活动在资源要求、可能结果及风险程度等方面存在着或多或少的差异。因此，组织决策时不仅要具有选择的可能，即提出多种备选方案，而且还要有选择的依据，即提供选择的标准和准则。

4. 满意性

在实践当中，人们遵循决策的满意性原则，而非最优化原则。最优决策只是一种理论上的幻想。这是因为：

（1）决策者并不了解与组织相关的全部信息；

（2）决策者并不能正确地辨析全部信息的有用性及价值，并根据它们制定没有疏漏的行动方案；

（3）决策者不能准确地计算每个方案在未来的执行结果；

（4）决策者对组织在某段时间内所达到的结果无法做到一致而明确的认识。

5. 过程性

决策是一个过程，而非瞬间行动。组织中的决策并不是单向决策，而是一系列决策的综合。这是因为组织中的决策牵涉方方面面。当令人满意的行动方案被选出后，决策者还要就其他一些问题（如资金筹措、结构调整和人员安排等）作出决策，以保证该方案的顺利实施。只有当配套决策都作出后，才能认为组织的决策已经完成。

在这一系列决策中，每个决策本身就是一个过程。为了理论分析的方便，我们会把决策的过程划分为几个阶段。但在实际工作中，这些阶段往往是相互联系、交错重叠的，难以截然分开。

6. 动态性

决策的动态性与过程性有关。决策不仅是一个过程，而且是一个不断循环的过程。作为过程，决策是动态的，没有真正的起点，也没有真正的终点。我们知道，组织的外部环境处在不断变化中。这要求决策者密切监视并研究外部环境及其变化，从中发现问题或找到机会，及时调整组织的活动，以实现组织与环境的动态平衡。

苹果公司所面临的问题

苹果公司还能生存吗？如果能，以什么形式呢？以什么形式生存似乎是目前计算机企业最经常问到和发生争议的问题之一。尽管有超过2.2亿的"异常忠实的客户"喜爱他们的Macintosh，但苹果公司仍然处于一个十字路口。个人计算机市场被基于微软操作系统和英特尔微处理器组装机器的厂家所控制。个人计算机的商品性质使个人计算机的价格，甚至Macintosh的价格如此之低，以致苹果公司不能同时制造机器，支付研发，以及开发Macintosh的新软件。很明显，它目前的市场地位也不能长久保持。

苹果公司——一个如此具有创新活力的公司的未来可能在于更多的创新，尤其是一次极富创造力的创新，能比得上它在20世纪70年代开发个人计算机的突破，苹果公司正在开发新的产品以方便计算机用户利用互联网的潜力。它已在这个市场占有相当大的分量。"互联网的Macintosh服务器排名第二，仅次于Sun公司。"据此苹果公司可利用Macintosh的大量销售数据和许可其他计算机厂家使用Macintosh操作系统的费用收入，来提供资金开发一个崭新的、基于互联网技术的、一鸣惊人的计算机产品。

这带来一些相似的问题。基于互联网的战略是可行的吗？它能形成持续竞争优势吗？在计算机行业中，有如此多的行动迅速而强大的竞争者，而且股价对于赢家与输家都如此之高，苹果公司能开发一种真正的私人专用技术产品吗？如果能，能持续多长时间？使用基于英特尔—微软标准的个人计算机用户需要放弃现有技术以利用苹果公司的新产品吗？如果是，有多少人愿意这样做呢？苹果公司提供了一个很好的企业研究案例。我们通过分析它是如何到达现在的关头以及分析目前和未来的竞争行动可以学到很多。

（资料来源：布儒瓦，杜海来，斯廷珀特.战略管理[M].北京：中信出版社，2004.）

4.4.3 决策的程序

现代决策理论认为，决策是一个从提出问题、分析问题到解决问题、反馈控制的系统工程。为保证决策的科学性、有限性，决策者必须严格遵守科学的决策程序。

1. **诊断问题，识别机会**

决策者必须知道哪里需要行动，所以决策过程的第一步是识别机会或诊断问题。管理者通常密切关注与其责任范围有关的数据，这些数据包括外部的信息和报告以及组织内的信息。实际状况和理想状况的偏差提醒管理者潜在机会或问题的存在。

评估机会和问题的精确程度有赖于信息的精确程度，所以管理者要尽力获取精确的、可信赖的信息。低质量的或不精确的信息会使时间白白浪费掉，并使管理者无从发现导致某种情况出现的潜在原因。

找出问题主要有两种方法：一是横向分析法，即与国内同行业企业经营状况进行比较，分析企业所处的地位，寻找差距的大小；二是纵向分析法，即分析比较企业经营活动的各项技术指标的变化趋势及幅度。

2. **明确决策目标**

决策目标是决策者对未来一段时期内，所要达到的目的和结果的判断。明确决策目标,不仅为方案的制订和选择提供了依据,而且为决策的实施和控制、为组织资源的分配和各种力量的协调提供了标准。

根据时间的长短,可把目标分为长期目标、中期目标和短期目标。长期目标通常用来指导组织的战略决策,中期目标通常用来指导组织的战术决策,短期目标通常用来指导组织的业务决策。无论时间长短,目标总指导着随后的决策过程。

明确决策目标的要求及步骤是:

(1) 根据问题及改进的可能性确定决策目标。决策目标所要解决的问题是应有现象与现实现象差距。在组织外部环境及内部条件的制约下,所确定的目标要考虑其实现的可能性,不能一味追求最优化。

(2) 检查决策目标的准确性。决策目标要明确具体,越是近期目标,越要求明确具体;远期目标,则允许有一定的模糊性,但尽可能数量化,以便于衡量决策的实施效果。决策目标要切合实际,防止目标偏高或偏低;多目标应有主次之分,多元目标之间本身就存在既相互关联又相互排斥的关系,而且在不同时期,随着组织活动重点的转移,这些目标的相对重要性也不一样。为此,决策者首先要弄清目标间的相互关系,分清主次,确保在决策实施时将组织的主要资源和精力投放在主要目标的活动上,保证主要目标的实现。决策目标应具有明确的实现期限。

(3) 决策目标的约束条件及弹性。直接影响目标实现的条件称为目标的约束条件。确定目标,不仅要提出目标,而且要对那些与实现目标有联系的各种条件加以分析,明确决策目标的约束条件。同时,决策目标应该有一定的弹性,这是指所定目标应有必须达到和争取完成两种,既有必须达到的低限目标,又有期望争取实现的高限目标,形成有一定幅度的弹性目标。

3. 拟订备选方案

一旦机会或问题被正确地识别出来,管理者就要提出达到目标和解决问题的各种方案。这是决策的基础工作。

备选方案应满足三个条件:

(1) 能够保证经营决策目标的实现。

(2) 企业内外部环境都能保证方案的实施。

(3) 方案之间具有互相排斥性。

拟订备选方案的具体要求有:

(1) 方案必须具备多样性和可行性。多样性是指要拟定两个以上的方案以供备选,可行性是指所拟订的方案都必须是切实可行的。

(2) 必须设计和列举所有的可行方案,避免漏掉最好的方案。

(3) 不同的备选方案之间必须是相互排斥的。

备选方案可以是标准的和鲜明的,也可以是独特的和富有创造性的。标准方案通常是指组织以前采用过的方案。通过头脑风暴法、名义小组技术和德尔菲技术等,可以提出富有创造性的方案。

4. 评价和选择方案

确定所拟订的各种方案的价值或恰当性,即确定最优的方案。为此,管理者起码要具备评价每种方案的价值观或相对优势、相对劣势的能力。在评估过程中,要考虑预定的决策标准(如所想要的质量)以及每种方案的预期成本、收益、不确定性和风险。最后对各种方案进行排序。

在对各种备选方案进行全面权衡后,从中选择出最满意的方案。方案的选择方式,依决策问题的重要性不同而有所不同,重要的决策方案,首先要将方案印发给有关人员准备意见;其次是召开会议,由专家小组报告方案评估过程和结论;最后是决策者集体进行充分的讨论,选择出满意的方案。对重大的决策,有条件的还应吸收高级顾问、咨询人员参加;对一般性的、程序性的决策,可由决策者个人进行选择,以提高效率,降低成本。

5. 选择实施战略

方案的实施是决策过程中至关重要的一步。在方案选定以后,管理者要制定实施方案的具体措施和步骤。实施过程中通常要注意作好以下工作:

(1) 制定相应的具体措施,保证方案的正确实施;
(2) 确保与方案有关的各种指令能被所有有关人员充分接受和彻底了解;
(3) 应用目标管理方法把决策目标层层分解,落实到每一个执行单位和个人;
(4) 建立重要的工作报告制度,以便及时了解方案进展情况,及时进行调整。

6. 监督和评估

一个方案可能涉及较长的时间,在这段时间内,形势可能会发生变化,而初步分析是建立在对问题或机会的初步估计上的,因此,管理者要不断对方案进行修改和完善,以适应变化了的形势。同时,连续性活动因涉及多阶段控制而需要定期的分析。

由于组织内部条件和外部环境的不断变化,管理者要不断修正方案来减少或消除不确定性,定义新的情况,建立新的分析程序。具体来说,职能部门应对各层次、各岗位履行职责情况进行检查和监督,及时掌握执行进度,检查有无偏离目标,及时将信息反馈给决策者。决策者则根据职能部门反馈的信息,及时追踪方案实施情况,对于既定目标发生部分偏离的,应采取有效措施,以确保既定目标的顺利实现;对客观情况发生重大变化,原定目标确实无法实现的,则要重新寻找问题或机会,确定新的目标,重新拟订可行的方案,并进行评估、选择和实施。

需要说明的是,管理者在以上各个步骤中都要受到个性、态度、行为、伦理和价值以及文化等诸多因素的影响。

了解市场,把握机会

日本尼西奇公司在第二次世界大战后初期,仅有三十余名职工,生产雨衣、雨鞋、游泳帽等橡胶制品,订货不足,经营不稳,企业有朝不保夕之感。公司董事长多川博从人口普查中得知,日本每年大约出生250万名婴儿,如果每个婴儿用两条尿布,一年就需要500万条,这是一个相当可观的尿布市场。多川博决心将尼西奇公司变成尿布专业公司,放弃其他产品的生产,集中力量,创立名牌。日本尼西奇公司真的成了"尿布大王",资本仅1亿日元,年销售额却高达70亿日元。

因为市场是多变的，人们的需要也是多变的，这就要求企业家要时刻关注环境的变化，了解市场，适应市场的需要。决策的前提依据是对环境变化的把握。

（资料来源：MBA智库百科）

4.4.4 决策的类型

企业生产经营活动涉及的决策问题范围十分广泛，内容较多，且各有特点。为了便于决策者从不同层次上把握各类决策的特点，我们可将决策问题作如下分类。

1. 按决策的时间跨度，决策可分为长期决策和短期决策

1）长期决策

长期决策是指有关组织今后发展方向的长远性、全局性的重大决策，又称长期战略决策，如投资方向的选择、人力资源的开发和组织规模的确定等。

2）短期决策

短期决策是为实现长期战略目标而采取的短期策略手段，又称短期战术决策，如企业日常营销、物资储备以及生产中资源配置等问题的决策都属于短期决策。

2. 按影响范围和重要程度，决策可分为战略决策、战术决策和业务决策

1）战略决策

战略决策对组织最重要，是指事关企业未来发展的全局性、长期性的重大决策。这种决策旨在提高企业的经营效能，使企业的经营活动与外部环境的变化保持正常的动态协调。战略决策一般由企业最高管理层制定，故又称高层决策。企业经营目标和方针的决策、新产品开发决策、投资决策、市场开发决策等都属于战略决策。

2）战术决策

战术决策又称管理决策和中层决策，是指组织为保证战略决策的实现而对局部的经营管理业务工作作出的决策，其依据和目标是战略决策，属于执行战略决策过程中的具体决策。例如，专业计划的制订、员工招收与工资水平、更新设备的选择、人员的调配等属此类决策。战术决策旨在实现组织内部各个环节活动的高度协调和资源的合理利用，以提高经济效率和管理效能。它不直接决定组织的命运，但其正确与否，也将在很大程度上影响组织目标的实现和工作效率的高低。战术决策一般由组织中层管理人员作出。

3）业务决策

业务决策又称执行性决策和基层决策，是日常工作中为提高生产效率、工作效率而作出的决策，牵扯范围较窄，只对组织产生局部影响。这种决策一般由企业基层管理层作出。属于业务决策范畴的主要有：工作任务的日常分配和检查、工作日程（生产进度）的安排和监督、岗位责任制的制定和执行、库存的控制以及材料的选购等。

战略决策、战术决策和业务决策之间有时没有绝对的界限，三个层次的决策者都应或多或少地参与相邻管理层的决策方案的制订。

3. 按决策主体不同，决策可分为群体决策和个人决策

1）群体决策

群体决策是由一个或几个群体来完成的决策。组织中的决策尤其是那些对组织有重大影响的决策往往是由集体来决定的。群体决策的优点是能充分发挥集团智慧，集思广益,决策慎重,从而保证决策的正确性、有效性;缺点是决策过程较复杂,耗费时间较多。它适宜于制定长远规划、全局性的决策。

2) 个人决策

个人决策是由管理者凭借个人的智慧、经验及所掌握的信息进行的决策。决策速度快、效率高是其特点,使用与常规事务及紧迫性问题的决策。最大缺点是带有主观性和片面性,因此,对全局性重大问题则不宜采用。

4. 从决策的起点看,决策可分为初始决策和追踪决策

1) 初始决策

初始决策是零起点决策,它是在有关活动尚未进行从而环境未受到影响的情况下进行的,是组织对从事某种活动或从事该种活动的方案所进行的初次选择。

2) 追踪决策

追踪决策是非零起点决策,追踪决策是在初始决策的基础上对组织活动方向、内容或方式的重新调整。如果说,初始决策是在对内外环境某种认识的基础上作出的话,追踪决策则是由于环境发生了变化,或者是由于组织对环境特点的认识发生了变化而引起的决策。显然,组织中的大部分决策当属追踪决策。

5. 从决策所涉及的问题看,决策可分为程序化决策和非程序化决策

1) 程序化决策

程序化决策是指决策的问题是经常出现的问题,已经有了处理的经验、程序、规则,可以按常规办法来解决,又称为常规决策。在实际生活中,无论是个人活动还是组织活动,有相当一部分活动通常多次反复出现,人们通过长期的实践积累起经验,形成了一套解决这些活动中所遇到的一般性问题的方法、程序和标准。在遇到类似问题时,就按这些既定的原则和步骤行动。属于这种决策的由生产方案决策、采购方案决策、库存决策、设备选择决策等。这种决策一般由职能部门进行,高层决策者很少过问,人们称这种决策为程序化决策。

2) 非程序化决策

非程序化决策指受大量随机因素的影响,常常无先例可循的经营事务的决策。这种决策由于缺乏可借鉴的资料和统计数据,决策者大多对处理这种决策问题经验不足,在决策时没有固定的模式和规则可循。这样,决策者及其机构的洞察力、思维和知识将起重要作用。这种决策如经营方向、目标决策、新产品开发决策、新的开拓决策等。由于决策过程不能标准化,所以需要高层决策者亲自参与,同时需民主决策。

6. 从环境因素的可控程度看,决策可分为确定型决策、风险型决策和不确定型决策

1) 确定型决策

确定型决策是指决策所面临的条件和因素是确定的,每一个方案只有一种确定的结果,比较其结果优劣作出最优选择的决策。确定型决策是一种肯定状态下的决策。

2) 风险型决策

风险型决策指决策事件未来各种自然状态的发生是随机的,决策者可根据相似事件的历史统计资料或实验测试等估计出各种自然状态的概率,并依其大小进行计算分析后作出的决策。风险型决策之所以存在,是因为影响预测目标的各种市场因素是复杂多变

的,因而每个方案的执行结果都带有很大的随机性。所以不论选择哪种方案,都存在一定的风险。

3) 不确定型决策

不确定型决策是指在不稳定条件下进行的决策。在不确定型决策中,决策者可能不知道有多少种自然状态,即便知道,也不能知道每种自然状态发生的概率。

"统一"的抉择

2004年以前,壳牌统一(北京)石油化工有限公司(以下简称"统一")的润滑油产品的销售额曾高达21亿人民币。相对而言,该企业的优势在于灵活的营销策略与遍布全国各地,特别是边远地区与农村的销售网络。这种优势使该企业在较短的时间内得以迅速发展、壮大,曾经与国有石油巨头"中石化"及"中石油"润滑油在中端产品上三分天下。但自2003年起,国际石油价格从每桶37美元一路飙升,到了2005年每桶升至80美元,而且雪上加霜的是,该企业已有的采购渠道因原料采购量不足以满足生产的需求而导致部分工厂停产。同时,"统一"面临的更大危机是,主要竞争厂家为扩大市场份额,并不因原材料的上涨而降低零售产品的销售价格。

这种情况下,"统一"的出路有以下几种。一是破产;二是停产,以俟时机;三是寻求新的供货渠道;四是寻求合作对象;五是如往常一样,通过策划新产品上市趋势提高产品的销售价格;六是勉强应对,直至坐以待毙。

抉择关乎生死存亡。第一个方案,破产的结局是所有固定资产形同废物,苦心经营的销售渠道毁于一旦;第二个方案停产,固然可节省部分管理费用,但石油价格若无回落的可能,则同破产无异;第三个方案,在全球油价高涨的情况下,寻求新的供货渠道难似登天,除非像其他石油巨头那样拥有油田,但"统一"没有这种资金实力,即使有,也远水救不了近火;第四个方案寻求合作伙伴,可能是一条出路,但存在着是否有合适对象的问题;第五个方案短期内有一定作用,虽有可取之处,但无法解决高油价这一根本问题;第六个方案的可实施的条件是,石油价格在不长的时间内有回落的可能,而这一点当时难以预见。

4.4.5 决策的方法

1. 集体决策方法

1) 头脑风暴法

头脑风暴法是比较常用的集体决策方法,便于发表创造性意见,因此主要用于收集新设想。通常是将对解决某一问题有兴趣的人集合在一起,以一种明确的方式向所有参与者阐明决策的问题,然后要求与会者在完全不受约束的条件下,敞开思路,畅所欲言,不允许其他与会者作任何批评,并且所有的方案当即记录下来,留待以后再讨论和分析,最后由决策者进行决策。头脑风暴法的创始人英国心理学家奥斯本(A. F. Osborn)为该决策方法的实施提出了四项原则:

(1) 对别人的建议不作任何评价,将相互讨论限制在最低限度内;

(2) 建议越多越好,在这个阶段,参与者不要考虑自己建议的质量,想到什么就应该说出来;

(3) 鼓励每个人独立思考,广开思路,想法越新颖、奇异越好;

(4) 可以补充和完善已有的建议以使它更具说服力。

头脑风暴法的目的在于创造一种畅所欲言、自由思考的氛围,诱发创造性思维的共振和连锁反应,产生更多的创造性思维。这种方法的时间安排应在1~2小时,参加者以5~6人为宜。

2) 名义小组技术

在集体决策中,如对问题的性质不完全了解且意见分歧严重,则可采用名义小组技术。在这种技术下,小组的成员互不通气,也不在一起讨论、协商,从而小组只是名义上的。这种名义上的小组可以有效地激发个人的创造力和想象力。

在这种技术下,管理者先召集一些有知识的人,把要解决的问题的关键内容告诉他们,并请他们独立思考,要求每个人尽可能地把自己的备选方案和意见写下来。然后再按次序让他们一个接一个地陈述自己的方案和意见。在此基础上,由小组成员对提出的全部备选方案进行投票,根据投票结果,赞成人数最多的备选方案即为所要的方案,当然,管理者最后仍有权决定是接受还是拒绝这一方案。

3) 德尔菲法

德尔菲法又称专家意见法,德尔菲法是专家预测法的进一步发展。它是将专家之间面对面的充分讨论改为背靠背的若干轮信函调查,最后由预测组织者归纳、综合专家意见,作出市场预测的结论。因此,德尔菲法又称为专家征询法。

(1) 德尔菲法的特点

① 匿名性。被邀请的专家互不见面、互不知情,每位预测专家仅与预测组织者接触,且通常是通过书面形式独立地回答预测组织者提出的问题。这样可以避免专家会议易受心理因素干扰的不足,更真实地反映专家们的意见。②多轮反馈性。反馈是德尔菲法的核心。在预测组织者和专家之间的信函调查要反复多次,而不是试图以此得出预测结果。每轮征询都是由预测组织者把前一轮的应答意见综合统计后反馈给每一位专家,便于专家了解不同看法及其理由,可以对自己的预测意见作出修正。③统计归纳性。作定量处理是德尔菲法的一个重要特点。对预测结果,由预测组织者作出统计分析,在多轮反馈中,由统计结果反映出预测意见的集中趋势,并用统计处理方法对专家意见作出定量化的统计归纳。

(2) 德尔菲法的实施步骤

① 确定预测目标。设计预测意向调查表。根据预测目标,设计一种简明易懂、能反映问题实质的询问表,表中应留出足够的地方,让专家们书写自己的意见和论证,并准备好向专家提供的有关背景资料。

② 选择专家,发出邀请。按照课题所需要的知识范围确定专家。专家人数的多少可根据预测课题的大小和涉及面的宽窄而定,一般10~50人较好。向所有专家提出所要预测的问题及有关要求,并附上有关这个问题的所有背景材料,同时请专家提出还需要什么

材料。然后,由专家作书面答复。各个专家根据他们所收到的材料提出自己的预测意见,并说明自己是怎样利用这些材料提出预测值的。

③ 对专家的意见进行综合处理。将所有专家的意见收集起来,汇总,列成图表,然后把这些意见再分送给各位专家,便于他们参考、分析、判断,以便修改自己的意见或提出新的论证。收集意见和信息反馈这一过程重复进行,一般要经过多轮,直到专家意见趋于一致,或每一个专家不再改变自己的意见为止。

2. 有关活动方向的决策方法

管理者有时需要对企业或企业某一部门的活动方向进行选择,可以采用的方法主要有经营单位组合分析法和政策指导矩阵法。

1) 经营单位组合分析法

经营单位组合分析法的基本思想是:大部分企业都有两个以上的经营单位,每个经营单位都有相互区别的产品与市场,企业应该为每个经营单位确定其活动方向。

经营单位组合分析法主张在确定每个经营单位的活动方向时,应综合考虑企业或该经营单位在市场上的相对竞争地位和业务增长率。

相对竞争地位往往体现在企业的市场占有率上,它决定了企业获取现金的能力和速度,因为较高的市场占有率可以为企业带来较高的销售量和销售利润,从而给企业带来较多的现金流量。

业务增长率对活动方向的选择有下面两方面影响:

(1) 它有利于市场占有率的扩大。因为在稳定的行业中,企业产品销售量的增加往往来自竞争对手市场份额的下降。

(2) 它决定着投资机会的大小。因为业务增长迅速可以使企业迅速收回投资,并取得可观的投资报酬。

根据上述两个标准——相对竞争地位和业务增长率,可把企业的经营单位分成四大类(如图4-3所示)。企业应根据各类经营单位的特征,选择合适的活动方向。

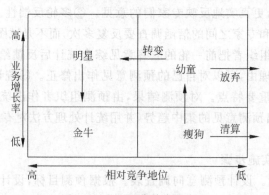

图 4-3 企业经营单位组合图

(1) "金牛"经营单位的特征是市场占有率较高,而业务增长率较低。较高的市场占有率为企业带来较多的利润和现金,而较低的业务增长率需要较少的投资。"金牛"经营单位所产生的大量现金可以满足企业的经营需要。

(2)"明星"经营单位的市场占有率和业务增长率都较高,因而所需要的和所产生的现金都很多。"明星"经营单位代表着最高利润增长率和最佳投资机会,因此企业应投入必要的资金,扩大它的生产规模。

(3)"幼童"经营单位的业务增长率较高,而目前的市场占有率较低,这可能是企业刚刚开发的很有前途的领域。由于高增长速度需要大量投资,而较低的市场占有率只能提供少量的现金,企业面临的选择是投入必要的资金,以提高市场份额,扩大销售量,使其转变为"明星",或者如果认为刚刚开发的领域不能转变成"明星",则应及时放弃该领域。

(4)"瘦狗"经营单位的特征是市场占有率和业务增长率都较低。由于市场占有率和业务增长率都较低,甚至出现负增长,"瘦狗"经营单位只能带来较少的现金和利润,而维持生产能力和竞争地位所需的资金甚至可能超过其所提供的现金,从而可能成为资金的陷阱。因此,对于不景气的经营单位,企业应采取收缩或放弃的战略。

经营单位组合分析法的步骤通常如下:
(1)把企业分成不同的经营单位;
(2)计算各个经营单位的市场占有率和业务增长率;
(3)根据其在企业中占有资产的比例来衡量各个经营单位的相对规模;
(4)绘制企业的经营单位组合图;
(5)根据每个经营单位在图中的位置,确定应选择的活动方向。

经营单位组合分析法以"企业的目标是追求增长和利润"这一假设为前提。对拥有多个经营单位的企业来说,它可以将获利较多而潜在增长率不高的经营单位所产生的利润投向那些增长率和潜在获利能力都较高的经营单位,从而使资金在企业内部得到有效利用。

2)政策指导矩阵法

政策指导矩阵法即用矩阵来指导决策。具体来说,就是从市场前景和相对竞争能力两个角度来分析各个经营单位的现状和特征,并把它们标示在矩阵上,据此指导企业活动方向的选择。市场前景取决于盈利能力、市场增长率、市场质量和法规限制等因素,分为吸引力强、中等、弱三种;相对竞争能力取决于经营单位在市场上的地位、生产能力、产品研究和开发等因素,分为强、中、弱三种。根据上述对市场前景和相对竞争能力的划分,可把企业的经营单位分成九大类,如图4-4所示。

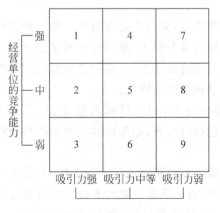

图4-4 政策指导矩阵

处于区域1和4的经营单位竞争能力较强,市场前景也较好。应优先发展这些经营单位,确保它们获取足够的资源,以维持自身的有利市场地位。

处于区域2的经营单位虽然市场前景较好,但企业利用不够,这些经营单位的竞争能力不够强。应分配给这些经营单位更多的资源以提高其竞争能力。

处于区域3的经营单位市场前景虽好,但竞争能力弱。要根据不同的情况来区别对待这些经营单位:最有前途的应得到迅速发展,其余的则需逐步淘汰。这是因为企业资源是有限的。

处于区域5的经营单位一般在市场上有2~4个强有力的竞争对手。应分配给这些经营单位足够的资源以使它们随着市场的发展而发展。

处于区域6和8的经营单位市场吸引力不强且竞争能力较弱,或虽有一定的竞争能力(企业对这些经营单位进行了投资并形成了一定的生产能力)但市场吸引力较弱。应逐渐放弃这些经营单位,以便把收回的资金投入到盈利更多的经营单位。

处于区域7的经营单位竞争能力较强但市场前景不容乐观。这些经营单位本身不应得到发展,但可利用它们较强的竞争力为其他快速发展的经营单位提供资金支持。

处于区域9的经营单位市场前景暗淡且竞争能力较弱。应尽快放弃这些经营单位,把资金抽出来并转移到更有利的经营单位。

3. 有关活动方案的决策方法

管理者选好组织的活动方向之后,接下来需要考虑的问题自然是如何到达这一活动方向。由于到达这一活动方向的活动方案通常不止一种,所以管理者要在这些方案中作出选择。在选方案时,要通过各种方案实施后的经济效果来决定。由于方案是在未来实施的,所以管理者在计算方案的经济效果的同时要考虑到未来的情况。根据未来情况的可控程度,可把决策方法分成三大类:确定型决策方法、风险型决策方法和不确定型决策方法。

1) 确定型决策方法

确定型决策是指只存在一种完全确定的自然状态的决策,决策环境完全确定,问题的未来发展只有一种确定的结果,决策者只要通过分析、比较各个方案的结果就能选出最优方案。确定型决策的方法很多,常用的确定型决策方法有线性规划法和盈亏平衡分析等。

(1) 线性规划

线性规划用于企业经营决策,实际上是在满足一组已知的约束条件下,使决策目标达到最优。也就是在满足一组约束条件下,求目标函数的最大值(或最小值)的问题。它是一种为寻求单位资源最佳效用的数学方法,常用于组织(企业)内部有限资源的调配问题。

运用线性规划建立数学模型的步骤是:

① 确定影响目标大小的变量,列出目标函数方程;② 找出实现目标的约束条件;③ 找出使目标函数达到最优的可行解,即为该线性规划的最优解。

(2) 盈亏平衡分析

盈亏平衡分析法又称量本利分析法或保本分析法,它是在一定的市场、生产能力的条件下,研究拟建项目成本与收益的平衡关系的方法。项目的盈利与亏损有个转折点,称为盈亏平衡点。在这一点上,项目既不盈利,也不亏损。如果低于这一点所对应的生产水平,那么项目就会发生亏损;反之,则会获得盈利。盈亏平衡分析的目的是为了掌握企业的盈亏界限,正确规划企业生产发展水平,合理安排生产能力,及时了解企业经营状况,提高企业经济效益,使企业能够选择以最小的生产成本、生产最多产品并可使企业获得最大利润的经营方案。

盈亏平衡分析的基本假设包括:
① 产品的销售量等于产量;
② 产品成本由固定成本和变动成本构成,单位产品的变动成本不变;
③ 单位产品的销售单价不变;
④ 生产的产品可以换算为单一产品计算。

盈亏平衡点的公式如下。

假设 p 代表单位产品价格,Q 代表产量或销售量,F 代表总固定成本,v 代表单位变动成本,π 代表总利润,c 代表单位产品贡献($c=p-v$)。

① 求保本产量。

企业不盈不亏时有:
$$p \cdot Q = F + v \cdot Q$$

所以保本产量为:
$$Q = F/(p-v) = F/c$$

② 求保目标利润的产量。

设目标利润为 π,则:
$$p \cdot Q = F + v \cdot Q + \pi$$

所以保目标利润 π 的产量为:
$$Q = (F+\pi)/(p-v) = (F+\pi)/c$$

③ 求利润。
$$\pi = p \cdot Q - F - v \cdot Q$$

④ 求安全边际和安全边际率。
$$安全边际 = 方案带来的产量 - 保本产量$$
$$安全边际率 = 安全边际 / 方案带来的产量$$

2) 风险型决策方法

在比较和选择活动方案时,如果未来情况不止一种,管理者不知道到底哪种情况会发生,但知道每种情况发生的概率,则须采用风险型决策方法,常用的风险型决策方法是决策树法。

决策树法是一种直观的图解决策方法,是在已知各种情况发生的概率的前提下,通过构造决策树,求取净现值的期望值来评价项目风险并判断其可行性的决策分析方法。其基本原理是用决策点代表决策问题,用方案枝代表可供选择的方案,用概率枝代表方案可能出现的各种结果,经过对各种方案在各种结果条件损益值的计算比较,为决策者提供决策依据。决策树法有利于决策人员使决策问题形象化,可把各种可以更换的方案、可能出现的状态、可能性大小及产生的后果等,简单绘制在一张图上,以便计算、研究与分析,同时还可以随时补充不确定型决策方法的决策分析。

3) 不确定型决策方法

在比较和选择活动方案时,如果管理者不知道未来情况有多少种,或虽知道有多少种,但不知道每种情况发生的概率,则须采用不确定型决策方法。常用的不确定型决策方法有小中取大法、大中取大法和最小最大后悔值法等。

(1) 小中取大法

小中取大法也称悲观准则决策法。比较悲观的决策者总是小心谨慎,从最坏结果着想。它是从各方案的最小收益值中选取其中的最大收益值的方案作为最优方案(如果是损失值,则取损失最小的方案为最优方案)。决策步骤是先从各方案中选一个最小收益值,再从这些最小收益值中选出一个最大收益值,其对应方案便是最优方案。该方法是在各种最不利的情况下找出一个最有利的方案。

(2) 大中取大法

大中取大法也叫乐观准则决策法,比较乐观的决策者愿意争取一切机会获得最好结果。它是在各方案都处于最好结局的情况下,从中选择收益值最大的方案为最优方案。决策步骤是从每个方案中选一个最大收益值,再从这些最大收益值中选一个最大值,该最大值对应的方案便是入选方案。它是在最有利的情况下找出一个最有利的方案。

(3) 最小最大后悔值法

最大最小后悔值法也叫机会损失最小值决策法。所谓后悔值,是指当某种自然状态出现时,决策者由于从若干方案中选优时没有采取能获得最大收益的方案,而采取了其他方案,以致在收益上产生了某种损失,这种损失就叫后悔值。用这种方法来作决策,首先要求出各方案在不同情况下的后悔值,然后找出各方案的最大后悔值,最后从各方案的最大后悔值中选取后悔值最小的方案作为最优方案。

市政府的两难境地

某城市繁华地段有一个食品厂,因经营不善长期亏损,该市政府领导拟将其改造成一个副食品批发市场,这样既可以解决企业破产后下岗职工的安置问题,又方便了附近居民。为此进行了一系列前期准备,包括项目审批、征地拆迁、建筑规划设计等。不曾想,外地一开发商已在离此地不远的地方率先投资兴建了一个综合市场,而综合市场中就有一个相当规模的副食品批发厂区,足以满足附近居民和零售商的需求。

面对这种情况,市政府领导陷入了两难境地:如果继续进行副食品批发市场建设,必然亏损;如果就此停建,则前期投入将全部泡汤。在这种情况下,该市政府盲目作出决定,将该食品厂厂房所在地建成一居民小区,由开发商进行开发,但对原食品厂职工没能作出有效的赔偿,使该厂职工陷入困境,该厂职工长期上访不能解决赔偿问题,对该市的稳定造成了隐患。

(资料来源:MBA智库百科)

本章小结

计划职能是管理的首要职能,也是管理职能中最基本的一个职能。

对于一个企业来说,计划是一种层级体系。计划的表现形式为:目的或使命、目标、战略、政策、程序、规划、规则、方案和预算。

目标管理也称为成果管理,是把目标作为管理手段,通过目标进行管理,以自我控制为基础,注重工作成果的管理方法和制度。

预测与计划都与未来有关,但预测不同于计划,它们之间的不同表现在以下几个方面。计划是未来的部署,预测是对未来事件的陈述,是计划工作的一个环节。

初始决策是零起点决策,它是在有关活动尚未进行从而环境未受到影响的情况下进行的,是组织对从事某种活动或从事该种活动的方案所进行的初次选择。

在比较和选择活动方案时,如果未来情况不止一种,管理者不知道到底哪种情况会发生,但知道每种情况发生的概率,则须采用风险型决策方法。

近百年的施温自行车公司为何申请破产

伊格纳茨·施温于1895年在芝加哥创办了施温自行车公司,后来成为世界最大的自行车制造商。20世纪60年代,施温公司占有美国自行车市场25%的份额。爱德华小施温是创始人伊格纳茨的长孙,1979年他接过公司的控制权。那时,问题已经出现,而糟糕的是计划和决策又使已有的问题雪上加霜。20世纪70年代,施温公司不断投资于它强大的零售分销网络和品牌,以便主宰10挡变速车市场。但进入20世纪80年代后,市场转移了,山地车取代10挡变速车成为销量最大的车型,并且轻型的、高技术的、外国产的自行车在成年的自行车爱好者中日益普及。施温公司错过了这次市场转换的机会,对市场的变化反应太慢,管理当局专注于削减成本而不是创新。结果,施温公司的市场份额开始迅速地被其他自行车制造商夺走,这些制造商销售的品牌有特莱克、坎农戴尔、巨人、钻石等。施温公司最大的错误在于没有把握住自行车是一种全球产品,公司迟迟未能开发到海外市场和利用国外的生产条件。一直拖到20世纪70年代末,施温公司才开始加入国外竞争,把大量的自行车转移到日本进行生产,但那时,我国台湾地区不断扩张的自行车工业已经在价格上击败了日本生产厂家。作为应对这种竞争的一种策略,施温公司开始少量进口中国台湾地区制造的巨人牌自行车,然后贴上施温商标在美国市场上出售。

1981年,当施温公司设在芝加哥的主要工厂的工人举行罢工时,公司采取了也许是最愚蠢的行动。管理当局不是和工人谈判解决问题,而是关闭了工厂,将工程师和设备运往中国台湾地区的巨人自行车工厂。作为与巨人公司合伙关系的一部分,施温公司将所有的一切,包括技术、工程、生产能力都交给了巨人公司,这正是巨人公司要成为占统治地位的自行车制造商所求之不得的。作为交换条件,施温公司进口并在美国市场上以施温商标经销巨人公司制造的自行车。正如一家美国竞争者所言:"施温将特许权盛在银盘上奉送给了巨人公司。"到 1984 年,巨人公司每年交付给施温公司 70 万辆自行车,以施温公司商标销售,占施温公司年销售额的 70%。几年后,巨人公司利用从施温公司那里获得的知识,在美国市场上建立了它们自己的商标品牌。到 1992 年,巨人公司和中国大陆的自行车公司,已经在世界上占据了统治地位。巨人公司销售的每 10 辆自行车中,有 7 辆是以自己的商标出售的,而施温公司的市场份额在 1992 年 10 月跌落到 5%,公司开始申请破产。

思考
1. 施温公司存在哪些计划失误?
2. 结合案例背景说明施温公司在当时应该采取什么样的计划。

实 践 教 学

实践教训项目
运用"头脑风暴法"进行集体决策。

实践教学目的
1. 使学生结合实际加深对"头脑风暴法"的感性认识。
2. 使学生初步掌握"头脑风暴法"的决策方法,培养学生运用"头脑风暴法"进行决策的能力。

实践教学内容与要求
以 10~15 个人为一组,选出一名主持人,用 20 分钟的时间为下面的问题寻找尽可能多的答案。
问题:在不用秤称重以及不能利用浮力的情况下,怎样知道一头大象的重量?

实践教学成果与检测
1. 老师对此次头脑风暴会开的是否成功进行评价。
2. 在老师的指导下,要求对实训的结果进行座谈讨论,并写出实训报告。

课 后 习 题

1. 什么是计划?计划的特征有哪些?计划有哪些表现形式?请描述计划的层次体系。
2. 目标管理有什么优缺点,请作简要评析。
3. 预测的动态性在实际中有哪些表现?
4. 组织中的决策大多是追踪决策。何为追踪决策?与初始决策相比,其特点是什么?管理者在进行追踪决策时要注意什么?
5. 决策过程包括哪几个阶段?决策过程要受到哪些因素的影响?
6. 确定型决策方法、风险型决策方法和不确定型决策决策方法各有哪些分类?

第五章

组 织

杜邦公司的组织成长

在19世纪,杜邦公司是一个家族公司,基本上实行个人决策式经营,这一点在亨利这一代尤为明显。亨利在公司任职的40年中,挥动军人严厉粗暴的铁腕统治着公司。他实行的一套管理方式被称为"恺撒型经营管理"。公司的主要决策和许多细微决策都要由他亲自制定,所有支票都得由他亲自开,所有契约也都由他签订。他一人决定利润的分配,亲自周游全国,监督公司的数百家经销商。在每次会议上,总是他发问,别人回答。他全力加速收回账款,严格支付条件,促进交货流畅,努力降低价格。亨利接任时,公司负债高达50多万,后来却成为火药制造业的领头羊。

在亨利时代,个人决策式的经营基本上是成功的。这主要是因为:第一,公司规模不大,直到1902年合资时资产才2 400万美元;第二,产品比较单一,基本上是火药;第三,公司产品质量居于绝对领先地位,竞争者难以超越;第四,市场需求变化不甚复杂。单人决策取得了较高效果,与亨利的非凡精力也是分不开的。直到72岁时,亨利仍不要秘书的帮助;任职期间,他亲自写的信不下25万封。亨利的侄子尤金是公司的第三代继承人。尤金试图承袭其伯父的经营作风,也采取绝对的控制,亲自处理细枝末节,亲自拆信复函,但他终于陷入公司错综复杂的矛盾之中。1902年,尤金去世,合伙者也都心力交瘁,两位副董事长和秘书兼财务长也相继累死。这不仅是由于他们的体力不胜负荷,还由于当时的经营方式已与时代不相适应。

正当公司濒临危机、无人敢接重任、家族拟将公司出卖给别人的时候,三位堂兄弟以廉价买下了公司,并果断地抛弃了亨利的那种单枪匹马的管理方式,精心地设计了一个集团式经营的管理体制。

集团式经营最主要的特点是建立了"执行委员会",它隶属于最高决策机构董事会,是公司的最高管理机构。在董事会闭会期间,大部分权力由执行委员会行使,董事长兼任执行委员会主席。1918年,执行委员会有10个委员、6个部门主管、94个助理,高级经营者年龄大多在40岁上下。此外,杜邦公司抛弃了当时美国流行的体制,建立了预测、长期规划、预算编制、资源分配等管理方式。在管理职能分工的基础上,建立了制造、销售、采购、基本建设投资、运输等职能部门。在这些职能部门之上,是一个高度集中的总办事处,控制销售、采购、制造、人事等工作。

由于在集团经营的管理体制下,权力高度集中,实行统一指挥、垂直领导和专业分工的原则,所以秩序井然,职责清楚,效率显著提高,大大促进了杜邦公司的发展,公司的资产到1918年增加到3亿美元。

可是,杜邦公司在第一次世界大战中的大幅度扩展,以及逐步走向多角化经营,使组织机构遇到了严重问题。每次收买其他公司后,杜邦公司都因多角化经营而严重亏损。这种困扰除了由于战后通货从膨胀到紧缩之外,主要还是由于公司的原有组织没有弹性,对市场需求的变化缺乏适应力。

杜邦公司经过周密的分析,提出了一系列组织机构设置的原则,创造了一个多分部的组织结构。在执行委员会下,除了设立由副董事长领导的财力和咨询两个总部外,还按各产品种类设立分部。在各分部下,则有会计、供应、生产、销售、运输等职能处。各分部是独立核算单位,分部的经理可以独立自主地统管所属部门的采购、生产和销售。新分权化的组织使杜邦公司很快成为一个具有效能的集团,所有单位构成了一个有机的整体,公司组织具有很大的弹性,能适应市场需要而变化。

20世纪60年代初,杜邦公司接二连三地遇到了难题,许多产品的专利权纷纷满期,在市场上受到日益增多的竞争者的挑战,可以说是四面楚歌,危机重重。为了摆脱危机,杜邦公司除了实施新的经营方针外,还不断完善和调整原有的组织机构,进行组织结构的创新。1967年年底,科普兰把总经理一职史无前例地让给了非杜邦家族的马可,财务委员会议议长也让别人担任,自己专任董事长一职,从而形成了一个"三驾马车式"的体制。在新的体制下,最高领导层分别设立了办公室和委员会,作为管理大企业的"有效的富有伸缩性的管理工具"。科普兰说:"'三驾马车式'的组织体制,是今后经营世界性大规模企业不得不采取的安全设施。"

思考

综合案例思考杜邦公司组织变化的过程。

5.1 组织概述

组织是人类社会最常见、最普遍的形式之一,包括政府部门、军队、医院、学校等非营利性组织和手工作坊、企业等营利性组织。社会发展使人们的需求日益复杂化、多样化,要不断地满足这种需求,靠个人力量是无法实现的,这就需要利用组织把资源集中起来,从事各种经济、政治、文化等社会活动。组织是保证决策目标和计划有效落实的一种管理职能。

5.1.1 组织的概念

组织的希腊文原义是指和谐、协调。目前组织一词使用得比较广泛。一般主要从两个角度理解其含义。

一般来说,组织有名词和动词两种词性。名词意义的"组织"是指为了达到共同的目标,在分工协作的基础上,按一定规则建立起来的人的集合体。这个含义具有三种意思:第一,组织必须有目标;第二,没有分工和合作就不能称其为组织;第三,组织要有不同层次的权力和责任制度,以便实现组织的目标。

动词意义的"组织",是管理的一项基本职能,是为了实现群体的共同目标而进行的角色安排、任务分派、配备人员、明确分工协作关系的一个过程。组织就是为实现共同目标所必需的各项业务活动进行分类组合,并根据管理宽度原理,划分出不同的管理层次和部门,将监督各类活动所必需的职权授予各层次、各部门的主管人员,并规定这些层次和部门间的相互配合关系的过程。组织工作的主要内容包括组织设计、组织联系和组织运作三个方面。

在管理学中,组织被看作反映一些职位和一些个人之间的关系的网络式结构。组织可以从静态与动态两个方面来理解:静态方面,指组织结构,即反映人、职位、任务以及它们之间的特定关系的网络。动态方面,指维持与变革组织结构,以完成组织目标的过程。因此,组织被视为管理的一种基本职能。

组织的力量

在非洲大草原上生活的人们都知道这样的常识:如果见到成群的羚羊在奔逃,那一定是狮子来了;如果见到成群的狮子在躲避,那就是象群发怒了;如果见到成百上千的狮子和大象集体奔逃的壮观景象,那就是什么来了——蚂蚁军团!

蚂蚁是充满智慧的小精灵,一只蚂蚁看起来弱不禁风、力量微薄,但它们一旦组成一个庞大的集体,就会爆发出可怕的整体力量,具有强大的战斗力。蚂蚁内部分工明确、职责清晰:有生殖能力的雌性蚁后的主要职责是产卵、繁殖后代和统管这个群体大家庭;雄蚁的主要职责是与蚁后交配;工蚁是没有生殖能力的雄性,年轻的工蚁往往在巢内从事饲育、清洁等工作,而年长的工蚁则在巢外觅食、防卫、建筑蚁巢等;兵蚁主要从事战争和防卫工作。同时蚂蚁通过化学信息素和工蚁的分泌物来进行信息交流,以确保相互之间的分工与合作。

5.1.2 组织的要素

组织是一个系统。正式组织是人们自觉地、有意识地、有目的地加以协调的两个或两个以上的人的活动或力量的系统。组织作为一个系统,一般包含以下四个要素。

1. 目标与宗旨

任何组织都是为目标而存在的,不论这种目标是明确的还是模糊的,目标总是组织存在的前提。没有目标,也就没有组织存在的必要性。组织通过连续地更新宗旨或目标来保持其延续性。

2. 人员与职务

人既是组织中的管理人员,又是组织中的被管理人员,建立良好的人际关系是建立组织系统的基本条件和要求。明确每个人在系统中所处的位置以及相应的职务,便可形成一定的职务结构。

3. 职责与职权

职责是指某项职位应该完成某项任务的责任。它反映了上、下级之间的一种关系:

下级有向上级报告自己工作绩效的义务或责任；上级有对下级工作进行必要指导的责任。职权是指经由一定正式程序所赋予某项职位的一种权力，居其位者，可以承担指挥、监督、控制以及惩罚、裁决等工作。这种权力是一种职位的权力，而不是某特定个人的权力。

4. 协调

组织成员在付出努力的同时，必须对这些努力进行协调，以便最有效地实现组织的目标。

案例分享

小张的实习经历

小张是某大学管理学院大四学生。为顺利找到工作，也为检验和运用所学管理学知识，他到某公司进行毕业实习，并仔细观察和思考公司管理活动。该公司为取得市场优势，计划引进高科技型生产线。公司领导为促进其早日投产，决定从生产、销售、技术等部门临时抽调人员，采取"大会战"的形式保证生产线的早日投产。小张被安排到"大会战"一线某工程小组。第一任组长老张喜欢召开全体组员大会，几乎每星期召开一次。在会上向大家通报情况，传达上级指示，鼓励大家艰苦奋斗，共创佳绩，但并没有取得理想效果。第二任组长老吴不大召开全组会议，他喜欢找人个别交流，有针对性地进行鼓励，大家的积极性都比以前有了显著的提高。为进一步推进"大会战"，公司总裁决定进一步采取授权行动，最近公司发文规定，在文件所列举的20种紧急情况下，一线经理有权自主采取行动，但需要将进展情况和结果及时报告上级经理。受这些民主化管理氛围的激励，小张运用所学管理学知识，给组长老吴提出不少合理化建议，并在实习结束时领到了较丰厚的奖金。小张开始时很高兴，但随后不久他无意之中看到了颁发奖金一览表，脸一下子就阴沉了下来。

5.1.3 组织的职能

组织工作作为一项管理职能，是指在组织目标已经确定的情况下，通过建立一个适于组织成员相互合作、发挥各自才能的良好环境，使组织成员都能在各自的岗位上为组织目标的实现做出应有的贡献。

组织职能是指按计划对企业的活动及其生产要素进行的分派和组合。组织职能对于发挥集体力量、合理配置资源、提高劳动生产率具有重要的作用。管理学认为，组织职能一方面是指为了实施计划而建立起来的一种结构，这种结构在很大程度上决定着计划能否得以实现；另一方面是指为了实现计划目标所进行的组织过程。组织职能是指管理者在员工内部建立一种工作关系结构从而使他们高效地完成组织目标的过程。组织职能的基本内容包括：

（1）根据组织目标设计和建立一套组织机构和职位系统。

（2）设计并建立职权关系体系、组织制度规范体系与信息沟通模式，以完善并保证组织的有效运行。

(3) 人员配备与人力资源开发。
(4) 根据组织内、外部要素的变化，适时地调整组织结构。

凯达公司的问题

凯达公司是一个中型企业，主要业务是为用户设计和制作商品目录手册。公司在A、B两地各设有一个业务中心。A中心内设有采购部和目录部。采购部负责接受用户的订单，选择和订购制作商品目录所需要的材料，其中每个采购员都是独立工作的；目录部负责设计用户定制的商品目录，该部的设计人员因为必须服从采购员提出的要求，因此常常抱怨受到的约束过大，不能实现艺术上的完美性。B中心则专门负责商品目录的制作。最近，根据经营主管的建议，公司在B地又成立了一个市场部，专门负责分析市场需求，挖掘市场潜力，向采购员提出建议。但采购员和设计员都认为成立市场部不但多余，而且干涉了自己的工作。市场部人员则认为采购员和设计员墨守成规、缺乏远见。虽然公司经营主管做了大量的说服工作，并先后调换了有关人员，效果仍不理想。公司总经理很纳闷：问题究竟出在什么地方？

凯达公司的问题不是员工素质差，而是组织设计不合理。组织设计是组织工作中最重要、最核心的一个环节，它着眼于建立一种有效的组织框架，对组织成员的分工协作关系作出正式的规范和安排。组织设计搞不好，组织效率难以提高，各部门之间还会产生矛盾。

要想改进公司的组织结构，需要画出组织结构图，并改进业务流程，让各部门在一个顺畅的流程下工作，从而相互协作，统一协调。

公司在以前的组织结构基础上增加市场部的措施是正确的，但是市场部的职能、职责与职权并不明确。市场部是连接市场需求与生产环节的重要部门，这个部门的职责是将客户的需求转化成生产目标，目标部应并入市场部，并在原有岗位中增加营销经理岗位，在售前营销的过程中，营销经理和设计员要与客户进行充分的沟通，采购部门应该能够对物料采购和原材料成本提供咨询。这样签合同之后的设计和生产制造能够达到用户的需求，业务流程也理顺了。

5.1.4 组织的作用

在人类社会中，组织的作用是显而易见的。一队士兵，数量上没有变化，仅仅由于组织或列队方式的不同，在战斗力上就会出现明显的差别。一个组织，如果内部结构不合理，指挥不灵，人浮于事，内耗丛生，就会导致"三个和尚没水喝"，达不到组织目标。所以，合理的组织在管理中会发挥巨大作用。

1. 组织的人力聚合作用和放大作用

在分工的社会条件下，每个人根据自己个人的能力完成专业化的劳动。当需要把这种专业化的劳动聚集在一起时，协作就相应地产生了。分工与协作的相互依存和共同发展形成了组织。组织的存在，可以把人聚集在一起，共同学习，共同劳动，提高了生产的效率,扩大了生产的规模,这是组织形成初期的作用。

在组织形成初期的基础上,组织内部分工与协作的关系通过制度化的形式加以确立。根据分工和职能的不同,组织内划分为很多形式的组织,这些组织聚合在一起,产生比单个组织更大的力量,实现了产出大于投入,组织的作用得以放大,这时的组织不是简单意义上的聚合,而是产生 1+1>2 的功能。这种作用会不断推进组织的发展,推动整个社会的进步。

2. 组织的纽带和桥梁作用

组织是实施有效领导的前提,是管理者与员工之间的信息交流和情感交流的前提。信息交流可使每个员工明确个人的权力下放和责任。借助于组织内部的合理分工,可以形成组织成员间的一个正式的信息联系渠道。一个员工需要有归属感,需要社会交往,需要得到自尊和自信。在这方面,组织具有满足其成员心理需要的功能,能增进员工之间的感情。因此,组织对于员工来说,具有纽带作用、桥梁作用和交换作用。

3. 组织的资源整合作用

在组织中除人力资源外,还汇集了其他多种资源。组织通过精心的结构设计和合理的分工,将使各种资源得到有效整合,从而最大限度地发挥效益。

施乐公司的团队建设

20 世纪 70 年代,施乐公司经营陷入低谷。从 1980 年开始,新总裁大卫开始塑造企业团队精神。施乐团队建设的一条重要原则就是鼓励员工之间"管闲事",对同僚业务方面的困难应积极帮助。为此,施乐经常派那些销售业绩佳的员工去帮助销售业绩不佳的员工,他们认为,合作应从"管闲事"开始。施乐团队建设的第二条重要原则就是强调经验交流和分享。任何一位员工有创意且成功的做法,都会得到施乐公司的赞美和推广。施乐团队建设的第三条重要原则则是开会时允许参加者天马行空地自由发挥,随意交流,并允许发牢骚、谈顾虑,即便重要的会议也开得像茶话会那样热闹,经常是"说者无心,听者有意",启发出旁听者的火花般灵感,以至于思路大开。

团队建设离不开人。施乐选拔人才特别强调合作精神,常常把骄傲的人拒之门外。他们认为,骄傲的人往往对一个团队具有破坏力,哪怕是天才也不接受。施乐需要的是强化彼此成就的人,即合作重于一切。

施乐的团队建设并不排斥竞争,但强调竞争必须不伤和气,不但要公平,而且要讲究艺术。例如公司下属某销售区各小组间的竞争就显得幽默而有效率:每月底,累计营业额最低的小组将得到特殊的"奖品"——一个小丑娃娃,而且以后一个月内必须放在办公桌上"昭示"众人,直到有新的"中奖者"。各小组自然谁也不愿"中奖",为此,大家你追我赶,唯恐垫底"中奖"。

至 1989 年,施乐扭亏为盈,之后逐渐在世界 140 个国家建立了分公司。

5.2 组织结构设计

组织结构是描述组织的所有部门划分模式以及组织部门之间职权分配、信息传递方式、集权分权程度的说明。

组织结构设计就是根据组织目标及工作的需要确定各个部门及其成员的职责范围，明确组织结构，协调好组织中部门、人员与任务间的关系，使员工明确自己在组织中应有的权利和应负的责任，有效地保证组织活动的开展，最终保证组织目标的实现。

5.2.1 组织结构设计的原则

企业组织是一个有机系统。要把许多人组织起来，形成一个有机的分工协作体系，不是一件容易的事情，需要遵循一系列基本的原则，从而保证组织正常运转。组织结构设计应遵循如下原则。

1. 目标统一性原则

组织结构设计的根本目的，是为实现组织的战略任务和经营目标服务的，必须以此作为组织结构设计的出发点和归宿。组织结构及其每一部分的构成，都应有特定的目标和任务。组织任务、组织目标同组织结构之间是目的与手段的关系，衡量组织结构设计的优劣要以是否有利于实现组织任务与目标作为最终的评价标准。设置组织机构要以事为中心，因事设机构、设岗位和设职务，配备适宜的管理者，做到人和事的配合。因此，必须以组织任务与目标为导向来进行组织结构设计，如果组织的任务、目标发生了重大变化，则组织结构也必须作相应的调整和变革，否则就是一个僵化和缺乏活力的组织。

2. 专业化分工与协作原则

分工就是按照提高管理专业化程度和工作效率的要求，把组织目标分成各级、各部门乃至各个人的目标和任务，使组织的各个层次、各个部门以及每个人都了解自己在实现组织目标中应承担的工作职责和职权。分工有两种类型：一种是横向分工，将组织划分为不同的职能部门；另一种是纵向分工，将组织划分为不同的层级。现代组织的管理工作量大，专业性强，专业化分工可以确定不同的岗位及其承担者，组织结构清晰、明确，有利于提高管理工作的效率。在分工的基础上，各部门只有加强协作与配合，才能保证各项管理的顺利开展。

3. 集权与分权相结合原则

集权与分权是组织设计中的两种相反方向的权力分配方式。集权是指决策权在组织系统中较高层次的一定程度的集中；与此相对应，分权是指决策权在组织系统中较低管理层次的程度上的分散。在组织集中权力可以加强统一指挥，提高工作效率。但同时，也可能带来不能决策、反应迟缓，不利于调动下属工作主动性和创造性等负面影响。对于规模比较大的组织而言，分权有利于组织的成长和发展。

一般来说，环境变化大，组织生存问题突出时，在组织设计时应当多考虑集权；而当环境较为宽松，把组织的发展问题放在首位时，可以较多地考虑分权。

4. 责权对等原则

责权对等原则即职责和职权必须相一致或相对称。在进行组织结构的设计时，既要明确规定各个管理层次和各个部门的职责范围，又要赋予完成其职责所必需的管理职权，这就是责权对等原则的要求。只有职责，没有职权或权限太小，则其职责承担者的积极性、主动性必然会受到束缚，实际上也不可能承担起应有的责任；相反，只有职权而无任何责任，或责任程度小于职权，将会导致滥用职权和"瞎指挥"、产生官僚主义等。因此，在实际的组织设计中应尽量避免这两种倾向。科学的组织设计应该是将职务、职责和职权形成规范制定成章程，无论是什么人，只要担任该项工作就得有所遵从。

5. 有效管理幅度原则

主管人员的管理幅度不同，会导致管理层次的变化，从而影响组织结构的形式。因此，每一个主管人员都应根据影响自身管理幅度的因素来慎重地确定理想幅度，设置合理的组织结构。管理幅度也称管理宽度，是指一名主管人员数量能够直接有效地监督管理下级的人员数量或者机构数量。有效管理幅度原则指的是在组织设计时，要考虑到每一位主管人员有效地监督、指挥其直接下属的人数。由于受个人精力、知识、经验等条件的限制，一个上级主管所管辖的人数是有限的，但是多少人数比较适宜，很难有一个统一的标准。

6. 统一指挥原则

统一指挥原则即组织的各级机构以及个人必须服从一个上级的命令和指挥，只有这样才能保证命令和指挥的统一，避免多头领导和多头指挥，使组织最高管理部门的决策得以贯彻执行。根据这一原则上级指示从上到下逐级下达，不许发生越级指挥的现象，下级只接受一个上级的领导，直接向一个上级汇报工作并向他负责。按照这一原则，指挥和命令如果能组织安排得当，就可以做到政令畅通，提高管理工作的有效性，而那些由"多头领导"和"政出多门"所造成的混乱就可避免。

统一指挥的原则在实践中可能会出现一些麻烦，如缺乏沟通和必要的灵活性等，为弥补这一缺陷，在应用中往往还规定主管人员有必要临时处置、事后汇报职权。根据统一指挥的原则，上级可授权下级相互进行直接的横向联系，但必须将行动结果报告各方的上级，这样有助于统一指挥的实施。

7. 稳定性与适应性相结合原则

组织结构是实现组织目标的载体，为实现组织目标服务。组织目标会调整，组织本身也会发展，组织所处的环境也会发生变化，这都需要组织结构作出适当的调整，以便能够与之相适应。实践表明，相对稳定的环境有利于人们形成稳定预期，从而安心地工作。变动的环境则容易产生不确定的预期，使人们没有安全感，工作的积极性也会受到影响。所以，组织结构的设计要注意稳定性与适应性相结合，既让组织保持一定的灵活性，能够适应组织本身以及环境的变化，又要保持相对稳定。

8. 精简高效原则

精简高效既是组织设计的原则，又是组织联系和运转的要求。无论哪一种组织结构形式，都必须将精简高效原则放在重要地位。精简高效原则可表述为：在服从由组织目标所决定的业务活动需要的前提下，力求减少管理层次，精简管理机构和人员，充分发挥组织成员的积极性,提高管理效率,更好地实现组织目标。但是精简不等于越少越好,而是每个人独当一面,能够保证需要的人员最少。队伍精简是提高效能的前提。效能包括工作效率和工作质量。一个组织只有机构精简、队伍精简,工作效率才会提高,一个组织是否具有精简高效的特点,是衡量其组织工作是否得力、组织结构是否合理的主要标准之一。

9. 执行和监督分设原则

为了保证公正和制衡,决策执行机构和监督机构必须分别设置,不应合并为一个机构。

联想集团组织结构的发展

联想集团成立之后,其组织结构由小到大发展成了今天的"大船结构"管理模式。

1. 从"提篮小卖"到"一叶小舟"。公司刚成立时,通过为顾客维修机器、讲课,帮顾客攻克技术难题和进行销售维修代理等,筹集了必要的资金,柳传志戏称其为"提篮小卖"。1985年11月,"联想式汉卡"的正式通过开启了联想集团事业的飞速发展之门。但是,柳传志却认为,联想集团"还只是一叶飘零的小舟,经不起大风大浪的冲击"。

2. 进军海外市场。创建外向型高科技企业是联想集团的目标,为此它制定了一个海外发展战略。海外发展战略包括三部曲:

(1) 在海外建立一个贸易公司;

(2) 建立一个研发、生产、有国际经销网点的跨国集团公司;

(3) 在海外股票市场上市。

海外发展战略具体是指三个发展战略:"瞎子背瘸子"的产业发展战略;"田忌赛马"的研发策略;"汾酒与二锅头酒"的产品经营策略。经过几年进军海外市场的实践,公司决策层清醒地认识到,必须铸造能抗惊涛骇浪的"大船"。

3. "大船结构"管理模式。联想的决策者认识到,没有一支组织严密、战斗力强大的队伍,企业就成不了气候,也就无从谈起进军海外市场。在这样的背景下,他们提出了"大船结构"。

其主要特点是"集中指挥、分工协作",根据市场竞争规律;企业内部实行目标管理和指令性工作方式,统一思想,统一号令,接近于半军事化管理。

5.2.2 组织结构设计的程序

1. 明确组织目标

组织目标是进行组织设计的出发点和归宿。作为一个组织只有确定了一个明确的目标,才能围绕这一目标开展各种组织活动。因此,组织设计的第一步是在综合分析组织所处的外部环境和所具备的内部条件的基础上,合理确定组织的总目标和各项具体目标。

2. 确定业务内容

围绕组织目标,要进一步明确组织开展各类活动的范围和工作量,并将其规范为具体的业务工作内容,使组织目标得到具体的落实和细化。

3. 确定组织结构

一个科学合理的组织结构是实现既定组织目标的必备条件。因此,要综合考虑组织规模、业务性质、技术水平、市场环境等各项因素,确定采用何种组织形式去实现既定的组织目标。

4. 配备人员

根据所确定的组织结构,按照各个部门与岗位对人员的具体要求,选配称职的人员从事相应的工作,并明确其职务和职责。

5. 责权分配

按照实现组织目标的要求,确定各个部门和各个职位的职责与职权。

6. 组织制度建设

组织结构设计好后,为确保组织的有序运行,必须进行运行保障设计,即组织制度建设。制度是调整组织内各种关系、维系组织运转的方式。制度的安排,是组织生存的体制基础,是组织建立的前提。制度的表达是法律的,但制度的理解和作用的发挥,则更多的是文化。

撑竿跳高比赛的助跑规则

1904 年,在美国圣路易斯举行的奥运会撑竿跳高比赛中,一名日本选手从容不迫地慢慢走进沙坑,把手中的撑竿用力插入沙土中,然后顺着竿子爬到最高处,越过横竿跳下来。在场的所有人都看得目瞪口呆,裁判十分为难,不知道该不该记他的成绩,因为他并没有违反比赛规则,只不过是投机取巧罢了。但裁判组经过讨论,还是取消了他的成绩。在日本选手据理力争时,裁判补充了撑竿跳高的比赛规则,要求运动员必须要有一段助跑过程。日本选手听罢,在第二次试跳中有了助跑动作,但跑到沙坑边又故伎重演,顺着竿子爬到了最高处,然后越过横竿跳下来,并再次取得了最好的成绩。这次让裁判组更加难堪,不得不再次举行紧急会议。最后规定:撑竿跳高比赛必须要有助跑,并且不能交替使用双手动作。这项规则被明确下来,一直沿用至今。显然,制度的规范性、严谨性是非常重要的。

(资料来源:崔卫国. 管理学故事会[M]. 北京:中华工商联合出版社,2005.)

5.3 组织结构类型

设置组织结构需要选择适当的组织结构形式,因不同的组织有不同的特点,不可能用统一的固定模式,但各组织在进行组织结构设计时,可以把已有的组织结构模式作为参考。常见的一些组织结构的基本类型有直线制、职能制、直线职能制、事业部制、矩阵制等。

5.3.1 直线制

1. 直线制的特点

它按照一定的职能专业分工,各级都建立职能机构担负计划、生产、人事、销售、财务等方面的管理工作,各级领导都有相应的职能机构作为助手,从而发挥了职能机构的专业管理作用。目前,我们绝大多数企业都采用这种组织结构形式。

直线制又称"军队式组织",是最早出现的、最简单的一种集权组织结构形式。这种组织结构形式是人类社会各种组织存在的最基本形式。其特点是企业的一切管理工作均由企业的厂长(或公司经理)直接指挥和管理,不设专门的职能机构,至多有几名助手协助厂长(或经理)工作,企业日常生产经营任务的分配与运作都是在厂长(或经理)的直接指挥下完成的。以制造业企业为例,直线制组织的结构如图 5-1 所示。

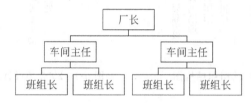

图 5-1 直线制组织结构图

2. 直线制的优缺点

优点:结构简单,管理费用低,指挥系统清晰、统一;管理人员少,责权明确,决策迅速,指挥灵活,内部协调容易;信息沟通迅速,上下级关系清楚,维护纪律和秩序比较容易,管理效率比较高。

缺点:管理工作比较简单和粗放,组织结构缺乏弹性,同一层次之间缺乏必要的联系;缺乏专业化的管理分工,经营管理事务依赖于少数几个人;主要管理人员独揽大权,权力过于集中,任务繁重,一旦决策失误将会给组织造成重大损失。

利民公司的组织结构变革

利民公司于1991年开创时只是一家小面包房,开设一间商店。到2000年因经营得法,又开设了另外八间商店,拥有十辆卡车,可将产品送往全市和近郊各工厂,公司职工达120人。公司老板唐济简直是随心所欲地经营着他的企业,他的妻子和三个子女都被任命为高级职员。他的长子唐文曾经劝他编制组织结构图,明确公司各部门的权责,使管理更有条理。唐却认为,由于没有组织图,他才可能机动地分配各部门的任务,这正是他取得成功的关键。正式的组织结构图会限制他的经营方式,使他不能适应环境和职员能力方面的变化。后来在2002年,唐文还是按现实情况绘出一张组织结构图,如图5-2所示。由于感到很不合理,没敢对父亲讲。

2003年唐济突然去世,家人协商由刚从大学毕业的唐文继任总经理,掌握公司大权。唐文首先想到的是改革公司的组织结构,经过反复思考,设计出另一张组织结构图,如

图 5-3 所示。他自认为这一改革有许多好处，对公司发展有利。但又感到也会遇到一些问题，例如将家庭成员从重要职位上调开，可能使他们不满（尽管他了解公司职工对其父原来的安排都有些怨言）。于是他准备逐步实施这项改革，争取用一年左右的时间去完成它。

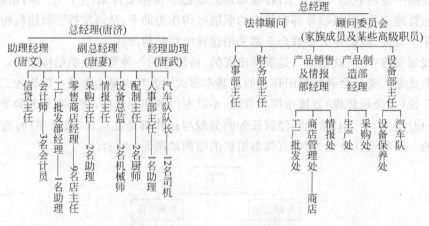

图 5-2　2002 年的组织结构图　　图 5-3　2003 年设计的组织结构图

思考

(1) 唐文为什么要把组织结构改成图 5-3 的样子，原先的结构有什么问题？
(2) 唐文改革组织结构可能遇到什么问题？
(3) 他应当如何分步骤地予以实施？

5.3.2　职能制

1. 职能制的特点

职能制又称分职制或分部制，指行政组织同一层级横向划分为若干个部门，每个部门业务性质和基本职能相同，但互不统属、相互分工合作的组织体制。

职能制组织结构是指各级行政单位除主管负责人外，还相应地设立一些职能机构。如在厂长下面设立职能机构和人员，协助厂长从事职能管理工作。这种结构要求行政主管把相应的管理职责和权力交给相关的职能机构，各职能机构就有权在自己业务范围内向下级行政单位发号施令。因此，下级行政负责人除了接受上级行政主管人指挥外，还必须接受上级各职能机构领导的指挥。

职能制的特点是采用专业分工的管理者代替直线制的全能管理者，在组织内部设立职能部门，各职能机构在自己的业务范围内有权向下级下达命令和指示，直接指挥企业的生产活动；各级负责人除了服从上级行政领导的指挥外，还要服从上级职能部门在其专业领域的指挥。以制造企业为例，职能制的组织结构如图 5-4 所示。

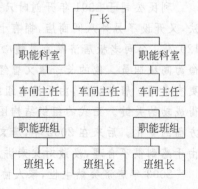

图 5-4　职能制组织结构图

2. 职能制的优缺点

职能制的优点是能适应现代化工业企业生产技术比较复杂、管理工作比较精细的特点；行政组织按职能或业务性质分工管理，选聘专业人才，能充分发挥职能机构的专业管理作用，减轻直线领导人员的工作负担，利于业务专精、思考周密、提高管理水平；同类业务划归同一部门，职有专司，责任确定，利于建立有效的工作秩序，防止顾此失彼和互相推诿。

但缺点也很明显：不便于行政组织间各部门的整体协作，容易形成部门各自为政的现象，使行政领导难以协调。通常职能制要与层级制相结合。它妨碍了必要的集中领导和统一指挥；形成了多头领导；不利于建立和健全各级行政负责人和职能科室的责任制，在中间管理层往往会出现有功大家抢、有过大家推的现象；另外，在上级行政领导和职能机构的指导和命令发生矛盾时，下级就无所适从，影响工作的正常进行，容易造成纪律松弛、生产管理秩序混乱。由于这种组织结构形式有明显的缺陷，现代企业一般都不采用职能制。

浪涛公司

浪涛公司是一家成立于1990年、生产经营日用清洁用品的公司，由于其新颖的产品、别具一格的销售方式和优质的服务，产品备受消费者的青睐。在总裁董刚的带领下，公司发展迅速。然而，随着公司的发展，公司总裁逐步发现，一向运行良好的组织结构，现在已经不能适应该公司内外环境变化的需要了。

公司原先是根据职能来设计组织机构的，财务、营销、生产、人事、采购、研究与开发等构成了公司的各个职能部门。随着公司的发展壮大，产品已从洗发水扩展到护发素、沐浴露、乳液、防晒霜、护手霜、洗手液等诸多日化用品上。产品的多样性对公司的组织结构提出了新的要求，旧组织结构严重阻碍了公司的发展，职能部门之间矛盾重重。在这种情况下，总裁董刚总是亲自作出主要决策。

因此，在2000年总裁董刚作出决定，根据产品种类将公司分成8个独立经营的分公司，每一个分公司对各自经营的产品负有全部责任，在盈利的前提下，分公司的具体运作自行决定，总公司不再干涉。但是没过多久，重组后的公司内又涌现出许多新的问题。各分公司经理常常不顾总公司的方针、政策，各自为政，而且分公司在采购、人事等职能方面也出现了大量重复。在总裁面前逐步显示出公司正在瓦解成一些独立部门的现象。在此情况下，总裁意识到自己在分权的道路上走得太远了。

于是，总裁董刚又下令收回分公司经理的一些职权，强调以后总裁拥有下列决策权：超过10万元的资本支出，新产品的研发，发展战略的制定，关键人员的任命等。然而，职权被收回后，分公司经理纷纷抱怨公司的方针摇摆不定，甚至有人提出辞职。总裁意识到这一举措大大挫伤了分公司经理的积极性和工作热情，但他感到十分无奈，因为他实在想不出更好的办法。

5.3.3 直线职能制

1. 直线职能制的特点

直线职能制组织结构是现实中运用得最为广泛的一个组织形态。它把直线制结构与职能制结构结合起来,以直线制结构为基础,在各级行政负责人之下设置相应的职能部门,分别从事专业管理,作为该领导的参谋,实行主管统一指挥与职能部门参谋、指导相结合的组织结构形式。

直线职能制是在直线型和职能型的基础上,取长补短,吸取这两种形式的优点而建立起来的。它是各类组织中最常采用的一种组织形式。这种结构的特点是以直线为基础,在各级行政领导之下设置相应的职能部门(如财务部)从事专业管理。在这种组织模式中,直线部门担负着实现组织目标的直接责任,并拥有对下属的指挥权;职能部门只是上级直线管理人员的参谋与助手,主要负责提供建议、信息,对下级机构进行业务指导,但不能对下级直线管理人员发号施令,除非上级直线管理人员授予他们某种职能权力,如图5-5所示。

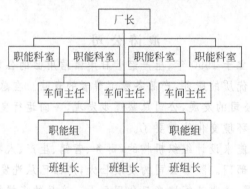

图 5-5 直线职能制组织结构图

2. 直线职能制的优缺点

优点:既保证了集中统一指挥,又能发挥各种专家的业务管理作用;其职能高度集中、职责清楚、秩序井然、工作效率较高;整个组织有较高的稳定性。

缺点:横向部门之间缺乏信息交流;各部门缺乏全局观念;职能机构之间、职能人员与直线指挥人员之间的目标不易统一;最高领导的协调工作量较大;由于分工较细,手续烦琐,当环境变化频繁时,这种结构的反应较为迟钝。这种组织结构形式对中、小型组织比较适用,对于规模较大、决策时需要考虑较多因素的组织则不太适用。

谁拥有权力

王华明近来感到十分沮丧。一年半前,他获得某名牌大学工商管理硕士学位后,在毕业生人才交流会上,凭着满腹经纶和出众的口才力挫群雄,成为某大公司的局级监理职员。由于其卓越的管理才华,一年后,他又被公司委以重任:出任该公司下属的一家面临困境的企业的厂长。当时,公司总经理及董事会希望王华明能重新整顿企业,使其扭亏为盈,并保证其拥有完成这些工作所需的权力。考虑到王华明年轻且肩负重任,公司还为他配备了一名高级顾问严高工(原厂主管生产的副厂长),为其出谋划策。

然而,在担任厂长半年后,王华明开始怀疑自己能否控制住局势。他向办公室高主任抱怨道:"在我执行厂管理改革方案时,我要各部门制定明确的工作职责、目标和工作程序,而严高工却认为,管理固然重要,但眼下第一位还是要抓生产、开拓市场。更糟糕的是,他原来手下的主管人员居然也持有类似的想法,结果这些经集体讨论的管理措施执行受阻,倒是那些生产方面的事情推行起来十分顺利。有时我感到在厂里发布的一些命令就像石头扔进了水里,我只看见了波纹,随后过不了多久,所有的事情又回到了发布命令以前的状态,什么都没改变。"

5.3.4 事业部制

1. 事业部制的特点

事业部制也叫联邦分权化,是一种高层集权下的分权管理体制,普遍被采用于多领域多地区从事多元化经营的大型公司,它把企业的生产经营活动按产品或地区的不同建立经营事业部。在组织规模很大且业务范围广或市场区域大时才比较适宜。其特点在于:在这种组织中,对具有独立产品市场、独立责任和利益的部门实行分权管理。每个事业部都有自己的产品和市场,按照"统一政策,分散经营"的原则,实行分权化管理,各事业部独立核算、自负盈亏,彼此之间的经济往来要遵循等价交换原则,这种组织结构的形式如图 5-6 所示。

2. 事业部制的优缺点

优点:既保持了公司的灵活性和适应性,又发挥了各事业部的主动性和积极性;可使总公司和最高管理层从日常事务中解放出来,得以从事重大问题的研究

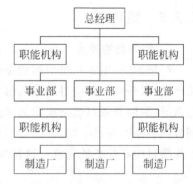

图 5-6 事业部制组织结构图

和决策;各事业部相当于公司内部独立的组织,不论在公司内外,彼此都可以开展竞争,比较成绩优劣,从而可克服组织的僵化和官僚化;它也有助于培养高层管理人员。

缺点:资源的重叠和高成本。在一个研究部门中,所有的研究人员可以使用同一设施,而在事业部结构中,可能需要多个相同设施供不同事业部使用,这是组织损失了效率和规模经济。职能机构重复设置,管理人员增多;部门之间相互竞争资源,会导致不利于公司整体的争权夺利行为。另外,在事业部结构下高层管理者的控制在一定程度上被削弱,这也会影响各事业部的工作。

小群管理的妙处

中国台湾东洋培林公司董事长陈洋瀛在企业经营中,以执行小群管理而出名。他对

员工要求很严,给每位员工的工作信条是:我今日来工厂上班,是来追求我自己理想的生活。他认为,大家都应当有一个认识——我的薪资是向顾客拿的,而不是老板给的,所以必须做出符合顾客满意的高质量货品,为达到这样的要求,我必须平心静气地在岗位上工作,力求产品质量的提高。

陈洋瀛将整个生产过程的责任都固定到班组,从生产开始到包装完成结束。他还把各线上的工作,分别固定各种型号,与各班组连在一起,这么一来,到了发货期,谁也不能推诿责任,质量有差异时,也无法责怪别人。

这种小群管理的好处是:第一,现场主任的责任加重,而且职责分明。第二,产品质量能得到充分保证。第三,交货期提早。以前该公司从开箱到材料投入研磨工场,再到装配包装入库,需要三个星期,甚至一个月,现在只要一个星期即可。第四,产量增加。该公司自实施小群管理后,生产量由 10 万个增加到 40 万个。第五,职工减少。员工由过去的 197 人减少到 167 人。

企业经营就是竞争,要想在同行业中战胜对手,必须用较少的人干较多的事,而且应比较多的人所干的事要好。陈洋瀛的小群管理是值得借鉴的。

(资料来源:桑显佩. AAA 管理模式全集[M]. 北京:中国物价出版社,1999.)

5.3.5 矩阵制

1. 矩阵制的特点

严格地讲,矩阵制组织结构是一种非长期的组织结构,是一种把按职能划分的部门同按产品、服务或工程项目划分的部门结合起来的组织形式。其特点是:具有纵横两套管理系统,纵向管理系统是按职能部门划分的各固定职能部门,横向管理系统是按工作项目划分的各临时项目小组,纵向管理系统保证了原有的垂直领导,横向管理系统保证了某一工作项目中各任务的完成。这种组织结构的形式如图 5-7 所示。

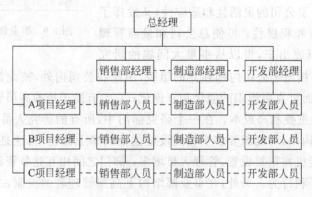

图 5-7 矩阵制组织结构图

2. 矩阵制的优缺点

优点:打破了传统的一个工作人员只受一个部门领导的管理原则,使组织结构形成一种纵横结合的联系,加强了各职能部门之间的配合;而且,组织对专业人员的使用也富有弹性,有利于发挥专业人员的综合优势,有利于改善整体工作的效率。

缺点：由于组织成员不固定在一个位置上，有临时观念，有时责任心不够强；人员接受双层领导，当双重主管意见出现分歧时，下属会感到无所适从；工作出现差错时，不易分清领导的责任。

ABB 的全球性矩阵组织结构

ABB 的前身 ASEA，是一家瑞典公司，1979 年巴纳维克出任 ASEA 总经理时，着手对公司的组织结构进行改革。首先，他把公司扁平化，并在公司拓展国际业务时将公司重组为全球矩阵组织。ABB 成功之处在于其全球性矩阵组织结构的战略与执行，依战略管理学家查理士·希尔及葛利士·约翰的观点，这种组织结构方式，可以使公司因为提高效率而降低成本，同时，也因较好创新与顾客回应，而使其经营具有差异化特征。除了具有高度的弹性外，这种组织结构还使各地区的全球主管可以接触到有关各地的大量资讯。它为全球主管提供了许多面对面沟通的机会，有助于公司的规范与价值转移，因而可以促进全球企业文化的建设。

5.4 人员配备

组织设计仅为系统的运行提供了可供依托的框架。框架要能发挥作用，还需要由人来操作。因此，在设计了合理的组织机构和结构的基础上，还需为这些机构的不同岗位选配合适的人员。人员配备是组织设计的逻辑延续。

5.4.1 人员配备的概念

人员配备，一般是指对组织中全体人员的配备，既包括对主管人员的配备，也包括对非主管人员的配备，其目的是为了配备合适的人员去充实组织机构中所规定的各项职务，以保证组织活动的正常进行，进而实现组织的既定目标。

传统的观念一般把人员配备作为人事部门的工作，而现代的观点则认为，人员配备不但要包括选人、评人、育人，而且还包括如何使用人员，以及如何增强组织凝聚力来留住人员。人员配备在企业组织管理中是一个非常重要的环节，也是现代企业进行公司人才梯度建设的基础环节。

人员配备工作必须按照系统的方法来进行，组织目标和计划是组织结构设计的依据，现有的和预期的组织结构，决定了所需主管人员的数目和种类。通过对主管人员的需求分析，在征聘、选拔、安置和提升的过程中，利用外部的和内部的人才来源，同时还要对主管人员进行考核、训练和培养。适当的人员配备有助于做好指导与领导工作，同样，选拔优秀的主管人员也会促进控制工作。人员配备要求采取开放的系统方法，这种方法要在组织内部贯彻，反过来又和外部环境有关。组织内部因素应予以重视，没有适当的报酬，就不能保持吸引住优秀主管人员。外部环境也不容忽视，否则，就会阻碍组织正常发展。

环球商贸公司的人力资源

环球商贸公司成立于1988年,成立后公司发展迅速,目前拥有10多家连锁店。近年来,从公司外部招聘来的中高层管理人员,大约有50%的人员不符合岗位的要求,工作绩效明显低于公司内部提拔起来的人员。在过去的两年中,从公司外聘的中高层管理人员中有8人不是自动离职就是被解雇。从外部招聘来的宇都分公司经理因年度考评不合格而被免职之后,终于促使总裁黄天宇召开一个由行政副总裁、人力资源部经理出席的专题会议,分析这些外聘的管理人员频繁离职的原因,并试图得出一个全面的解决方案。

首先,人力资源部经理就招聘和录用的过程作了一个回顾,公司是通过职业介绍所或报纸上刊登招聘广告来获得职位候选人的。人员挑选的工具包括一份申请表,三份测试试卷(一份智力测试和两份性格测试),有限的简历检查以及必要的面试。行政副总裁认为,他们在录用某些职员时,犯了判断上的错误,他们的履历表看起来不错,他们说起话来也头头是道,但是工作了几个星期之后,他们的不足就明显地暴露出来了。

黄总裁则认为,根本的问题在于没有根据工作岗位的要求来选择适用的人才。"从离职人员的情况来看,几乎所有我们录用的人都能够完成领导交办的工作,但他们很少在工作上有所作为、有所创新。"人力资源部经理提出了自己的观点,他认为公司在招聘时过分强调了人员的性格和能力,而并不重视应聘者过去在零售业方面的记录,例如在7名被录用的部门经理中,有4人来自与其任职无关的行业。行政副总裁指出,大部分被录用的职员都有某些共同的特征,例如,他们大都在30岁左右,而且经常跳槽,曾多次变换自己的工作;他们都雄心勃勃,并不十分安于现状;他们中的大部分人与同事关系不是很融洽,与直属下级的关系尤为不佳。

会议结束的时候,黄总裁要求人力资源部经理"彻底解决公司目前在人员招聘上存在的问题,采取有效措施从根本上提高公司人才招聘的质量"。

5.4.2 人员配备的任务

人员配备的原理包括以下几个方面。

(1)职务要求明确原理:是指对主管职务及相应人员的需求越是明确,培训和评价主管人员的方法越是完善,主管人员工作的质量也就越有保证。

(2)责权利一致原理:是指组织越是要尽快地保证目标的实现,就越是要主管人员的责权利一致。

(3)公开竞争原理:是指组织越是想要提高管理水平,就越是要在主管职务的接班人之间鼓励公开竞争。

(4)用人之长原理:是指主管人员越是处在最能发挥其才能的职位上,就越能使组织得到最大的收益。

(5)不断培养原理:是指任何一个组织越是想要使其主管人员能胜任其所承担的职务,就越是需要他们去不断地接受培训和进行自我培养。

人员配备是为每个岗位配备适当的人,它首先要满足组织的需要;同时,人员配备也是为每个人安排适当的工作,因此要满足组织成员个人的特点、爱好和需要。人员配备的任务可以从组织和个人两个角度去考察。

1. 从组织需要的角度去考察

(1) 要通过人员配备使组织系统开动运转

合理的组织系统要能有效地运转,必须使机构中每个工作岗位都有适当的人,使实现组织目标所必须进行的每项活动都有合格的人去完成。这是人员配备的基本任务。

(2) 为组织发展准备干部力量

组织是一个动态系统。组织处在一个不断变化发展的社会经济环境中。组织的目标、活动的内容需要经常根据环境的变化作适当的调整,由目标和活动涉及的组织机构也会随之发生相应的变化。组织的适应调整过程往往也是发展壮大的过程。组织的机构和岗位不仅会发生质的改变,而且会在数量上不断增加。所以,我们在为组织目前的机构配备人员时,还需要考虑机构可能发生的变化,为将来的组织准备和提供工作人员,特别是管理干部。由于管理干部的成长往往需要较长的时间,因此组织要在使用、或通过使用来培训未来的管理干部的同时,要注意管理干部培训计划的制订和实施。

(3) 维持成员对组织的忠诚

对整个组织来说,人才流动虽有可能给企业带来"输入新鲜血液"的好处,但其破坏性可能更大,人员不稳定、职工离职率高,特别是优秀人才的外流,往往使组织积年的培训费用付之东流,而且可能破坏组织的人事发展计划,甚至影响企业在发展过程中的干部需要。因此,要通过人员配备,稳定人心,留住人才,维持成员对组织的忠诚。

2. 从组织成员配备的角度去考察

留住人才,不仅要留住其身,还要留住其心。这样才能达到维持他们对组织忠诚的效果。然而许多因素影响着组织成员是否能够真心实意地、自觉积极地为组织努力工作。

(1) 通过人员配备,使每个人的知识和能力得到公正的评价、承认和运用。工作的要求与自身的能力是否相符,是否感到"大材小用"、"怀才不遇",工作的目标是否富有挑战性,这些因素对人们在工作中的积极、主动、热情程度有着极大的影响。

(2) 通过人员配备,使每个人的知识和能力不断发展,素质不断提高。知识与技能的提高,不仅可以满足人们的心理需要,而且往往是通向职业生涯中职务晋升的阶梯。

联想公司的用人之道

联想集团是一家具有中国特色的国有民营企业,也是中国为数不多的能够以市场份额表达自己国际市场地位的高科技企业。联想的发展得益于我国实行的改革开放的基本国策,得益于整个经济形势的发展;但更主要的是得益于它的人才政策和用人之道。

联想集团所确定的人才标准是相对于角色的要求而成立的。一个人如果要在企业中负有较高责任的话,那么他必须具备六个标准:①与组织有共同信念和价值观念标准;②对企业的忠诚与牺牲精神;③具有审时度势,独当一面的工作能力;④具有较强的组织能力,能够组建新的管理班子和队伍;⑤具有团结多数、协调一致的合作能力;⑥孜孜不倦、吐故纳新的学习能力。

联想集团的总裁柳传志认为人才有三种类型:第一种是能够自己独立做好一摊事;第二种是能够带领一群人做事;第三种是能够制定战略。公司比较小的时候,更多的需要是第一种人才。公司发展到一定程度,需要较多的是第二种人才。公司发展到比较大的时候,第三种人才就显得尤为重要。联想集团在从小到大的发展中对各类人才的培养方面下了很大功夫。

联想集团培养人的第一个方法按照柳传志的比喻,叫作"缝鞋垫"与"做西服"。即培养一个战略型人才和培养一个优秀的裁缝有相同的道理,我们不能一开始就给他一块上等毛料去做西服。而是应该让他从缝鞋做起。鞋垫做好了再做短裤,然后再做一般的裤子、衬衣,最后才是做西装。不能拔苗助长,操之过急。

联想集团培养人才的第二个方法是从赛马中识别好马。在联想看来,最好的认识人才和培养人才的方法就是让他做事。

联想集团培养人才的第三个方法是训练他们搭班子、协调作战的能力。联想集团一直强调,一个"团结、坚强的领导班子"是联想能够取得今天这样业绩的重要原因之一。如果把公司的总经理看作是企业组织的领导人物,那么班子就像是企业的核心堡垒。建好这个堡垒,就要求我们的人才具有很强的协调能力。

联想有很多的事情要做,包括很多的问题需解决,但没有什么事情是比培训人更为重要的。身处于联想的年轻人很幸运,因为自觉自愿去做百年树人这样事情的企业是非常难得的。每一个联想人都希望自己的企业能够持久繁荣兴旺,这与他们个人的利益息息相关。而企业的持久繁荣需要人才,需要"长江后浪推前浪"。在联想工作的年轻人必须学会妥协,这是一种要求。一个十分优秀的人才应该做到善于妥协。妥协准确地说是容纳别人委屈自己。一个要做一番事业的人必须有这样一种境界。在联想,确有一些年轻干部才华横溢,但不会妥协,与人合作的界面关系不好。公司会对这样的干部不失时机地加一些委屈训练。

(资料来源:http://www.docin.com)

5.4.3 人员配备的原则

为了实现人与事的优化组织,人员配备过程中必须遵循一定的原则。

(1) 经济效益原则

组织人员配备计划的拟定要以组织需要为依据,以保证经济效益的提高为前提;它既不是盲目地扩大职工队伍,更不是单纯为了解决职工就业问题,而是为了保证组织效益的提高。

(2) 任人唯贤原则

在人事选聘方面,大公无私,实事求是地发现人才,爱护人才,本着求贤若渴的精神,重视和使用确有真才实学的人。这是组织不断发展壮大,走向成功的关键。

(3) 因事择人原则

因事择人就是员工的选聘应以职位的空缺和实际工作的需要为出发点,以职位对人员的实际要求为标准,选拔、录用各类人员。

(4) 量才使用原则

量才使用就是根据每个人的能力大小而安排合适的岗位。人的差异是客观存在的,一个人只有处在最能发挥其才能的岗位上,才能干得最好。

(5) 程序化、规范化原则

员工的选拔必须遵循一定的标准和程序。科学合理地确定组织员工的选拔标准和聘任程序是组织聘任优秀人才的重要保证。只有严格按照规定的程序和标准办事,才能选聘到真正愿为组织的发展作出贡献的人才。

(6) 因才起用原则

所谓因才起用,是指根据人的能力和素质的不同,去安排不同要求的工作。从组织中人的角度来考虑,只有根据人的特点来安排工作,才能使人的潜能得到最充分的发挥,使人的工作热情得到最大限度的激发。如果学非所用、大材小用或小材大用,不仅会严重影响组织效率,也会造成人力资源计划的失效。

(7) 用人所长原则

所谓用人所长,是指在用人时不能够求全责备,管理者应注重发挥人的长处。在现实中,由于人的知识、能力、个性发展是不平衡的,组织中的工作任务要求又具有多样性,因此,完全意义上的"通才"、"全才"是不存在的,即使存在,组织也不一定非要选择用这种"通才",而应该选择最适合空缺职位要求的候选人。有效的管理就是要能够发挥人的长处,并使其弱点减到最小。

(8) 动态平衡原则

处在动态环境中的组织,是不断变革和发展的。组织对其成员的要求也是在不断变动的,当然,工作中人的能力和知识也是在不断地提高和丰富的。因此,人与事的配合需要进行不断地协调平衡。所谓动态平衡,就是要使那些能力发展充分的人,去从事组织中更为重要的工作,同时也要使能力平平、不符合职位需要的人得到识别及合理地调整,最终实现人与职位、工作的动态平衡。

CORNING——简单成就了事业

Corning 公司,是生产 Corningware,Corelle,Pyrex 等为消费者所喜爱的知名商标的家纺产品的企业。近来,Corning 公司通过创造使公司的所有生产活动紧紧围绕产品质量这一核心的生产、管理体系,为公司赢得了"世界上产品质量最有保证的公司"的良好声誉。

Corning 公司所获得的良好声誉,应归功于该公司创始人的曾孙,在 1983 年任公司主席兼 CEO 的 Jame R. Houghton。Houghton 为公司设计了三个主要目标:高质量、高收益和改进公司的人员配备体制。随着 Houghton 所确定的目标的逐步实现,公司形成了与雇员之间的新的合作关系,人力资源也必须进行更好的配置。

修正人员配备体系必然要求拓展性的组织计划。雇员的差异化方案、工作团队及团队任务、激励与报酬体制、严格的训练与发展计划、企业的可持续发展战略等都在紧张地研究、设计、实施。公司意图创造能够使雇员充分发挥自己的潜力并能够为组织目标的实现做出最大贡献的内部环境。雇员的个体化差异受到重视并得到鼓励而不是简单的容纳。

  雇员的差异化问题成了 Houghton 首先考虑的问题。他相信，Corning 公司的雇佣人员能够准确地反应公司的顾客需求。这意味着需要对公司传统的人员配备管理体制进行变革。公司传统的人员配备管理体制中，少数民族雇员和妇女雇员比白人男性雇员做出了更多的贡献。这也表明，公司的招募、选拔、培训和发展计划效率低下。只有在工作较难找时或被辞退时，知识女性和黑人加盟公司，而他们中只有少数人能够做到公司的管理高层。其原因，没有人能够做出准确的说明。改变这种状况对 Corning 公司来说代表着重大的组织变革。

  为了解决只有少数民族和妇女为公司做出较大贡献的不良状况，Corning 公司确立了新的人员配备计划和组织目标，其中涉及对更多优质产品的生产作出贡献的能力。首先，该计划组织了两个由高层管理人员领导的提高管理质量的团队，一个针对黑人雇员，另一个针对女性雇员。新的选拔和雇佣计划得到应用，并且 Corning 公司还制订了一个面向全国的奖学金计划，该计划提供以暑假到 Corning 公司从事有酬劳动作为交换条件的可变更的奖学金方案。该计划的大部分参与者毕业后都成为了 Corning 公司的全职雇员，只有少数人很快离开了公司。同时，公司专门针对少数民族雇员和女性雇员延长了公司内部的暑期班，与高等院校、科研院所，如 Society of Women Engineers, National Black MBA Association，订立了正式的招聘合同。

  Corning 公司还试图为所有雇员创造一个高效的工作环境。计划的其中一部分涉及对公司大约 76 000 名新进雇员进行强制了解训练。Corning 公司通过在它的内部报纸上印制关于各种工作团队常规的工作经历的故事和文章，出版意在强调多元化的雇员成功经历的刊物，努力提升雇员之间的沟通与交流，使少数民族雇员和女性雇员了解公司的价值观。Corning 公司还制定并印制了公司雇佣激励规则。雇员职业计划体系也被引进到 Corning 公司。

  Corning 公司裁减了公司雇员，减少了公司管理层，公司雇员的人数有所下降。剩下的是在日常事务中享有职权的、多元化的雇员组成的精干的组织。所有这些变化，目标只有一个，正确利用公司的人力资源。用公司的 CEO，Jame Houghton 的话说就是，"简单成就了事业"。

  （资料来源：智库·文档）

5.4.4 人员配备的程序

1. 确定人员需要量

  人员配备是在组织结构设计的基础上进行的。人员需要量的确定主要以设计出的职务数量和类型为依据。职务类型指出了需要什么样的人，职务数量则说明了每种类型的职务需要多少人。

  构成组织结构基础的职务可以分成许多类型。比如，全体职务可分成管理人员与生产作业人员；管理人员中可分成高层、中层、基层管理人员；每一层次的管理人员又可分成直线主管与参谋或管理研究人员；生产操作人员可分成技术工人与专业工人、基本生产工人与辅助生产工人等。

如果是为一个新建的组织选配人员，那么只需利用上述职务设计的分类数量表直接在社会上进行公开招聘。然而，我们遇到的往往是现有组织的机构与人员配备重新调整的问题，所以在通常情况下，在进行了组织的重新设计后，还需检查核对企业内部现有的人力资源情况，两者对比，找出差额，确定需要从外部选聘的人员类别与数量。

2．选配人员

职务设计和分析指出了组织中需要具备哪些素质的人。为了保证担任职务的人员具备职务要求的知识和技能，必须对组织内外的候选人进行筛选，做出最恰当的选择。这些待聘人员可能来自企业内部，也可能来自外部社会。从外部新聘员工或内部进行调整，各有优势和局限性。对候选人能力考察是非常困难的：对于外部候选人的实际工作能力了解较少，而对于内部候选人了解的也只是他们以前从事较低层次工作时的能力，至于他们能否胜任具有更大责任的工作，难以得出可靠、肯定的结论。对候选人能力考察的困难告诉我们必须谨慎、认真、细致地进行人员配备。把不合适的人安排在不合适的岗位上，不论对个人还是对组织，都会带来灾难性的后果。因此必须研究和使用一系列科学的测试、评估和选聘方法。

3．制订和实施人员培训计划

组织成员在明天的工作中表现出的技术和能力需要在今天培训；组织发展所需的干部要求现在就开始准备。维持成员对组织忠诚的一个重要方面是使他们看到自己在组织中的发展前途。人员，特别是管理人员的培训无疑是人员配备中的一项重要工作。培训，既是为了适应组织技术变革、规模扩大的需要，也是为了实现成员个人的充分发展。因此，要根据组织的成员、技术、活动、环境等的特点，有计划、有组织、有重点地进行全员培训，特别是对有发展潜力的未来管理人员的培训。

IT部门如何进行人员配备

张经理所在的公司是一家能源企业，由超大型国营企业控股，主要从事能源物料的运输传送，属于资产密集型行业，拥有6个地区分公司，分布在不同地区。由于整个控股公司已经在海外上市，因此管理较为规范，严格控制人员数量，服务尽量外委，信息化工作开展也比较深入。为满足内部总体控制的需求，公司统一访问互联网的端口，任何分公司都不设信息岗位，所有基础设施和应用系统的部署力求统一管理。

3年前，张经理被任命为信息管理部的经理，只有3个人为其工作。在这之前，该企业已经建立了较为完善的网络与信息基础设施和一些大型的业务管理信息系统，而且以国际国内同行中的佼佼者作为标杆。企业的一把手和分管副总对信息管理部这样一个职能部门寄予厚望，希望建立起符合SOX法案和ISO9001质量体系的信息管理制度与规范；针对行业和企业特点建立起一流的信息服务体系，及时反映生产和管理中的变化，通过信息手段带动业务流程创新、管理创新。然而,员工数量短缺是公司一个共性问题,各部门均不可能再增加员工,但可以考虑采用其他方式解决人力上的欠缺。

可是张经理上任后,面对自己的重任一直比较困惑。管理近1 000人规模的信息工作,3个人只能忙于建章立制和日常事务,热线支持、故障处理和内部控制基本无暇顾及,更谈不上大型的系统升级和项目建设了。因此,对一些关键的管理信息系统的优化和完善,例如流程的简化和报表内容的调整等,很多时候无法及时响应。而且,伴随着越来越多的系统上线,这些人员也很难全面掌握相关的技术。部分由控股集团同意实施的信息化项目,需要张经理强制推广执行并承担其局部改进、人员培训和技术支持的职能,可是有时候连参加项目集中培训的人员都派不出,保证工作质量也就只能是奢谈了。

为此,2年前公司同意聘用一些非固定期限的员工并外委部分服务。可是,一波未平,一波又起。作为一个国营企业,能够提供给外聘员工的工资相对低一些,很多福利制度也存在差异,无法做到同工同酬。这样留不住新员工的心,短时间还可以,时间一长,人员流动太大,工作没有延续性;其次,由于行业较专,如果新聘员工涉足时间较短,一时很难吃透主营业务,承担管理信息系统的服务支持工作基本不可能。而这一部分内容往往在整个信息工作中占据非常重要的位置,且工作量巨大。

另外,由于无论是国家还是行业内部当前对信息服务缺乏统一的计价考量标准,外委单位也常常因为其提供的服务得不到甲方的认可而逐渐失去兴趣。有时候,张经理所在的信息管理部能够承认外委单位的工作量,甚至一些长期合作的业务部门也认可,但是一到商务谈判就屡屡受挫,无论是工作量还是总价都会被砍掉很大一块。由于利润额度受限,外委单位自然很难提供货真价实的服务人员和及时到位的服务。

面对新劳动法的生效,张经理倍感压力。想增加员工编制吧,希望几乎为零;如果解聘所有短期合同员工,很多工作将无人开展;若不解聘短期合同员工,那就势必要做到同工同酬,这无疑会增加公司总的人力资源成本,难度也很大;将信息化工作全部都外委出去,又怎样能够寻找技术全面、服务优质且价格低廉的队伍?再说了,出于内部控制中分权控制和能源行业数据信息保密的要求,将关键的业务信息系统外委需要足够的安全保障,除了协议、制度、技术和诚信之外,恐怕不能脱离一定数量人员的监督。

实际上,面对公司上下对信息工作日益增长的巨大需求,张经理既需要足够的人员,也需要有几个骨干能够独当一面,可实际情况着实很让人困惑。信息部门应该如何进行人员配备?

(资料来源:http://www.doc88.com)

5.5 非正式组织

梅奥在霍桑试验中发现了组织中除了管理者正式筹划、通过组织结构图和职务说明书等文件予以明确规定的正式组织外,还存在某些成员由于社会心理因素的原因,比如工作性质相近、社会地位相当,对一些具体问题的基本认识基本一致,或者由于性格、业余爱好和感情相投而形成的有共同接受和遵守的行为规则的非正式组织。像学校里面的"同乡会"、企业里面的"校友会"等就是比较典型的非正式组织。

5.5.1 非正式组织的概念

非正式组织主要是建立在情感、心理相同的基础之上,自发追求在共同活动过程中获得快乐与人际关系的和谐,成员和形式不太稳定,一般比正式组织有更好的沟通、互动和默契关系。非正式组织是伴随着正式组织的运转而形成的。在正式组织展开活动的过程中,组织成员必然发生业务上的联系。这种工作上的接触会促进成员之间的相互认识和了解。他们会渐渐发现在其他同事身上也存在一些自己所具有、所欣赏、所喜爱的东西,从而相互吸引和接受,并开始工作以外的联系。频繁的非正式联系又促进了他们之间的相互了解,一些无形的、与正式组织有联系、但又独立于正式组织的小群体便慢慢地形成了。这些小群体形成以后,其成员由于工作性质相近、社会地位相当、对一些具体问题的认识基本一致、观点基本相同,或者在性格、业余爱好以及感情相投的基础上,产生了一些被大家接受并遵守的行为准则,从而使原来松散、随机性的群体渐渐成为趋向固定的非正式组织。

非正式组织的划分可以从"安全性"和"紧密度"两方面来考察。这里所谓"安全性"是与破坏性相对立的,凡是积极的、正面的、有益的活动都是"安全"的,比如满足成员归属感、安全感的需要,增强组织的凝聚力,有益于组织成员的沟通,有助于组织目标的实现等;凡是消极的、反面的、有害的都是"危险"的,比如抵制变革,滋生谣言,操纵群众,唆使高素质、高绩效员工流失等。所谓"紧密度"是与松散性相对立的,凡是有固定成员、有活动计划、有固定领导而小道消息又特别多的,都是"紧密度"高的;相反则是"紧密度"低的。

消极型:既不安全,也不紧密。这种非正式组织是内部没有一个得到全部成员认可的领袖,分为好几个小团体,每一个团体都有一个领袖,同时某些领袖并不认同组织,存在个人利益高于组织利益的思想。

兴趣型:很安全,但不紧密。由于具有共同的兴趣、爱好而自发形成的团体,成员之间自娱自乐。

破坏型:很紧密,但不安全。这种非正式组织形成一股足以和组织抗衡的力量,而且抗衡的目的是出于自身利益,为谋求团体利益而不惜损害组织利益。同时,团体内部成员不接受正式组织的领导,而听从团体内领袖的命令。

积极型:既积极,又很紧密。一般出现在企业文化良好的企业,员工和企业的命运紧密地联系在一起。比如日本本田公司的 QC 小组,完全是自发成立,员工下班后聚到一起,一边喝咖啡,一边针对今天生产车间出现的生产问题和产品瑕疵畅所欲言,最后通过讨论找出解决问题的方法。

对于企业来讲,虽然一般的非正式组织中很少存在破坏型的,但是如果出现一定的内外部诱因,那么消极型、兴趣型和积极型非正式组织都有可能迅速地转化为破坏型非正式组织。作为组织的管理者需要对组织内存在的诸多非正式组织有一个清晰的界定,它是属于哪一种类型?它们的领袖是否具备良好的道德素养和职业素质?这些非正式组织中的核心成员有没有属于企业高层领导的,他们是否可以准确地强化自身正式组织的角色?考虑到这些问题就可以比较好地为监控和处理好非正式组织的"紧密化"和"危险化"奠定基础。

A 公司的员工造反

A 公司本来是一家效益比较好的制造型企业，但从 2002 年年末起，由于行业竞争的加剧，企业市场份额不断受到竞争对手的挤压，同时单件利润也在不断下滑，工厂也频频出现开工不饱满的现象。由于工作不饱满，上班时间可以随处看到工人聚集在一起闲聊。

到 2003 年 9 月，形势更加严峻，面对这种情况，管理层决定采取措施降低成本，提高企业的竞争力。其中包括减少年终奖金额，逐步降低工人的单件效益奖金，以及夏季的降温费由原来的按月发放改为按实际工作日发放等。正当管理层逐步将这些措施一一实施的过程中，少数的基层员工突然对管理层的措施提出了异议，很快这种异议在工人中获得广泛的反响和支持。在管理层对这种突然的发难还没有反应过来的时候，大部分工人同时自行停止了工作，并出现在最高管理层的面前，集体提出了谈判要求。

由于管理层对事件缺乏必要的准备和充分的认识，所以在突发事件中最高管理层陷入孤立，最后在事件的解决中企业不得不作出巨大的让步。这次严重的事件不但在当地对企业的声誉造成了十分严重的负面影响，也使企业在经济上蒙受了巨大损失。

（资料来源：百度文库）

5.5.2 非正式组织的作用

非正式组织的存在及其活动既可能对正式组织目标的实现起到积极的促进作用，也可能对其产生消极的影响。

1. 非正式组织的积极作用

(1) 可以满足职工的需要。非正式组织是自愿性质的，其成员甚至是无意识地加入进来。他们之所以愿意成为非正式组织的成员，是因为这类组织可以给他们带来某些需要的满足。比如，工作中或作业间的频繁接触以及在此基础上产生的友谊，可以帮助他们消除孤独的感觉；基于共同的认识或兴趣，对一些共同关心的问题进行谈论、甚至争论，可以帮助他们满足"自我表现"的需要；从属于某个非正式群体这个事实本身，可以满足他们"归属"、"安全"的需要等。

(2) 非正式组织在共同活动中培养的协作精神，可以消除员工对工作或组织的抵触情绪，组织内的成员通过非正式组织进行感情交流、增强组织凝聚力。这种非正式的协作关系和精神如能带到正式组织中来，则无疑有利于促进正式组织的活动协调地进行。

(3) 非正式组织虽然主要是发展一种工作之余的、非工作性的关系，但是非正式组织作为沟通信息的途径，能够促进信息沟通，甚至可以帮助正式组织起到一定的培训作用。

(4) 非正式组织也是在某种社会环境中存在的。非正式组织为了群体的利益，为了在正式组织中树立良好的形象，往往会自觉或自发地帮助正式组织维护正常的活动秩序。为了不使整个群体在公众中留下不受欢迎的印象，非正式组织会根据自己的规范、利用自己特殊的形式对严重违反正式组织纪律的组织成员予以惩罚。

2. 非正式组织的消极作用

（1）非正式组织的目标如果与正式组织冲突，则可能对正式组织的工作产生极为不利的影响。严重时可能出现管理人员由于没能处理好正式组织与非正式组织的关系，导致非正式组织成员不愿意听从指挥甚至故意破坏既定的组织制度。

（2）非正式组织要求成员一致性的压力，往往也会束缚成员的个人发展。有些人虽然有过人的才华和能力，但非正式组织一致性的要求可能不允许他冒尖从而使个人才智不能得到充分发挥，对组织的贡献不能增加，这样便会影响整个组织工作效率的提高。

（3）非正式组织的压力还会影响正式组织的变革，发展组织的惰性。这并不是因为所有非正式组织的成员都不希望改革，而是因为其中大部分人害怕变革会改变非正式组织赖以生存的正式组织的结构，从而威胁非正式组织的成员的利益。

蓝伯公司的泄密事件

蓝伯公司的人事主管高经理用力地坐下，显然他很生气，公司的总经理梁总看到后，问道："发生了什么事？"蓝伯公司是一家大型的食品公司。

高经理告诉梁总说，公司对管理人员都进行了脱产培训，而培训的负面影响就是参加培训的管理人员因此成立了特定的非正式组织，其成员遍及公司所有部门的分支机构。

昨天，高经理和这个非正式组织中的一名资深成员进行谈话，商谈梁总提出的加薪和改善公司福利的计划。这些中层管理人员最关心的问题是有关升迁的机会以及他们的个人前途。对于公司采取的稳健发展战略，他们并不是很满意。

这位资深成员从文件包中拿出一叠纸放在桌上说道："坦白地说，公司新的五年计划不够合理。在这个计划中，公司过于重视赚取利润而忽略公司的发展。这样使中层管理人员几乎没有升迁发展的机会。公司的五年计划应当更加重视成长。"他接着指出，如果开设新的工厂和开发新的市场、产品，将可以给公司现有的中层管理人员提供更多的发展机会，而且也有利于低阶层的管理人员。

高经理对这位工作人员能够拿到这份机密文件，并代表所属的非正式组织与自己讨论公司的发展计划，惊讶得目瞪口呆！这位资深成员接着说："听说梁总最近在考虑一个新的投资计划？"

关于新的投资计划，高经理也是几天前才听梁总谈及，公司内只有很少的人知道，普通中层管理人员是不可能知道这个消息的。高经理觉得不能再谈下去，就借口要开会终止了这次意外的谈话。

梁总听了以后，问道："这些资料是怎么泄露出去的？"高经理回答："只有企划部门才能拿到这份五年经营计划的详细资料，我很快就能把这个人找出来，我认为是企业部的副经理胡大伟，他是这个非正式组织的活跃成员之一。您对他很信任，我记得上次您与我讨论新的投资计划的时候，他和企划部的经理都参加了。"

"我刚刚把胡大伟叫到我的办公室，和他当面对质，他终于承认是他把这些资料透露给培训时的同僚。他对这件事情毫不内疚。他说,首先,公司员工有权利知道公司的经营计划,并根据公司的发展计划决策个人的计划;其次,这些资料大家都很保密,只在有限的范围内流传,并没有给公司造成任何损失。"

(资料来源:http://www.docin.com)

5.5.3 正确对待非正式组织

非正式组织的领袖一般具有较强的权威性和感召力,这种权威是一种"个人魅力型权威",它的形成源于领袖个人的个性气质、品格才能因素以及感情力量等内在的、非制度性的因素,其特点是没有强制性,对成员的影响具有自然性,成员对此在行为上、心理上更易于服从。非正式领袖往往对组织成员发生重大影响,特别是对成员的态度和行为方面。由于非正式组织的存在是一个客观的、自然的现象,也由于非正式组织对正式组织具有正负两方面的作用,所以,管理者不能采取简单的禁止或取缔态度,而应该对它加以妥善管理。也就是要因势利导,善于最大限度地发挥非正式组织的积极作用,克服消极作用。

一方面,管理者必须意识到,正式组织目标的实现,要求有效地利用和发挥非正式组织的积极作用。为此,管理者必须正视非正式组织存在的客观必然性和必要性,允许乃至鼓励非正式组织的存在,为非正式组织的形成提供条件,并努力使之与正式组织相吻合。

促进非正式组织的形成,有利于正式组织效率的提高。人通常都有社交的需要。如果一个人在工作中或工作之后与别人没有接触的机会,则可能心情烦闷,感觉压抑,对工作不满,从而影响效率。相反,如果能有机会经常与别人聊聊对某些事情的看法,谈谈自己生活或工作中的障碍,甚至发发牢骚,那么就容易卸掉精神上的包袱,以轻松、愉快、舒畅的心理状态投身到工作中去。

另一方面,考虑到非正式组织可能具有的不利影响,管理者需要建立、宣传正确的组织文化,以影响与改变非正式组织的行为规范,从而更好地引导非正式组织作出积极的贡献。另外,正式组织不能利用行政方法或强硬措施来干涉非正式组织的活动,但也不能放任自由,从而避免消极影响的产生。

两个划船队的团队建设

有两个划船队,J队和M队要进行划船比赛。两队经过长时间的训练后,进行了正式比赛,结果M队落后J队1公里,输给了J队。M队领导很不服气,决心总结教训,在第二年比赛时,一定要把第一名夺回来。通过反复讨论分析,发现J队是八个人划桨,一个人掌舵;而M队是八个人掌舵,一个人划桨。不过,M队领导并没有看重这点区别,而是认为,他们的主要教训是八个人掌舵,没有中心,缺少层次,这是失败的主要原因。

于是,M队重新组建了船队的领导班子。新班子结构如下:四个掌舵经理,三个区域掌舵经理,一个划船员,还专设一个勤务员,为船队领导班子指挥工作服务,并具体观察、督促划船员的工作。这一年比赛的结果是 J 队领先 2 公里。M 队领导班子感到脸上无光,讨论决定:划船员表现太差,予以辞退;勤务员监督工作不力,应予处分,但考虑到他为领导班子指挥工作的服务做得较好,将功补过,其错误不予追究;给领导班子成员每人发一个红包,以奖励他们共同发现了划船员工作不力的问题。

(资料来源:http://www.100xuexi.com)

5.6 组织创新与变革

任何组织结构经过合理的设计并实施后,都不是一成不变的。它们如生物的机体一样,必须随着外部环境和内部条件的变化而不断地进行调整和变革,才能顺利地成长、发展,避免老化和死亡。应用行为科学的知识和方法,把人的成长和发展希望与组织目标结合起来,通过调整和变革组织结构及管理方式,使其能够适应外部环境及组织内部条件的变化,从而提高组织活动效益,这个过程就是所谓的组织创新,亦称组织开发。

5.6.1 组织创新

组织创新是组织所进行的一项有计划、有组织的系统变革过程。它应当遵循以下基本原则:

(1) 必须按照组织管理部门制定的规划来进行创新;

(2) 应当使组织能适应当前的环境要求和组织的规划来进行创新;

(3) 应当使组织既能适应当前的环境要求和组织内部条件,又能适应未来的环境要求以及未来的内部条件的变化;

(4) 应当预见到知识、技术、人员的心理和态度的变化,以及工作程序、行为、工作设计和组织设计的改变,并根据这些变化,采取相应的措施;

(5) 调整必须建立在提高组织的效率和个人工作绩效的基础上,促使个人和组织的目标达到最佳配合。

组织创新的内容随着环境因子的变动与组织管理需求发展方向等而各不相同。一般可涉及以下一些方面。

(1) 功能体系的变动:根据新的任务目标来划分组织的功能,对所有管理活动进行重新设计。

(2) 管理结构的变动:对职位和部门设置进行调整,改进工作流程与内部信息联系。

(3) 管理体制的变动:包括管理人员的重新安排、职责权限的重新划分等。

(4) 管理行为的变动:包括各种规章制度的变革等。上述开发工作往往需要经历一定的时间,从旧结构到新结构也不是一个断然切换的简单过程,一般需较长的过渡、转型时期。所以,作为领导者要善于抓住时机,发现组织变革的征兆,及时地进行组织开发工作。以企业为例,企业组织结构老化的主要征兆有企业经营业绩下降,企业生产经营缺乏创新,组织机构本身病症显露,职工士气低落,不满情绪增加等。当一个企业出现上述征兆时,应当及时进行组织诊断,以判断企业组织结构是否有开发创新的需要。

日本企业所进行的工作轮换

工作轮换在日本广泛使用。为培养管理者,在日本企业所进行的工作轮换的方法为:先让新员工下车间进行为期三个月的实际工作操作,以了解生产流程与工种之间的关系及技术特点;而后进入生产计划部门,基本掌握进行生产计划工作的流程、计划方法与计划调整;继而熟悉财务部门的工作流程,把握构成生产过程的成本与费用环节,形成内部管理的基本思路及基本方法;在此基础上,了解并掌握销售部门的基本工作流程,企业产品的市场定位,竞争状况;最后进入实际运作,了解并掌握市场需求的第一手资料,实际进行产品的市场推广。这样用一年的时间,较为全面地了解企业内部运作与市场运作两个环节的工作,培养全局观念,掌握运作方法,建立人脉关系。现场操作则要求掌握包括切、削、车、冼、磨、焊等与产品生产密不可分的工种,以完成多面手的培养。

5.6.2 组织变革

组织变革是不以人的意志为转移的客观过程。引起组织结构变革的因素通常是外部环境的改变,组织自身成长的需要以及组织内部生产、技术、管理条件的变化等。实行组织变革,就是根据变化了的条件,对整个组织结构进行创新性设计与调整。

1. 组织变革的动因

推动组织变革的因素可以分为外部环境因素和内部环境因素两个部分。

1) 外部环境因素

(1) 宏观社会经济环境变化的影响。如政治、经济政策的调整、经济体制的改变以及市场需求的变化等,都会引起组织内部深层次的调整和变革。

(2) 资源变化的影响。组织发展所依赖的环境资源对组织具有重要的支持作用,如原材料、资金、能源、人力资源、专利使用权等。组织必须要克服对环境资源的过度依赖,同时要及时根据资源的变化顺势变革组织。

(3) 科技进步的影响。知识经济社会中,科技发展日新月异,新产品、新工艺、新技术、新方法层出不穷,对组织固有的运行机制构成了强有力的挑战。

(4) 竞争观念改变的影响。基于全球化的市场竞争将会越来越激烈,竞争的方式也将会多种多样,组织就必须在竞争观念上顺势调整,争得主动,才能在竞争中立于不败之地。

2) 内部环境因素

(1) 组织机构适时调整的要求。组织机构的设置必须与组织的阶段性战略目标相一致,组织一旦需要根据环境的变化调整机构,新的组织职能必须得到充分的保障和体现。

(2) 快速决策的要求。决策的形成如果过于缓慢,组织常常会因决策的滞后或执行中的偏差而坐失良机。为了提高决策效率,组织必须通过变革对决策过程中各个环节进行梳理,以保证决策信息的真实、完整和迅速。

(3) 克服组织低效率的要求。组织长期一贯运行及可能会出现低效率现象,其原因既可能是机构重叠、权责不明,也有可能是人浮于事、目标分歧。组织只有及时变革才能进一步制止组织效率的下降。

(4) 保障信息畅通的要求。随着外部不确定性因素的增多,组织决策对信息的依赖性增强,为了提高决策的效率,必须通过变革来保障信息沟通渠道的畅通。

(5) 提高组织整体管理水平的要求。组织整体管理水平的高低是竞争力的重要体现。组织在成长的每一个阶段都会出现新的发展矛盾,为了达到新的战略目标,组织必须在人员的素质、技术水平、价值观念、人际关系等各个方面都做出进一步的改善和提高。

2. 组织变革的目标

组织变革的基本目标是使组织整体、组织中的管理者以及组织中的成员对外部环境的特点及其变化更具适应性。

1) 使组织更具环境适应性

环境不仅是不可预测的,而且对组织本身来说是不可控的,组织要想阻止或控制环境的变化是不可能的。组织要想在变化的环境中生存并得以发展,就必须顺势调整自己的任务目标、组织结构、决策程序、人员配备、管理制度等,只有这样,组织才能有效地把握各种机会,识别并应对各种威胁,使组织更具环境适应性。

2) 使管理者更具环境适应性

一个组织中,管理者是决策的制定者和组织资源的分配者。在组织变革中,管理者必须要能清醒地认识到自己是否具备足够的决策、组织和领导能力来应对未来的挑战。因此,管理者不仅需要调整过去的领导风格和决策程序,使组织更具灵活性和柔性,而且,管理者要能根据环境的变化来重构层级之间、工作团队之间的各种关系,使组织变革的实施更具针对性和可操作性。

3) 使员工更具环境适应性

组织变革的最直接感受者就是组织的员工。组织若不能使员工充分认识到变革的重要性,顺势改变对变革的观念、态度、行为方式等,就可能无法使组织变革措施得到员工的认同、支持和贯彻执行。但是,改变员工固有的观念、态度和行为是一件非常困难的事,组织应对人员进行再教育和再培训,决策时要更多地重视员工的参与和授权,要能根据环境的变化,改造和更新整个组织文化,从而使人员更具环境适应性。

3. 组织变革的内容

组织变革具有互动性和系统性,组织中的任何一个因素改变,都会带来其他因素的变化。组织变革过程的主要变量因素包括人员、任务、技术以及结构。

1) 对人员的变革

人员的变革是指员工在态度、技能、期望、认知和行为上的改变。人是组织发展各种变革中最重要的因素,变革的主要任务是组织成员之间在权力和利益等资源方面的重新分配。要想顺利实现这种分配,组织必须注重员工的参与,注重改善人际关系并提高实际沟通的质量。

2) 对任务与技术的变革

技术与任务的变革包括对作业流程与方法的重新设计、修正和组合,包括更换机器设备,采用新工艺、新技术和新方法等。由于产业竞争的加剧和科技的不断创新,管理者应能与当今的信息革命相联系,注重在流程再造中利用最先进的计算机技术进行一系列的技术改造,同时,组织还需要对组织中各个部门或各个层级的工作任务进行重新组合,如工作任务的丰富化、工作范围的扩大化等。

3) 对结构的变革

结构的变革包括权力关系、协调机制、集权程度、职务与工作再设计等其他结构参数的变化。管理者的任务就是要对如何选择组织设计模式、如何制订工作计划、如何授予权力、如何确定授权程度以及对如何选择组织设计模式进行决策。现实中,固化组织结构通常是不可能的,组织需要随着环境条件的变化而变化,管理者应该根据实际情况灵活改变其中的某些要素及其相互关系。

4. 组织变革的类型

依据不同的划分标准,组织变革可以有不同的类型。按照变革程度与速度的不同,可以分为渐进式变革和激进式变革;按照工作对象的不同,可以分为以组织为重点的变革、以人为重点的变革和以技术为重点的变革;按照组织所处经营环境状况的不同可以分为主动性变革和被动性变革。本书按照组织变革的不同侧重,将组织变革的类型分为战略性变革、结构性变革、流程主导性变革和以人为中心的变革。

1) 战略性变革

战略性变革是指组织对其长期发展战略或使命所做的变革。当组织决定进行业务收缩时,就必须考虑如何剥离非关联业务;当组织决定进行战略扩张时,就必须考虑购并的对象和方式,以及组织文化重构等问题。

2) 结构性变革

结构性变革是指组织需要根据环境的变化适时对组织的结构进行变革,并重新在组织中进行权力和责任的分配,使组织变得更为柔性灵活、易于合作。

3) 流程主导性变革

流程主导性变革是指组织紧密围绕其关键目标和核心能力,充分应用现代信息技术对业务流程进行重新构造。

4) 以人为中心的变革

组织中人的因素最为重要,组织若不能改变人的观念和态度,组织变革就无从谈起。以人为中心的变革是指组织必须通过对员工的培训、教育等引导,使他们能够在观念、态度和行为方面与组织保持一致。

5. 组织变革的程序

组织变革程序可以分为以下几个步骤。

1) 通过组织诊断,发现变革征兆

组织变革的第一步就是要有针对性地对现有的组织进行全面的诊断。组织不仅要从外部信息中发现对自己有利或不利的因素,还要从各种内在征兆中找出导致组织或部门绩效差的具体原因,并确立需要进行整改的具体部门和人员。

2) 分析变革因素,制订改革方案

组织诊断任务完成之后,就要对组织变革的具体因素进行分析,在此基础上制订几个可行的改革方案,以供选择。

3）选择正确方案，实施变革计划

制订改革方案的任务完成之后，组织需要选择正确的实施方案，然后制订具体的改革计划并贯彻实施。当改革出现某些偏差时，要有备用的纠偏措施及时纠正。

4）评价变革效果，及时进行反馈

变革结束之后，管理者必须对改革的结果进行总结和评价，及时反馈新的信息。对于没有取得理想效果的改革措施，应当给予必要的分析和评价，然后再作取舍。

6．组织变革的阻力

组织变革是一种对现有状况进行改变的努力，任何变革都常常遇到阻力。产生这种阻力的原因一部分是传统的价值观念和组织惯性，另一部分来自对变革不确定后果的担忧，这集中表现为来自团体的阻力和来自个人的阻力两种。

1）来自团体的阻力

（1）组织结构变动的影响。组织结构变革可能会打破过去固有的管理层级和职能机构，并采取新的措施对责权重新做出调整和安排，这就必然要触及某些团体的利益和权力。这时候这些团体就会采取抵制和不合作的态度，以维持原状。

（2）人际关系调整的影响

组织变革意味着组织固有关系结构的改变，组织成员之间的关系也随之需要调整。这种新旧关系的调整需要一个较长的过程。在这种新的关系结构未被确立之前，组织成员之间很难磨合一致，一旦发生利益冲突就会对变革的目标和结果产生怀疑和动摇。

2）来自个人的阻力

（1）利益上的影响。变革从结果上看可能会威胁到某些人的利益。过去熟悉的职业环境已经形成，而变革要求人们调整不合理的或落后的知识结构，更新过去的管理观念、工作方式等，这些新要求可能会使员工面临着失去权力的威胁。

（2）心理上的影响。变革意味着原有的平衡系统被打破，要求成员调整已经习惯了的工作方式，而且变革意味着要承担一定的风险。对未来不确定性的担忧、对失败风险的惧怕、对绩效差距拉大的恐慌以及对公平竞争环境的担忧，都可能造成人们心理上的倾斜，进而产生心理上的变革阻力。除此之外，平均主义思想、厌恶风险的保守心理、因循守旧的习惯心理等也都会阻碍或抵制变革。

王厂长的等级链

王厂长总结自己多年的管理实践，提出在改革工厂的管理机构中必须贯彻统一指挥原则，主张建立执行参谋系统。他认为，全厂的每个人要只听从一个领导的指令，有效的只能来源一个领导，其他的是无效的。如书记有什么事只能找厂长，不能找副厂长。下面的科长只能听从一个副厂长的指令，其他副厂长的指令对他是不起作用的。这样做中层干部高兴，认为是解放了。原来工厂有13个厂级领导，每个厂级领导的命令都要求下边执行就吃不消了。一次，有个中层干部开会时在桌子上放一个本子、一支笔就走了，散会他也没回来。事后，王厂长问他搞什么名堂，他说有三个地方要他开会，所以就放一个本子,以便应付另外的会。此时不能怨中层领导,只能怨厂级领导。后来他们规定,同一个时间只能开一个会,并且事先要把报告交到党委和厂长办公室统一安排。现在实行固定会议制度。厂长一周两次会,每次2小时,而且规定开会迟到不允许超过5分钟。所以会议很紧凑,每人发言不许超过15分钟,超过15分钟就停止。

上下级领导界限要分明。副厂长是厂长的下级,厂长作出的决定他们必须服从。副厂长和科长之间也应如此。厂长对党委负责(当时实行的是党委领导下的厂长负责制),要向党委打报告,计划、预算决算,经批准就按此执行。所以厂长跟党委书记有时一周一面也不见,跟副厂长一周只见一次面。王厂长认为这样做是正常的。他们规定,报忧不报喜,工厂一切正常就不用汇报,有问题来找厂长,无问题各忙各的事。

王厂长认为,一个人管理的能力是有限的,所以规定领导人的直接下级只有5~6个人。现在多了一点,有9个人(4个副厂长,2个顾问,3个科长)。他提出:"这9个人我可以直接布置工作,有事可直接找我,除此以外,任何人不准找我,找我也一律不接待。"

(资料来源:单凤儒.管理学基础[M].北京:高等教育出版社,2004.)

本 章 小 结

组织是保证决策目标和计划有效落实的一种管理职能。

组织结构是描述组织的所有部门划分模式以及组织部门之间职权分配、信息传递方式、集权分权程度的说明。

常见的一些组织结构的基本类型有直线制、职能制、直线职能制、事业部制、矩阵制等。

人员配备,一般是指对组织中全体人员的配备,既包括主管人员的配备,也包括非主管人员的配备,其目的是为了配备合适的人员去充实组织机构中所规定的各项职务,以保证组织活动的正常进行,进而实现组织的既定目标。

非正式组织的存在是一个客观的、自然的现象,要因势利导,善于最大限度地发挥非正式组织的积极作用,克服消极作用。

由于企业经营的环境在不断变化,人们对环境特点的认识了解不断完善,因此企业的任务、目标以及与此相关的岗位和机构设置、这些机构之间的关系也应随之不断调整。

恒源祥重铸老字号

恒源祥,著名的毛线品牌。恒源祥品牌旗下的毛线生产企业有20多家,但它们并不隶属于恒源祥,而只是合作关系,恒源祥没有向它们投一分钱的资本,但却拥有这些合作企业20%的股份。这些企业与恒源祥共同创造了每年十多亿的销售收入。这就是刘瑞旗所创建的恒源祥网络企业。

恒源祥创建于20世纪20年代的上海滩。20世纪50年代,恒源祥只剩下南京东路上的一家毛线店。到了20世纪80年代,毛线行业处在萧条滑坡之际,生意清淡,业务不景气。这时的恒源祥已经穷得只剩下作为老字号的"品牌"了。

1987年,29岁的刘瑞旗出任恒源祥的总经理。他上任后首先做的事就是注册商标,把"恒源祥"这三个字由店名注册成商标名,并开始了以广告为核心的一系列品牌重塑活动。

恒源祥名声响了,市场销量骤增,为了抓住机遇,形成规模生产,刘瑞旗决定用恒源祥这个品牌去整合毛线加工厂。在恒源祥的品牌形象不断提升的同时,恒源祥的联营工厂也在不断扩大。恒源祥的毛线产量从1991年的75吨增长到1997年的1万吨,成为全国乃至全世界最大的手编毛线生产基地。

恒源祥以其市场销售网络和品牌运作寻求盟友。恒源祥的经营策略是:不花一分钱买地、盖厂房、买设备,只寻找现成企业与其合作。恒源祥让所有加盟的企业接受恒源祥的模式、理念、科技手段和系统的管理措施。恒源祥没有投入一分钱,而是要求每一个合作企业把总资产的20%作为股份送给恒源祥,同时,恒源祥分得加盟商50%的利润。

第一轮加盟恒源祥的有5家毛线工厂,它们的所有产品全部是恒源祥品牌的。第二轮从1997年开始,由恒源祥审批加盟的有25家,并陆续进入实际运作。

恒源祥在所有的加盟企业中投入了无形资产,那就是组建管理模式、创立品牌、搞科技项目等,表面上看这些工作都没有经济效益,但拥有了它就可以调度和控制有形资产,无形资产能够带动有形资产去创造价值。

刘瑞旗能成功运作和有效管理这样一个联合体,在于他创建了一个行之有效的系统。刘瑞旗对申请加盟企业的资产状况、设备状况、销售网络、领先程度等有很多评价、判断条件。首先要对加盟恒源祥联合体的企业灌输先进的管理方法、理念和质量管理体系,这些企业在经过一个"痛苦"的过渡阶段以后,再按照恒源祥规范的质量管理和内部管理规范生产运作,以保证其产品质量和企业管理都能达到恒源祥近乎"苛刻"的标准。

一个产品的力量是有限的,但品牌的力量是无限的;一个企业是有限制的,但网络企业则是没有边界的。恒源祥是有界的,但以"恒源祥"品牌为核心的网络企业集团却有着没有边界的成长空间。

思考
1. 用本章介绍的内容描绘恒源祥的组织结构。这种结构有什么优势?
2. 恒源祥核心组织的商业职能是什么?
3. 恒源祥选择的组织结构为什么能帮它重振老字号的雄风?

实 践 教 学

实践教学项目
规划模拟创办公司目前和未来发展的组织结构。
实践教学目的
培训学生熟悉组织结构的基本类型,掌握组织结构设计的方法。
实践教学内容与要求
1. 以小组为单位,派一名学生为全班同学展示本组的组织结构图,时间不超过10分钟。

2. 同学们判断其组织结构类型,并对其组织结构的发展提出建议。
3. 说出本次实践所运用到的组织这一章的原理。

实践教学成果与检测
1. 各小组对这次实践教学进行总结。
2. 由教师根据各组综合情况打分,进行点评,说出各组的优缺点,并给予各小组建议。

课后习题

1. 组织的职能有哪些?
2. 阐述职能制、事业部制和矩阵制的优缺点及适用范围。
3. 人员配备的程序是什么?需要遵循什么原则?
4. 简述非正式组织的作用。
5. 组织结构设计的原则是什么?
6. 为什么要进行组织变革?怎样进行组织变革?

第六章

领　　导

蓝天技术开发公司的领导风格

蓝天技术开发公司在一开始就瞄准国际市场,在国内率先开发出某高技术含量的产品,其销售额得到了超常规的增长,公司的发展速度十分惊人。然而,在竞争对手如林的今天,该公司和许多高科技公司一样,也面临着来自国内、外大公司的激烈竞争。当公司经济上出现困境时,公司董事会聘请了一位新的常务经理欧阳健负责公司的全面工作。而原先的那个自由派风格的董事长仍然留任。欧阳健来自一家办事古板的老牌企业,他照章办事,十分古板,与蓝天技术开发公司的风格相去甚远。公司管理人员对他的态度是:看看这家伙能待多久！看来,一场潜在的"危机"迟早会爆发。

第一次"危机"发生在常务经理欧阳健首次召开的高层管理会议上。会议定于上午9点开始,可有一个人姗姗来迟,直到9点半才进来。欧阳健厉声道:"我再重申一次,本公司所有的日常例会要准时开始,谁做不到,我就请他走人。从现在开始一切事情由我负责。你们应该忘掉老一套,从今以后,就是我和你们一起干了。"到下午4点,竟然有两名高层主管提出辞职。

然而,此后蓝天公司发生了一系列重大变化。由于公司各部门没有明确的工作职责、目标和工作程序,欧阳健首先颁布了几项指令性规定,使已有的工作有章可循。他还三番五次地告诫公司副经理徐钢,公司一切重大事务向下传达之前必须先由他审批,他抱怨下面的研究、设计、生产、销售等部门之间互相扯皮,踢皮球,结果使蓝天公司一直没能形成统一的战略。

欧阳健在详细审查了公司人员工资制度后,决定将全体高层主管的工资削减10%,这引起公司一些高层主管向他辞职。

研究部主任这样认为:"我不喜欢这里的一切,但我不想马上走,因为这里的工作对我来说太有挑战性了。"

生产部经理也是个不满欧阳健做法的人,可他的一番话颇令人惊讶:"我不能说我很喜欢欧阳健,不过至少他给我那个部门设立的目标我能够达到。当我们圆满完成任务时,欧阳健是第一个感谢我们干得棒的人。"

采购部经理牢骚满腹,他说:"欧阳健要我把原料成本削减20%,他一方面拿着一根胡萝卜来引诱我,说假如我能做到的话就给我油水丰厚的奖励;另一方面则威胁说如果我做不到,他将另请高明。但干这个活简直就不可能,欧阳健这种'大棒加胡萝卜'的做法是没有市场的。从现在起,我另谋出路。"

但欧阳健对被人称为"爱哭的孩子"的销售部胡经理的态度则让人刮目相看。以前,销售部胡经理每天都到欧阳健的办公室去抱怨和指责其他部门。欧阳健对付他很有一套,让他在门外静等半小时,见了他对其抱怨也充耳不闻,而是一针见血地谈公司在销售上存在的问题。过不了多久,大家惊奇地发现胡经理开始更多地跑基层而不是欧阳健的办公室了。

随着时间的流逝,蓝天公司在欧阳健的领导下恢复了元气,欧阳健也渐渐地放松控制,开始让设计和研究部门更放手地去干事。然而,对生产和采购部门,他仍然勒紧缰绳。蓝天公司内再也听不到关于欧阳健去留的流言蜚语了。大家这样评价他:欧阳健不是那种对这里情况很了解的人,但他对各项业务的决策无懈可击,而且确实使我们走出了低谷,公司也开始走向辉煌。

思考
1. 欧阳健进入蓝天公司时采取了何种领导方式?
2. 有人认为,对下属人员采取敬而远之的态度对一个经理来说是最好的行为方式,所谓"亲密无间"会松懈纪律。你如何看待这种观点?

6.1 领　导

管理的领导职能是组织成员在一定的组织环境中,通过管理者的指挥和协调,完成组织目标的过程。领导作为一种管理活动,是管理者通过指导、激励、带领等方式对下属的思想、行为施加影响,从而去努力达成组织目标的过程,是有效管理工作必不可少的一个环节。领导现象是一个极其复杂的问题,领导既是科学又是技能,它既需要理论指导又必须经实践而获得经验。只有理论而无经验当不好领导,只靠经验会导致片面化。对于实践中的领导者而言,应该用领导理论来指导自己的实践。

6.1.1 领导及领导者

1. 领导的含义

领导是以实践为中心展开的,由具体社会系统中的领导主体根据领导环境和领导客体的实际情况确定本系统的目标和任务,并通过示范、说服、命令、竞争和合作等途径获取和动用各种资源,引导和规范领导客体,实现既定目标,完成共同事业的强效社会工具和行为互动过程。

"领导"有两重含义,一是作为名词属性的"领导",即"领导者"的简称;二是动词属性的"领导",即"领导者"所从事的活动。对于任何一个组织而言,领导工作都是组织管理中的核心问题。因为组织的决策、计划和激励等重要管理工作主要是由领导者开展的领导工作的内容,而且组织只有通过领导者与被领导者的共同努力,才能充分发挥组织的能力而使组织生存和发展。其中包含以下三个内容:

(1) 领导者必须有下属和追随者。

(2) 领导者拥有影响追随者的能力或能量,它既包括组织赋予领导者的职位权力,也包括领导者个人所具有的影响力。

(3) 领导的目的是通过影响下属来实现组织的目标。

2. 领导的作用

领导工作在组织中起着协调个人需求和组织要求的作用。在一个组织中,一方面有着周详的计划、精心设计的组织结构和有效的控制系统;另一方面,组织的成员有被人了解和激励的需求,有为实现组织目标尽其所能作出贡献的需求。领导工作就是将这两个方面结合起来,协调起来。

有效的领导工作应能鼓励下属人员去实现他们想要满足的个人需求,同时又有助于实现组织的目标,不但要使组织成员获得物质需求上的满足,更要使他们获得精神需求上的满足。在组织中,领导者要具体发挥指挥、协调和激励三个方面的作用。

(1) 指挥作用

在组织活动中,需要头脑清晰、胸怀全局、高瞻远瞩、运筹帷幄的领导者帮助组织成员认清所处的环境和形势,指明组织目标及达到目标的途径。领导者只有站在群众的前面,用自己的行动带领人们为实现企业目标而努力,才能真正起到指挥作用。

(2) 协调作用

在许多人协同工作的集体活动中,即使有了明确的目标,个人的才能、理解能力、工作态度、进取精神、性格、作风、地位等不同,加上外部各种因素的干扰,人们之间在思想上发生各种分歧、行动上出现偏离目标的情况是不可能避免的。因此就需要领导者来协调人们之间的关系和活动,把大家团结起来,朝着共同的目标前进。

(3) 激励作用

在现代企业中,尽管大多数人都具有积极工作的愿望和热情,但是未必能自动地长久保持下去。如果一个人的学习、工作和生活遇到了困难、挫折或不幸,某种物质的或精神的需要得不到满足,就必然会影响工作的热情。要想使企业的每一个职工都保持旺盛的工作热情、最大限度地调动他们的工作积极性,就需要领导者来为他们排忧解难、激发和鼓舞他们的斗志,加强他们积极进取的动力。

3. 领导者素质

个人品质或特征是决定领导效果的关键因素,根据这些品质特征的来源不同,可以分为传统的领导特性理论和现代特性理论。前者认为领导者的品质是天生的,与后者的培训、训练和实践无关,因而传统的特性理论也称为伟人说。后者认为领导者的品质和特征是在后天的实践环境中逐步培养、锻炼出来的。

下面总结作为一个领导者必须具备的一些基本素质和条件。

1) 思想素质

领导者应具有强烈的事业心、责任感和创业精神;有良好的思想作风和工作作风,能一心为公,不谋私利,谦虚谨慎,善于调查研究,实事求是;艰苦朴素,与群众同甘共苦,品行端正,模范遵守规章制度和道德规范;具有影响他人的魅力,平等待人,和蔼可亲,密切联系群众,关心群众疾苦。

2) 业务素质

领导者应具有管理现代企业的知识：

（1）应懂得市场经济的基本原理，与时俱进地掌握建设中国特色社会主义的理论和思想。

（2）应懂得管理的基本原理、方法和各项专业管理的基本知识。除此之外，还应学习管理学、统计学、会计学、经济法、财政金融和外贸等方面的基本知识，以及了解国内外管理科学的发展方向。

（3）应懂得生产技术和有关自然科学、技术科学的基本知识，掌握本行业的科研和技术发展方向、本企业产品的结构原理、加工制造过程，熟悉产品的性能和用途。

（4）应懂得政治思想工作、心理学、人才学、行为科学、社会学等方面的知识。

（5）应能熟练应用计算机、信息管理系统和网络，及时了解和处理有关信息。

同时领导者还应具有较高的业务技能：

（1）较强的分析、判断和概括能力。

（2）决策能力。

（3）组织、指挥和控制的能力。

（4）沟通、协调企业内外各种关系的能力。

（5）不断探索和创新的能力。

（6）知人善任的能力。

3) 身体素质

领导者负责指挥、协调组织活动的进行，这项工作不仅需要足够心智，而且需要消耗大量体力，因此，必须有强健的身体，充沛的精力。

4. 领导者的权力

权力是领导的基础与核心。领导的实质就是对下属及组织的影响力。领导的影响力来源与权力，也是领导者发挥作用的基本条件。领导者的权力有两个基本来源：第一个来源是领导者的地位权力，即伴随一个工作岗位的正常权力，称为职位权力；第二个来源是下属服从的意愿，称为威信或非正式权力。

1) 职位权力

职位权力是由于领导者在组织结构中所处的位置，上级或组织制度所赋予的权力，因此具有很强的职位特征。职位权力包括法定权力、惩罚权力和奖赏权力三种类型。

2) 法定权力

法定权力是领导者职权大小的标志，是领导者的地位或在权力阶层中的角色所赋予的，是其他各种权力运用的基础，是决策权、指挥权和命令下属的权力。领导者在组织中身处某一职位而获得权力。领导者在自己的职权范围内有权给下属下达任务和命令，下属必须服从。

3) 惩罚权力

惩罚权力是指强制性惩罚或处罚他人的能力。例如批评、罚款、降职、降薪、撤职、开除等。下属出于对不利后果的惧怕，会改变态度和行为，避免受到惩罚。

4）奖赏权力

在下属完成一定的任务时,领导者给予相应的奖励可鼓励下属的积极性。奖赏属于正刺激,是领导者为了肯定和鼓励某一行为,而借助物质或精神的方式,以达到使被刺激者得到物质以及精神等方面的满足,从而激发出被刺激者采取行动的最大动力。这是一种可以带来积极效益的权力。

5）非正式权力

非正式权力对下属的影响比职位权力更具有持久性。非权力影响力不是外界附加的,它产生于个人的自身因素,与职位没有关系。非正式权力包括专长权力和感召权力。

（1）专长权力

专长权力是指运用一定的专业技术、特殊技能或知识影响他人的能力。当工作越来越专业化时,掌握专业技能或知识的人往往能对他人产生影响,并改变他人的态度和行为,从而在各项工作中显示出在学术上或专长上一言九鼎的影响力。

（2）感召权力

感召权力是指由于个人拥有他人羡慕的个性、品德或阅历,因而得到了他人的赏识、认可和敬重,并引起自愿地追随和服从。这种影响力对人们的作用是通过潜移默化而变成被领导者内驱力来实现的,因为赢得了被领导者发自内心的信任、支持和尊重,对被领导者的影响和激励作用不仅很大,而且持续的时间也较长。

5. 领导者与管理者

在现实生活中,人们容易把"领导"和"管理"作为同义语来使用,似乎领导者就是管理者,领导过程就是管理过程。其实"领导"和"管理"是两个不同的概念。

管理者是被任命的,拥有合法的权力进行奖励和惩罚,其影响力来自他们所在的职位所赋予的正式权力;而领导者既可以是被任命的,也可以是从某个群体中产生出来的,他可以不运用正式权力来影响他人的活动。领导的本质就是一种对他人的影响力,它不是由组织赋予的职位和权力所决定的,而是取决于追随者的意愿。由此看来,领导者不一定是管理者,但管理者应该成为领导者。管理学意义上的领导者,是指拥有管理职位并能够影响他人行为的人,而不是组织中一些非正式组织的领导者。

领导与管理的区别体现在以下几个方面：

（1）范围。管理是指管理者在一定环境下对组织的各项资源进行有效的计划、组织、领导、控制和创新,以实现组织目标的过程。领导与管理是联系在一起的,一切领导都是管理过程中的领导,因此,领导是管理职能当中的一个基本职能,属于管理的范畴。

（2）权力来源。管理是建立在合法的、有报酬的和强制性权力的基础之上,下属必须遵循管理者的命令。而领导则不同,领导是一种影响别人的能力,既可以来源于组织赋予他的职位权,也可以来源于个人的专长权和感召权。

（3）功能和任务。管理的工作偏重于执行,它的任务主要是解决具体的工作效率和效益问题,目的在于通过各项工作的实施使组织的愿景得以实现,而领导主要是为组织创造一种愿景,解决组织中方向性、战略性的问题,并且引导、激励员工实现组织的目标。

刘邦和韩信"论将"

古语有云:"明相善知事,而知人逊之。明君善知人,而知事逊之。故明相善治事,而明君善治人。然知事与治人鲜能兼,盖知事须入其内,知人须出乎其上,内与上不一也。故兼之者难。"

《后汉书·淮阴侯列传》记载了刘邦和韩信的一次"论将"的谈话:有一次,汉高祖刘邦闲来无事,找来韩信闲谈。当二人谈到诸将的能力大小时,刘邦问韩信:"你看我能带多少兵呢?"韩信随口回答:"照我看,陛下带兵不超过十万。"刘邦听了心里很不高兴,又问:"你说我带兵不过十万,那么你能带多少兵呢?"韩信很自信地回答说:"韩信将兵,多多益善。"刘邦听后更为不悦,韩信解释道:"陛下虽然不善将兵,却善将将,这就是你比我高明的原因。"

6.1.2 领导理论

领导理论的内容十分丰富。按提出理论的时间先后顺序,可以把有关领导理论分为三大类:领导特质理论、领导行为理论、领导权变理论。

1. 领导特质理论

出于选拔和预测的需要,人们期望能确定作为一个领导者所具备的特质,以解决什么样的人当领导最为合适的问题。领导特质是一种较早对领导现象进行体系化研究的理论,在 20 世纪早期也被称为"伟人理论",主要通过研究领导者的各种个性特征,来预测具有怎样性格特征的人才能成为有效的领导者。根据对领导特性来源所做的不同解释,可分为传统特性理论和现代特性理论。

1)传统特性理论

传统特性理论认为,领导者的品质是与生俱来的,且领导者只有具备这些特性才能成为有效的领导者,不具备领导特性的人就不能做领导。一个成功的领导者必须具有一些有效的品质特质,但是经过几十年的研究与实践,人们发现传统的特性理论存在许多自相矛盾之处,如有人认为领导者应该是黏液质的人,因为他们头脑冷静,往往比较理智;而有人则认为领导者应该是多血质的人,他们热情灵活。在分析领导者和被领导者、成功的领导者和不成功的领导者的差别时发现,他们之间并没有质的差别,而在生活中,许多具备领导特质的人实际上也并不在领导的岗位上。因此,这种遗传决定论的观点是错误的,它带有唯心主义的色彩。

2)现代特性理论

现代理论特质认为,领导者与一般人的差异是存在的,但是领导者的特质不是先天具有的,而是后天形成的。他们都是经过非常勤奋的努力学习和在实践中长期艰苦锻炼,才逐渐成为有效领导者的。

有效的领导者具有的共同特质,一般有以下几点:

(1)努力进取,渴望成功。领导者表现出极高的努力水平,拥有较高的成就欲望,他们进取心强、精力充沛,对自己所从事的活动坚持不懈。

(2) 领导愿望。具有强烈的领导愿望。遇事勤于思考,常常会提出与众不同的见解,并总想用自己的见解和理论去影响他人。试图赢得他人的信任、尊重和认同,从而争取更多的追随者。

(3) 正直诚信,言行一致。这是人类社会普遍推崇的价值观,只有具有这种特性的人才能取得他人的信任。领导者会不遗余力地完善自己,尽量给人们展示自己公正直率、诚实可信、言行一致的形象,因为只有这样人们才愿意追随他。

(4) 充满自信。不怕任何困难、挫折,勇于面对巨大挑战。对自己追求的事业永远充满自信,并且善于把这种自信传递给他人,使群体产生一种勇往直前的力量。

(5) 拥有智慧。领导者需要具备足够的智慧收集、整理和解释大量信息,并能够确立目标、解决问题和作出正确的决策。

(6) 注重工作相关知识并进行更新。有效的领导者对公司、行业和技术事项拥有较高的知识水平。广博的知识能够使他们作出富有远见卓识的决策,并能理解决策的意义。同时,领导者还对新事物充满敏感和兴趣,尽一切可能坚持不懈地去获取有关知识和信息,努力使自己拥有更多的专长权,在领域中使自己拥有更多的发言权,从而获得更多的追随者,或者使追随者更加理性和坚定。

由于特质理论忽视了领导者与下属的相互关系以及情境因素,因此特质理论并不能完全解释有效的领导,只能说明成为有效领导者所必须具备的特质。

2. 领导行为理论

领导特质理论研究的是领导者内在因素,而行为理论则研究领导者的外在行为方式。许多研究者试图从领导者的行为方式来寻找有效的领导模式。领导行为理论主要研究领导者应该做什么和怎样做才能使工作更有效。其中最有代表性的研究有领导行为理论、领导行为四分图理论、管理方格理论等。

1) 领导风格理论

领导风格是指领导在职能实施过程中所表现出来的特点和倾向。该理论是由美国心理学家科特·勒温(Kurt Lewin)提出的。勒温等人发现,团体的任务领导并不是以同样的方式表现他们的领导角色,领导者们通常使用不同的领导风格,这些不同的领导风格对团体成员的工作绩效和工作满意度有着不同的影响。根据领导者在领导过程中表现出来的行为,将领导风格划分为三种类型:专制型、民主型和放任型的领导风格。

(1) 专制型领导风格

专制型领导风格也称专权式或独裁式领导风格。这种类型的领导只注重工作的目标,仅仅关心工作任务和工作效率,往往喜欢独断专行,组织决策完全由领导者自己作出,团队成员均处于一种无权参与决策的从属地位;一切工作内容、工作方针、程序和方法都由领导者预先安排,然后采用命令方式告知下属使用什么样的工作方法,被领导者只能被动、消极地遵守制度,执行指令;上下级之间缺乏沟通,除工作命令外,成员对组织中的其他消息知之甚少;领导者对成员不够关心,领导者与被领导者之间的心理距离较大;领导者权威主要靠行政命令、纪律约束等手段来维护,团队中缺乏创新与合作精神。

(2) 民主型领导风格

民主型的领导者讲求民主，注重对团体成员的工作加以鼓励和协助，关心并满足团体成员的需要，善于营造一种民主与平等的工作氛围，在采取行动方案或作出决策前会主动听取下级意见，鼓励员工参与有关工作目标与工作方法的决策，考虑成员利益，与下属磋商；在分配工作时，也会尽量照顾到组织每个成员的能力、兴趣和爱好；在决策执行过程中，下属有较大的自主权；上下级之间沟通较多，领导者积极参加团体活动，关心下属，与下属心理距离较小；领导者的权威主要靠个人的权力和威信使人服从，成员自己决定工作的方式和进度，工作效率比较高。

(3) 放任型领导风格

放任型领导的主要特点是极少运用自己的权力影响下属，对工作成员的需要都不重视，下属有高度的自主权，领导者置身于团队工作之外，只起到一种被动服务的作用；在决策制定方面，主要由下属和群体决定，并按照他们认为合适的做法完成工作，领导者不参与；上下级沟通中，领导者处于被动的位置；下级有较大的自主性，但是工作效率低，缺乏组织观念，人际关系淡薄，是一种无政府主义的领导方式。

勒温能够注意到领导者的风格对组织氛围和工作绩效的影响，区分出领导者的不同风格和特性并以实验的方式加以验证，这对实际管理工作和有关研究非常有意义。许多后续的理论都是从勒温的理论发展而来的。

但是勒温的理论也存在一定的局限：这一理论仅仅注重了领导者本身的风格，没有充分考虑到领导者实际所处的情境因素。因为领导者的行为是否有效不仅仅取决于其自身的领导风格，还受到被领导者和周边环境因素的影响。

2) 领导行为四分图理论

领导行为的四分图是1945年美国俄亥俄州立大学的学者们提出的。研究者通过大量收集下属对领导行为的描述，列出了1 000多个行为维度，并最终归纳和定义了领导行为的两类关键因素：结构维度和关怀维度。

结构维度是指为了达成组织目标，领导者界定和构造群体内关系的程度，包括领导者规划工作、界定任务关系和明确目标的行为。领导者具有较高的结构维度，就倾向于关注目标和结果，倾向于建立明确的沟通形式和渠道，明确规章、计划、岗位责任和完成工作的方式，并使用职权去奖惩去监控和促使目标的实现。或者说，高结构维度的领导者对任务能否完成的关心程度远高于对组织中人际关系是否和谐的关心程度。

关怀维度是指领导者尊重和关心下属的感情的程度，是否愿意与之建立相互信任、双向交流的工作关系。高关怀维度的领导者强调相互信任、尊重、和谐的群体关系，支持开放的沟通和广泛的参与，关怀下级个人需要、福利和满意程度，重视上下级人际关系，与下级沟通对话并鼓励下级参与决策的制定。

总之，高关怀维度的领导者特别重视群体关系的和谐以及与下属心理上的亲近。

根据领导者在每个维度中的位置，领导者可以分为四种基本类型，如图6-1，即高关怀与高结构、低关怀与低结构、低关怀与高结构、高关怀与低结构。

	低结构维度	高
高 关怀维度	高关怀 低结构	高关怀 高结构
低	低关怀 低结构	低关怀 高结构

图6-1 领导行为四分图

一般来说,高关怀与高结构常常比其他三种类型的领导者更能使下属达到高绩效和高满意度。其他三种维度组合的领导者行为,普遍与较多的缺勤、事故、抱怨以及离职有关系。研究者发现了足够的例外情况表明在领导中还需要加入情境因素。

3) 管理方格理论

领导方格理论是由美国得克萨斯大学的管理学家罗伯特·布莱克(Robert R. Blake)和简·莫顿(Jane S. Mouton)在1964年出版的《管理方格》一书中提出的。它主要研究企业的领导方式及其有效性的理论。

管理方格理论认为,在企业领导工作中往往出现一些极端的方式,或者以生产为中心,或者以人为中心。为避免趋于极端,克服以往各种领导方式理论中非此即彼的绝对化观点,管理方格理论指出:在对生产关心的领导方式和对人关心的领导方式之间,可以有使二者在不同程度上互相结合的多种领导方式。领导方格理论在四方图两个坐标的基础上,通过81个方格,分别代表81种不同的领导方式,指出在对生产关心和对人关心的两种领导方式之间,可以进行不同程度的互相结合,最典型的有如下五种,如图6-2所示。

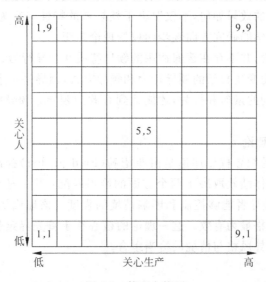

图 6-2 管理方格图

(1) (1,1)贫乏型。领导者既不关心人,也不关心生产。表现为领导者只作最低限度的努力来完成任务和维持士气。这种方式的领导者只做一些维持自己职务的最低限度的工作,是一种放任自流的管理方式,既对工作完成不利,也不利于处理上下级之间的关系。

(2) (9,1)任务型。这种领导方式只注重任务的完成,而不重视人的因素。这种领导者拥有很大的权力,强调有效地控制下属,努力完成工作,对员工的士气和能力发展很少注意。

(3) (5,5)中间型。中间型的领导方式既不过于重视人的因素,也不过于重视生产因素,努力保持和谐平衡。这种领导往往缺乏进取心,乐意维持现状,被称为"中庸之道型管理"。

(4) (1,9)俱乐部型。领导者非常关注职工的情况,但是对生产本身的关注度不高,能够营造宽松友好的工作环境,但对任务效率和规章制度、指挥监督等很少注意。

(5) (9,9)团队型。这种领导方式也被称为"战斗集体型管理",对生产任务和人的关心都达到最高点。领导者处处关心职工,努力使职工在完成组织目标的同时满足个人需要。这种领导方式能使组织的目标和个人的需要有效地结合起来,既高度重视组织的各项工作,又能通过沟通和激励使群体合作,从而获得较高工作效率,在完成工作任务的同时也实现员工的自身价值。

在五种典型领导风格中,(9,9)型管理者工作效果最佳,其次是(5,5)中间型。20世纪60年代,管理者方格培训受到美国工商界的普遍推崇。但在后来,这一理论逐步受到批评,因为它仅仅讨论一种直观而且最佳的领导行为,并未回答如何使管理者成为有效的领导者这一问题。并且,也没有证据支持(9,9)型在所有的情境下都是有效的。

人们越来越明确认识到,对领导成功与否的预测要比仅仅分离出一些领导的特质和行为偏好更为复杂。人们开始注意情境因素的影响。

3. 领导权变理论

要找到一个适合任何组织、任何性质的工作和任务的固定的领导人格特质或行为方式都是不现实的,领导的效果如何,不仅取决于领导者的特性与行为,而且也取决于领导者所处的环境,领导科学的研究方向逐步向权变理论转变。

领导权变理论认为,并不存在普遍适用的领导特质和领导行为,有效领导者能因自己当时所处情景的不同而变化自己的领导行为和领导方式,领导是一个动态的管理过程,在不同的情况下需要不同的素质和行为,才能达到有效的领导。领导权变理论又被称为领导情境理论。

1) 菲德勒的权变理论

第一个真正完整的领导权变理论是由菲德勒(Fred Fiedler)提出来的。菲德勒的权变理论指出,有效的群体绩效取决于两个方面的恰当匹配:其一是与下属发生相互作用的领导风格;其二是领导者能够控制和影响情境的程度。该理论认为,在不同类型的情境中,总有某种领导风格最为有效。这一理论的核心在于首先界定领导风格以及不同的情境类型,然后建立领导风格与情境的恰当组合。

(1) 领导的风格

菲德勒认为,影响领导成功与否的关键因素之一是个体基本的领导风格。菲德勒确认了两种领导风格:任务导向型和关系导向型。他认为领导风格是一个人的人格特性的反映,基本上不会变。因而,一个领导人的领导风格是任务导向型还是关系导向型是可以确定的。

(2) 领导的主要情境

个人的基本领导风格确定之后,则有必要对领导者所面对的情境加以评估。菲德勒认为主要的权变变数是领导者所面对情境的有利与否。而情境的有利与否,可以用三种主要情境因素来加以界定。这些因素分别是上下级关系、任务结构以及职位权力。上下级关系是指领导者对下属信任、信赖和尊重的程度。下属对领导者追随程度越高,说明上下级的关系越好,越有利于领导。任务结构是指下属担任工作任务的明确程度,即表明任务的目的、方法和绩效标准的清晰程度。任务结构清晰对于专制的领导者是有利的;任务结构含混,领导者的控制力就弱。职位权力是指领导者运用组织所赋予的正式权力对组织成员的影响程度。职位越高,权力越大,对领导活动的影响作用越大。由于菲德勒认为个体的领导风格是稳定不变的,根据领导风格与情景匹配的规律,要提高领导者的有效性有两种方法:一是选择具有恰当领导风格的领导者适应情景的要求;二是设法改变情景适应领导者的风格与方式。

费德勒模型根据上下级关系的好坏、任务结构的高低程度以及职位权力的强弱这些情境变数来评估情境是否有利。三项情境变数的组合,存在着8种可能的情境类型。他所得到的结论是:任务导向领导风格在非常有利于他与非常不利于他的情况下,会有较好的执行成效;而人际关系导向的领导风格则在中度有利的情境,会有较佳的成效。

2)路径—目标理论

路径—目标理论是罗伯斯·豪斯(Robert House)开发的一种领导权变模型。该理论认为,领导者的工作是帮助下属达到他们的目标,确保下属各自的目标与群体或组织的总体目标保持一致。路径—目标理论指出,有效的领导者通过明确实现工作目标的途径来帮助下属,并为下属清理各项障碍和危险,从而使下属实现目标更为容易。

路径—目标理论认为,有效领导者的工作在于帮助下属达到他们的目标,因此,领导者的职责在于提供下属必要的指导与支援。这包括清楚地界定任务、减少阻碍任务达成的障碍、帮助下属来达成其工作目标、提供下属认为有价值的报酬并协助下属获得其所想要的报酬。

路径—目标理论首先界定了四种领导形态,即指导型领导形态、支持型领导形态、参与型领导形态以及成就导向型领导形态,认为领导者应视两组情境变数即任务环境的特性与部属的特性决定采取哪一种领导形态。

综合来说,路径—目标理论认为如果要使部属达到绩效与获得满足,则要考虑任务环境的特性和部属的特性,以决定和该两项权变因素所互补的领导风格类型。如果领导风格无法配合任务环境的特性和部属的特性,领导者的行为将会变得无效率。因而路径—目标理论主张领导风格应具有弹性,即同样一位领导者可能因情境之不同而显现出前面所述领导风格的全部类型或其中任何一种类型。

路径—目标理论与其他领导权变理论相比的独到之处是:它不但说明了领导风格如何适应领导具体情境的问题,而且把领导方式的选择跟对下属的激励结合了起来。这无论是对领导方式的研究还是对激励理论的研究,都提供了一个新的思路。

3)领导生命周期理论

1969年保罗·赫塞(Paul Hersey)和肯·布兰查德(Ken Blanchard)提出了领导生命周期理论。人们也把领导生命周期理论称为"赫塞—布兰查德模型"。

领导生命周期理论认为领导方式应由工作行为、关系行为、下属的成熟程度这三个因素来决定。随着下属程度的由低到高,会形成一个领导方式的生命周期,一般为"高工作—低关系"→"高工作—高关系"→"低工作—高关系"→"低工作—低关系"。领导者的行为要与被领导者的准备程度相适应才能取得有效的领导效果,也就是说,领导风格不是一成不变的,而要根据环境及员工的变化而改变。领导方式和员工的行为关系通过成熟度联系起来,形成一种周期性的领导方式。当下属的成熟度水平不断提高时,领导者不但可以减少对活动的控制,而且还可以不断减少关系行为。

这一理论把下属的成熟度作为关键的情境因素,认为依据下属的成熟度水平选择正确的领导方式决定着领导者的成功。他们把成熟度定义为:个体对自己的直接行为负责任的能力和意愿。它包括工作成熟度和心理成熟度。工作成熟度是下属完成任务时具有的相关技能和技术知识水平;心理成熟度是下属的自信心和自尊心。高成熟度的下属有能力也有信心做好工作。根据员工能力与意愿的高低程度不同组合,可以形成以下四种不同的成熟度水平:

(1) M1——成熟度水平低。这些人对于执行任务既无能力又不情愿,他们既不胜任工作又不能被信任。

(2) M2——成熟度水平较低。这些人缺乏能力,但愿意执行必要的工作任务。他们有积极性,但目前尚缺足够的技能。

(3) M3——成熟度水平较高。这些人有能力,却不愿意做领导者希望他们做的工作。

(4) M4——成熟度水平高。这些人既有能力又愿意做领导让他们做的工作。

工作行为与关系行为的组合,构成一个关于领导风格的二维模型,X轴显示的是工作行为,由低到高;Y轴显示的是关系行为,也是由低到高。通过高低组合,可以把领导风格简化为四种模式:

(1) 命令式(高工作—低关系)。告诉下属应该做什么、怎样做以及在何时何地做,它强调直接指挥。这是对低成熟度的下属而言的。

(2) 说服式(高工作—高关系)。领导者同时提供指导行为与支持行为,同时注意保护和鼓励下属的积极性。

(3) 参与式(低工作—高关系)。领导者与下属共同参与决策,领导者着重给下属以支持及其内部的协调沟通。

(4) 授权式(低工作—低关系)。领导者提供不多的指导或支持,由下属自己独立地开展工作。

赫塞和布兰查德认为,不同的情景对应不同的领导风格。领导风格只能在某种情景下最有效,而不可能在任何情景下都最有效。领导风格必须与下属成熟过程相匹配,他们把四种不同的下属成熟度与四种领导风格联系起来,以帮助领导者选择高效的行为模式。当被领导者的成熟度高于平均水平时应采用低关系—低工作;当被领导者成熟度一般时,应采用高关系—高工作或高关系—低工作;当被领导者成熟度低于平均水平时,应采用低关系—高工作。随着下属由不成熟向逐渐成熟过渡,领导行为应当按着高工作—低关系,高工作—高关系,高关系—低工作,低关系—低工作逐步推移。

这种领导方式的情景理论算不上完善,它只针对下属的特征,没有包括领导行为的其他情景特征。但它对于深化领导者和下属之间的研究具有重要的基础作用。

授权的障碍

B公司的李老板从某大企业挖来了精明强干的刘先生担任公司的总经理,并将公司的大小事务均交由刘先生全权处理。由于得到授权,刘先生便结合公司的特点和实际情况,对公司的经营模式和管理体制进行了大胆的变革,将公司原先的品牌经营模式转变为OEM(贴牌生产)服务模式,并提出了颇具创新意识的OEM改进方式,变被动的OEM服务为主动的OEM服务,得到众多客户的认同与支持。然而,当刘先生意欲更深入地推动企业的变革时,他发现,其实自己手中的权力十分有限,虽然李老板总是客客气气地进行鼓励,但刘先生的内心却非常困惑,久而久之,刘先生的变革锐气便渐渐地消失了。

6.1.3 领导艺术

所谓领导艺术,是指领导者在领导活动中为了有效地提高领导效能、达到领导目标而对客观规律、领导科学原理及方法的灵活机动和创造性的运用,是领导者的智慧、学识、才能、经验等在领导实践中的综合反应,是领导者素质、能力的体现。

1. 决策的艺术

美国决策理论学派的创始人西蒙认为"管理就是决策",决策是组织最终目标得以实现的重要保证。决策是领导者要做的主要工作,尤其是在非程序化决策中,领导者的主管决策能力更是起着相当大的作用。决策一旦失误,对组织就意味着损失,对自己就意味着失职,在决策过程中如何结合组织内、外部环境和人员心理状态,因势利导地进行决策是一门艺术性工作。这就需要领导者在一定经验的基础上,对外来事件具有远见卓识,及早察觉组织发展中的有利因素和不利因素,凭借自身的智慧与能力提高决策水平,集中组织人员的正确意见,尽量减少各种决策性浪费,制定促使组织获得重大改进与发展的战略决策。

领导者在决策中还要充分发扬民主,优选决策方案,尤其是碰到一些非常规性决策时,应适时进行决策,不能未谋乱断,不能错失决策良机。

2. 用人的艺术

领导活动不同于其他社会活动,它是依靠用人和调动下属的积极性使目标得以实现的。领导活动的这一特征就集中体现为如何用人为核心的艺术化过程。这就要求领导者在充分了解和发挥员工长处的基础上,把工作的需要和个人的能力、兴趣、爱好等很好地结合起来,使每个员工在各自的工作岗位上兢兢业业、积极进取,把个人目标与组织目标很好地结合起来。做到"用人不疑,疑人不用"、"短中取长"、"避短用长",在用人时遵循合理选择、知人善用、合理使用、积极培养、宽容待人、正面激励等原则。

3. 指挥的艺术

领导者在管理过程中要善于与下属沟通,及时对下属进行必要的监督与教育,在指挥下属时指令的内容要切合实际,方法和形式要能为下属理解和接受。

4. 协调的艺术

领导者必须要有良好的协调能力。协调不仅要明确协调对象和协调方式,还要掌握一些相应的协调技巧。

(1) 对上级请示沟通

平时要主动多向领导请示汇报工作。

(2) 对下沟通协调

当下属在一些涉及个人利益的问题上对组织或对领导有意见时,领导者应通过谈心等方式来消除彼此间的误解。对能解决的问题一定要尽快解决,一时解决不了的问题也要向下属说清原因,不能糊弄人。

(3) 对外争让有度

在与外面平级单位的协调中,领导者的领导艺术就往往体现在争让之间。大事要争、小事要让,不能遇事必争,也不能遇事皆让。该争不争就会丧失原则;该让不让就会影响全局。

5. 激励的艺术

管理者要重在人本管理,人本管理的核心就是重激励。领导者要调动大家的积极性,就要学会如何去激励下属,激励注意适时进行。一个聪明的领导者要善于经常适时、适度地表扬下属。这种"零成本"激励往往会"夸"出很多为你效劳的好下属。激励要因人而异,领导者在激励下属时,一定要区别对待,根据下属所喜欢的方式进行激励,尽可能"投其所好"。

领导者在激励时要以精神激励为主,以物质激励为辅,只有形成这样的激励机制,才是一种有效的、长效的激励机制。

6. 处事的艺术

一个会当领导的人,不应该成为做事最多的人,而应该成为做事最精的人。

(1) 做自己该做的事

当前,摆在领导者面前的事情主要有三类:一是领导者想干、擅长干、必须要干的事,比如用人、决策等。二是领导者想干、必须干但不擅长的事,比如跑路子、挣资金等。三是领导者不想干、不擅长干也不一定要干的事,比如一些小应酬、一些可去可不去的会议等。领导者对该自己管的事一定要管好,对不该自己管的事一定不要管,尤其是那些已经明确了是下属分管的工作和只要按有关制度就可办的事,一定不要乱插手、乱干预,多着眼明天的事。领导者应经常反思昨天、干好今天、谋划明天,多做一些有利于本组织可持续发展的事。

(2) 多做最为重要的事

领导者在做事时应先做最重要和最紧要的事,不能主次不分、见事就做。

7. 用时的艺术

做任何事情都需要占用时间。创造一切财富也都要耗用时间。领导者要做时间的主人,首先要科学地组织管理工作,合理地分层授权,把大量的工作分给副手、助手、下属去做,以摆脱烦琐事务的纠缠,腾出时间来做真正应该由自己做的事。

(1) 记录自己的时间消耗

为了珍惜自己的时间,把有限的时间用在自己应该做的领导工作上,管理者应当养成记录自己时间消耗情况的习惯。每做一件事就记一笔账,写明几点到几点办什么事。每隔一两周,对自己的时间消耗情况进行一次分析。这时,就会发现自己在时间的利用上有许多惊人的不合理之处,从而就可找到合理利用自己时间的措施。

(2) 学会合理地使用时间

时间的合理使用因人而异、因地制宜,取决于企业的特点、企业的管理体制和组织结构、企业领导者的分工以及各人的职责和习惯。所以很难有一个统一的标准。许多领导者的业余时间使用不合理,普遍现象是加班加点较多,应酬偏多,而参加其他业余爱好活动偏少。领导者应努力把自己塑造成一个完美的人,而不是一部工作机器。

(3) 提高开会的效率

开会是交流信息的一种有效方式。领导离不开开会,但开会也要讲求艺术。企业领导者每年要开几百次会,但重视研究和掌握开会艺术的人却不多。不解决问题的会议有百害而无一利。开会也要讲求经济效益。会议占用的时间也是劳动耗费的一种。会议的成本应纳入企业经济核算体系之内进行考核,借以提高开会的效率,节约领导者和与会者的宝贵时间。

发奖金的艺术

有一家出口公司,自成立以来生意蒸蒸日上,营业额不断增长。但由于今年世界经济不景气,该公司的出口额大幅度滑落。这绝不能怪员工,因为大家为公司拼命的劲头丝毫不比往年差,甚至可以说,由于大家意识到了经济的不景气,干得比以前更卖力了。

快过年了,董事长心头的负担日益加重。因为在往年,年终奖金最少是要加发两个月工资,多的时候甚至再加倍。今年可惨了,算来算去,顶多只能给一个月工资的奖金。"这如果让多年来已经被惯坏了的员工知道,士气真不知道要怎么样滑落!"董事长忧心地对总经理说,"许多员工都以为最少加发两个月工资,恐怕飞机票、新家具都订好了,只等拿奖金就出去度假或付账单呢!"总经理也愁眉苦脸地说:"好像给孩子糖吃,每次都抓一大把,现在突然改成两颗,小孩一定会吵的。""对了!"董事长突然灵机一动,"你倒使我想起小时候到店里买糖了,我总喜欢找同一个店员,因为别的店员都先抓一大把拿去称,再一颗一颗往回扣,那个比较可爱的店员则每次都抓不足重量,然后再一颗一颗往上加。说实在话,最后糖的多少没什么差异,但我就是喜欢后者。"

没过两天,公司突然传来小道消息:"由于业绩不佳,年底大约要裁员 20%。"顿时人心惶惶了,每个人都在猜会不会是自己。最基层的员工想:"一定由下面杀起。"上面的主管则想:"我们的薪水最高,只怕从我们开刀!"

但是,接着总经理就宣布:"现在虽然艰苦,但大家在同一条船上,再怎么样也不愿牺牲共患难的同事,只是年终奖金绝不可能发了。"听说不裁员了,人人都放下了心头上的一块大石头,对不会卷铺盖的窃喜早压过了没有年终奖金的失落。

眼看除夕将至,人人都做了"过穷年"的打算,彼此约好拜年不送礼,以共度困难时期。突然,董事长召集各单位主管参加紧急会议。看着主管们匆匆上楼开会,员工们面面相觑,心里有点七上八下:"难道又变卦了?"是变卦了!没几分钟,主管们纷纷冲进自己的部门,兴奋地高喊着:"有了!有了!还是有年终奖金,整整一个月的工资,马上发下来,让大家过个好年!"整个公司大楼爆发出一片欢呼,连在顶楼的董事长都感觉到了地板的震动……

6.2 激　励

激励在管理活动中起着重要的作用。管理者如果不懂得怎样激励员工,是无法胜任管理的。组织中人的积极性的高低,直接影响工作的绩效;而要提高人的工作的积极性,就离不开激励。正确的激励能激发每一个人的积极性、潜力以及工作业绩,所以也就能提高组织的绩效。激励理论就是研究怎样激发人的积极性和创造性,以提高组织绩效的科学。

6.2.1　激励概述

1. 激励的概念

激励是存在于人的内部或外部的,能够唤起人们热情和耐力去做某件事情的力量。它是组织通过设计适当的外部奖酬形式和工作环境,以一定的行为规范和惩罚性措施,借助信息沟通,来激发、引导、保持和规范组织成员的行为,以有效地实现组织及其成员个人目标的系统活动。管理学中的"激励",就是通常所说的调动人的积极性问题。人的行为都是由动机支配的,而动机则是由需要引起的,人的行为都是在某种动机的策动下,为了达到某个目标而有目的的活动。在管理学中,激励是指管理者以满足个人的某些需要为条件,激发和引导下属成员的行为动机,使其积极从事实现目标的活动。

激励的概念包含以下几方面的内容:

(1) 激励的出发点是满足组织成员的各种需要,即通过系统的设计适当的外部奖酬形式和工作环境,来满足企业员工的外在性需要和内在性需要。

(2) 科学的激励工作需要奖励和惩罚并举,既要对员工表现出来的符合企业期望的行为进行奖励,又要对不符合企业期望的行为进行惩罚。

(3) 激励贯穿于企业员工工作的全过程,包括对员工个人需要的了解、个性的把握、行为过程的控制和行为结果的评价等。因此,激励工作需要耐心。

(4) 信息沟通贯穿于激励工作的始末,从对激励制度的宣传、企业员工个人的了解、到对员工行为过程的控制和对员工行为结果的评价等,都依赖于一定的信息沟通。企业组织中信息沟通是否通畅,是否及时、准确、全面,直接影响着激励制度的运用效果和激励工作的成本。

(5) 激励的最终目的是在实现组织预期目标的同时,也能让组织成员实现其个人目标,即达到组织目标和员工个人目标在客观上的统一。

2. 激励的方式

激励方式可分为内部激励与外部激励、物质激励与精神激励和正激励与负激励几种。

(1) 外部激励是通过改变外部影响因素来激发员工的工作动机;内部激励是通过改变个体内在心理和适应水平或倾向来激发员工的工作动机。外部激励在短期内能显著提高工效,但不易持久,处理不当时易挫伤工作情绪;内部激励需要一个较长的时间才能提高工效,但一经发挥作用,则具有较好的持续性。

(2) 物质激励是指管理者将金钱、物质财富作为刺激手段,影响和改变人的行为,激发员工工作热情和积极性；精神激励是指管理者运用精神性的奖励或惩罚,影响和改变员工的工作行为,激发其工作动机。

（3）正激励就是一种正面强化,即运用物质或精神奖励,使员工有利于组织的态度和行为得以不断巩固和加深；负激励就是一种负面强化,即运用物质或精神上的惩罚(如批评、教育、降低物质利益等),使员工的那些不利于组织的态度和行为得以不断地削弱、减少,直至消除。

3．激励的过程

激励是激发人的动机的过程。在这个过程中,诱因是激励的外部条件,需要是激励的基础和前提,动机是个体的内在驱动力,目标是引导人们采取行为的向导。需要、动机、目标、行为这几个要素相互联系、相互影响又相互制约,形成激励过程。

激励的过程可以分为五个阶段。

（1）要求得到满足的需求的产生。这个需求可能是由人自身内在产生的,也可能是在环境的外在刺激下形成的。

（2）需求引起动机。由于未满足的需求引起心理和生理上的紧张,有一种希望行动起来并采取措施使需求获得满足的欲望。

（3）产生寻找解除紧张的行为或对策、方法。这些行为表现为各种行动,行为各异,目标一致。

（4）行为的结果。这种行为的结果可能是两种：一种是目标达到,需求得到满足,从而产生新的更高层次的需求。另一种是行为的结果没有使需求得到满足,则一是调整行为,如改进方法、加倍努力,达到目标；二是调整目标,如改变需求的方向和程序等,从而使目标达到。

（5）需求得到满足。这种满足可能是完全满足、也可能是局部满足、大部分满意等。总之,满足程度已被接受和承认,进而产生新的需求,进入新的激励过程。

4．激励的作用

对一个组织而言,科学的激励制度至少具有以下几个方面的作用。

（1）吸引和留住优秀的人才

知识经济时代的到来,意味着企业间对人才的竞争越来越激烈。在许多企业中,特别是那些竞争力强、实力雄厚的企业,通过各种优惠政策、丰厚的福利待遇、快捷的晋升途径来吸引和留住企业需要的人才,使他们能够全力以赴为企业创造价值。

德鲁克认为,每一个组织都需要三个方面的绩效：直接的成果、价值的实现和未来的人力发展。缺少任何一方面的绩效,组织注定会垮掉。因此,每一位管理者都必须在这三个方面有所贡献。在三方面的贡献中,对"未来的人力发展"的贡献就是来自激励工作。

（2）提高员工的工作效率和绩效

激励能促进员工充分地发挥其才能和智慧。美国哈佛大学的威廉·詹姆斯(William James)教授在对员工激励的研究中发现,按时计酬的分配制度仅能让员工发挥 $20\%\sim30\%$ 的能力,如果得到充分激励的话,员工的能力可以发挥出 $80\%\sim90\%$,两种情况之间 60% 的差距就是有效激励的结果。管理学家的研究表明,员工的工作绩效是员工能力和受激励程度的函数,即绩效 $F=$ 能力$\times$激励。如果把激励制度对员工创造性、革新精神和主动提高自身素质的意愿的影响考虑进去的话,激励对工作绩效的影响就更大了。

(3) 造就良性的竞争环境

科学的激励制度具有一种竞争精神,它的运行能够创造出一种良性的竞争环境,进而形成良性的竞争机制。在具有竞争性的环境中,组织成员就会受到环境的压力,这种压力将转变为员工努力工作的动力。

(4) 有利于实现组织的目标

企业的生产经营活动是人有意识、有目的的活动。人是实现组织目标的最活跃、最根本的因素,激励对于员工行为进行有目的的引导,针对企业制定的目标,采取措施,充分调动员工的积极性,使员工自觉地发挥潜能,为完成企业目标而努力工作。有效的激励措施可以使员工的努力方向与组织目标趋于一致。激励是实现组织目标的有效手段,是组织各项工作正常进行的有力保证,对于组织目标的顺利实现有重要意义。

愿景激励

日本松下电器有一个很著名的原则——让公司员工永远拥有梦想,拥有希望。

20世纪30年代,在对员工发表"生产者使命感"的谈话时,松下幸之助就运用了这个原则,告诉员工自己对未来前途的展望。

他把完成使命的期限定为250年,将这250年分为十个阶段,再将每个阶段分成三期。每一阶段的第一期被称为"建设期",旨在专心从事建设;第二期称为"活动时期",这一时期要一方面继续建设,另一方面要专心从事各项活动;接下来的5年称为"贡献时期",在这段时期企业一方面要继续完成未完成的建设与活动,另一方面还需要利用已经取得的成果回馈社会,承担企业的社会责任。

就这样,松下幸之助凭借其恢弘的气度,为全体员工描绘了一个伟大而长远的250年计划,让每个员工都了解企业的目标,从而让他们永远拥有梦想,拥有希望,更有激情地投入工作中去。在松下幸之助担任总经理时,只要一有机会,就会把自己对公司未来的规划和前景的想法告诉员工,以激励和鼓舞员工。松下幸之助说:"身为经营者的重要任务之一,就是让员工拥有梦想,并向他们公开未来目标,如果做不到这一点,就不配称为企业家。"

除此之外,松下幸之助还打破常规,以实施一周工作五天制度以及员工贷款制度作为公司未来的目标,并把这些目标无一例外地公布于众,借此勉励全体员工继续努力以实现这些目标。

(资料来源:邱庆剑.世界500强企业管理法则[M].北京:机械工业出版社,2006.)

6.2.2 人性假设理论

激励的对象始终并且只能是人,而激励实质上就是管理者认识人性、理解人性并不断影响和塑造人性的过程。只有对人性有正确清楚的认识,才能更好地了解下属的需要和追求,才能更好地影响其内在驱动力,继而创造出良好的组织氛围,使其充分发挥自己的才能,实现目标。在不同的人性假设下,管理者会采取不同的激励手段。领导是涉及组织中人的问题的职能,因此,领导者要实现有效的领导,达到组织目标,就必须了解人,了解人性及人的行为模式。

1. "经济人"假设

"经济人"假设起源于享乐主义哲学和英国经济学家亚当·斯密的关于劳动交换的经济理论。亚当·斯密认为:人的本性是懒惰的,必须加以鞭策;人的行为动机源于经济和权力维持员工的效力和服从。人是以一种合乎理性的、精打细算的方式行事,人的行为受经济因素的推动和激励,与之相适应,激励的主要手段就是"胡萝卜加大棒",即运用奖励和惩罚两种手段,来激发和诱导人们以组织或管理者所期望的方式来行事,做出管理者所要求的行为。

"经济人"假设认为组织人的行为主要目的是追求自身利益,工作动机是为了获得经济报酬,认为金钱是刺激积极性的唯一动力。

2. "社会人"假设

"社会人"假设源自梅奥的霍桑试验。霍桑试验得出结论,人不是机器的附属物,有社会心理的需要,并不单纯地追求金钱收入和物质满足。这种假设认为,人是社会人,影响员工生产积极性的因素,除物质因素外,还有社会因素、心理因素等。同时,生产效率的高低主要取决于员工的士气,员工的士气受企业内部人际关系及员工家庭和社会生活的影响。因此,管理者要调动员工的工作积极性,不仅要考虑员工的物质利益,更要考虑员工的社会心理需要的满足程度。管理者应该重视员工在社交方面的需要,协调好人际关系,鼓励员工参与管理。

3. "自我实现人"假设

"自我实现人"假设源自马斯洛提出的需要层次理论。人际关系发展到后期,开始把追求自我实现看作人们工作的最根本目的。这种假设认为,人的需要是一个由低级向高级发展的层次系统,除了物质性与社会性的需要外,人还有自我实现的需要。员工重视的是工作的挑战性,希望能够充分发挥自身的潜能,只要工作有利于他们能力的发挥,达到他们认为的自我价值的实现,就能调动其工作的积极性。因此,管理者应该把管理的重点从重视人的因素转到创造良好的工作环境,使员工的能力得到最充分的发挥。在该理论的指导下,出现了"目标管理"、"参与管理"等管理方式。

4. "复杂人"假设

尽管"经济人"、"社会人"、"自我实现人"都从某一个角度反映了人的一些本质属性,但是并不适用于一切人,因为人是很复杂的,不仅因人而异,即便是同一个人在不同的年龄、不同的时间、不同的场合表现也不同。因此,这几种假设仍然不能满意地解释员工积极性的源泉问题。美国行为科学家埃德加·沙因(Edgar H. Schein)在1965年出版的《组织心理学》一书中对人性进行了归纳,提出了"复杂人"假设,这种假设认为,现实组织中存在着各种各样的人,不能把所有的人都简单化和一般化地归类为前述的某一种假设之下。相反地,应该看到人是复杂的,千差万别的,人的需求会随着各种变化而变化。因此,要求管理者要根据个体的不同情况,灵活地采用不同的措施,要因人而异,因事而异,不能千篇一律。换句话说,就是要根据具体情况采取适当的激励措施和领导方式。

凯莱赫(H. Kelleher)的领导作风

凯莱赫(H. Kelleher)曾是美国西北航空公司的董事长,在担任西北航空公司董事长期间,他试图在公司员工中营造家属感情,他记住了员工的生日,亲自送生日贺卡给员工。为了设法保持本公司在放松了管制的航空工业中的竞争地位,他对于公司员工和工会的要求做出了很大让步,他的要求同时也被接受了。他的亲身实践的领导作风赢得了员工对他的尊敬和追随。这种朴素的措施对管理部门一视同仁。例如,他的办公室是设在兵营式的大楼内。作为追随他的人的榜样,他既关心有待完成的任务,又关心为他工作的人们。

(资料来源:哈罗德·孔茨.管理学[M].北京:经济科学出版社,1998.)

6.2.3 激励理论

激励理论是指通过特定的方法与管理体系,将员工对组织及工作的承诺最大化的过程。早期的激励理论研究是对于"需要"的研究,回答了以什么为基础或根据什么才能激发调动起员工工作积极性的问题,包括马斯洛的需求层次理论、赫茨伯格的双因素理论,和麦克利兰的成就需要理论等。最具代表性的马斯洛需要层次论就提出人类的需要是有等级层次的,从最低级的需要逐级向最高级的需要发展。需要按其重要性依次排列为:生理需要、安全需要、归属与爱的需要、尊重需要和自我实现需要。并且提出当某一级的需要获得满足以后,这种需要便中止了它的激励作用。激励理论中的过程学派认为,通过满足人的需要实现组织的目标有一个过程,即需要通过制定一定的目标影响人们的需要,从而激发人的行动,包括弗洛姆的期望理论、洛克和休斯的目标设置理论、波特和劳勒的综合激励模式、亚当斯的公平理论、斯金纳的强化理论等。

目前主流的激励理论有三大类,分别为内容型激励的理论、过程型激励理论和行为修正型激励理论。内容型激励理论侧重于强调工作内容对于员工工作热情、积极性和潜力激发的影响;过程型激励理论则侧重于研究人的动机形成、目标选择到行为发生的心理过程。

1. 内容型激励理论

所谓内容型激励理论,是指针对激励的原因与起激励作用的因素的具体内容进行研究的理论。这种理论着眼于满足人们需要的内容,即人们需要什么就满足什么,从而激起人们的动机。内容型激励理论重点研究激发动机的诱因。主要包括马斯洛的需要层次论、赫茨伯格的双因素论和麦克莱兰的成就需要激励理论、奥德弗的 ERG 理论等。

1) 需要层次理论

亚伯拉罕·哈罗德·马斯洛(Abraham Harold Maslow,1908.04.01—1970.06.08)于1943年年初次提出了"需要层次"理论,他把人类纷繁复杂的需要分为生理的需要、安全的需要、归属与爱的需要、尊重的需要和自我实现的需要五个层次。1954年,马斯洛在《激励与个性》一书中又把人的需要层次发展为七个,由低到高的七个层次:生理的需要,安全的需要,友爱与归属的需要,尊重的需要,求知的需要,求美的需要和自我实现的需要。

（1）马斯洛认为，只有低层次的需要得到部分满足以后，高层次的需要才有可能成为行为的重要决定因素。七种需要是按次序逐级上升的。当下一级需要获得基本满足以后，追求上一级的需要就成了驱动行为的动力。但这种需要层次逐渐上升并不是遵照"全"或"无"的规律，即一种需要100％的满足后，另一种需要才会出现。事实上，社会中的大多数人在正常的情况下，他们的每种基本需要都是部分地得到满足。

（2）马斯洛把七种基本需要分为高、低二级，其中生理需要、安全需要、友爱与归属需要属于低级的需要，这些需要通过外部条件使人得到满足，如借助于工资收入满足生理需要，借助于法律制度满足安全需要等。尊重需要、自我实现的需要是高级的需要，它们是从内部使人得到满足的，而且一个人对尊重和自我实现的需要，是永远不会感到完全满足的。高层次的需要比低层次需要更有价值，人的需要结构是动态的、发展变化的。因此，通过满足职工的高级需要来调动其生产积极性，具有更稳定，更持久的力量。

这是由心理学家马斯洛提出的动机理论。该理论认为，人的需要可以分为五个层次：

（1）生理需要——维持人类生存所必需的身体需要。

（2）安全需要——保证身心免受伤害。

（3）归属与爱的需要——包括感情、归属、被接纳、友谊等需要。

（4）尊重的需要——包括内在的尊重如自尊心、自主权、成就感等需要和外在的尊重如地位、认同、受重视等需要。

（5）自我实现的需要——包括个人成长、发挥个人潜能、实现个人理想的需要。

2）双因素论

双因素论是美国的行为科学家弗雷德里克·赫茨伯格（Fredrick Herzberg）提出来的，又称双因素理论。赫茨伯格曾获得纽约市立学院的学士学位和匹兹堡大学的博士学位，以后在美国和其他三十多个国家从事管理教育和管理咨询工作，是犹他大学的特级管理教授。他的主要著作有：《工作的激励因素》（1959，与伯纳德·莫斯纳、巴巴拉·斯奈德曼合著）、《工作与人性》（1966）、《管理的选择：是更有效还是更有人性》（1976）。双因素理论是他最主要的成就，在工作丰富化方面，他也进行了开创性的研究。

20世纪50年代末期，赫茨伯格和他的助手们在美国匹兹堡地区对二百名工程师、会计师进行了调查访问。访问主要围绕两个问题：在工作中，哪些事项是让他们感到满意的，并估计这种积极情绪持续多长时间；又有哪些事项是让他们感到不满意的，并估计这种消极情绪持续多长时间。赫茨伯格以对这些问题的回答为材料，着手去研究哪些事情使人们在工作中快乐和满足，哪些事情造成不愉快和不满足。结果他发现，使职工感到满意的都是属于工作本身或工作内容方面的；使职工感到不满的，都是属于工作环境或工作关系方面的。他把前者叫作激励因素，后者叫作保健因素。

保健因素的满足对职工产生的效果类似于卫生保健对身体健康所起的作用。保健从人的环境中消除有害于健康的事物，它不能直接提高健康水平，但有预防疾病的效果；它不是治疗性的，而是预防性的。保健因素包括公司政策、管理措施、监督、人际关系、物质工作条件、工资、福利等。当这些因素恶化到人们认为可以接受的水平以下时，就会产生对工作的不满意。但是，当人们认为这些因素很好时，它只是消除了不满意，并不会导致积极的态度，这就形成了某种既不是满意、又不是不满意的中性状态。

那些能带来积极态度、满意和激励作用的因素就叫作"激励因素"，这是那些能满足个人自我实现需要的因素，包括成就、赏识、挑战性的工作、增加的工作责任，以及成长和发展的机会。如果这些因素具备了，就能对人们产生更大的激励。从这个意义出发，赫茨伯格认为传统的激励假设，如工资刺激、人际关系的改善、提供良好的工作条件等，都不会产生更大的激励；它们能消除不满意，防止产生问题，但这些传统的"激励因素"即使达到最佳程度，也不会产生积极的激励。按照赫茨伯格的意见，管理当局应该认识到保健因素是必需的，不过它一旦使不满意中和以后，就不能产生更积极的效果。只有"激励因素"才能使人们有更好的工作成绩。

赫茨伯格及其同事以后又对各种专业性和非专业性的工业组织进行了多次调查。他们发现，由于调查对象和条件的不同，各种因素的归属有些差别，但总的来看，激励因素基本上都是属于工作本身或工作内容的，保健因素基本都是属于工作环境和工作关系的。但是，赫茨伯格注意到，激励因素和保健因素都有若干重叠现象，如赏识属于激励因素，基本上起积极作用；但当没有受到赏识时，又可能起消极作用，这时又表现为保健因素。工资是保健因素，但有时也能产生使职工满意的结果。

赫茨伯格的双因素理论同马斯洛的需要层次论有相似之处。他提出的保健因素相当于马斯洛提出的生理需要、安全需要、归属与爱需要等较低级的需要；激励因素则相当于尊重的需要、自我实现的需要等较高级的需要。当然，他们的具体分析和解释是不同的。但是，这两种理论都没有把"个人需要的满足"同"组织目标的达到"这两点联系起来。

有些西方行为科学家对赫茨伯格的双因素理论的正确性表示怀疑。有人做了许多试验，也未能证实这个理论。赫茨伯格及其同事所做的试验，被有的行为科学家批评为是他们所采用方法本身的产物：人们总是把好的结果归结于自己的努力而把不好的结果归罪于客观条件或他人身上，问卷没有考虑这种一般的心理状态。另外，被调查对象的代表性也不够，事实上，不同职业和不同阶层的人，对激励因素和保健因素的反应是各不相同的。实践还证明，高度的工作满足不一定就产生高度的激励。许多行为科学家认为，不论是有关工作环境的因素或工作内容的因素，都可能产生激励作用，而不仅是使职工感到满足，这取决于环境和职工心理方面的许多条件。

但是，双因素理论促使企业管理人员注意工作内容方面因素的重要性，特别是它们同工作丰富化和工作满足的关系，因此是有积极意义的。赫茨伯格告诉我们，满足各种需要所引起的激励深度和效果是不一样的。物质需求的满足是必要的，没有它会导致不满，但是即使获得满足，它的作用往往也是很有限的、不能持久的。要调动人的积极性，不仅要注意物质利益和工作条件等外部因素，更重要的是要注意工作的安排，量才录用，各得其所，注意对人进行精神鼓励，给予表扬和认可，注意给人以成长、发展、晋升的机会。随着温饱问题的解决，这种内在激励的重要性越来越明显。

双因素理论强调：不是所有的需要得到满足都能激励起人的积极性。只有那些被称为激励因素的需要得到满足时，人的积极性才能最大程度地发挥出来。如果缺乏激励因素，并不会引起很大的不满。而保健因素的缺乏，将引起很大的不满，然而具备了保健因素时并不一定会激发强烈的动机。赫茨伯格还明确指出，在缺乏保健因素的情况下，激励因素的作用也不大。

3）成就需要激励理论

成就需要理论也称激励需要理论，20世纪50年代初期，美国哈佛大学教授戴维·麦克利兰(David C. McClelland)集中研究了人在生理和安全需要得到满足后的需要状况，特别对人的成就需要进行了大量的研究，从而提出了一种新的内容型激励理论——成就需要激励理论。成就需要激励理论的主要特点是：它更侧重于对高层次管理中被管理者的研究，如他所研究的对象主要是生存、物质需要都得到相对满足的各级经理、政府职能部门的官员以及科学家、工程师等高级人才。由于成就需要激励理论的这一特点，它对于企业管理以外的科研管理、干部管理等具有较大的实际意义。

美国哈佛大学教授戴维·麦克利兰把人的高级需要分为三类，即权力、交往和成就需要。在实际生活中，一个组织有时因配备了具有高成就动机需要的人员使得组织成为高成就的组织，但有时是由于把人员安置在具有高度竞争性的岗位上才使组织产生了高成就的行为。麦克利兰认为前者比后者更重要。这说明高成就需要是可以培养出来的，并且目前已经建立了一整套激励员工成就需要的培训方法，来提高生产效率，为在出现高成就需要的工作时培养合适的人才。

麦克利兰认为，在人的生存需要基本得到满足的前提下，成就需要、权利需要和合群需要是人的最主要的三种需要。成就需要的高低对一个人、一个企业发展起着特别重要的作用。该理论将成就需要定义为：根据适当的目标追求卓越、争取成功的一种内驱力。

该理论认为，有成就需要的人，对胜任和成功有强烈的要求，同样，他们也担心失败，他们乐意甚至热衷于接受挑战，往往为自己树立有一定难度而又不是高不可攀的目标，他们敢于冒风险，又能以现实的态度对付冒险，绝不以迷信和侥幸心理对付未来，而是对问题善于分析和估计。他们愿意承担所作工作的个人责任，但对所从事的工作情况希望得到明确而又迅速的反馈。这类人一般不常休息，喜欢长时间的工作，即使真出现失败也不会过分沮丧。一般来说，他们喜欢表现自己。成就需要强烈的人事业心强，喜欢那些能发挥其独立解决问题能力的环境。在管理中，只要为他提供合适的环境，他就会充分发挥自己的能力。权利需要较强的人有责任感，愿意承担需要的竞争，并且能够取得较高的社会地位的工作，喜欢追求和影响别人。

该理论还认为，具有归属和社交需要的人，通常从友爱、情谊、人际之间的社会交往中得到欢乐和满足，并总是设法避免因被某个组织或社会团体拒之门外而带来的痛苦。他们喜欢保持一种融洽的社会关系，享受亲密无间和相互谅解的乐趣，随时准备安慰和帮助危难中的伙伴。合群需要是人们追求他人的接纳和友谊的欲望。合群需要欲望强烈的人渴望获得他人赞同，高度服从群体规范，忠实可靠。

4）ERG理论

ERG理论是生存—相互关系—成长需要理论的简称。奥尔德弗认为，职工的需要有三类：生存的需要(E)，相互关系需要(R)，和成长发展需要(G)。该理论认为，各个层次的需要受到的满足越少，越为人们所渴望；较低层次的需要者越是能够得到较多的满足，则较高层次的需要就越渴望得到满足；如果较高层次的需要一再受挫者得不到满足，人们会重新追求较低层次需要的满足。这一理论不仅提出了需要层次上的满足到上升趋势,而且也指出了挫折到倒退的趋势,这在管理工作中很有启发意义。

奥尔德弗把人的需要归为以下三类:

(1) 生存需要

生存需要指的是全部的生理需要和物质需要。如吃、住、睡等。组织中的报酬,对工作环境和条件的基本要求等,也可以包括在生存需要中。这一类需要大体上和马斯洛的需要层次中生理和部分安全的需要相对应。

(2) 相互关系需要

相互关系需要指人与人之间的相互关系、联系(或称之为社会关系)的需要。这一类需要类似马斯洛需要层次中部分安全需要,全部归属与爱或社会需要,以及部分尊重需要。

(3) 成长需要

成长需要指一种要求得到提高和发展的内在欲望,它指人不仅要求充分发挥个人潜能、有所作为和成就,而且还有开发新能力的需要。这一类需要可与马斯洛需要层次中部分尊重需要及整个自我实现需要相对应。

同时,ERG 理论还认为,一个人可以同时有一个以上的需要。

2. 过程型激励理论

过程型激励理论重点研究从动机的产生到采取行动的心理过程。主要包括弗鲁姆的期望理论、豪斯的激励力量理论、洛克的目标激励理论和亚当斯的公平理论等。

1) 期望理论

这是心理学家维克托·弗鲁姆提出的理论。期望理论认为,人们之所以采取某种行为,是因为他觉得这种行为可以有把握地达到某种结果,并且这种结果对他有足够的价值。换言之,动机激励水平取决于人们认为在多大程度上可以期望达到预计的结果,以及人们判断自己的努力对于个人需要的满足是否有意义。

2) 公平理论

公平理论又称社会比较理论,它是美国行为科学家亚当斯在《工人关于工资不公平的内心冲突同其生产率的关系》、《工资不公平对工作质量的影响》、《社会交换中的不公平》等著作中提出来的一种激励理论。该理论侧重于研究工资报酬分配的合理性、公平性及其对职工生产积极性的影响。

3. 行为修正型激励理论

修正型激励理论重点研究激励的目的(即改造、修正行为)。主要包括斯金纳的强化理论和挫折理论与海德的归因理论等。

1) 强化理论

强化理论是美国心理学家和行为科学家斯金纳等人提出的一种理论。强化理论是以学习的强化原则为基础的关于理解和修正人的行为的一种学说。所谓强化,从其最基本的形式来讲,指的是对一种行为的肯定或否定的后果(报酬或惩罚),它至少在一定程度上会决定这种行为在今后是否会重复发生。

根据强化的性质和目的,可把强化分为正强化和负强化。在管理上,正强化就是奖励那些组织上需要的行为,从而加强这种行为;负强化与惩罚不一样,惩罚是对一些错误的行为采取的一些使人受挫的措施,负强化是告知人们某种行为是不可取的,如果做了这种行为会受到什么惩罚,从而削弱这种行为。

2) 挫折理论

挫折理论是关于个人的目标行为受到阻碍后,如何解决问题并调动积极性的激励理论。挫折是一种个人主观的感受,同一遭遇,有人可能构成强烈挫折的情境,而另外的人则并不一定构成挫折。

3) 归因理论

归因理论是美国心理学家海德于1958年提出的,后由美国心理学家韦纳及其同事的研究而再次活跃起来。

归因理论是探讨人们行为的原因与分析因果关系的各种理论和方法的总称。归因理论侧重于研究个人,用以解释其行为原因的认知过程,即研究人的行为受到激励是"因为什么"的问题。

印度企业领导的激励方式

印度经济开放竞争不算很久,但已经涌现出印孚瑟斯(Infosys)、瑞莱恩斯实业公司(Reliance Industries)、塔塔(Tata)、马恒达(Mahindra & Mahindra)和安万特医药公司(Aventis Pharma)等一大批国际知名企业。

为了研究印度企业领袖是如何推动自己的组织实现高效运作的,研究者对印度最大的98家企业的105位领导进行了结构化的访谈。结果显示,这些企业领导人几乎无一例外地认为自己的竞争优势源自公司内部,也就是员工。与西方同行相比,印度领导者和他们的公司大多持有着眼于内部的长远观点。他们通过以下四种方式来激励员工。

(1) 培养使命感。印度企业领袖长期参与社会事务,主动提供社区服务和基础建设投资。纳拉亚纳医院集团就是个经典案例。创始人德维·谢蒂创建医院的宗旨是帮助成千上万需要心脏手术却无力负担手术费用的贫困儿童。这家医院很快发现,以低成本实现高质量手术的唯一途径就是将手术标准化,于是该医院开始学习如何大规模开展手术。现在这个集团做的心脏手术数量是美国大医院的两倍多,手术效果不亚于美国,费用却只有十分之一,医院的利润率甚至比美国同行略高。

(2) 增强透明度和责任感。印度领袖还通过促进开放和互助来强化员工的敬业精神。他们照顾员工及其家人的利益,同时含蓄地(有时直接地)要求员工关注公司的利益来作为回报。例如IT巨擘HCL公司实行"员工第一、顾客第二"的政策,同时辅以种种措施,促使员工为公司的产品和服务承担更多的个人责任,让他们有机会与公司高管沟通。CEO维尼特·纳亚尔把所有管理人员的360度评估结果对全体员工公开,则是另一个实例。

(3) 通过沟通授权。为了将员工的参与感转化为行动,印度领袖克服了极大的障碍对员工授权,尽管这种做法实际上有悖于印度传统的等级制度。譬如HCL公司的在线系统允许员工投诉产品质量问题,甚至与管理相关的个人问题,譬如"我对我的奖金不满"

或者"我的老板很差劲"。塔塔咨询服务公司也有类似的系统,员工可以借此表达对管理层的不满,并且通过仲裁来解决问题。

(4) 投资员工培训。定性与定量数据均表明,印度企业非常舍得投资员工培训,力度一般大于西方公司。这既是为了保证员工可以掌握创造最佳业绩的工具,也是为了提高他们对公司的参与感。尽管(或许也是因为)现在劳动力市场竞争激烈,员工流动率估计高达 30%,但印度企业仍在积极地培训员工。印度 IT 行业平均向新员工提供大约 60 天的正式培训。

(资料来源：中国人力资源开发网)

6.2.4 激励的原则与方法

1. 激励的原则

1) 目标结合原则

激励是为了鼓励员工向实现组织目标方向做出努力,是实现组织目标的一种手段。在激励机制中,设置目标是一个关键环节。目标的设置必须同时体现组织目标和员工需要的要求,力求达到双赢或共赢。因此,高明的管理者总会找到员工利益与组织利益的结合点,以达到事半功倍的效果。

2) 引导性原则

外在的激励措施只有转化为被激励者的自觉意愿,才能取得激励效果。引导性原则是激励过程的内在要求。组织只有不断引导员工的行为,强化员工思想,才能达到有效激励。

3) 合理性原则

激励的合理性原则包括两层含义：第一,激励的措施要适度,要根据所实现目标的价值大小来确定适当的激励措施；第二,奖惩要公平、公正。

4) 明确性原则

激励的明确性原则包括三层含义：第一,明确。激励的目的是需要做什么和必须怎么做。第二,公开。特别是分配奖金等大量员工关注的问题更为重要。第三,直观。实施物质奖励和精神奖励时都需要直观地表明其评价指标和方式。直观性与激励影响的心理效应成正比。

5) 时效性原则

要把握激励的时机,"雪中送炭"和"雨后送伞"的效果是不一样的。激励越及时,越有利于将人们的激情推向高潮,使其创造力连续有效地发挥出来。

6) 物质激励和精神激励相结合原则

物质激励是基础,精神激励是根本。在具体的应用实践中,管理者要在两者结合的基础上,逐步过渡到以精神激励为主。

7) 正激励与负激励相结合原则

正激励是指对员工的符合组织目标的行为进行奖励；负激励是指对员工违背组织目标的行为进行惩罚。在组织中,正负激励的实施都是必要而且有效的,此时激励不仅作用于当事人,还会间接地影响到其他人。

8) 按需激励原则

激励的起点是满足员工的需要。但员工的需要因人而异,因时而异,并且只有满足最迫切的需要(主导需要)时,激励效果才最好,强度也最大。管理者必须经常性地进行深入调查,不断了解员工需要层次和需要结构的变化趋势,有针对性地采取激励措施,才能收到实效。

2. 激励的方法

要能最大限度地激发员工的工作热情,使员工能坚持以积极的工作态度、尽个人的最大努力去完成组织任务,在遵循一些基本的激励原则之外,还要注意采用多种多样的激励方式。

1) 工作激励

现代企业中,越来越多的员工看中的不再是工作的待遇报酬,而是工作本身是否具有挑战性。特别是对那些年纪轻、干劲足的员工来说,富有挑战性的工作远比实际拿多少薪水更有激励作用。相对于简单重复的工作而言,工作越是有变化、有很多种可能,就越能激起员工的斗志,越能激起他们的信心和责任心。挑战性的工作更有利于员工发挥个人的创造性,执行一项富有挑战性的工作不仅意味着员工能力的提升,也意味着员工自身竞争力、事业资源的提升。

因此,管理者应根据实际情况,重视工作本身的激励作用,从员工的需求出发,充分了解员工的兴趣所在,使工作成为员工生活的一部分。组织应做好工作分析,增加工作趣味性和挑战性,丰富工作内容,并进行以员工为中心的工作设计。

2) 物质激励

(1) 报酬激励

报酬包括工资、奖金、各种形式的津贴及实物奖励等。虽然对于国外一些较高收入水平的人来说,工资、奖金已不成为主要的激励因素,但对于我国相当一部分人收入水平较低的人来说,工资、奖金仍是重要的激励因素。

(2) 福利激励

福利是指组织为员工提供的除工资与奖金之外的一切物质待遇。对员工而言,福利不像工资、奖金那样直接产生激励,但它的积极作用却是巨大而深远的。全面而完善的福利制度,使员工因受到周到的体贴和照顾而体会到组织这个大家庭的温暖,产生一种强烈的归属感,增加了认同和忠诚、责任心与义务感。这是一种很宝贵的持久的激励力量,与某次单项激励的作用相比,更具有根本性与内在性。

3) 惩罚激励

惩罚是对人的某种行为予以否定或批评,使人消除这种行为。惩罚得当,不仅能消除人的不良行为,而且能化消极因素为积极因素。惩罚是对人的行为的否定,是负强化,属间接奖励,是一种特殊形式的激励。在运用这种方式时,必须有可靠的事实根据和政策依据,令被惩罚的人心服口服;惩罚的方式与惩罚量要适当,既要起到必要的教育与震慑作用,又不要激化矛盾;同时要与深入细致的思想工作配合,注意疏导,化消极为积极,真正起到激励作用。

4) 培训激励

培训作为组织人力资源开发的重要手段,已经突破原本的单纯教育意义,成为现代管理的重要方式和手段。培训是指为了满足组织不断发展的需要,为了提高员工的知识,改善员工的工作态度,使员工能够胜任本职工作并不断有所创新,在综合考虑组织的发展目标和员工个人发展的基础上,对员工进行的一系列有组织、有计划的学习与训练活动。

培训可以提高员工的自觉性、积极性和创造力,增加企业产出和利润,既能使企业受益,还可以增强员工本人的素质和能力,使员工受益。企业同时应把培训作为改善管理水平的机会和途径,围绕企业任务和目标来实施培训,通过培训提高内部沟通水平,达成相互理解与支持,以提高整体工作绩效。

5) 精神激励

(1) 目标激励

目标激励是以目标为诱因,通过设置适当的目标,激发人的动机,调动积极性的方式。员工在管理中的自觉行为,都是追求目标的过程,任何企业的经营发展都需要自己的经营目标,目标激励要以企业的经营目标为基础,要求把企业的经营目标、部门目标以及员工的个人目标结合起来,上下一致。目标成为管理激励中极为重要的诱因。

(2) 感情激励

感情激励是以感情作为激励的诱因,通过加强与员工的感情沟通,尊重员工、关心员工,与员工之间建立平等和亲切的感情,让员工体会到领导的关心、组织的温暖,从而激发出主人翁责任感和爱厂如家的精神,调动员工的积极性。现代人对社会交往和感情的需要是强烈的,感情因素对人的工作积极性有重大影响。

(3) 企业文化激励

企业文化是指企业在长期的实践活动中所形成的,并且为组织成员普遍认可和遵循的,具有本组织特色的价值观念、团体意识、工作作风、行为规范和思维方式的总和。企业文化是只看不见的手,具有激励作用。企业文化的这种激励作用,一方面是由于企业文化是一种以人为中心的管理,承认人的价值,尊重人,爱护人,注重对人的思想、行为的"软"约束,从而起到传统激励方式起不到的作用;另一方面组织文化的激励功能不是消极被动地去满足人们对自身价值的心理需求,而是通过组织的共同价值观的形成,使其转化为员工实现自我激励的动力,自觉地为组织的生存和发展而工作。推行企业文化有助于建立员工共同的价值观和企业精神,树立团队意识。现在越来越多的企业重视企业文化的建设,优良的企业文化也是组织必不可少的激励手段。

CA 公司的工作激励

美国冠群公司(以下简称 CA)能从一个无名小卒发展成为仅次于微软的软件帝国,得益于其创始人王嘉廉的经营哲学和管理理念。王嘉廉认为,做同一件事非常枯燥,容易使人失去战斗力,因此,在 CA 工作的员工常常变换工作,接受各种挑战,从中获取成就感所带来的快乐。当然,挑战高,薪酬也高,CA 员工的平均薪水比 IBM 员工的薪水高出 1/3。

在 CA,从主管到员工,每一个人的工作种类都不是固定不变的。时间长了,员工们就可以自觉形成全方位的能力。CA 加拿大籍的员工大卫·杜波西对职务的更换有着切身体会。20岁大学毕业的杜波西曾在石油公司任程序分析员,设计会计软件,他于1985年加入CA加拿大分公司担任培训员,教人如何使用、装置CA软件等,后任加拿大分公司产品经理,在当地拓展CA新产品;1988年调往美国,在冠群产品部门工作,任财务软件产品的行销策略部门主任。

杜波西在CA短短10余年,就换过6种不同的职务。杜波西说:"在CA,你无法刚愎自用或孤芳自赏,因为CA的各个环节紧紧相扣,打的是总体战,大家在CA的大环境下共同迈进。而我每换一个职务,能力都要明显前进一步,换几次职务,自己在各类工作上都变得驾轻就熟了。"

6.3 沟　　通

管理沟通是企业组织的生命线。管理的过程,也就是沟通的过程。企业管理有五项基本职能,即计划、组织、领导、控制、创新,而贯穿在其中的一条主线即为沟通。沟通是实现管理职能的主要方式、方法、手段和途径。没有沟通,就没有管理,从某种意义上,现代企业管理就是沟通,沟通是现代企业管理的核心、实质和灵魂。

6.3.1　沟通的含义

沟通是指人与人之间传达思想感情和交流信息的过程。它主要包括为实现组织目标而进行的组织内部和外部的信息、思想和情感等传递和交流活动。沟通是人们在社会交往中的基本需求之一。沟通的目的是为了增进相互间的理解和认同。它可以从以下三个方面理解:第一,沟通时双方的行为,必须有信息的发送者和接受者;第二,沟通是一个理解和传递的过程,接收者必须接收到信息并能够理解信息;第三,要有信息内容,信息的传递是通过一些符号来实现的。在组织外部有员工之间的沟通,组织之间的沟通等。沟通必须满足以下三个方面:

(1) 要有一个明确的目标。明确沟通要达到的目的是非常重要的,也是一个人的沟通技巧在行为上的表现。

(2) 达成共同的协议。沟通结束以后一定要形成一个双方或者多方都共同承认的协议,只有形成了这个协议才叫作完成了一次沟通。

(3) 沟通信息、思想和情感。沟通的内容不仅仅是信息,还包括更加重要的思想和情感。事实上,我们在沟通过程中传递更多的是彼此之间的思想,而信息并不是主要的内容。

摩托罗拉的跨文化沟通

摩托罗拉公司非常注重上级主管与员工的沟通,并且研究在不同文化背景下采取不同的方式。例如,在中国,公司提倡东方传统文化中的"诚、诺、信"来营造坦诚、信用和信任的氛围,推行"肯定个人尊严"测试问卷,其中包括六个固定问题,让管理者和员工真实地表达他们对具体岗位的意义、胜任程度、培训和职业前途的认识,对工作绩效的反馈以及对工作环境的看法。调查结果先按具体职能部门层层反馈,再按照不同的管理层面,与管理者和员工逐一地进行交谈。公司注意考虑员工的个人特长、兴趣和工作需要,尽量使两者达成一致。

  为了实现各方面的有效沟通,公司还设立了"建议箱"和"畅所欲言箱"作为重要的信息沟通渠道。这样一来,可以使每个员工把自己工作范围内所发现的问题、提出的建议快速反映上去,使员工参与公司的管理。箱子摆放在员工最经常通过的地方,采用员工自取的固定表格,并且要求填完后必须署名,其目的是为了避免虚假问题的出现,减少无中生有,以维护正常的信息传递。而其中的意见也会被及时传递到相关部门,各部门主管必须及时把改进意见或措施反馈回去或对良好的措施加以肯定,对解决不了的问题必须说明原因。这些反馈通常在公司壁报专栏中及时刊出。这样做的目的:一是达到及时反馈改进工作的目的,二是使工作得到有效的监督。

(资料来源:邱庆剑.世界500强企业管理法则[M].北京:机械工业出版社,2006.)

6.3.2 正式沟通网络和非正式沟通网络

  在一个组织内,成员间所进行的沟通,可因其途径的不同分为正式沟通和非正式沟通两种方式。正式沟通是通过组织正式确定的结构或层次来进行的沟通。非正式沟通则是正式系统以外的途径来进行的纯粹个人性质的沟通。

1. 正式沟通网络

  正式沟通是为企业组织所设计和规范的沟通,以正式的职位关系为基础,管理者和员工之间的沟通。正式沟通网络是指通过正式信息沟通渠道建立起来的联系,它在组织中最为常见,在信息沟通中发挥主渠道作用。

  正式沟通一般指在组织系统内,依据组织明文规定的原则进行的信息传递与交流,如组织与组织之间的公函来往、组织内部的文件传达、召开会议、上下级之间的定期情报交换。

1) 正式沟通的流向

  正式沟通按照信息的流向可分为下向沟通、上向沟通和横向沟通。

  (1) 下向沟通。这是传统组织内最主要的沟通流向,一般以命令的方式传达上级组织或其上级所决定的政策、计划、规定之类的信息,有时发放某些资料供下属使用等。如果组织的结构包括多个层次,则通过层层传达,其结果往往是使下向信息发生扭曲,甚至遗失,而且过程迟缓。这些都是在下向沟通中经常发生的问题。

  (2) 上向沟通。主要是下属依照规定向上级所提出的书面或口头报告。除此以外,许多机构还采取某些措施以鼓励上向沟通,例如意见箱、建议制度以及由组织举办的征求意见座谈会、态度调查等。

  (3) 横向沟通。主要是同层次、不同业务部门之间的沟通。在正式沟通系统内,一般机会并不多。若采用委员会和举行会议方式,往往所费时间、人力甚多,而沟通的效果并不理想。因此,组织为顺利进行沟通,必须依赖非正式沟通以弥补正式沟通的不足。

  正式沟通的优点是:沟通效果好、比较严肃、约束力强、易于保密、可以使信息沟通保持权威性。重要的消息和文件的传达、组织的决策等,一般采取这种方式。其缺点在于,因为依靠组织系统层层传递,所以很刻板,沟通速度较慢,存在信息失真或扭曲的可能。

2) 正式沟通网络

正式沟通网络一般包括有链式,Y式,轮式,环式及全通道式。

(1) 链式沟通网络

优点:传递信息的速度最快,解决简单问题的时效最高。

缺点:信息经过层层筛选,容易出现失真的现象,使上级不能直接了解下级的真实情况,下级不能了解上级的真实意图;各个信息传递者接受的信息差异很大,平均满意程度有很大的差距;处于最低层次的沟通者只能作上行沟通,或接收失真度较大的信息,造成心理压力大,最容易产生不满足感;每个成员的沟通面狭窄,彼此沟通的内容分散,不易形成群体共同意见,最低层次的沟通者与最高层次的沟通者难以通气,不利于培养群体凝聚力。

(2) 环式网络

优点:小组成员地位平等,每个人都有相通的沟通对象和沟通网络。组织内民主气氛较浓,团体的成员具有一定的满意度,横向沟通一般使团体士气高昂。例如企业组建的临时组织,其成员在沟通中没有等级差别,享有同等地位。成员充分参与,机会均等,心情舒畅,能够调动其积极性。

缺点:组织的集中化程度和领导人的预测程度较低,沟通速度较慢,精确性不够高,信息易于分散,往往难以形成中心。

(3) 轮式沟通

优点:集中化程度高,解决问题的速度快;解决问题的精确度高;对领导人物的预测能力要求很高;处于中心地位的领导人的满足程度较高,他是信息沟通的核心。一切信息都得经过这个核心进行传递,所以可以接收所有的信息,有利于了解、掌握、汇总全面情况,并迅速把自己的意见反馈出去。

缺点:沟通渠道少;除处于核心地位的领导了解全面情况,其他成员之间互不通气,平行沟通不足,不利于提高士气;组织成员心理压力大,成员平均满足程度低,影响组织的工作效率,将这种沟通网络引入组织机构中,容易滋长专制型的交流网络。

(4) 全通道式沟通网络

优点:该网络是高度分散的,组织内的每一个成员都能同其他任何人进行直接交流,没有限制;所有成员是平等的,人们能够自由地发表意见,提出解决问题的方案;各个沟通者之间全面开放,彼此十分了解,组织成员的平均满足程度很高,各个成员之间满足程度的差距很小;组织内士气高昂,合作气氛浓厚,个体有主动性,可充分发挥组织成员的创新精神;比环式沟通的沟通渠道开阔,弥补了环式沟通难以迅速集中各方面信息的缺陷。

缺点:沟通渠道太多,易于造成混乱;对较大的组织不适用,在一个较大的企业组织中,各成员不能都有彼此面对面的接触机会;沟通路线的数目会限制信息的接收和传出的能力;信息传递费时,影响工作效率。

(5) Y式沟通网络

优点：集中化程度高，较有组织性，信息传递和解决问题的速度较快，组织控制比较严格。

缺点：组织成员之间缺少直接的横向沟通，不能越级沟通，除节点外，全体成员的满意程度比较低，组织气氛大都不和谐。

3) 非正式沟通网络

所谓非正式沟通是指正式组织途径以外的信息流通过程。沟通途径非常多且无定式，例如同事之间任意交谈，甚至通过家人之间传递等，都属于非正式沟通，所以非正式沟通与个人间非正式关系、非正式组织往往平行存在。

非正式沟通与正式沟通不同，它在沟通对象、时间及内容等各方面，都是未经计划和难以辨别的。非正式组织是由于组织成员的感情和动机上的需要而形成的，其沟通途径是通过组织内的各种关系，这种关系超越了部门、单位以及层次。在一定程度上说，非正式沟通带来的信息交流为组织决策提供了支持。在许多情况下，来自非正式沟通的信息，更受到信息接收者的重视。由于传递信息一般以口头方式，不留证据、不负责任，许多不愿通过正式沟通传递的信息，却可能在非正式沟通中迅速传递。

群体中信息的传播，不仅通过正式沟通渠道进行，还通过非正式渠道传播。美国心理学家戴维斯曾在一家皮革制品公司专门对67名管理人员进行调查研究，发现非正式沟通途径有四种传播方式。

(1) 集群连锁

集群连锁(Cluster-chain)又称葡萄藤式。在沟通过程中可能存在几个中心人物，有他们转告若干其他人。这种形式具有某种程度的弹性。

(2) 密语连锁

密语连锁(Go-sip-chain)又称流言式。沟通过程是由一人告知所有其他人如同独家新闻。

(3) 随机连锁

随机连锁(Probability-chain)沟通过程是信息传播者碰到什么人就转告什么人，并无一定中心人物或选择性。

(4) 单线连锁

单线连锁。沟通过程是一个转告另一个人，另一个人也只再转告下一个人，这种情况最为少见。

戴维斯还发现，小道消息传播的最普遍的形式是集群连锁。在一个单位里，大约只有10％的人是小道消息的传播者，而且多是固定的一群，其余的人往往姑且听之，听而不传。总之，一个群体里，有的是小道消息的"制造者"，有的人是小道消息的"传播者"，有的人是"夸大散播者"，而大多数人是只听不传或不听不传者。戴维斯的研究表明，小道消息有五个特点：第一，新闻越新鲜，人们议论越多；第二，对人们工作越有影响，人们议论越多；第三，越为人们熟悉的，人们议论越多；第四，人与人在生活上有关系者，最可能牵涉到同一谣传中去；第五，人与人在工作中常有接触者，最可能牵涉到同一谣传中去。小道消息由于均以口头传播为主，故易于形成，也易于迅速消失，一般没有永久性的结构和成员。

对小道消息的准确性,有人曾做了统计。赫尔希对6家公司的30件小道消息作了调查分析,发现有16件毫无根据,5件有根据也有歪曲,9件真实。

在怎样评价非正式沟通渠道的问题上,也有着不同的见解。一些人认为传播小道消息是散布流言飞语,应该加以禁止。另一些人则认为小道消息的传播可以满足组织内成员的需要,而且有助于弥补正式沟通渠道不灵活的缺陷。一般来说,在一个企业里小道消息盛行是不正常的,会破坏企业的凝聚力,不利于企业的管理。研究表明,小道消息盛行常常是大道消息不畅的结果。因此,完善和疏通正式沟通渠道是防止小道消息传播的有效措施。另外,由于小道消息常常是组织成员忧虑心理和抵触情绪的反映。所以管理者应该通过谣传间接地了解员工的心理状态,研究造成这种状态的原因并采取措施予以解决。

但是,过分依赖这种非正式沟通途径也有很大危险,因为这种信息遭受歪曲或发生错误的可能性相当大,而且无从查证。那种不实消息的散布,往往给组织造成较大的困扰。但是,任何组织都或多或少存在这种非正式沟通途径,对于这种沟通方式,管理人员既不能完全依赖它获取必需的信息,也不能完全忽视它。

非正式沟通的优点是沟通形式不拘,直接明了,速度很快,容易及时了解到正式沟通难以提供的"内幕新闻"。非正式沟通能够发挥作用的基础是组织中良好的人际关系。其缺点表现在,非正式沟通难以控制,传递的信息不确切、容易失真,而且,它可能导致小集团、小圈子,影响组织的凝聚力和人心稳定。

对于非正式沟通应采取以下立场和对策。

(1)非正式沟通的产生和蔓延,主要是由于人们得不到他们所关心的信息。管理者越是故作神秘,封锁消息,则背后流传的谣言越加猖獗。管理者如果使组织内沟通系统较为开放或公开,种种不实的谣言会自然消失。

(2)要想阻止已经产生的谣言,与其采取防卫性的驳斥,或指出其不可能的道理,不如正面提出相反的事实更为有效。

(3)闲散和单调乃是造谣生事的温床。为避免发生谣言扰乱人心士气的情况,管理者应注意,不要使组织成员有过分闲散或过分单调的情形发生。

(4)最基本的做法是培养组织成员对管理者的信任和好感,这样他们就比较愿意听组织提供的信息,也比较能相信这些信息。

(5)在对组织管理人员的训练中,应增加这方面的知识,使他们有比较正确的观念和处理方法。

如何实现有效沟通

群大公司是一家从小施工队发展而来的建筑工程公司,其董事长李大年是一个苦干实干、讲信用和重义气的人,对下属照顾非常周到,对年轻人更是视如晚辈。因业务需要,公司启用了一位刚从大学企业管理专业毕业的年轻人王平担任制订计划的工作岗位。小王按照李董事长交代下来的老办法进行工作,感觉不仅时间花费多,而且工作也不完善。于是,小王自己决定采用学校里学到的计划评审技术法(PERT法)。

小王受董事长的影响,工作非常勤奋努力。白天常常到工地去了解情况,协助解决各种问题,晚上经常要加班到11点左右。李董事长对小王非常欣赏,但也担心他会累坏了身体。连续几个晚上李董事长因事回到公司,见小王伏案聚精会神地工作,十分感动。但见小王在纸上画了很多的小圆圈,又用箭头线连接起来,加上一些英文字母,不知道小王到底在做什么。有一天晚上,李董事长实在忍不住了,他语气不大好地问道:"你到底在干什么呢?"小王听此问话,心里不太高兴,暗自嘀咕:"莫名其妙!我不是正忙着制订计划吗!"但他嘴上什么也没说,只是继续手里的事情。

第二天一早小王又去了工地,李董事长想知道最近计划工作的情况,便翻阅"计划表"查看,发现已经好久没有增加新的内容。但看到小王桌上一堆画满了圈圈和箭头线的纸张,标题写着"PERT NO.1",一时怒气冲天,马上将小王从工地上召回。

因为这件事,李董事长和小王闹得很不愉快。小王的新方法也只得暂时搁置一旁,仍然采用原来的老方法进行计划工作,小王为此十分苦闷。

6.3.3 有效沟通的障碍与改善技巧

1. 有效沟通的障碍

沟通障碍是信息在传递和交换过程中,由于信息意图受到干扰或误解而导致沟通失真的现象。在人们沟通信息的过程中,常常会受到各种因素的影响和干扰,使沟通受到阻碍。无论是进行个人之间的沟通还是组织沟通,都会遇到障碍,这些障碍有来自信息沟通过程中内部方面的因素,也有来自信息沟通过程中所遇到的外部环境如政治、经济、社会因素和组织文化等方面的因素。

1)信息沟通过程中的障碍

沟通过程中的障碍主要是指信息在从发送者到接收者的传送和理解过程中所遇到的干扰和问题,使得信息丢失或发生曲解,影响了组织沟通的整体效果。

(1)信息发送方面的障碍

沟通的首要工作是信息发送者对要传递的思想进行编码,使之成为可以进行传递的信息。编码的质量会极大地影响信息沟通的总体效果。一般来说,影响信息编码质量的因素主要有三个。

① 表达能力

有效沟通的基本条件是:编码者必须具有良好的口头或书面表达能力以及逻辑推理能力。作为信息源的发送者如果不能进行正确的信息编码,对信息的内容和含义表达得含糊不清,或隐晦难懂,信息在传递的第一个环节出了问题,必然使接收者感到茫然,难以解码所收集的信息。

② 知识经验

任何人都无法传递自己不知道的东西,由于人的个性及知识经验的差异性,如果信息发送者在某些问题上所掌握的知识或拥有的经验有限,就可能影响所传递的信息质量。如果信息发送者与信息接收者之间有共同的经验,就比较容易实现沟通信息的目标。

③ 发送者信誉

沟通中人们经常发现,在沟通内容对象相同的情况下,不同的信息发送者可能会收到不同的效果,这说明人们对信息发送者的信任程度会影响沟通的效果。如果对发送者是信任的,沟通就会顺畅。相反,如果信息发送者的能力不强,人品差、威望低,接收者对他具有不信任感,就会在情感上加以拒绝。

(2) 信息传递过程中的障碍

① 信息传递手段的障碍

对于重要事情而言,口头传达效果较差,因为接收者会认为"口说无凭"、"随便说说"而不加以重视。在当代信息沟通中,运用现代信息技术手段传递信息越来越广泛,从而极大提高了沟通的效率。但是,一旦这些手段发生了故障也会影响沟通的顺畅进行。在信息沟通中,应尽可能地选择高质量或保证效率的沟通工具。

② 沟通渠道选择方面的障碍

信息沟通是在一定的信息传递渠道中进行的,如果信息渠道不畅通,必然影响沟通的效果。信息在传递过程中,会发生损耗。组织机构庞大,内部层次多,从最高层传递信息到最底层,从最底层汇总情况到最高层,中间环节太多,信息损失较大,信息失真、歪曲和丢失的可能性就越大。应尽可能地减少沟通的层次,防止信息被过多地过滤。

(3) 信息接收者的障碍

① 理解能力

如果信息接收者的素质差、理解能力不强,不具有信息发送者编码时所认定或设定具有的知识水平,就可能对正常的信息产生误解,以至于妨碍正常的沟通。

② 信息过量障碍

接收者收到过多的信息时,就可能使一部分信息被忽略,这应引起信息发送者和接收者双方的重视。在信息化的社会里,一个人所接收的信息量是非常多的,信息接收者不可能对所有的信息都掌握,必然是有选择地接收信息。

(4) 反馈过程中的障碍

信息只有通过反馈才能建立一个双向沟通的过程,而这种双向沟通对信息传递的准确性和完整性有着重要的意义。在反馈过程中,由于反馈渠道本身的设置和使用,以及反馈过程中可能出现的信息失真等,都有可能给有效沟通带来障碍。例如,企业中的领导虽然设置了员工意见反馈信箱,但领导从不打开信箱,说明这种反馈形同虚设。

2) 信息沟通环境方面的障碍

(1) 组织结构方面的障碍

组织内正式沟通渠道在很大程度上取决于组织的结构形式,所以结构形式对有效的组织沟通往往有决定性的作用。

(2) 组织文化方面的障碍

组织文化是一个组织所创造和形成的以一定的价值观为核心的一系列独特的制度体系和行为方式的总和。由于企业文化是组织中员工价值观的根本体现,在很大程度上影响着员工的各种行为,因此,它对组织中的信息沟通也有着深刻的影响。

(3) 社会文化方面的障碍

不同的社会文化环境形成不同的价值观和信仰追求,这些价值观念和信仰追求又左右着人们的沟通行为。

2. 有效改善沟通技巧

很多管理专家都强调沟通的重要性，在管理中，沟通显得特别重要。上下级之间需要沟通，同事间需要沟通，管理中无处不存在沟通。有效改善沟通技巧，将大大提高工作效率。

(1) 加强和下属的感情

用一些小技巧，比如亲笔写一封感谢便条，让上级给他打个电话，请员工喝茶、吃饭，有小的进步立即表扬，或者进行家访，对员工的生活和家庭表现出一定的兴趣，经常走走，打打招呼，有时候送些神秘的小礼物。

(2) 让员工帮助解决问题

现在的员工都有熟练的技巧，而且一般都很热心地把一技之长贡献给群体。事实上，他们对本身工作的认识比任何人都清楚。因此，要求员工帮助解决问题，不但可以有效地运用宝贵的资源，而且可以营造一起合作、共同参与的气氛。

(3) 注重非言语信息

据有关资料表明，在面对面的沟通过程中，那些来自语言文字的社交意义不会超过35%，换言之，有65%是以非语言信息传达的。非语言信息包括沟通者的面部表情、语音语调、目光手势等身体语言和副语言信息。非言语信息往往比言语信息更能打动人。因此，如果你是组织沟通的信息发送者，你必须确保你发出的非语言信息强化语言的作用。如果你是组织沟通的信息接收者，你同样要密切注视对方的非语言提示，从而全面理解对方的思想、情感。

(4) 率先表明自己的看法

当有难题要应付时，部下都盯着上司，如不及时阐明态度和做法的话，部下会认为上司很无能。同样，要想和部下打成一片的话，必须先放下"架子"，不要高高在上而要有适宜的言行举止。"揭人不揭短"，批人不揭"皮"。现场人多，即使部下做的不对，如果当着大家的面训斥部下的话，会深深挫伤其自尊心，认为你不再信任他，从而产生极大的抵触情绪。记住，夸奖要在人多的时候，批评要单独谈话，尤其是点名道姓的训斥，更要尽量避免。

(5) 交流时间长不如短，次数少不如多

多交流显得亲热，交流时间不要太长，长了之后言多必失，频繁短时间接触部下，部下更容易亲近，更容易知道你在注意他、关心他。俗话说：要想人服，先让人言。纵使说服的理由有一百条，也别忘了让员工先说完自己的看法，不要连听都不听，不听等于取消别人的发言权，是不信任的最直接表现。不管自己多么正确，都要让对方把话说清楚，然后再去要求员工换位思考解决问题，让他处在自己的位置上看如何解决。如果他设身处地去想，很可能两人能取得一致的意见。

(6) 调整沟通心态

随着现代社会信息网络和通讯技术的高速发展，人与人之间的沟通方式因此也变得多样、丰富。即使两个人相隔千山万水，他们之间的交流沟通也会相当容易。表面上看来，人们之间的沟通联络的确是越来越频繁了。实际上呢？大多数的沟通已成为一种社会物质利益所驱使的表层化的行为，其效果是可想而知的。"开诚布公"、"推心置腹"、"设身处地"都是悠久的中华文化所积淀的闪光词汇,或许正是大多数现代企业沟通者所缺乏的一种沟通心态。所以,现代企业的组织沟通者不仅要做好企业运作的程序化信息沟通,同时也应重视组织成员之间的心灵沟通。

(7) 学会倾听

William·R.Tracey 曾在《关键技能》一书中建议人力资源经理花 65% 的时间倾听,25% 的时间发言,余下的 10% 的时间才用于阅读和写作。可见,倾听对于沟通的重要性。可是,在人们长期的传统思维中,沟通是一种富有"动作性"的动感过程。自然而然,倾听这一"静态"过程就被许多沟通者忽视了。但倾听恰恰是沟通行为中的核心过程。因为,倾听能激发对方的谈话欲,促进更深层次的沟通。另外,只有善于倾听,深入探测到对方的心理以及他的语言逻辑思维,才能更好的与之交流,从而达到沟通的目的。所以,一名善于沟通的组织者必定是一位善于倾听的行动者。

业务员的失言

有一天,一个业务员宴请客户。开宴时间快到了,客人只来了一半,业务员有些着急,忍不住自言自语道:"怎么该来的还没来呢?"

有的客人一听,心里凉了一大半:"他这么说,想必我们是不该来的。"于是有一半人走了。

业务员一看许多客人离开了,着急地说:"怎么不该走的走了?"剩下的人听了,心里特别有气:"这不是当着和尚骂秃驴吗?看来我们是该走的。"于是剩下的客人又走了一半。

业务员急得直拍大腿:"嗨!我说的不是他们啊!"余下的人听了,这是什么话?不是说他们,那是说我们啦!于是在座的客人全走了,客房里只剩下一位平时和业务员关系较密切的客人。最后这位客人奉劝业务员:"说话前要先用脑子想想,不然说出去的话就收不回来了,覆水难收啊!"业务员一听,急忙辩解:"我并不是叫他们走啊!"

这位客人一听也火了:"不是叫他们走,那就是叫我走了!"说完,头也不回,扬长而去。

本 章 小 结

领导是以实践为中心展开的,由具体社会系统中的领导主体根据领导环境和领导客体的实际情况确定本系统的目标和任务,并通过示范、说服、命令、竞争和合作等途径获取和动用各种资源,引导和规范领导客体,实现既定目标,完成共同事业的强效社会工具和行为互动过程。

领导理论包括三大类:领导特质理论、领导行为理论、领导权变理论。

领导艺术,是指领导者在领导活动中为了有效地提高领导效能、达到领导目标而对客观规律、领导科学原理及方法的灵活机动和创造性的运用。

激励是指管理者以满足个人的某些需要为条件，激发和引导下属成员的行为动机，使其积极从事实现目标的活动。

激励理论的前提是人性假设理论。

激励理论是指通过特定的方法与管理体系，将员工对组织及工作的承诺最大化的过程。主流的激励理论有三大类，分别为内容型激励的理论、过程型激励理论和行为修正型激励理论。

激励需要遵循八大原则和灵活的激励方法。

柳传志的传奇

柳传志是一个创业的传奇。他领导一个由 11 个人组成的小公司用 14 年时间成长为中国最大的计算机公司。柳传志的成功除了他个人的能力外，主要得益于拥有一大批像杨元庆、郭为这样高素质的追随者。柳传志的能耐在于始终有办法让下属相信，"跟着柳传志干，联想一定能成功"。这个"信"字很重要。"信"了，才会一呼百应，团结进取；"信"了，才会百折不挠，勇往直前；"信"了，才会令行禁止，服从大局。柳传志争取追随者靠的是立志高远、身先士卒、培养和起用能人。"振臂一呼，应者云集"的领导能力绝不是一个领导职位就能赋予的，没有追随者的领导剩下的只是具有职权威慑的空壳。是追随者成就了领导者，领导的过程就是争取追随者的过程，而领导者的个人魅力和感召力、领导者所营造的组织氛围在此过程起着重要作用。

柳传志争取追随者的第一步："人行得正"。"在公司里面，我对他们要求挺严格，大家还都信我。甚至离开公司的人、想自己发展的人，也不会出去说联想不好。这其中，我觉得有一点很重要，就是绝不搞宗派，绝不给自己牟私利。不仅是不谋私利，对人处事还要公正。今天我把 A 训了一通，明天当他发现其他人犯了错误也一样挨训的时候，他就不会感到委屈。"争取追随者以身作则、身先士卒很重要。"创业的时候，我没高报酬，我吸引谁？就凭着我多干，能力强，拿得少，来吸引更多的志同道合的老同志。"

"要部下信你，还要有具体办法，通过实践证明你的办法是对的。我跟下级交往，事情怎么决定有三个原则：第一，同事提出的想法，我自己想不清楚，在这种情况下，肯定按照人家的想法做。第二，当我和同事都有看法、分不清谁对谁错、发生争执的时候，我采取的办法是：按你说的做，但是，我要把我的忠告告诉你，最后要找后账，成与否要有个总结。你做对了，表扬你，承认你对，我再反思我当初为什么要那么做；你做错了，你得给我说明白，当初为什么不按我说的做，我的话你为什么不认真考虑。第三，当我把事想清楚了，我就坚决地按照我想的做。""第二种情形很重要，不独断专行，尊重人家意见，但是要找后账。这样做会大大增加自己的势能。"

第二步："要取信于领导，取信于用户和合作者，取信于员工。说到的事情一定要做到，要不然，你就别说。另外，公司里的规矩一定要不管不顾地坚持。比如公司开会迟到罚站的规矩，传了十几年了，传下来不容易，因为不断地来新人。"在领导方式方面，柳传志认为，当企业小的时候，或者刚开始做一件全新的事的时候，一定要身先士卒，那个时候，领导是演员,要上蹿下跳自己去演。但是当公司上了一定规模以后,一定要退下来。"要做大事,非得退下来,用人去做。如果我一直身先士卒,就没有今天的联想了。我现在已经退到了制片人的角色,现在包括主持策划,都是由年轻人自己搞,杨元庆他们自己的事由他主持策划,我只是谈谈未来的方向。"

(资料来源:盈锟.柳传志:创业成功必需的要素并不多[J].新经济,2006.)

实 践 教 学

实践教学项目
领导方式、激励方式调查。

实践教学目的
1. 增强对领导的认识。
2. 增强对不同激励方式的认识和运用。

实践教学内容与要求
1. 全班分6~8组,起草调查方案,调查走访一家企业,了解该企业领导及激励方式并写出调查报告;
2. 根据调查报告,分析企业激励观中存在的问题,初步制订激励方案;
3. 运用所学知识进行分析诊断。

实践教学成果与检测
1. 组与组之间交换评价激励方案。
2. 由教师进行点评,并为各小组打分。

课 后 习 题

1. 领导与管理的区别是什么?
2. 领导理论有哪些?
3. 如何提高领导艺术?
4. 激励理论有哪些?激励的原则和方法有哪些?
5. 沟通和协调的区别是什么?
6. 正式沟通和非正式沟通的联系和区别是什么?
7. 如何进行有效沟通?

第七章 控 制

控制工作无处不在

思泰克企业的总经理乔治就其产品印刷电路板的销路到欧洲同买主建立联系后返回了新加坡。同往常一样,他的邮件筐里堆满了信件。但是他却没有时间浏览这些信件并处理有关产品的抱怨和其他内部问题。

正当乔治埋头于处理这些信件时,工厂经理和财务经理来到他的办公室。他们来这里是因为乔治大怒了。

"为什么没有任何人告诉我,我们公司究竟发生了什么?为什么我未能知道周围发生了什么?为什么我始终一无所知?我没有时间去浏览所有这些文件并了解问题。没有一个人告诉我,我们的企业是如何运作的。我似乎从没听说过我们的问题,直到它们变得相当严重。我要求你们两位制定一个系统从而使我能持续得到信息,我对一无所知已经很厌倦了,特别是那些我必须知道的事情。"

当两位经理返回他们的部门时,工厂经理对财务经理说:"每一件乔治想知道的事都在他桌上的那堆报告中。"

(资料来源:http://218.85.72.118/www_jpkc/jpkc_glx/case/case29.htm)

思考

1. 为了让乔治持续得到信息,需要哪些控制系统呢?
2. 对于乔治来说,设计一个控制系统应该有哪些方面的考虑呢?

7.1 控制概述

控制是管理的一项重要的职能,它与计划、组织、领导工作是相辅相成、互相影响的,它们共同被视为管理链的四个环节。计划提出了管理者追求的目标,组织提供了完成这些目标的结构、人员配备和责任,领导提供了指挥和激励的环境,而控制则提供了有关偏差的知识以及确保与计划相符的纠偏措施。

7.1.1 控制的含义

法约尔曾经说过:"在一个企业中,控制就是要证实一下是否各项工作都与已定计划相符合,是否与下达的指示及已定原则相符合。控制的目的在于指出工作中的缺点和错误,以便加以纠正避免重犯。对物、对人、对行动都可以进行控制。"

控制是对各项活动的监视,从而保证各项行动按计划进行并纠正各种显著偏差的过程。控制的概念包括以下三方面:

(1) 控制有很强的目的性,控制是为保证组织中的各项活动按计划进行;

(2) 控制是通过监视和纠正偏差来实现的;

(3) 管理是一个持续的过程,控制活动提供了回到计划的关键联系。

如果管理者不采取控制,他们就根本不知道他们是否正对着目标前进,也不知道未来该采取什么行动。为保证组织活动是按照计划进行的,所有的管理者都应当承担控制的职责。因为管理者对已经完成的工作与计划所应达到的标准进行比较之前,并不知道工作进展是否正常。

在现代管理活动中,控制既是一次管理循环的终点,是保证计划得以实现和组织按既定的路线发展管理的职能,又是新一轮管理循环的起点。要保证组织的活动按照计划进行,控制是必不可少的。

哈勃望远镜的研制

经过长达15年的精心准备,耗资15亿美元的哈勃太空望远镜终于在1990年4月发射升空。但是,美国国家航天局却发现望远镜的主镜片存在缺陷。由于直径达240.03cm的主镜片的中心过于平坦,导致成像模糊。因此望远镜对遥远的星体无法像预期那样清晰地聚焦,结果造成一半以上的实验和许多观察项目无法进行。

更让人觉得可悲的是,如果事先进行更好的控制,这些是完全可以避免的。镜片的生产商珀金斯—埃默公司,使用了一个有缺陷的光学模板生产如此精密的镜片。具体原因是,在镜片生产过程中,进行检验的一种无反射校正装置没设置好。校正装置上的1.3mm的误差导致镜片研磨、抛光形成了误差。但是没有人发现这个错误。具有讽刺意味的是,与其他许多项目所不同的是,这一次并没有时间上的压力,而有足够充分的时间来发现望远镜上的错误,实际上,镜片的粗磨在1978年就开始了,直到1981年才抛光完毕,此后,由于"挑战者号"航天飞机的失事,完工后望远镜又在地上待了两年。

美国国家航天局(NASA)中负责哈勃项目的官员,对望远镜制造中的细节根本不关心。事后航天管理局中一个6人组成的调查委员会的负责人说:"至少有三次明显的证据说明问题的存在,但这三次机会都失去了。"

7.1.2 控制的作用与目的

1. 控制的作用

如果各个计划都不能顺利执行,组织的目标也就无法实现,因此,控制工作在管理活动中就起着非常重要的作用。

从功能角度讲,控制过程在整个管理活动中的作用有以下两方面:

(1) 检验作用。它检验各项工作是否按预定计划进行,同时也检验计划方案的正确性和合理性。

(2) 调整作用。任何一个系统的运行与计划相比总是有偏差的,如果计划方案合理时进行出现偏差,则需采取相应措施消除各种干扰因素,任何管理者都必须承担控制的职责,不能认为控制只是高层管理者的责任。

任何部门都应该将正在进行的工作或已经完成的工作与规划所要求达到的标准进行比较,检查工作的运行是否正常。高层管理者的控制职能主要与组织战略活动和涉及组织整体目标的活动相关,基层管理者的控制职能主要与具体活动和业务活动相关。事实上,就工作控制而言,每个组织成员都负有控制的职责,全面质量管理活动的开展就说明了这一点。可见,组织中从上到下形成了一个控制系统,有效的控制系统可以保证各项行动的方向是朝向组织目标的。控制系统越是完善,管理者实现组织的目标就越是容易。

2. 控制的目的

管理的目的是有效地实现组织目标,为此就要进行计划、组织、领导、控制。

计划工作是为整个组织确定目标,做出总体规划和部署;组织工作是内部结构设计和组织关系的确定,在组织中进行部门划分、权力分配,确定组织内各部门的职责,以保证计划的落实和完成;领导工作是管理者运用职权和个人魅力施加影响,以充分发挥每个人的积极性,指导各类人员努力实现组织目标。

控制工作是检查、监督、确定组织活动进展情况,对实际工作与计划之间所出现的偏差加以纠正,从而确保整个计划组织目标的实现。如果没有好的控制,实际工作就可能偏离计划,组织目标就可能无法实现。控制的目的具体表现在以下两方面:

(1) 对于经常发生变化的迅速而又直接影响组织活动的"急症问题",控制应随时将计划的执行结果与标准进行比较,若发现有超过计划允许范围的偏差时,则及时采取必要的纠正措施,使组织内部系统活动趋于相对稳定,以实现组织的既定目标。

(2) 对于长期存在的影响组织素质的"慢性病症",控制要根据内外环境变化对组织新的要求和组织不断发展的需求,打破执行现状,重新修订计划,确定新的现实和管理控制标准,使之更先进、更合理。

市场的"阀门理论"

1991年,安徽古井贡酒股份有限公司古井系列产品的市场需求量远远超过了企业的实际生产能力。销售业务单位的采购员专门在古井酒厂等货,供需矛盾十分突出。为了解决这种供需矛盾,古井人提出了市场的"阀门理论",其做法如下。

1. 提出了"控制总量,调节市场,实施市场适度法"这一销售总原则。企业销售部门对产品流向进行认真的统计、分析,根据各个市场的实际情况来决定供货数量、比例、品种,依次来调节各个市场,使每个市场都保持一定的"饥饿度"。这一措施的实施,使古井系列产品始终保持旺销势头,避免了盲目销售和产品在市场上的自我竞争,缓解了供需矛盾,融通了厂商关系。

2. 初步实施"一省一策,一地一策"的两种策略。古井酒厂根据省与省之间和省内不同地区之间的市场行情,灵活地增减供货数量,实行不同的销售方式,在经营的活动中追求动态平衡,大大地延长了产品的寿命周期,同时对牢固占领市场起到了很好的作用。

3. 试行代理商制度,稳定实力市场。这几年,他们在已经成熟的市场中选择了有实力、信誉好的200家公司作为他们的代理商,在供货方式、品种选择上实行一些优惠政策。试行代理商制,是为了进一步稳定实力市场,杜绝多头销售造成的降价倾销。

4. 实行了"以量定点"的销售方式。在省内市场上,他们把销售量分为四个档次,客户根据自己的经营实力任意选择,不同档次享受不同的优惠条件。这种措施的推行,大大调动了商业单位经营古井系列产品的积极性,进一步巩固、扩大了省内市场。

7.1.3 控制的前提条件

控制简单地讲是随机地处理问题,但这种随机并不意味没有前提条件,也不是以管理者的主观想象为前提条件。管理者要想做好控制工作,必须时刻考虑以下四个前提条件。

(1) 控制要围绕目标。如果管理者事先不知道自己管理的整体目标,每件事应达到什么具体要求,就无法有的放矢地进行管理控制工作。没有明确的工作目标就无法进行有效的控制;对目标的错误理解,也同样会导致错误的控制。决策目标与管理控制的关系是,目标决定控制内容,控制工作为目标实现奠定基础和提供保障。

(2) 计划前提。要制订一套科学的、切实可行的计划。控制的基本目的是防止工作出现偏差,需要将实际工作的进展与预先设定的标准进行比较,因此控制之前必须制定相应的评价标准,即计划。计划不仅为实际工作提供了行动路线,也为后续的控制工作奠定了基础。在制订计划时不仅要考虑其实施问题,还要考虑后续控制工作的需要。计划越明确,全面,完整,控制越容易,效果越好。

(3) 组织结构前提。要有专司控制职能的组织机构,即控制机构。在开展控制工作之前应明确界定负责评价和纠正偏差工作的机构,岗位和个人。这样不仅明确职责也清楚相互之间的监督关系。

(4) 信息沟通网络前提。应建立起相对完善的信息沟通网络。控制工作本身是一个信息交流的过程,控制者需要不断收集相关信息,以及时判断实际工作的进展。

查克停车公司的两项业务

查克停车公司是一家小企业,但每年的营业额有几百万美元。公司拥有雇员100多人,其中大部分为兼职人员。每个星期,查克停车公司至少要为几十个晚会料理停车业务。

查克停车公司经营的业务包含两项。

一是为私人晚会料理停车事宜,这是公司的主要业务。查克每天的主要工作就是拜访那些富人或名人的家,评价道路和停车设施,并告诉他们需要多少个服务员来处理停车的问题。

二是同一个乡村俱乐部的合同都涉及停车业务,但它们为查克提供收入的方式却很不相同。

私人晚会是以当时出价的方式进行的。查克首先估计大约需要多少服务员为晚会服务,然后按每人每小时多少钱给出一个总价格。如果顾客愿意"买"他的服务,查克就会在晚会结束后寄出一份账单。

在乡村俱乐部,查克根据合同规定,每月要付给俱乐部一定数量的租金来换取停车场的经营权。他收入的唯一来源是服务员为顾客服务所获得的小费。

7.1.4 控制的类型

在组织活动中,计划一旦付诸实施,就会产生各种各样的反馈信息。控制人对各种反馈信息经过系统分析,确定不同的控制工作重点,并采用不同的控制工作类型进行控制。按照不同的标准,可以将控制分为不同的类型。

1. 按控制信息获取的时间划分

按控制信息获取的时间划分可以把控制分为三种类型,即前馈控制、现场控制和反馈控制。

1) 前馈控制

前馈控制又称预先控制或事前控制,是指一个组织在一项活动正式开始之前所进行的控制活动。前馈控制主要是获取有关未来的信息,并依此进行反复认真的预测,将可能出现的执行结果与计划要求之间的偏差预先确定出来,或者事先察觉内外环境可能发生的变化,以便提前采取适当的处理措施预防问题的发生。前馈控制的基本目的是保证某项活动有明确的绩效目标,保证各种资源要素的合理投放。如各种计划、市场调查、原材料的检查验收、组织员工的招聘及考核、入学考试等都属于前馈控制。

前馈控制和反馈控制不同。前馈控制试图对输入系统的资源,包括人、财、物、信息等在成为该系统的一部分之前,对其数量和质量进行监控。它的纠正措施往往是预防式的,作用在计划执行过程的输入环节上,工作重点是防止所使用的各种资源在质和量上产生偏差,而不是控制行动结果,这是前馈控制在现代化管理中一个重要特点。一个切实可行的前馈控制系统需满足以下要求。

(1) 必须对计划工作和控制系统作透彻和细致的分析,确定较重要的输入变量。

(2) 逐步建立前馈系统模型。

(3) 要注意保持模型的动态性,应经常检查模型以了解所确定的输入变量及其相互关系是否仍然反映实际情况。

(4) 必须经常收集输入变量的数据,并把它们输入控制系统。

(5) 必须经常估计实际输入数据与计划数据之间的差异,并评价其对预期最终结果的影响。

(6) 必须付诸于行动。前馈控制的作用同其他的计划和控制方法一样,其所发挥的功能不仅是向人们指出问题,而且还需要采取措施来解决这些问题。

2) 现场控制

现场控制又称同步控制或同期控制,是工作正在进行的过程中所实施的控制。它是一种主要为基层主管人员所采用的控制方法。主管人员通过深入现场来亲自监督检查、指导和控制下属人员的活动。主要包括以下内容：

(1) 向下级指示恰当的工作方法和工作过程；

(2) 监督下级的工作以保证计划目标的实现；

(3) 发现不符合标准的偏差时，立即采取纠正措施。

在现场控制中，组织机构授予主管人员的权利使他们能够使用经济的和非经济的手段来影响其下属。控制活动的标准来自计划工作所确定的目标、政策、战略和规范、制度等。控制工作的重点是正在进行的计划实施过程。控制的有效性取决于主管人员的个人素质、个人作风，指导的表达方式以及下属对这些指导的理解程度。其中，主管人员的言传身教具有很大的作用。在现场控制中，除了对主管人员的要求较高以外，实时信息的及时获取也很重要。信息技术的发展为实时信息的收集和传递提供了有力的保证，从而提高了现场控制的适用范围和效果。

现场控制可分为两种：一是驾驭控制。它犹如驾驶员在行车当中根据道路情况使用方向盘来把握行车方向。这种控制是在活动进展过程中随时监控各方面情况的变动，一旦发现干扰因素介入立即采取对策，以防执行中出现偏差。二是关卡控制。它规定某项活动必须经由既定程序或达到既定水平后才能继续进行下去。比如生产过程中的进度控制、每日情况统计表、期中考试等。

3) 反馈控制

反馈控制又称成果控制或事后控制，是指在工作结束或行为发生之后所进行的控制。这类控制把注意力集中在工作和行为的结果上，对已经形成的结果和控制标准进行比较、分析，发现已经发生或即将发生的偏差，分析其原因和对未来的可能影响，及时拟定纠正措施并予以实施，以防止偏差继续发展或防止其今后再次发生。由此可见，这类控制工作是一个不断提高的过程。它的工作重点放在历史成果上，并将它作为未来行动的基础。

反馈控制有一个致命的弱点即滞后性，很容易贻误时机，增加控制的难度。因此，反馈控制要求的速度必须大于控制对象的变化速度，否则，系统将产生震荡，处于不稳定状态。

以上三种控制方式各有特点，但在实际应用中需要相互配合，并与管理的其他职能相互渗透，形成一个相互补充、互为借鉴的管理控制系统。

前馈控制、现场控制和反馈控制如下图所示。

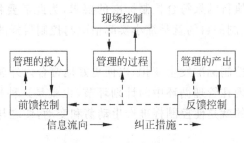

前馈控制、现场控制和反馈控制

2. 按控制的手段划分

按控制的手段可以把控制分为两种类型,即直接控制和间接控制。

1)直接控制

直接控制是控制者与被控制对象直接接触进行控制的形式,通常可以理解为通过行政命令和手段进行的控制。在组织中,对具有很大不确定性且后果较为严重的事件,管理者应该采用直接控制方式。

进行直接控制有如下优点:

(1)对个人委派任务时有较大的准确性。同时,为使主管人员合格,要对他们经常不断地进行评价,实际也必定会揭露工作中的缺点,并为消除这些缺点而进行的专门培训提供依据。

(2)直接控制可以加速采取纠正措施并使其更加有效。它鼓励用自我控制的方法进行控制。由于在评价过程中会揭露出工作中存在的缺点,因而也会促使主管人员努力去确定他们应负的职责并纠正错误。

(3)由于提高了主管人员的素质,减少了偏差的发生,也就有可能减轻间接控制所造成的负担,节约经费的开支。

(4)直接控制的心理效果也给人以深刻的印象。主管人员的素质提高后,他们的威信也得到了提高,下级人员对他们的信任和支持增加了,这样就有利于整个计划目标的顺利实现。

2)间接控制

间接控制主要是相对于直接控制而言的,是指控制者与被控制对象之间并不直接接触,而是控制者通过他人或间接的方法引导和影响组织活动的运行过程,进而达到控制的目的。间接控制在企业中可以表现为将奖金和绩效挂钩的分配制度,以及通过推广企业文化来形成良好风气以控制人们的行为等。

当然,间接控制存在着缺点,最显而易见的是间接控制是在出现了偏差、造成损失之后才采取措施,它的费用支出是较大的。因此,间接控制并不是普遍有效的控制方法,它还存在许多有待完善的地方。

3. 按控制的目的和对象划分

按控制的目的和对象可以把控制分为两种类型,即纠正执行偏差和调整控制标准。

1)纠正执行偏差

纠正执行偏差是使执行结果符合控制标准的要求,为此需要将管理循环中的实施环节作为控制对象,这种控制的目的就是缩小实际情况与控制目标的偏差,即负馈控制。

2)调整控制标准

调整控制标准是使控制标准发生变化,以便更好地符合内外现实环境条件的要求,其控制作用的发生主要体现在管理循环中的计划环节,也就是这种控制对象包括了控制标准本身。这种控制的目的就是使控制标准产生动荡和变动,使之与实际情况更接近,即正馈控制。

正馈控制和负馈控制应该并重使用,但现实中要处理好这两方面控制工作的关系并不容易。一方面,增进适应性的正馈控制,有时很易于被用来作为无视"控制"的借口。而这样做的结果就会导致系统运行的不稳定、不平衡。另一方面,平衡不应该是静态的平衡。现代的企业面临复杂多变的环境,环境条件变了,计划的前提也变了,如果还僵硬地抱着原先的控制标准不放,不做任何调整,那么组织很快就要衰亡。现代意义下的控制,应该持一种动态平衡的观念,应能促进被控制系统在展现朝向目标行为的同时,适时地根据内外环境条件作出调整,妥善处理好适应性和稳定性、正馈控制和负馈控制这两种既相互对立又往往需要统一的关系,而这正是现代企业控制的难点。

麦当劳公司的标准化控制

麦当劳公司通过详细的程序、规则和条例规定,使分布在世界各地的所有麦当劳分店的经营者和员工们都遵循一种标准化、规范化的作业。麦当劳公司对制作汉堡包、炸土豆条、招待顾客和清理餐桌等工作都事先进行详实的动作研究,确定各项工作开展的最好方式,然后再编成书面的规定,用以指导各分店管理人员和一般员工的行为。公司在芝加哥开办了专门的培训中心——汉堡包大学,要求所有的特许经营者在开业之前都接受为期一个月的强化培训。回去之后,他们还被要求对所有的工作人员进行培训,确保公司的规章条例得到准确的理解和贯彻执行。

为了确保所有特许经营分店都能按统一的要求开展活动,麦当劳公司总部的管理人员还经常走访、巡视世界各地的经营店,进行直接的监督和控制。例如,有一次总部管理人员在巡视中发现一家分店自作主张,在店厅里摆放电视机和其他物品以吸引顾客,因这种做法与麦当劳的风格不一致,立即得到了纠正。除了直接控制外,麦当劳公司还定期对各分店的经营业绩进行考评。为此,各分店要及时提供有关营业额和经营成本、利润等方面的信息,这样总部管理人员就能把握各分店经营的动态和出现的问题,以便商讨和采取改进的对策。

(资料来源:中国企业管理世界网)

7.2 控制的过程

控制过程就是根据计划的要求制定衡量绩效的标准,再把实际工作结果与预设的标准相比较,评估实际绩效,确定组织活动中出现的偏差和缺陷并尽量分析形成差距的原因,有针对性地采取纠正或补救措施,以确保组织目标的实现,必要时可制订相应的应变计划。

控制工作始终贯穿于管理的整个过程。尽管控制的对象各不相同,但控制工作的程序基本上是一致的,控制过程可以划分为三个步骤:首先,制定标准;其次,衡量绩效,即将实际绩效与标准进行比较;最后,采取管理行动,纠正偏差与不足。

7.2.1 制定控制标准

要控制就要有标准,标准是人们检查和衡量工作及其结果的依据。控制始于工作标准的建立。制定标准是进行控制的基础,没有一套完整的标准,衡量绩效或纠正偏差就失去了客观依据,控制也就成了无目的的行动,不会产生任何效果。

一般来说,控制的标准来源于计划,但又不同于计划。所以,控制标准的制定既要体现计划又要符合客观实际。计划是为实行某一决策目标而制定的综合性的行动方案,其内容有时很难和具体情况完全接轨。由于计划的明细度和复杂性都不一样,并且管理人员通常也不可能事事过问,所以,必须根据计划内容和组织实施的具体情况确立专门的控制标准。控制标准是从整个计划方案中选出用以衡量业绩的计算单位,这样就可以给管理人员一个信号,使他们知道计划的进展状况,而无须过问计划执行过程中的每个步骤。

一般来说,并不是计划实施过程的每一步都要制定控制标准,而是要选择一些关键点作为主要控制对象。控制了关键点,就控制了全局。

制定控制标准应该满足以下几个方面的要求:

(1) 应便于对各部门的工作进行衡量。当出现偏差时,能找到相应的责任单位。成本控制不仅要规定总生产费用,而且要按成本项目规定标准,为每个部门规定费用标准等。

(2) 应有利于组织目标的实现。对每一项工作的衡量必须有具体的时间幅度、具体的衡量内容和要求。

(3) 应与未来的发展相结合。一个企业生产了某种产品后,就要密切注意产品第一个月的销售量,以判断是长期发展这种产品还是等到时机成熟再大量生产。

(4) 应尽可能体现一致性。管理工作中制定出来的控制标准实际上就是一种规章制度,它反映了管理人员的愿望,也为人们指明了努力的方向。控制标准应是公平的,如果某项控制标准适用于每个组织成员,那么就应该一视同仁,不允许个别人搞特殊化。

(5) 应是经过努力后可以达到的。建立标准的目的,是用它来衡量实际工作,并希望工作达到标准要求。所以,控制标准的建立必须考虑到工作人员的实际情况,包括他们的能力、使用的工具等。如果标准过高,人们将因根本无法实现而放弃努力;如果标准过低,人们的潜力则得不到充分发挥。

(6) 应具有一定的弹性。标准建立起来后,通常会在一段时期内保持不变。但环境却在不断变化,所以,控制标准应对环境变化有一定的适应性,特殊情况能够做到例外处理,但管理控制标准要求简单明了,可以定量,容易测量。

只有考虑了这些因素,才能制定有效的衡量标准。

总裁砸冰箱

1984年,海尔集团是一个亏空147万元的集体小厂。1985年12月的一天,时任青岛海尔电冰箱总厂厂长的张瑞敏收到一封用户来信,反映工厂生产的电冰箱有质量问题。张瑞敏带领管理人员检查了仓库,发现仓库的400多台冰箱中有76台不合格。张瑞敏随即召集全体员工到仓库开现场会,问大家怎么办。当时多数人提出,这些冰箱是外观划伤,并不影响使用,建议作为福利便宜点儿卖给内部职工。而张瑞敏却说:"我要是允许把这76台冰箱卖了,就等于允许明天再生产760台、7 600台这样的不合格冰箱。放行这些有缺陷的产品,就谈不上质量意识。"他宣布,把这些不合格的冰箱全部砸掉,谁干的谁来砸,并抢起大锤亲手砸了第一锤。砸冰箱砸醒了海尔人的质量意识,砸出了海尔"要么不干,要干就要争第一"的精神。

在1988年的全国冰箱评比中,海尔冰箱以最高分获得中国电冰箱史上的第一枚金牌。在海尔的发展中,质量始终是海尔品牌的根本。如今,海尔冰箱已经成为世界冰箱行业中销量排名第一的品牌。海尔已从"砸冰箱"发展为"砸仓库",探索"零库存下的即需即供",以创新的商业模式求发展。2009年第一季度,海尔集团在海外市场的销售业绩持续上升,其中"海外当地生产、当地销售"的销售额比2008年第一季度上升26%。

7.2.2 衡量实际工作

标准制定后,管理者就要对照标准,对受控系统的实际情况进行监测。为了确定实际工作绩效究竟如何,管理者首先需要收集被控制对象的必要信息,然后根据标准进行比较,确定实际工作绩效与标准之间的偏差。

1. 建立信息反馈系统

建立有效的信息反馈网络,使反映实际工作的信息适时传递给管理人员,使之能与设定的标准进行比较,及时发现问题。网络还应能够及时将偏差信息传递给与被控制活动有关的部门和个人,使他们及时知道自己的工作状况、"为什么错了",以及需要怎样才能更有效地完成工作。建立这样的信息系统反馈,不仅有利于保证预定计划的实施,而且能防止基层工作人员把衡量和控制视为上级检查工作,避免他们产生抵触情绪。

获取信息的方法有很多种,传统的方法主要有实地观察、统计报表、口头报告或书面报告。由于这四种形式各有其优缺点,因此管理者在控制活动中必须综合地使用这四种方法获得的信息。

1) 实地观察

为了获得关于实际工作最深入的第一手资料,管理者可以到达工作现场,直接与员工交流,交换关于工作如何进展的信息。现场观察的内容非常广泛,可以弥补其他信息来源忽略的信息。但现场观察由于受个人主观因素的影响,观察结果常常受到置疑。一位管理者看到的问题,在另外一位管理者眼中可能看不到。此外,现场观察需要耗费大量时间,同时实地观察容易被员工误解为对他们工作的不信任而受到置疑或排斥。

2) 统计报表

对实际工作中对产生的数据进行统计分析,并以报表的形式描述工作进展情况。统计报表的内容表现形式多种多样,可通过文字、图形和图表直观地反映一定时段内的计划执行情况。随着计算机的广泛使用,管理者越来越多地依靠统计报表来衡量实际工作绩效。尽管统计数据可以清楚有效地显示各种数据之间的关系,但对工作活动所提供的信息是有限的。统计报表只能反映可以用数据表示的工作绩效,而无法反映无法定量的工作。

3) 口头报告或书面报告

信息可以通过口头汇报的形式获得,如会议、聚会、一对一的谈话或电话交谈等。这种方式衡量绩效的优点是可以快捷地、有反馈地收集所需信息;缺点是不便于存档查找和以后重复使用,而且报告内容也容易受报告人的主观影响。书面报告要比口头报告更加精确全面,且易于分类存档和查找,报告的质量也容易得到控制。

传统的控制方法虽然很管用,但在规模和时效方面也存在很大的局限性。电子计算机的应用使迅速、经济地处理大量数据成为可能。建立一个以现代信息技术为基础的信息系统,对控制是非常必要的。

管理信息系统(Management Information System,MIS)是以及时、可靠和有效的方式,收集、综合、比较和传送组织内部信息的正式系统。良好的信息系统必须能为管理人员的工作提供衡量实际绩效的有用信息,必须考虑到所收集信息可以用来确定目标以及实现的原因,必须能够提供明白易懂的数据。总之,一个有效的信息系统提供的信息应该能让管理人员接受并采取行动。

控制是否有效取决于能否及时获得有用的信息。无论是通过传统办法还是通过现代信息技术获得信息,都应当符合以下三项要求。

(1) 及时

及时对一个有效的控制系统是相当重要的。一项最重要、最有价值的信息如果太迟获得,致使管理者无法及时采取措施,等于毫无价值。信息只有及时才有价值。

(2) 可靠

控制信息必须是如实反映实际情况的。有效的控制需要可靠信息,依据可靠的信息,才能做出正确判断。信息失真,只会导致管理和判断错误。

(3) 有效

信息要发挥作用,还必须是有效的。所谓有效,是指信息实际反映受控对象的程度。信息反映受控对象的程度越高,越有效;反之,则无效。信息的有效性与可靠性并不是一致的。可靠的信息不一定是有效的信息。例如,采用销售额作为衡量获得能力的指标就不一定有效。

2. 确定适宜的衡量频度

控制过多或不足都会影响控制的有效性。这种控制"过多"或"不足",不仅体现在衡量控制对象标准的数量选择上,而且表现在对同一标准的衡量次数或频率上。对影响某种结果的要素或活动过于频繁的衡量,不仅会增加控制的费用,而且可能会引起有关人员的不满,从而影响他们的工作态度;检查和衡量的次数过少,则可能使许多重大的偏差不能及时发现,从而不能及时采取措施。因此,必须根据活动的性质确定适宜的衡量次数。

同发电力建设公司的预算控制

同发电力建设公司总经理张先生的办公桌上摆着刚刚送来的内部审计报告。报告指出,公司的财务预算已明显失控。张先生对此极为重视,将负责编制预算的财务部门主管李女士和负责支出控制的副总经理陈先生请来共同商讨对策。

据李女士介绍,下一年度的预算是由下属项目单位先报部门预算,然后由财务部门汇总,并进行资金平衡计算。采用"下一年度指标=本年度指标×(1+变动率)"的公式来试算新的预算指标。根据公司惯例,现有工程项目的开支一般获优先保证。

由陈先生负责预算的审核及监督执行。陈先生指出，每年都接到20份左右来自各个部门的预算外追加投资申请，其中获得批准的比例约占50%。当问及这些追加投资的主要原因时，陈先生说，较常见的原因有出现了一些临时性的机会；预期的市场情况发生了变化，使原预算不能顺利执行；产品项目筹备开发工作出现新的进展，争取经费支持等。

之后，张总经理将审计结果告诉他们。审计人员的分析使他们十分震惊：公司预算明显偏高；各个项目工程中普遍存在拖延工时和资金浪费现象；如果将同样工程交给其他承包商，至少可节省20%的费用。三人一致感到问题的严重性，认为有必要调整公司的预算控制程序。

7.2.3 纠正偏差

采用必要的措施纠正偏差是控制过程的关键。利用科学的方法，依据客观的标准，对工作绩效的衡量，可以发现计划中出现的偏差。纠正偏差就是在此基础上，分析偏差产生的原因，制定并实施必要的纠正措施。这项工作使得控制过程得以完整，并将控制与管理的其他职能相互联结。通过纠偏，使组织计划得以遵循，使组织结构和人事安排得到调整。

造成偏差的原因归纳起来大概有三种，可以通过改进工作、营造环境、修订标准等措施来纠正偏差。

1. 改进工作

造成偏差的第一种原因就是操作不当。这主要是由员工的能力不够和态度不佳造成的，一方面，员工的实际能力当前还达不到其所任工作的要求，所以难免操作不当，其结果当然就有偏差，而且往往偏差较大；另一方面，员工具有相应的能力素质，可能其他原因导致他的工作态度不好，以至于造成工作的失误。这两种原因也比较好解决，组织一般都可以通过对他们进行相应的培训来提高能力和端正态度，并促进其工作绩效的提高。

2. 营造环境

造成偏差的第二种原因就是环境的变化。每个企业都要面临一定的经营环境，所以环境的变化也会导致偏差的出现。环境也包括两个方面：一是组织外部环境，也是通常的行业环境，外部环境对于组织而言是很难去改变的，主要是竞争对手、政策和顾客等共同作用所导致，组织一般只有去研究这些对象的特点，找到应对策略去适应外部环境；二是组织内部环境，组织可以通过提高自己的管理能力来营造一个良好的内部经营环境，比如通过招聘有能力的管理者，增强组织的凝聚力，组织的环境就会得到大大的改善。

3. 修订标准

造成偏差的第三种原因就是标准本身不合理，这种标准不合理现象也有两种表现，一种是标准太低，另一种则是标准过高。要纠正这样的偏差就应该认真修订标准，使其与实际相符合。

(1) 标准太低。如果标准太低，对于有些员工来说会觉得没有挑战性，就容易滋生轻视的心理，导致工作不能按要求完成。另外，标准太低使得任务比较轻松地完成，可能出现实际结果比预期标准高出许多的"假象"，使得管理人员和操作人员都产生自我感觉良好的心理，这种实际绩效结果实际上不如行业的水平，这就不利于进行正常的控制工作。

因此，针对这种现象，管理人员应该适当调高组织的标准。

（2）标准过高。很多人认为高标准能激发员工的潜力和积极性，这确实有几分道理。然而，过高的标准往往是坏处大于好处，因为每个人的能力是有限的，当标准高于其能力的最高限度时，这个标准不但不能激发其积极性，相反一定程度上可能会打击其积极性，令其觉得无论自己如何卖力也没有办法实现标准目标，心中就会产生不努力的想法。因此，管理人员应该根据实际情况适当调低组织的标准，让大部分人能够达到标准的要求。

综上所述，控制的三个阶段是紧密联系的，控制的过程应该是一个持续改进的循环过程，以保证组织目标的科学性、有效性，最终实现组织的战略目标。

西湖公司的控制方法

西湖公司是由李先生靠 3 000 元创建起来的一家化妆品公司。公司开始时只经营指甲油，后来逐渐发展成为颇具规模的化妆品公司，资产已达 6 000 万元。李先生于 1984 年发现自己患癌症之后，对公司的发展采取了两个重要措施：（1）制定了公司要向科学医疗卫生方面发展的目标；（2）高薪聘请雷先生接替自己的职位，担任董事长。

雷先生上任以后，采取了一系列措施，推进李先生为公司制订的进入医疗卫生行业的计划：在特殊医疗卫生业方面开辟一个新行业，同时开设一个凭处方配药的药店，并开辟上述两个新部门所需产品的货源、运输渠道。与此同时，他在全公司内建立了一个严格的控制系统：要求各部门制定出每月的预算报告，每个部门在每月初都要对本部门的问题提出切实的解决方案，每月定期举行一次由各部门经理和顾客参加的管理会议，要求各部门经理在会上提出自己本部门在当月的主要工作目标和经济来往数目。同时他特别注意资产回收率、销售边际及生产成本等经济动向，也注意人事、财务收入和降低成本费用方面的问题。

由于实行了上述措施，该公司获得了巨大成功。到 20 世纪 80 年代末期，年销售量提高 24%，到 1990 年销售额达到 20 亿元。然而进入 20 世纪 90 年代以来，该公司逐渐出现了问题。1992 年出现了公司有史以来第一次收入下降趋势。商品滞销、价格下跌。主要原因：①化妆品市场的销售量已达到饱和状态；②该公司制造的高级香水，一直未能打开市场，销售情况没有预测的那样乐观；③国外公司对本国市场的占领；④公司在国际市场上出现了不少问题，如推销员的冒进得罪了推销商，公司形象未能很好地树立。

雷先生也意识到公司存在的问题。准备采取有力措施，以改变公司目前的处境，他计划要对国际市场方面进行总结和调整。公司开始研制新产品。他相信用大量资金研制的医疗卫生工业品不久也可进入市场。

7.3 控制的方法

控制的最终目的是保证组织目标实现。找出偏差、采取矫正措施并不是控制的目的，在偏差发生之前采用各种控制手段和方法来避免或减少偏差的发生才是控制者追求的目标。在管理过程中,对于不同方面的控制往往会运用不同的控制手段和方法,为了实现有效的控制,必须合理选择适宜的控制技术与方法。常用的控制方法主要包括预算控制法、会计控制法、审计控制法,除此之外还有其他控制方法。

7.3.1 预算控制法

企业在未来的几乎所有活动都可以利用预算进行控制。预算预估了企业在未来时期的经营收入或现金流量,同时也为各部门或各项活动规定了在资金、劳动、材料、能源等方面的支出不能超过的额度。预算控制就是根据预算规定的收入与支出标准来检查和监督各个部门的生产经营活动,以保证各种活动或各个部门在充分达成既定目标、实现利润的过程中对经营资源的合理利用,从而使费用支出受到严格有效的约束。

1. 预算控制的概念

预算是以财务指标(收入、费用及资金)或非财务指标(如直接工时、材料、实物销售量和生产量)来表明组织的预期成果,它是用数字编制来反映组织在未来某一时期的综合计划。预算是"数字化"或"货币化"的计划。预算是政府和企业使用最广泛的控制手段。预算控制是通过编制预算,然后以编制的预算为基础,来执行和控制组织的各项活动,并比较预算与实际的差异,分析差异的原因,然后对差异进行处理。

预算结合了前馈控制、现场控制和反馈控制,被广泛运用于组织的各种不同层次的控制中。预算控制的好处在于,它能把整个组织内所有部门的活动用可数量化的考核方式表现出来,以便查明其偏离标准的程度,并采取纠正措施。通过编制预算,可以明确组织及其各部门的目标,协调各部门工作,评定各部门的工作业绩,控制组织的日常工作。利用预算,管理者可以准确衡量部门生产经营情况和效益好坏,这有利于管理者对各部门进行控制。

2. 预算的种类

按照不同的内容,可以将预算分为经营预算、投资预算和财务预算三大类。

经营预算是指企业日常发生的各项基本活动的预算。它主要包括销售预算、生产预算、直接材料采购预算、直接人工预算、制造费用预算、单位生产成本预算、推销及管理费用等。其中最基本和最关键的是销售预算,它是销售预测正式的、详细的说明。由于销售预测是计划的基础,加之企业主要是靠销售产品和劳务所获得的收入来维持经营费用的支出和获利的,因而销售预算也就成为预算控制的基础。生产预算是根据销售预算中的预计销售量,按产品品种、数量分别编制的。在生产预算编好后,还应根据分季度的预计销售量,经过对生产能力的平衡,排出分季度的生产进度日程表,或称为生产计划大纲。在生产预算和生产进度日程表的基础上,可以编制直接材料采购预算、直接人工预算和制造费用预算。这三项预算构成对企业生产成本的统计。而推销及管理费用预算包括制造业务范围以外预计发生的各种费用明细项目,例如销售费用、广告费、运输费等。对于实行标准成本控制的企业,还需要编制单位生产成本预算。

投资预算是指对企业固定资产的购置、扩建、改造、更新等,在可行性研究的基础上编制的预算。它具体反映在何时进行投资、投资多少、资金从何处取得、何时可获得收益、每年的现金净流量为多少、需要多少时间回收全部投资等。由于投资的资金来源往往是任何企业的限定因素之一,而对厂房和设备等固定资产的投资又往往需要很长时间才能回收,因此,投资预算应当力求与企业的战略以及长期计划紧密联系在一起。

财务预算是指企业在计划期内反映有关预计现金收支、经营成果和财务状况的预算。它主要包括现金预算、预计收益表和预计资产负债表。必须指出的是,前述的各种经营预算和投资预算中的资料,都可以折算成金额反映在财务预算内。这样,财务预算就成为各项经营业务和投资的整体计划,称"总预算"。

3. 预算控制的步骤

预算控制的步骤一般包括以下步骤：

(1) 将组织上一财政年度的预算执行情况以及未来发展战略规划作为制定本年度预算的依据。

(2) 根据组织发展规划及所面对的内外部发展环境制定组织总预算,并粗略编制组织的预算资产负债表。总预算主要包括收支总预算、现金流量总预算、主要产品产量和销售总预算等。

(3) 将组织总预算中确定的任务层层分解,由各部门、基层单位以及个人参照制定本部门、本岗位的预算,并上报组织高层决策者。

(4) 组织高层决策者在综合各个部门上报的预算后,调整部门预算,甚至调整总预算,最终确定预算方案,并下发各部门。

(5) 组织贯彻落实预算确定的各项目标,在实施过程中予以监控,及时发现问题并采取相应的措施。

预算作为一种控制手段,其最大的价值在于它对改进协调和控制的贡献。当为组织的各个职能部门编制了预算时,就为协调组织的活动提供了基础。同时,由于对预期结果的偏离将更容易被查明和评定,预算也为控制工作中的纠正措施奠定了基础。当然,由于预算控制一方面需要投入相当多的人力、物力和财力,另一方面它的实施往往会影响到组织内部一些既得利益者的权利,招致他们的反对和阻碍,所以是否实行预算控制往往由管理者(尤其是高层管理者)的慎重、决心和魄力决定。

汤姆的管理与控制

汤姆担任厂长已经一年多了。他刚看了工厂有关今年实现目标情况的统计资料,厂里各方面工作的进展出乎意料,他为此气得说不出一句话来。他记得就任厂长后的第一件事情就是亲自制定了工厂一系列计划目标：在今年要把原材料的费用降低10%～15%,把超时工作的费用从11万美元减少到6万美元,要把废料运输费用降低3%。然而,现在原材料的浪费比去年更为严重,占总额的16%；职工超时费用也只降低到9万美元；运输费用根本没有降低。

他批评了副厂长,但副厂长争辩说："我曾对工人强调过要注意减少浪费的问题,我原以为工人也会按我的要求去做的。"人事部门说："我已经为削减超时的费用作了最大的努力,只对那些必须支付的款项才支付。"而运输方面则说："我对未能把运输费用减下来并不感到意外,我已经想尽了一切办法。我预测,明年的运输费用可能要上升 3%～4%。"

在分别和有关方面负责人交谈之后,汤姆又把他们召集起来布置新的要求,他说: "生产部门一定要把原材料的费用降低 10%,人事部门一定要把超时费用降到 7 万美元; 即使是运输费用要提高,但也绝不能超过今年的标准,这就是我们明年的目标。我到明年 底再看你们的结果!"

7.3.2 内部控制法

内部控制的一般方法通常包括职责分工控制、授权控制、审核批准控制、预算控制、财产保护控制、会计系统控制、内部报告控制、经济活动分析控制、绩效考评控制、信息技术控制等。

(1) 职责分工控制,要求根据企业目标和职能任务,按照科学、精简、高效的原则,合理设置职能部门和工作岗位,明确各部门、各岗位的职责权限,形成各司其职、各负其责、便于考核、相互制约的工作机制。企业在确定职责分工过程中,应当充分考虑不兼容职务相互分离的制衡要求。不兼容职务通常包括授权批准、业务经办、会计记录、财产保管、稽核检查等。

(2) 授权控制,要求企业根据职责分工,明确各部门、各岗位办理经济业务与事项的权限范围、审批程序和相应责任等内容。企业内部各级管理人员必须在授权范围内行使职权和承担责任,业务经办人员必须在授权范围内办理业务。

(3) 审核批准控制,要求企业各部门、各岗位按照规定的授权和程序,对相关经济业务和事项的真实性、合规性、合理性以及有关资料的完整性进行复核与审查,通过签署意见并签字或者盖章,作出批准、不予批准或者其他处理的决定。

(4) 预算控制,要求企业加强预算编制、执行、分析、考核等各环节的管理,明确预算项目,建立预算标准,规范预算的编制、审定、下达和执行程序,及时分析和控制预算差异, 采取改进措施,确保预算的执行。

(5) 财产保护控制,要求企业限制未经授权的人员对财产的直接接触和处置,采取财产记录、实物保管、定期盘点、账实核对、财产保险等措施,确保财产的安全完整。

(6) 会计系统控制,要求企业根据《中华人民共和国会计法》、《企业会计准则——基本准则》和国家统一的会计制度,制定适合本企业的会计制度,明确会计凭证、会计账簿和财务会计报告以及相关信息披露的处理程序,规范会计政策的选用标准和审批程序,建立、完善会计档案保管和会计工作交接办法,实行会计人员岗位责任制,充分发挥会计的监督职能,确保企业财务会计报告真实、准确、完整。

(7) 内部报告控制,要求企业建立和完善内部报告制度,明确相关信息的收集、分析、报告和处理程序,及时提供业务活动中的重要信息,全面反映经济活动情况,增强内部管理的时效性和针对性。内部报告方式通常包括例行报告、实时报告、专题报告、综合报告等。

(8) 经济活动分析控制,要求企业综合运用生产、购销、投资、财务等方面的信息,利用因素分析、对比分析、趋势分析等方法,定期对企业经营管理活动进行分析,发现存在的问题,查找原因,并提出改进意见和应对措施。

(9) 绩效考评控制,要求企业科学设置业绩考核指标体系,对照预算指标、盈利水平、投资回报率、安全生产目标等业绩指标,对各部门和员工当期业绩进行考核和评价,兑现奖惩,强化对各部门和员工的激励与约束。

(10) 信息技术控制,要求企业结合实际情况和计算机信息技术应用程度,建立与本企业经营管理业务相适应的信息化控制流程,提高业务处理效率,减少和消除人为操纵因素,同时加强对计算机信息系统开发与维护、访问与变更、数据输入与输出、文件储存与保管、网络安全等方面的控制,保证信息系统安全、有效运行。

(11) 与财务报告相关的内部控制,内部控制被定义为一个流程,该流程由公司的首席执行官和财务总监或类似人员设计并监督其运行,并由公司董事会、管理层和其他相关人员实行;从而对财务报告的可靠性以及对外披露的财务报告的编制是否符合公认会计准则提供合理保证。这一流程包括如下政策和程序:

① 公司的相关记录在合理的程度上正确和公允地反映了公司对交易的记录和对资产的处置;

② 公司对相关交易的记录能够按照公认会计准则为公司准备财务报告并提供合理的保证,公司的收入和支出都经过了公司管理层和董事的授权批准;

③ 能够防止和及时发现对财务报告产生重大影响的非法行为,这种行为包括对公司资产不合法的占有、利用和处置。

武汉东风冲压件有限公司的质量管理控制

武汉东风冲压件有限公司是20世纪90年代新建的冲压件专业生产企业。该公司一直以来都以产品质量作为企业的生存和发展的重大问题来抓,更是通过不断地努力通过了 ISO9002/QS9000、TS16949、EAQF94 等一系列国际机构制定的质量体系认证。由于该公司对汽车生产各个环节的质量都加大了管理监控的力度,对供应商的供货产品质量控制也比以往更加严格,为了进一步提高自身管理水平,东风冲压件公司特委托武汉瑞得软件产品有限公司,就目前该公司的质量工作现状做一次调研,一起研究改进提高公司质量管理工作效率的方法,设计一套应用质量管理工作的信息系统。本质量管理系统的建设以实用、高效、先进、可靠和开放为目标,在同行业内达到国内领先水平,使武汉东风冲压件有限公司的质量管理工作走在整个行业的前列。具体目标如下:

1. 公司日常质量信息集中化,实现信息共享;
2. 建立可追溯的质量体系,快速及时地反映质量的变化趋势;
3. 通过质量信息的及时反馈,迅速地制定缺陷纠正和预防计划,缩短计划编制时间,提高计划的准确性,加快对质量问题的反应速度;
4. 提高顾客投诉问题处理的工作效率,透明跟踪处理情况,提高服务质量;
5. 各项过程管理权限明确,建立合理的内部控制体系及审批体系;
6. 提高质量信息的采集、交换和使用频率,在提高管理人员工作效率和管理水平的

同时,实现管理工作的科学化、规范化;

7. 提供大量的折线图、直方图等直观的表现方式来横向、纵向分析质量的变化情况,为企业领导层的正确决策提供依据。

7.3.3 审计控制法

审计是对反映企业资金运动过程及其结果的会计记录及财务报表进行审核、鉴定,以判断其真实性和可靠性,从而为控制和决策提供依据。根据审查主体和内容的不同,可将审计划分为三种主要类型:

(1) 由外部审计机构的审计人员进行的外部审计。
(2) 由内部专职人员对企业财务控制系统进行全面评估的内部审计。
(3) 由外部或内部的审计人员对管理政策及其绩效进行评估的管理审计。

1. 外部审计

外部审计是由外部机构选派的审计人员对企业财务报表及其反映的财务状况进行独立的评估。外部人员需要抽查企业的基本财务记录,以验证其真实性和准确性,并分析这些记录是否符合工人的会计准则和记账程序,从而检查财务报表及其反映的资产与负债的账面情况与企业真实情况是否相符。

外部审计实际上是对企业内部虚假、欺骗行为的一个重要而系统的检查,因此起着鼓励诚实的作用:由于知道外部审计不可避免地要进行,企业就会努力避免做那些在审计时可能会被发现的不光彩的事。

外部审计的优点是审计人员与管理当局不存在行政上的依附关系,不需看企业经理的眼色行事,只需对国家、社会和法律负责,因而可以保证审计的独立性和公正性。但是,由于外来的审计人员不了解内部的组织结构、生产流程和经营特点,在对具体业务的审计过程中可能遇到困难。此外,处于被审计地位的内部组织成员可能产生抵触情绪,不愿积极配合,这也可能增加审计工作的难度。

2. 内部审计

内部审计是由企业内部的机构或由财务部门的专职人员来独立地进行的,内部审计兼有许多外部审计的目的。

内部审计是企业经营控制的一个重要手段,它有三方面的作用:

(1) 内部审计提供了检查现有控制程序和方法能否有效地保证达成既定目标和执行既定政策的手段。

(2) 根据对现有控制系统有效性的检查,内部审计人员可以提供有关改进公司政策、工作程序和方法的对策建议,以促使公司政策符合实际,工作程序更加合理,作业方法被正确掌握,从而使公司更有效地实现组织目标。

(3) 内部审计有助于推行分权化管理。

同时,内部审计在使用中也存在不少局限性,表现在:

(1) 内部审计可能需要很多的费用,特别是如果进行深入、详细的审计的话。

(2) 内部审计不仅要搜集事实,而且需要解释事实,并指出事实与计划的偏差所在。要能很好地完成这些工作,而又不引起被审计部门的不满,需要对审计人员进行充分的技能训练。

(3) 即使审计人员具有必要的技能,仍然会有许多员工认为审计是一种"密探"或"查整性"的工作,从而在心理上产生抵触情绪。如果审计过程中不能进行有效的信息和思想沟通,那么可能会对组织活动带来负激励效应。

3. 管理审计

管理审计的对象和范围较外部审计和内部审计来说更广,它是一种对企业所有管理工作及其绩效进行全面系统地评价和鉴定的方法。

管理审计的方法是利用公开记录的信息,从反映企业管理绩效及其影响因素的若干方面将企业与同行业其他企业或其他行业的著名企业进行比较,以判断企业经营与管理的健康程度。

反映企业管理绩效及其影响因素主要有:
(1) 经济功能;
(2) 企业组织结构;
(3) 收入和理性;
(4) 研究与开发;
(5) 财务政策;
(6) 生产效率;
(7) 销售能力;
(8) 对管理当局的评估。

管理审计不是在一两个容易测量的活动领域进行比较,而是对整个组织的管理绩效进行评价,因此可以为指导企业在未来改进管理系统的结构、工作程序和结果提供有用的参考。

巨人集团的计划失控

巨人集团是个靠高科技迅速崛起的民营企业。1989年,其创始人史玉柱以4 000元和自己开发的M—6401汉卡起家,4个月后总资产达到100万元,3年时间总资产超亿元,但在1996年年底,巨人集团却陷入严重的财务危机,"巨人"倒塌了。其直接原因就是70层巨人大厦的投资失误。1992年,它以公司资产规模一个亿、流动资金才几百万元的实力,却要建造工程预算十几亿元、需要6年完工的巨人大厦。结果几乎导致整个企业的整体倾覆。

(资料来源:中国企业管理世界网)

7.3.4 其他控制法

除了前面介绍的预算控制、会计控制和审计控制方法外,还有许多控制理论和方法或与控制相关的理论和方法。本节主要介绍标杆控制和平衡积分卡的理论和方法。

1. 标杆控制

标杆控制是以在某一项指标或某一方面实践上竞争力最强的企业或行业中的领头

企业或其内部某部门作为基准,将本企业的产品、服务管理措施或相关实践的实际状况与这些基准进行定量化的评价、比较,从而对组织的相关指标进行有效地控制的一种方法。

标杆控制的步骤如下:
(1) 确定标杆控制的项目、对象,制订工作计划;
(2) 进行调查研究,搜集资料,找出差距,确定纠偏方法;
(3) 初步提出改进方案,然后修正和完善该方案;
(4) 实施该方案,并进行监督;
(5) 总结经验,并开始新一轮的标杆控制。

当然,标杆管理也有不足之处。一是标杆管理可能会引起本企业与目标趋同。二是容易使企业落入"落后—推行标杆控制—再落后—再推行标杆控制"的恶性循环之中。事实上,在落后的情况下,跨越式的战略比追赶式战略可能更有效。

2. 平衡积分卡法

平衡积分卡法是指由财务、顾客、内部经营过程、学习和成长四个方面构成的衡量企业、部门和人员的方法。在财务方面,平衡积分卡包含了传统的财务指标,如现金流、投资回报率等。在顾客方面,平衡积分卡包含了市场份额、客户回头率、新客户获得率、客户满意度等指标。在内部经营过程方面,要根据客户的需求,按照"调查研究—寻找市场—设计和开发产品—生产制造—销售与售后服务"的顺序来创造流程。这种方法的特点是兼顾战略与战术、长期和短期目标、财务和非财务衡量方法、滞后和先行指标。平衡积分卡法的作用主要体现在以下几个方面:
(1) 可以阐明战略目标并在企业内部达成共识;
(2) 在整个组织中传播战略目标;
(3) 把部门和个人的目标与这一战略目标联系在一起;
(4) 把战略目标与战术安排衔接起来;
(5) 对战略进行定期和有序的总结;
(6) 利用反馈的信息改进战略。

企业高精度管理——6西格玛模式

企业运营千头万绪,抓好管理与质量是永远不变的真理。在全球化经济背景下,一项全新的管理模式在美国摩托罗拉和通用电气两大巨头中试行并取得立竿见影的效果后逐渐引起了欧美各国企业的高度关注,这种管理模式便是6西格玛模式。

该模式由摩托罗拉公司于1993年率先开发,采用6西格玛模式管理后,该公司平均每年提高生产率12.3%,由于质量缺陷造成的费用消耗减少了84%,运作过程中的失误率降低了99.7%。该模式真正名声大振是在20世纪90年代后期,通用电气全面实施6西格玛模式取得了辉煌业绩。通用电气首席执行官杰克·韦尔奇指出:"6西格玛已经彻底改变了通用电气,它决定了公司经营的基因密码,它已经成为通用电气现行的最佳运作模式。"通用电气 1995 年开始引入 6 西格玛模式,此后 6 西格玛模式所产生的效益呈加速度递增,1998 年公司因此节省资金 75 亿美元,经营率增长 4%,达到了 16.7% 的历史最高纪录,1999 年 6 西格玛模式继续为通用电气节省资金达 150 亿美元。

一、6 西格玛模式的基本概念

西格玛即希腊字母 σ,学过概率统计的人都知道其含义为"标准偏差"。6 西格玛意为"6 倍标准差",在质量上表示每百万坏品率(parts per million,PPM)少于 3.4。但是,6 西格玛模式的含义并不是简单地指上述这些内容,而是一整套系统的理论和实践方法。应用于生产流程,它着眼于揭示每百万个机会当中有多少缺陷或失误,这些缺陷和失误包括产品本身、产品生产的流程、包装、转运、交货延期、系统故障、不可抗力等。大多数企业运作在 3~4 西格玛的水平,这意味着每百万个机会中已经产生 6 210~66 800 个缺陷。这些缺陷需要生产者耗费其销售额的 15%~30% 进行弥补。而一个 6 西格玛模式的公司仅需耗费年销售额的 5% 来矫正失误。6 西格玛模式的理念要求企业由上至下都必须改变"我一直都这样做,而且做得很好"的惯性思维。也许你确实已经做得很好了,但是距 6 西格玛模式的目标却差得很远。

6 西格玛模式不仅专注于不断提高,更注重目标,即企业的底线收益。假设某一大企业有 1 000 个基层单元,每一基层单元用 6 西格玛模式每天节约 100 美元,一年以 300 天计,企业一年将节约 3 000 万美元。通过该模式企业还可清晰地知道自身的水平、改进提高的额度、离目标的距离差多少。

二、6 西格玛模式的推动者和无边际合作

在企业集团内部,规范的 6 西格玛模式项目一般是由称为"6 西格玛模式精英小组"(six sigma champion)的执行委员会选择的。这个小组的职责之一是选择合适的项目并分配资源。一个公司典型的 6 西格玛模式项目可以是矫正关键客户的票据问题,比如在通用电气,削减发票的缺陷以争取加快付款;也可以是改变某种工作程序提高生产率。领导小组将任务分派给黑带管理(黑带管理是 6 西格玛架构中的中坚力量。黑带"black belts"之下是绿带"green belts",这些人构成了一个公司推行 6 西格玛模式的动力),黑带管理再依照 6 西格玛模式组织一个小组来执行这个项目。

小组成员对 6 西格玛模式项目进行定期的严密监测。流程图成为项目管理的中心,因为它概括了工作的流程并且界定了一个项目内容。流程图关注特定的问题或环节,比如瓶颈、弱链接以及延误区。

对于通用电气的黑带,6 西格玛模式意味着为满足顾客需求而表现出来的管理行为。一些高层管理人员认为他们学到了宽容失败和奖励成功,并且给予雇员自主决定的权力,无须过多的从上到下的干预。

三、6 西格玛模式在中国

有些国内公司,像从事软件生产的希捷技术公司,近年来一直在使用 6 西格玛模式,并且对其大加赞赏。高级工程师陈明说:"6 西格玛模式提高了我们的产品率并削减了巨大的成本。"起初它只应用于制造工艺领域,后来很快推广到设计程序当中。人们普遍认为 6 西格玛模式将有助于中国企业参与国际市场竞争,使他们争取到更多的市场份额和削减制造成本。到 1992 年,摩托罗拉(天津)公司 70% 的员工已完成了 6 西格玛模式

的学习课程。在摩托罗拉,经理们在招募高级职位雇员时,已开始从应聘者中物色那些具有成为黑带潜力的人才。而位于广东开平的霍尼韦尔工业聚合物有限公司,1996年8月与开平涤纶集团合资,1998年开始推行6西格玛模式,至2000年,全公司已培养出4位黑带、43位绿带。全厂所有专业人士及管理人员都参加过6西格玛模式的培训并有各自的革新项目。2000年一年内6西格玛模式项目给公司节约费用300多万美元,占整个销售额的10%。由此可见,它已成为世界一流公司在面临成本压力环境时的管理工具。此外,有许多合资企业和民营企业也在寻求这方面的技术和培训。

(资料来源:http://www.jyu.edu.cn)

7.4 有效控制

一般所谓的有效控制,是指实际轨道围绕标准,在允许幅度内,上下均匀波动。基于这种认识,纠正偏差不宜采取过于强烈的行动。如果纠正偏差的力量,大于产生偏差的力量,将会造成新的偏差,形成大起大落的波动,反而不利于稳定状态的维持。纠正行动是必要的,过多的、不适当的纠正行动也将会破坏系统的稳定状态的维持。因此,纠正行动要适可而止,恰到好处。

而在管理学中的所谓有效控制,就是以比较少的人力、财力和物力,较少的精力与时间使组织的各项活动处于受控制状态。一旦组织的某项活动出现偏差,能及时纠正偏差,而且能使偏差所导致的损失降到最低限度。

7.4.1 有效控制的原则

有效控制应遵循五条原则。

(1)反映计划要求

控制的目标是为了实现计划,控制是实现计划的保证。为实现每一项计划所进行的控制工作有很大的不同,都需要按不同计划的特殊要求和具体情况来设计。控制工作越是考虑到各种计划的特点,就越能更好地发挥作用。

(2)直接控制

主管人员及下属的工作质量越高,对所负担的职务越能胜任,也就越能觉察偏差,及时采取预防措施,于是越不需要进行间接控制,从而减少偏差的发生及进行间接控制的费用。

(3)控制关键点

为了进行有效的控制,需要特别注意在根据各种计划来衡量工作绩效时有关键意义的那些因素。控制住了关键点,也就控制住了全局。同时,在控制工作中强调关键点的控制也是提高控制工作效率的要求。

(4)关注例外

例外原则对例外的关注,不应仅仅依据偏差的大小而定,还必须考虑相应的工作或标准的重要性,即强调例外必须跟关键点结合起来,关键点上的例外偏差是最应予以重视的。

(5) 控制趋势

要是控制有效,控制变化趋势则显得非常重要。控制趋势的关键在于现状中揭示倾向,特别是在趋势刚显露苗头时就敏锐地觉察到。

扁鹊三兄弟

魏文王问名医扁鹊说:"你们家兄弟三人都精于医术,到底哪一位最好呢?"

扁鹊答:"长兄最好,中兄次之,我最差。"

魏文王再问:"那么为什么你最出名?"

扁鹊答:"长兄治病,是治病于病情发作之前。由于一般人不知道他事先能够铲除病因,所以他的名气无法传出去;中兄治病于病情初起时,一般人以为他只能治疗轻微的小病,所以他的名气只基于本乡里;而我治病于病情严重时,一般人都看到我在经脉上穿针放血、在皮肤上敷药等大手术,所以以为我医术高明,名气因此响遍全国。"

7.4.2 有效控制的技巧

控制是管理的一项基本职能,也是较容易出现问题的一项职能。在许多情况下,人们制订了良好的计划,也有适当的组织,但由于没有把握好控制这一环节,最后还是达不到预期的目的。为了进行有效的控制,必须把握有效控制的技巧。

1. 采用积极而有效的控制艺术

控制是上级主管部门对下级工作的控制。上级在下级心目中的形象、工作能力等直接影响到下级对控制的态度与看法,因而必须注意控制艺术。

2. 不带偏见的控制态度与做法

在控制过程中,一定要坚持客观公平而不能带有偏见。

3. 利用人际关系实施控制

在企业的诸多人际关系中,有一些由于感情、偏好、亲戚、同学与战友等自发形成的良好关系。因此,要实施有效控制就要注意利用这种关系。

4. 鼓励成员参与制定目标

通过参与,一方面成员了解到制定这一目标的必要性,因而在态度上容易产生认同感;另一方面作为自己制定的目标,他必然会努力去实现它并接受监督与控制。

5. 运用"事实控制"

在制定纠正措施时,必须根据偏差及其产生的后果的实际情况进行分析,坚持从实际出发。

动物园新来的袋鼠

某国家的动物园为新来的袋鼠修建了一个1米高的围栏,可是第二天,人们发现这个小家伙居然在围栏外面蹦蹦跳跳。于是,工作人员又把围栏加高到2米,可袋鼠又同样跑了出来。

袋鼠的邻居长颈鹿对此大感不解,问道:"如果他们持续把围栏加高,你还跑得出来吗?"

"是的,哪怕加高到50米。"袋鼠平静地回答。

"我不相信你会有那么大本事,难道你比老虎和狼那帮家伙还厉害?"长颈鹿心理极不平衡。

"其实不然,"袋鼠说,"因为动物园管理员只想着加高围栏,却从来不锁门!"

本 章 小 结

控制是管理的一项重要职能。

所谓控制,就是指按照计划标准来衡量所取得的成果并纠正所发生的偏差,以保证计划目标的实现。

计划和控制是一个问题的两个方面。计划与控制紧密联系而又有所区别。计划为控制工作提供标准,没有计划,控制就没有依据;但如果仅有计划,不对其执行情况进行有效控制,计划目标就很难得到圆满实现。

控制根据不同的标准可以划分为不同的类型。按照控制信息获取的时间,控制可分为前馈控制、现场控制和反馈控制;按控制的手段分类,控制可分为直接控制和间接控制;按控制的目的和对象划分,控制可分为纠正执行偏差和调整控制标准。

管理控制的基本过程主要分为三个阶段:制定控制标准、衡量实际工作和纠正偏差。

控制的方法主要有:预算控制法、会计控制法和审计控制法。

麦当劳公司的控制系统

麦当劳公司以经营快餐闻名遐迩。1955年,克罗克在美国创办了第一家麦当劳餐厅,其菜单上品种不多,但食品质量高,价格低廉,供应迅速,环境优美。连锁店迅速发展到美国每个州,指1983年,国内分店已超过6 000家。1967年,麦当劳在加拿大开办了首家国外分店,以后国外业务发展很快。到1985年,国外销售总额约占它的销售总额的1/5。在40多个国家里,每天都有1 800多万人光顾麦当劳。

麦当劳允诺:每个餐厅的餐单基本相同,而且"质量超群,服务优良,清洁卫生,货真价实"。它的产品、加工和烹制程序乃至厨房布置,都是标准化的严格控制。它撤销了在法国的第一批特许经营权,因为尽管盈利可观,但未能达到在快速服务和清洁方面的标准。麦当劳的各分店都由当地人所有和经营管理。鉴于在快餐饮食业中维持产品质量和服务水平是其经营成功的关键,因此,麦当劳公司在采取特许连锁经营这种战略开辟分店和实现地域扩张的同时,就特别注意对连锁店的管理控制。如果管理控制不当,使顾客吃到不对味的汉堡或受到不友善的接待,其后果不仅是这家分店将失去这批顾客乃至周边人的问题,还会影响到其他分店的生意,最终损害整个公司的信誉。为此,麦当劳公司制定了一套全面、周密的控制办法。

麦当劳公司主要是通过授予特许权的方式来开辟连锁分店。其考虑之一,就是使购买特许经营权的人在成为分店经理人的同时也成为该分店的所有者,从而在直接分享利润激励机制中把分店经营得更出色。特许经营使麦当劳公司在独特的激励机制中形成了对其扩展业务的强有力控制。麦当劳公司在出售特许经营权时特别慎重,总是通过各方面调查了解后挑选那些具有卓越经营管理才能的人作为店主,而且事后若发现其能力不符合要求则撤回这一授权。

麦当劳公司的再一个控制手段,是在所有经营分店中塑造公司独特的组织文化,这就是大家熟知的"质量超群,服务优良,清洁卫生,货真价实"口号所体现的文化价值观。麦当劳公司的共享价值观建设,不仅在世界各地的分店,在上上下下的员工中进行,而且还将公司的一个主要利益团体——顾客,也包括在这支队伍中。麦当劳的顾客虽然被要求自我服务,但公司特别重视满足顾客的要求,例如,为顾客的孩子们开设游戏场所、提供快乐餐、组织生日聚会等,以形成家庭式的氛围,这样既吸引了孩子们,也增强了成年人对公司的忠诚度。

思考

1. 麦当劳公司提出的"质量超群,服务优良,清洁卫生,货真价实"的口号,如何反映其公司文化?
2. 麦当劳公司所创设的管理控制系统,具有哪些基本构成要素?
3. 该控制系统是如何促进麦当劳公司全球扩张战略的实现?

实 践 教 学

实践教学项目

举例说明怎样有效改进本班级的各项绩效评价。

实践教学目的

1. 培养收集与处理信息能力。
2. 培养总结与评价能力。

实践教学内容与要求

1. 需要搜集的信息有:
 (1) 班级原有的各项评价体系与标准,每人最后评价分数。
 (2) 班级改进后的各项评价标准以及每人意见的归纳总结。
2. 本班级的绩效考核、评价与改进用三部分进行:

第一部分为自我评价阶段,经过一段时间的班级工作实践,由班级的各个部门干部按工作性质不同,写出自我评估报告。在此基础上由班长写出班级全面工作总结。班级每个成员给自己打出自评分数,并共同给班长打分;班长要给每个学生打分。

第二部分为互评和总结阶段,召开班级交流与评估会。每位班级干部都要在会上介绍本部门的绩效和经验,并开展部门之间的互评。

第三部分为找出班级绩效评价中不合理的部分,提出改进建议与方案,并加以确认。

实践教学成果与检测

1. 掌握如何进行绩效考核评价与改进的方法。
2. 在班级进行总结与交流并进行客观公正的评价。

课 后 习 题

1. 在实际学习和生活中,哪些行为体现了控制的思想?
2. 计划和控制的关系是什么?
3. 控制的过程一般有哪些步骤?
4. 什么是审计控制?在实际工作中如何应用?
5. 怎样理解有效控制?
6. 有效控制的原则和技巧是什么?

第八章

创 新

亨达快速成长的秘籍

科技创新凝聚品牌实力。亨达集团在 20 多年的发展中一直致力于科技创新机制的打造。亨达聘请了意大利著名的设计大师法比埃为总设计师。并通过与派诺蒙、英克兰等国际一流的皮鞋企业在技术上的合作,建立了国内先进的企业技术中心。

亨达能在 68 天时间内取得"中国驰名商标""中国名牌"和"双冠王"的荣誉,在厚积薄发的背后,蕴涵着一股强大的"科技创新"的力量。公司逐步形成了原始创新、集成创新和引进、消化、提升的二次创新能力,这成为企业品牌提升的坚实后盾。目前,企业已拥有 5 项国家专利,4 项产品获得省级技术产品称号,多项设计产品获行业和国家大奖;在自主创新体系的运转中,公司每年的新产品试制品种多达 2 600 多种,每年转化的上市品种多达 1 300 多种,也就是说平均每天亨达都要试制出 7.2 种新产品。

同时,在与国外大型制鞋企业的合作中,公司通过引进、消化、吸收并进行二次创新的系统工程,迅速提升了企业的研发水平。2004 年,公司与美国最大的鞋业生产贸易公司派诺蒙公司达成合作,运用国际超前的航空服饰技术合作生产新一代航空防水鞋,它运用超细纤维及纳米、抑菌技术,达到了高温环境下连续穿鞋一个月不臭脚、不伤脚的技术水准。目前,公司在原有技术的基础上,通过技术创新生产的运动休闲系列、冬靴系列产品已经开始大面积投放市场,赢得了不错的市场反响。

体制创新实现品牌实力的跨越。21 世纪的市场竞争已从单纯的产品竞争开始向资本竞争迈进,在市场经济的大潮中,面对经济一体化的汹涌浪潮,如何能寻找到一条适应当前市场现状、能让亨达保持长盛不衰的运作模式已成为当务之急。在 20 年成功经验的积累之上,亨达集团董事会详细研究了国外数十家大型百年企业的体制变化,认定在国际市场已成功运作了数百年的股份制比中国传统体制更具潜力优势。2003 年,亨达集团正式完成了股份制改革,并在公司内部实施市场化运作。将原先的私营企业"内部大锅饭"改制为分工细化,优势互补,责、权、利关系明晰,接轨国际的现代企业集团公司。

在亨达 22 年的发展中,王吉万始终认为,品牌是一个企业综合实力的集中体现。品牌的提升不仅需要外包装,最重要的还是内在实力的提升,更重要的是需要建立一套内在的、新陈代谢的、可持续发展的品牌成长机制。为全面配合品牌形象提升,亨达集团实施了"企业流程再造工程",围绕这个工作中心,亨达实施了包括亨达集团战略组织架构设计与部门权责分解、企业信息化改造工程、财务管理分析系统及会计核算控制系统、企业整体人力资源规划及管理模式的导入、品牌提升与实施工程、企业法律体系建设、企业整体管理体系整合七大工程,并于2004年投资3000余万元建立了ERP信息管理系统,运用现代化的企业管理模式再造流程,运用科学的流程机制实现规范化管理,保证企业顺利地由以职业为核心的传统体制向以流程为核心的现代化企业转变,全面提升企业的核心竞争力。

思考

亨达快速成长的秘籍是什么?

8.1 创新概述

组织、领导与控制是保证计划目标的实现所不可缺少的,从某种意义上来说,它们同属于管理的"维持职能",其任务是保证系统按预定的方向和规则运行。但是,管理在动态环境中生存的社会经济系统,仅有维持是不够的,还必须不断调整系统活动的内容和目标,以适应环境变化的要求——这就是曾被人们忽视的管理的"创新职能"。

8.1.1 创新的含义

经济学家约瑟夫·熊彼特于1912年首次提出了"创新"的概念。创造是指以独特的方式综合各种思想或在各种思想之间建立起独特的联系这样一种能力。能激发创造力的组织,可以不断地创造出做事的新方式以及解决问题的新办法。

创新是组织形成创造性思想并将其转换为有用的产品、服务或作业方法的过程。富有创造力的组织能够不断地将创造性思想转变为某种有用的结果。当管理者说到要将组织变革得更富有创造性的时候,他们通常指的就是要激发创新。企业在进行管理创新时会把新的管理要素(如新的管理方法、新的管理手段、新的管理模式等)或要素组合引入企业管理系统以更有效地实现组织目标。

创新是指创造一种新的更有效的资源整合范式。这种范式既可以是新的有效整合资源以达到企业目标和责任的全过程管理,也可以是新的具体资源整合及目标制定等方面的细节管理。

以下几点有助于理解创新:

(1) 创新的对象时是组织中资源运用的模式;
(2) 创新的任务是寻求更有效的资源运用模式;
(3) 创新是一个工作过程;
(4) 创新有其特定的工作内容。

"海底捞"的管理智慧

在过去两年里,海底捞餐厅已经成为餐饮界的一个热点现象,吸引了众多媒体的关注。1994年,还是四川拖拉机厂电焊工的张勇在家乡简阳支起了4张桌子,利用业余时间卖起了麻辣烫。14年过去了,海底捞在全国6个省市开了30多家店,张勇成了6 000多名员工的董事长。张勇认为,人是海底捞的生意基石。客人的需求五花八门,单是用流程和制度培训出来的服务员最多能达到及格的水平。制度与流程对保证产品和服务质量的作用毋庸置疑,但同时也压抑了人性,因为它们忽视了员工最有价值的部位——大脑。让雇员严格遵守制度和流程,等于只雇了他的双手。

大脑在什么情况下才有创造力?心理学家的研究证明,当人用心的时候,大脑的创造力最强。于是,服务员都能像自己一样用心就变成张勇的基本经营理念。怎么才能让员工把海底捞当成家?答案很简单:把员工当成家里人。海底捞的员工住的都是正规住宅,有空调和暖气,可以免费上网,步行20分钟到工作地点。不仅如此,海底捞还雇人给员工宿舍打扫卫生,换洗被单。海底捞在四川简阳建了海底捞寄宿学校,为员工解决子女的教育问题。海底捞还想到了员工的父母,优秀员工的一部分奖金,每月由公司直接寄给在家乡的父母。

要让员工的大脑起作用,除了让他们把心放在工作上,还必须给他们权力。200万元以下的财务权都交给了各级经理,而海底捞的服务员都有免单权。不论什么原因,只要员工认为有必要,都可以给客人免费送一些菜,甚至免掉一餐的费用。聪明的管理者能让员工的大脑为他工作,当员工不仅仅是机械地执行上级的命令,他就是一个管理者了。按照这个定义,海底捞是一个由6 000名管理者组成的公司。

人是群居动物,天生追求公平。海底捞知道,要让员工感到幸福,不仅要提供好的物质待遇,还要让人感觉公平。海底捞不仅让这些处在社会底层的员工得到了尊严,还给了他们希望。海底捞的几乎所有高管都是服务员出身,这些大孩子般的年轻人,独立管理着几百名员工,每年创造几千万营业额。没有管理才能的员工,通过任劳任怨的苦干也可以得到认可,普通员工如果做到功勋员工,工资收入只比店长差一点。

海底捞把培养合格员工的工作称为"造人"。张勇将造人视为海底捞发展战略的基石。海底捞对每个店长的考核,只有两个指标,一是客人的满意度,二是员工的工作积极性,同时要求每个店按照实际需要的110%配备员工,为扩张提供人员保障。海底捞这种以人为本、稳扎稳打的发展战略值得不少中国企业借鉴。

8.1.2 创新的特征

1. 整体性与系统性

创新是一个系统工程,它涵盖了企业生产经营活动的整个过程,是一个完整的链条,而不是其中的某一项活动或某一环节。这其中的任何一个环节出现失误,都会对创新的整体结果产生负面影响。所以,在创新过程中,不仅要注意局部的管理方式、方法的创新,更要重视各种社会资源的整合应用。只有通过创新实现系统的整体优化,才能发挥创新应有的成效。企业的系统性为创新寻找着力点提供了可能,同时也为创新成果的评价提供了标准。

2. 风险性与不确定性

创新涉及的环节和因素众多,并且比较复杂,从而使创新的过程和结果均呈现不确定

性,这意味着创新存在较大的风险性。这种风险性主要表现在:
(1) 创新内容的复杂性;
(2) 创新的投入回报具有不确定性;
(3) 创新效果的难以度量性;
(4) 创新的不可实验性。

3. 建设性与破坏性

具有积极效应的创新,能够通过对生产要素的新的组合实现产出的质的提高和量的增长,具有建设性功能。但是,有时一些创新也会产生消极的破坏效应,即企业生产要素的新的组合不仅没有带来质的提高和量的增长,反而导致了质与量的下降,导致企业现有能力和资源的毁坏。这种破坏性的创新可能会给企业带来巨大威胁,有时甚至会使企业在破坏中遭到毁灭。

4. 动态性与可持续性

现代企业是一个不断与外界进行物质、能量、信息交换的动态开放系统。在这种动态系统中所进行的创新活动也必然具有动态性。它表明创新活动的逻辑和轨迹不是一种简单的重复,而是根植于内外环境变化的一种能动性的动态创造过程。正如美国管理学家彼得·德鲁克所指出的,企业管理不是一种官僚性的行政工作,它必须是创新性的,而不是适应性的工作。创新活动本身就是一个不断维持和创新的动态过程,它不像技术创新那样具有明确的终点,管理创新具有动态性和持续性。

与时俱进　突破创新

1979年可口可乐重返中国,经过十几年的发展,已经在中国建立了23家罐装饮料厂,形成了辐射全国的生产基地和销售网,年销售额近百亿元。在近日公布的"1999年全国城市消费者调查"中,可口可乐在同类产品中又一次高居榜首,一举夺得市场占有率、最佳品牌以及知名度三项桂冠。尽管如此,近年来可口可乐却强烈感受到中国饮料企业强烈的竞争压力。主要原因是中国的饮料工业企业生产的具有民族特色的品牌已经经过自强不息的努力,成长壮大起来了。在中国民族饮料工业的压力下,美国可口可乐公司营销策略开始改变并开始了它在中国市场走向本土化的进程。

可口可乐的广告宣传以往都是由亚特兰大总部统一控制和规划,以最典型化的美国风格和美国个性来打动中国消费者。但这样的宣传策略在1999年发生了显著的变化。去年其在中国推出的电视广告,第一次选择在中国拍摄,第一次请中国广告公司设计,第一次邀请中国演员拍广告,明明白白地放弃了多年一贯的美国身份。可口可乐一贯采用的是无差异市场涵盖策略,目标客户显得比较广泛。为增加市场份额,从去年开始,可口可乐把广告的受众集中到年轻的朋友身上,广告画面以活力充沛的健康的青年形象为主体。"活力永远是可口可乐"成为其最新的广告语。

(资料来源:http://wenku.baidu.com)

8.1.3 创新的条件

为使创新能有效地进行,还必须创造以下的基本条件。

1. 创新主体应具有良好的心智模式

创新主体(企业家,管理者和企业员工)具有良好的心智模式是实现管理创新的关键。心智模式是指由于过去的经历、习惯、知识素养、价值观等形成的基本固定的思维认识方式和行为习惯。创新主体具有的心智模式:一是远见卓识;二是具有较好的文化素质和价值观。

2. 创新主体应具有较强的能力结构

管理创新主体必须具备一定的能力才可能完成管理创新,管理创新主体应具有核心能力、必要能力和增效能力。核心能力突出地表现为创新能力;必要能力包括将创新转化为实际操作方案的能力,从事日常管理工作的各项能力;增效能力则是控制协调加快进展的各项能力。

3. 企业应具备较好的基础管理条件

现代企业中的基础管理主要指一般的最基本的管理工作,如基础数据、技术档案、统计记录、信息收集归档、工作规则、岗位职责标准等。管理创新往往是在基础管理较好的基础上才有可能产生,因为基础管理好可提供许多必要的准确的信息、资料、规则,这本身有助于管理创新的顺利进行。

4. 企业应营造一个良好的管理创新氛围

创新主体能有创新意识,能有效发挥其创新能力,与拥有一个良好的创新氛围有关。在良好的工作氛围下,人们思想活跃,新点子产生得更快,而不好的氛围则可能导致人们思想僵化,思路堵塞,头脑空白。

5. 创新应结合本企业的特点

现代企业之所以要进行管理上的创新,是为了更有效地整合本企业的资源以完成本企业的目标和任务。因此,这样的创新就不可能脱离本企业和本国的特点。

6. 管理创新应有创新目标

创新目标比一般目标更难确定,因为创新活动及创新目标具有更大的不确定性。尽管确定创新目标是一件困难的事情,但是如果没有一个恰当的目标则会浪费企业的资源,这本身又与管理的宗旨不符。

阿里巴巴的创新

在博鳌亚洲论坛"亚洲企业的全球竞争力"分论坛上,阿里巴巴董事局主席马云表示,公司不是越大越好,公司越大创新能力越差,亚洲的企业在与西方大企业竞争时,要靠快速反应、创新能力及坚持做事原则等来提高整体竞争力。

"我记得公司在有20、30、40个员工的时候拍个脑袋想法就出来了,今天有九千名员工的时候我想个主意的时候光讨论就三个月,做出来九个月还不是我想要的东西。"马云称。

他认为人类已经从工业时代走向信息时代,工业时代靠规模、靠资本、靠技术,而信息时代就是靠灵活、靠快速反应、靠创新。

"创新的源泉就是与众不同,你必须与众不同,坚持走独特的路线,坚持自己的价值体系,坚持做事的原则,不一定模仿工业时代的方法。"

在如何提高企业创新能力上,马云自己觉得企业越大创新能力越差,"企业变大以后要有组织保障,有组织保障后要加强管理,尤其是亚洲企业,中国企业大部分在管理上是有欠缺的,我们是命令式的管理,很少真正的管理创新。"

(资料来源:商界招商网)

8.2 创新的内容

创新在企业管理中作为激发组织潜力的重要形式包括六方面的内容:观念创新、目标创新、技术创新、制度创新、市场创新、文化创新。

8.2.1 观念创新

管理观念的创新是进行其他各类创新的前提与基础。通俗来讲,所谓管理观念创新其实是用新的、更有效的方式来整合组织资源,以更有效地达成目标的观念或思想。譬如,在经济全球化背景下,经济形态、经济导向、经济政策都在发生着巨大变化,因而便要求企业管理者的思想观念朝动态变化的方向展开,进而在更高层次及全方位角度做出超前决策。与此同时,还需要将过去指挥、监督、控制式的"人治管理"转变为让员工占有资源并有自我发展机会的"共治管理"。

管理观念创新就是企业为了取得整体优化效益,打破陈规陋习,克服旧有思想束缚,树立全新的管理观念。管理观念创新是一种管理思维和管理理念的综合性创新,它对管理决策、管理执行、管理监督等一系列环节具有重大的指导价值。

管理观念创新主要包括以下几个方面的内容。

(1) 知识价值观。改变对知识的陈旧认识,确立知识是创造价值主要的、直接的因素的创新观念,具有头等重要的意义。

(2) 竞争优势观。应该利用知识寻找出把现有知识最大限度地转化为生产力的有效方法,让企业拥有更大的竞争优势,以便在激烈的市场竞争中取胜。

(3) 知识更新的观念。知识的更新不仅包括创造新知识,而且包括摒弃旧知识。在一个组织内,新知识不是由个人创造的,而是在整个企业范围内通过团队或群体共享知识与专长来产生的。

综观整个管理理论的发展,管理观念的创新大体经历了五个阶段。

第一个阶段,管理的效率观念。所谓管理的效率观念,主要体现在泰罗的科学理论中,泰罗制的核心就是为了解决在技术先进而管理落后的情况下,如何提高劳动效率的问题,把效率作为管理的中心问题。

第二个阶段,管理的择优观念。这主要是来源于西蒙的决策理论,认为管理的核心是决策,决策的核心就是选优,即在众多的决策方案中,选择最佳最好的方案。但是西蒙同时指出，在实际当中，很难做到最佳最优最好，因此提出"令人满意"的准则。

第三个阶段，管理的有序观念。这种管理理论提出，管理的过程主要是使事物发展从无序到有序的过程，也就是达到了协调和和谐。因此这种理论比较重视管理目标的制定和职能的发挥。

第四个阶段，管理的权变观念。所谓管理的权变观念，是指管理没有固定的模式，一切都要因人而异，针对不同的对象要采取不同的管理模式。

第五个阶段，管理的人本观念。也就是要坚持人是管理和发展的基本主体和动力，要关心人、尊重人、解放人、发展人，还要研究人的本性和人的需要。我们只有从人的本性和人的需要出发，所研究的政策主张和管理措施，才能真正管用，才能起到实际的效果。

迈瑞的故事

成立于1991年的迈瑞生物医疗电子股份公司，是我国目前研发实力最强、经济效益最好的医疗器械公司。在医疗器械这个几乎被国际大公司垄断的领域里，迈瑞也是从代理国外产品起家的。与华为殊途同归的是，他们也是通过自主创新，逐渐有了可以参与国际竞争的产品。

要不要搞研发？这个问题今天在迈瑞已经不用讨论了。迈瑞的增长速度连续5年保持在50%以上，2005年销售收入突破10亿元，2006年预计将达到18亿元。他们的计划是，之后5年内突破100亿元。这样的发展速度，如果没有自己的核心技术，是无法想象的。"创新是有风险的。要不要自己搞研发？公司内部最初也有分歧，"迈瑞常务副总裁穆乐民说，"最初创业的七八个人，除了董事长和总裁的想法一致，坚持要搞研发外，其他人后来都离开了。"

坐在迈瑞大厦宽敞的办公室里，穆乐民讲述了一件让他印象特别深刻的往事："在迈瑞以前租用的办公楼里，有一家公司在20世纪90年代的IT业颇有名气。这个公司的老总对迈瑞要自己研发产品不以为然：'中国的优势就是劳动力便宜，搞自主创新行不通的。'现在，这家公司雇用了1 000多个女工，主要业务是给迈瑞加工电路板，去年迈瑞支付给它加工费800多万元，而迈瑞完成了10亿元的销售额，只有500名工人。"

对科技创新，迈瑞董事长徐航有自己的看法："资金、人才都不是最重要的，理念才是最重要的。"穆乐民对此深表赞同："他想做这个事儿，这是最重要的。不是说迈瑞能做到的，别人就做不了，关键是你是否做了。"

正是企业的创新理念使得迈瑞聚集了一大批志同道合的科研人才。"在深圳，人才面临的诱惑很多，迈瑞的主要科研人员几乎都接到过外国竞争对手的电话，许以双倍的薪水。但到目前为止，没有一人因此流失。"穆乐民说。

（资料来源：腾讯新闻）

8.2.2 目标创新

企业是在一定的经济环境中从事经营活动的，特定的环境要求企业按照特定的方式提供特定的产品。一旦环境发生变化,企业的生产方向、经营目标以及企业在生产过程中与其他社会经济组织的关系也要进行相应的调整。在市场经济背景中,企业经营的一般目标是"通过满足市场所反映的社会需要来获取利润"。至于企业在各个时期的具体的经营目标,则需要适时地根据市场环境和消费需求的特点及变化趋势加以调整,每一次调整都是一种创新。

海尔的创新与发展

海尔对企业做了一个形象的比喻:企业犹如斜坡上的小球,要每天改变和提高。美国企业平均寿命40年,日本企业平均寿命13年,中国企业平均寿命不到5年。企业既要高速发展,又要长寿,是非常困难的。所以在斜坡球体论的基础上,海尔人创造了日清日高管理法。

日清工作法简单地说就是日事日毕,日清日高。海尔人打了个比方,将1元钱存到银行,采用复利计算,70天之后便翻了一番。但难就难在天天都在提高,哪怕是一点点。

美国企业界有一句话说,什么是好企业?就是企业内部没有激动人心的事发生。如果你事先没有将事情筹划好,那么肯定打败仗。

海尔在实践中感觉到,基础工作做到位非常难。有一个外商准备在中国投资,在全国考察了好多企业,最后初步定了三家,其中包括海尔。他们到海尔看了以后就走了。我们以为外商不愿与我们合作,但是一天之后,对方发来传真表示愿意与我们合作。原来他们趁我们不注意,摸了一下我们的备用模具,结果没有摸出灰来,就冲这一点,他们就愿意与我们合作。还有一次,外商准备与我们签约,突然说:等一下,我去一趟洗手间。其实外商是去看卫生间干不干净,看吊灯干不干净,如果这两样干净了,这个企业就没问题。所以海尔要求所有员工必须将每一件事认真做好,虽然很难,但是必须做到。

8.2.3 技术创新

技术创新是企业创新的重要内容。任何企业都是利用一定的产品来表现市场存在、进行市场竞争的;任何产品都是一定的人借助一定的生产手段加工和组合一定种类的原材料生产出来的。不论是产品本身,还是生产这些产品的人和物资设备,或是被加工的原材料以及加工这些原材料的工艺,都以一定的技术水平为基础,并以相应的技术水平为标志。因此,技术创新的进行、技术水平的提高是企业增强自己在市场上竞争力的重要途径。

企业要在激烈的市场竞争中处于主动地位,就必须顺应甚至引导社会技术进步的方向,不断地进行技术创新。由于一定的技术都是通过一定的物质载体和利用这些载体的方法来体现的,因此企业的技术创新主要表现在要素创新、要素组合方法的创新以及作为要素组合结果的产品的创新。

1. 要素创新

从生产的物质条件这个角度来考察,要素创新主要包括材料创新和手段创新。

(1) 材料既是产品和物质生产手段的基础,也是生产工艺和加工方法作用的对象。材料创新或迟或早会引起整个技术水平的提高。

(2) 手段创新主要指生产的物质手段的改造和更新。生产手段的技术状况是企业生产力水平具有决定性意义的标志。

生产手段的创新主要包括两个方面的内容:

(1) 将先进的科学技术成果用于改造和革新原有的设备,以延长其使用寿命或提高其效能。

(2) 用更先进、更经济的生产手段取代陈旧、落后、过时的机器设备,以使企业生产建立在更加先进的物质基础之上。

2. 要素组合方法的创新

利用一定的方式将不同的生产要素加以组合,这是形成产品的先决条件。要素的组合包括生产工艺和生产过程的时空组织两个方面。

(1) 工艺创新包括生产工艺的改革和操作方法的改进。

(2) 生产过程的组织包括设备、工艺装备、在制品以及劳动在空间上的布置和时间上的组合。

3. 产品创新

产品是企业的象征,任何企业都是通过向市场上提供不可替代的产品来表现并实现其社会存在的,产品在国内和国际市场上的受欢迎程度是企业市场竞争成败的主要标志。

产品创新包括新产品的开发和老产品的改造。

产品在企业经营中的作用决定了产品创新是技术创新的核心和主要内容,其他创新都是围绕着产品的创新进行的,而且其成果也最终在产品创新上得到体现。

上述几个方面的创新,既是相互区别,又是相互联系、相互促进的。材料创新不仅会带来产品制造基础的革命,而且会导致产品物质结构的调整;产品的创新不仅是产品功能的增加、完整或更趋完善,而且必然要求产品制造工艺的改革;工艺的创新不仅导致生产方法的更加成熟,而且必然要求生产过程中利用这些新的工艺方法的各种物质生产手段的改进。反过来,机器设备的创新也会带来加工方法的调整或促进产品功能的更加完善;工艺或产品的创新也会对材料的种类、性能或质地提出更高的要求。各类创新虽然侧重点各有不同,但任何一种创新的组织都必然会促进整个生产过程的技术改进,从而促进企业整体技术水平的提高。

在创新中重生

1998年下半年,雕牌洗衣粉曾全面退出市场,1999年年初,又以全新的包装再次切入洗衣粉市场,获得二次创业的成功。2001年,更是掀起了新一轮的雕牌潮,直接威胁了奇强"老大"的市场位置。

是什么法宝让雕牌得以重生,而且锐不可挡?

借助"下岗潮"的出现,雕牌不失时机地抓住这一引起社会普遍关注的资源,借势进行品牌打造与传播。

"雕"牌的情感诉求比较成功,其创造的"下岗片",就是其中比较好的情感宣传方式。妈妈下岗了,家庭生活日显拮据,并随着妈妈找工作的画面把情感推向了高潮,片中的小主角的真情表白:妈妈说,雕牌洗衣粉,只用一点点,就能洗好多好多衣服,可省钱了。妈妈,我能帮您干活了。

随着下岗者的出现已成为普遍社会现象,这一宣传,引起了消费者内心深处的震颤以及强烈的情感共鸣,品牌迅速得以认同与提升。

(资料来源:http://wenku.baidu.com)

8.2.4 制度创新

制度是组织运行的主要原则规定。制度创新需要从社会经济角度来分析企业系统中各成员间的正式关系的调整和变革。

1. 产权制度

产权制度是决定企业其他制度的根本性制度,它规定着企业最重要的生产要素的所有者对企业的权力、利益和责任。不同的时期,企业各种生产要素的相对重要性是不一样的。

2. 经营制度

经营制度是有关经营权的归属及其行使条件、范围、限制等方面的原则规定。它表明企业的经营方式,确定谁是经营者,谁来组织企业生产资料的占有权、使用权和处置权的行使,谁来确定企业的生产方向、生产内容、生产形势,谁来保证企业生产资料的完整性及增值,谁来向企业生产资料的所有者负责以及负何种责任。

3. 管理制度

管理制度是行使经营权、组织企业日常经营的各种具体规则的总称,包括对材料、设备、人员及资金等各种要素的取得和使用的规定。

产权制度、经营制度、管理制度这三者之间的关系是错综复杂的。一般来说,一定的产权制度决定相应的经营制度。但是,在产权制度不变的情况下企业具体的经营方式可以不断进行调整;同样,在经营制度不变时,具体的管理规则和方法也可以不断改进。而管理制度的改进一旦发展到一定程度,则会要求经营制度作相应的调整;经营制度的不断调整,则必然会引起产权制度的革命。因此,反过来,管理制度的变化会反作用于经营制度;经营制度的变化会反作用于产权制度。

企业制度创新的方向是不断调整和优化企业所有者、经营者、劳动者三者之间的关系,使各个方面的权力和利益得到充分的体现,使组织的各种成员的作用得到充分的发挥。

"15%时间"去"私酿酒"

谷歌"15%创新时间"家喻户晓,但最早提出这个理念的其实是3M。员工可以不经同意,使用15%的工作时间干个人感兴趣的事,去自由畅想。"这是3M公司没有成文的一项规矩,由来已久。当然这并不针对公司所有人员,主要是针对研发技术人员,行政管理人员不在其列。"3M公司员工Davy说。

而3M公司另一项不成文的规定则是"私酿酒"文化,这是和"15%自由时间"紧密关联的。"'私酿酒'的含义就是隐瞒上司,秘密进行研究。"Davy说道,在一般公司里,"无须对公司及上司唯命是从"的观念可说是大逆不道,甚至需冒被"炒鱿鱼"的风险,而在3M,这种精神却受到鼓励。

3M公司的很多产品都是在这"15%"的时间里被"私酿"出来的,员工有了好的创意后可以向公司申请资金支持。比如现在广泛被用于制造防雾产品的"超亲水"物质,就是前些年3M中国研发中心一位研究员在15%工作时间里发现的,最初这项技术被运用于安保人员的面具及外科医生使用的防护眼镜上等。后来发现,该技术还具有易清洁、防反光等特点,又逐渐运用到高速公路标识牌、太阳能电池等表面。

3M公司平均每2天就能开发出3种新产品。"3M要求,在全世界范围,3M的销售额必须有50%以上是来自于以往4年创新出的产品,10%的销售额来自于过去1年开发出的新产品。"Davy说道。3M的创新能力令人叹为观止,而在这背后,则是众多创新的失败和3M对员工创新受挫的宽容。

(资料来源:腾讯科技)

8.2.5 市场创新

市场创新是环境创新的主要内容。市场创新主要是指通过企业的活动去引导消费,创造需求。成功的企业经营不仅要适应消费者已经意识到的市场需求,而且要去开发和满足消费者自己可能还没有意识到的需求。新产品的开发往往被认为是企业创造市场需求的主要途径。其实,市场创新的更多内容是通过企业的营销活动来进行的,即在产品的材料、结构、性能不变的前提下,或通过市场的物理转移,或通过揭示产品新的使用价值,来寻找新用户,再或通过广告宣传等促销工作,来赋予产品以一定的心理使用价值,影响人们对某种消费行为的社会评价,从而诱发和强化消费者的购买动机,增加产品的销售量。

所以人们一般把开辟一个新的市场和控制原材料的新供应来源归纳为市场创新。事实上,完整地说,市场创新是指企业从微观的角度促进市场构成的变动和市场机制的创造以及伴随新产品的开发对新市场的开拓、占领,从而满足新需求的行为。

市场创新不同于工艺创新和产品创新,属于较为广义的创新范畴。在现实生活中,创新一词常被人们理解为某项技术上的发明创造,这种把"创新"仅限于技术范畴的狭隘理解,妨碍了人们运用"创新"这一锐利武器。因此,我们应该拓宽创新的视野,将创新理解为一个远远超出"技术"范畴的、综合性的经济概念。如在销售过程中的一种"创新"——分期付款方式的发明,就是经济意义的创新。分期付款,也就是用未来的收入购买现在的商品。这种购买方式,使目前暂无购买力的人有了购买力。它加速了商品买卖的实现过程,促进了商品经济的发展,并实现了经济类型由"供给导向型"向"需求导向型"的重大变革,极大地改变了人类整个经济的面貌。因而,分期付款这一"创新"意义重大。

市场创新包含两个方面的内容。

（1）开拓新市场。开拓新市场包括这样三层意思。

第一，地域意义上的新市场。指企业产品以前不曾进入过的市场。它包括老产品进入新市场，如由国内向海外拓展、由城市向农村拓展，也包括新产品进入新市场。

第二，需求意义上的新市场，指现有的产品和服务都不能很好地满足潜在需求时，企业以新产品满足市场消费者已有的需求欲望，如向农户推销廉价的、功能较少的彩电，向工薪阶层推销低价位汽车等。

第三，产品意义上的新市场。将市场上原有的产品，通过创新变为在价格、质量、性能等方面具有不同档次的、不同特色的产品，可以满足或创造不同消费层次、不同消费群体需求。如福特汽车公司变换汽车式样，向其顾客供应不同档次的汽车：向富豪供应凯迪拉克，向一般人供应雪弗兰，向中等富裕的人供应奥尔兹莫比尔。

（2）创造市场"新组合"

市场创新又是市场各要素之间的新组合，它既包括产品创新和市场领域的创新，也包括营销手段的创新，还包括营销观念的创新。

市场营销组合是哈佛大学的敦凯提出的一个概念，它指综合运用企业可控制的因素，实行最优化组合，以达到企业经营的目标。市场营销组合观念是市场营销观念的重要组成部分。营销组合为实现销售目标提供了最优手段，即最佳综合性营销活动，也称整体市场营销。市场营销组合观念认为，企业可以控制的产品、定价、分销与促销诸因素，都是不断发展变化的变数。在营销过程中，任一因素的变化都会出现新的市场营销组合。

市场创新与市场营销反映了两种不同的思路：市场营销以"大路"货为基础，以总体成本取胜，以市场分享为目标，着重广告、推销和价格战等手段。因此，资金最为充足的企业在"战"中取胜的可能性较大。而市场创新则靠产品和服务的差别性取胜，致力于市场创造，即提出新的产品概念，建立新的标准和市场秩序，因而，最具有创造精神的企业取胜的可能性最大。正如托马斯·彼得斯所言："不要总是分享市场，而要考虑创造市场。不是取得一份较大馅饼，而是要设法烙出一块较大的馅饼，最好是烘烤出一块新的馅饼。"

可见，市场新组合是从微观角度促进已有市场的重新组合和调整，建立一种更合理的市场结构，赋予企业以新的竞争优势和增值能力，这就是市场创新的宗旨所在。

市场创新的方式很多，概括起来有产品方式、价格方式、广告方式、公关方式等。

1. 市场创新的产品方式

市场创新的产品方式就是以一种新异的、独具一格的产品或服务来开拓新的市场，这是创业家市场创新的一个重要内容。在许多行业内部有利用这种方式实现创业的创业家典范。在服务行业中，美国人艾德里安·戴尔西、拉西·希尔布洛姆和罗伯特·林德，发现普通的信件包裹传递速度和服务质量不能适应当代经济活动和人们的需求变化，于是立志通过创新解决这一问题。他们取三个姓氏的第一个字母为名，组成了DHL快速传递公司。最初，他们将美国西海岸海运公司的发货单据等重要单据，用飞机专程送往夏威夷接货点，亲自交给收货单位，大大简化了所需办理的手续。这使得货船抵港后能迅速卸货、交货及返航，减少运输公司的港口费用，从而创造了一种大受运输公司及个体客户欢迎的快递业务。这种新的快递业务开辟了一个新的服务市场。

在计算机行业中,日本的佐佐木明,以研制一种专门供中小学生用的"学习机",即一部类似微型计算机的学习机配上小学四、五、六年级的数学、英语、国语软件,来代替家庭教师或补习学校,从而开出一个"智慧市场"。

在汽车行业,美国人乔·恩格尔贝格在20世纪50年代研制出了第一代工业机器人,从而彻底改变了汽车制造业的面貌,提高了生产效率,降低了生产成本。

创业家用新产品进行市场创新的例子不胜枚举。然而,是不是产品在设计、售后服务、产品工艺上与众不同,便自然而然就能在市场上独占一席呢?事情不是如此简单。在市场竞争中,商品交换的成功是一个"惊险的跳跃"。索尼电器在当今世界电器市场上可谓首屈一指,可谁知道当年他们开拓市场的艰难曲折呢?盛田昭夫为了将井深大和自己共同研制的电器打入美国市场,甚至举家迁至美国。为树立公司的形象和增强产品的竞争力,他特地选择在美国贵族区居住以体验美国人的心理和电器消费习惯。新产品的出现,只是预示着一个潜在的市场,要将这个潜在市场转化为现实市场,还需要精于市场营销。

真正的创业家应能准确地判断顾客的"真正需要",为他们提供新的产品,而且产品的价格还应能为顾客所接受。正因如此,创业家不仅能在价值的基础上竞争获胜,而且能在价格的基础上竞争获利。米其林的选择就说明了这一点。

在汽车的斜纹轮胎和辐射轮胎的比较上,后者的成本和价格高于前者,故美国许多有国际市场的汽车轮胎制造商都曾拒绝生产辐射轮胎。而法国的汽车轮胎制造商米其林,通过广泛的实例演示,宣传这种轮胎的安全性和耐用性,使美国顾客愿意出钱购买辐射轮胎,从而打开了美国市场。

归结起来说,以产品方式进行市场创新,首先要以市场的"趋势"为依据,有目的地研制出能满足顾客"真正需要"的产品。其次还要辅之以市场创新的价格和广告等其他创新方式,使产品由生产者手中成功地"跳跃"到消费者手中。

2. 市场创新的价格方式

市场创新的价格方式就是指创业家如何利用价格这个工具来应对竞争和开拓市场。价格创新方式可分为高价方式和低价方式两种。

1) 以高价格创新

高价格创新方式是许多创业家在实践过程中积累的宝贵经验,这种方式只适用于特定的场合。这些场合有:

(1) 稀缺性商品。物以稀为贵,稀缺商品其价必高。

(2) 质优性商品。常言道,质优则价高。同类产品中,高价总意味着高质量、高档次。当企业要显示自己的产品与其他同类产品相比,质量、性能和服务更超群时,可以定高价。高价能满足人们追求精品和档次的心理。

(3) 贵族性商品。一般老百姓都羡慕上流社会富有阶层的人,并总希望自己能达到他们那样的地位,因而上流社会和富有阶层的人便成为他们模仿的对象。上流社会中流行什么样的商品,必然也会被普通百姓争相购买,产生"贵族效应"。

(4) 初生性商品。当市场上有较大的需求潜力、顾客求新心强、而竞争对手尚未形成时,企业推出新产品可以定高价,先声夺人,树立品牌威望和地位,同时也可较快收回开发产品的投资。

以高价进行市场创新必须注意解决这样一些问题：

(1) 高价格低渗透问题。也就是商品价格高但市场占有率低，解决这个问题可以通过产品策略、渠道策略和促销策略，高价加租赁制就属于促销策略的一种。

(2) 高价格导致仿效者问题。由于高价往往得高利，所以高价商品容易招致众多的仿效者。

如何对付仿效者呢？可采用如下办法：

其一，形成"标准"。这是 IBM 的方法，也就是放开一切让人家尽情仿效，最后形成了以 IBM 为计算机行业标准的局面，它自然而然成了计算机行业的领导。

其二，阻碍模仿。可以通过申请专利等法律手段阻止模仿者进入。

其三，速战速撤。在仿效者还没来得及进入时，通过促销快速打开市场，在尽可能短的时间内获利。当仿效者进入、产品价格下降后，就快速退到其他相关领域。

2) 以低价格创新

低价格创新方式就是以低于市场上同类商品的价格向特定的顾客群体提供商品。这种方式一般适用于生产批量大、销售潜力高、产品成本低而顾客又较熟悉的产品。

低价可以使原来潜在的消费者变成现实的消费者，使市场的外延扩大。创业初期的企业可以考虑使用低价策略，以"价廉物美"来刺激消费者，扩大销售量，逐渐提高市场占有率，使企业安全度过危险期。

3．市场创新的广告方式

推出一种能满足顾客需要的新产品并不代表创业者可以从此坐享其成，因为顾客能否了解和接受这种新产品还是一个未知数。能否解开这个未知数直接关系到这种新产品乃至整个创业计划的成败。

广告就是这样一种把产品推向市场、让顾客了解产品性能的途径。下面案例分享中有关于广告的妙用。

4．市场创新的公关方式

尤其在企业碰到危机时，创新公关方式尤为重要。

哈利卖小食品

美国宣传奇才哈利十五六岁时，在一家马戏团做童工，负责在马戏场内叫卖小食品。但每次看的人不多，买东西吃的人更少，尤其是饮料，很少有人问津。有一天，哈利的脑瓜里诞生了一个想法：向每一个买票的人赠送一包花生，借以吸引观众。但老板不同意这个"荒唐的想法"。哈利用自己微薄的工资作担保，恳求老板让他试一试，并承诺说，如果赔钱就从工资里扣，如果盈利自己只拿一半。于是，以后的马戏团演出场地外就多了一个义务宣传员的声音："来看马戏，买一张票送一包好吃的花生！"在哈利不停的叫喊声中，观众比往常多了几倍。观众们进场后，小哈利就开始叫卖起柠檬冰等饮料。而绝大多数观众在吃完花生后觉得口干时都会买上一杯，一场马戏下来，营业额比以往增加了十几倍。

施乐公司的租赁创新

美国的施乐公司曾成功地运用高价格创新方式。当公司研制成功"塞克洛斯914"干式复印机时,公司的第一代总经理威尔逊将它的价格订在295美元。这个价格使公司的其他人惊讶不止,因为"塞洛克斯914"的开发成本仅为24美元。威尔逊为什么喊出这么高的价格呢?这是因为塞洛克斯复印机性能优越,而且公司还为之提供良好的售后服务。此前的复印机在工作之前不仅需要特殊的复印液,而且还要使用一种涂有特殊的感光材料的复印纸,否则就复印不出来。相比之下塞洛克斯就简便多了,它只要一般干纸,不论是文字还是图片,均能在三四秒之内就清晰地复印出来。但是塞洛克斯复印机的不利之处在于它结构复杂,难以保管和操作,因而它需要优良的售后服务。为了使复印机能卖出去,威尔逊采取了租赁制,禁止成品直接买卖。之所以这样做,是为了维护塞洛克斯的信用和声誉,而不希望他人随便持有它。"运用租赁制,并做好售后服务",这就是威尔逊的设想。

戴尔电脑的低价竞争创新

美国戴尔计算机公司创始人米歇尔·戴尔,就是以低价来开拓创新学生计算机市场的。当米歇尔考入得克萨斯大学读书时,他发现校园里许多人都想拥有一台个人电脑,但商店里的电脑标价令他们望而却步,而且当时计算机的性能也不太适合学生使用。米歇尔还了解到,IBM公司的推销商们很少有人能完成公司的"定额"。于是,米歇尔与推销商们联系,以进价买下剩余的计算机,搬回自己的寝室,自己着手进行一些小小的改进,使之更适合大学生使用。为了适应学生市场的特点,他采取了低价战略,售价比当时当地的同类机型低15%。由于价格低廉和性能适用,这种计算机很快赢得了市场。校园里的大学生、公司的写字间、诊所及律师事务所都有了他的改装机,从而形成了一个学生型计算机市场。所有这些都是在他的大学寝室里实现的。1984年5月米歇尔拿出自己的所有积蓄创办了戴尔计算机公司,当时他只有19岁。到岁数时,米歇尔已经是美国有名的"亿万富翁"了。他的戴尔计算机公司也成为整个计算机行业的骄子。

保罗·高尔文的广告创新

保罗·高尔文是最先将收音机应用于汽车业的人。汽车收音机也是摩托罗拉公司的创业产品。当高尔文的汽车收音机在美国普及、发展时,却遇到一次又一次的打击。人们把它"指控"为车祸的罪魁祸首,认为它分散了司机的注意力。许多州甚至还展开了关于从法律上禁止在汽车内安装使用收音机的辩论。1933年,高尔文制造公司在阿华州苏城的一位代理人,在汽车里安装55型收音机又引起了一场火灾,大火烧毁了整个车库,还烧毁了相邻房屋的一半,此事令高尔文制造公司的声誉一落千丈。面对这一次次打击,高尔文毅然将几千台55型收音机从市场上收回,拆下里面尚能使用的真空管与扩音器之后,用一柄大锤忍痛将它们全部砸毁。同时,用新的产品重树公司形象。

他寻觅到一位杰出的广告人才维克多·欧文。在欧文的策划下,摩托罗拉发起了第一次全国范围内的广告促销汽车收音机活动。过去公司每月只在《星期六晚邮报》的第三版刊登一栏广告。这种广告很不引人注意。新的广告策略主要是利用名人效应,如利用罗马天主教皇恺撒的加冕庆典游行,和著名的林德利特尔·约翰尼签订广告协议等,使公司名声大噪。此外,它还在全美纵横交错的公路两旁,树立了闪耀着摩托罗拉名字的,令人目不暇接的红、黄、黑广告牌。通过这些活动,摩托罗拉又重新树立了公司及其产品的形象。

8.2.6 文化创新

　　文化是非常重要的人类现象,是人类社会发展进步的一个重要内容和精神动力。也是这种发展进步在精神领域的一个重要标志。广义的文化概念,即所谓的大文化,是指人类改造客观世界和主观世界的活动及其成果的总和。它包括物质文化和精神文化两大类。物质文化是通过物质活动及其成果来体现的人类文化;精神文化是通过人的精神活动及其成果来体现的人类文化,包括思想道德和科学文化。

　　文化在交流的过程中传播,在继承的基础上发展,都包含着文化创新的意义。文化发展的实质,就在于文化创新。文化创新,是社会实践发展的必然要求,是文化自身发展的内在动力。

　　文化创新可以推动社会实践的发展。文化源于社会实践,又引导、制约着社会实践的发展。推动社会实践的发展,促进人的全面发展,是文化创新的根本目的,也是检验文化创新的标准所在。

　　文化创新能够促进民族文化的繁荣。只有在实践中不断创新,传统文化才能焕发生机、历久弥新,民族文化才能充满活力、日益丰富。文化创新,是一个民族永葆生命力和富有凝聚力的重要保证。

　　现代管理发展到文化管理阶段,可以说已经到达顶峰。企业文化通过员工价值观与企业价值观高度统一,通过企业独特的管理制度体系和行为规范的建立,使得管理效率有了较大提高。创新不仅是现代企业文化的一个重要支柱,而且还是社会文化中的一个重要部分。如果文化创新已成为企业文化的根本特征,那么创新价值观就能得到企业全体员工的认同,行为规范就会得以建立和完善,企业的创新动力机制就会高效运转。

汉斯·菲尔开网店

　　汉斯·菲尔是一家主营家居用品的网店店主。大学读了不到一年,他便办理了退学手续。

　　走出校门,他才发现原来"金子"并不是那么好淘的。他先后做过推销员、摆过地摊,但都和他的梦想相去甚远。

　　经过考察,他发现人们外出购物的时间越来越少,很多人开始钟情于网上购物。于是,汉斯便办起了一家主营家居用品的网店。

　　就在他准备大展身手的时候,一个无情的事实呈现在他的眼前:由于网店知名度不高,好几天也等不到一个买主。情急之下,汉斯找到搞营销的好友洛克,希望他能帮忙解决这个难题。经过一番谋划,一个绝妙的创意诞生了。一周后,各种大大小小的媒体争相报道一个新闻:"一位名叫汤姆·伯丁汉的27岁男子,花15.5英镑在网上订购了一双熊掌模样的休闲拖鞋,结果收到货时却惊讶地发现,右脚的鞋子竟然比他预留的尺寸大了近100倍,足有家用汽车那么大!"伯丁汉兴致勃勃地钻进巨鞋照了张照片传到网上,为了提高可信度,他把订购此鞋的网站——也就是汉斯的网店地址附在了下面。一时间,这个事情被传得沸沸扬扬。

一切皆在意料之中,汉斯小店的人气在一夜之间便飙升到令人咂舌的程度。人们在看到新闻后出于好奇,都会进到照片下面的网店去看看。这时候,汉斯已经在网店的主页上发布了一则声明:因工作失误,误将客户汤姆·伯丁汉订购的14.50码的拖鞋看漏了小数点,以至于按照1 450码的尺寸提交给工厂,当时误以为这只巨型鞋是用于橱窗展示之用,所以没有进行核实便提交生产,本店愿为此给您带来的不便道歉并进行赔偿。

看到这则声明,人们都被汉斯的真诚所感动,大家都顺便买些东西,以后逐渐成为常客。短短一个月,小店便为汉斯赚到了20万美元。

(资料来源:http://news.jdol.com.cn)

8.3 创新的过程

要进行有效的创新就必须研究和揭示管理创新规律。创新是对旧事物的否定,所以创新要突破原先的制度、打破原先的秩序。创造性活动是人类智能活动的最高体现。创新思维也是一个极为复杂的过程,要更好地开发、促进创新思维,更好地从事创新工作,就应该了解创新工作的过程。创新的实现,需要相应的流程支撑。小约翰斯顿和贝特把创新的流程命名为"发现流程",也就是说,公司的创新团队通过使用这个流程,可以探索和发现其战略前沿中的新商机,从而形成创新的、具有竞争力的公司战略。相应地,战略创新核心团队称为"发现团队"。基于"发现流程"的创新工作大体上可分为准备阶段、寻找机会、提出构想、迅速行动、不断完善五个步骤。

8.3.1 准备阶段

在这个阶段,要挑选并组建"发现团队",明确"发现流程"中的关键角色,确立创新项目的目标,"发现团队"正式成立。准备阶段主要包括三项重要活动:创建适当的团队和支持性组织结构;创建鼓励创新的工作环境;召开"发现团队"和创新项目正式启动大会。

小约翰斯顿和贝特相信,人们对于自己参与创建的事物,会给予积极的支持。"如果你在某个事物的创建或发展中扮演了角色,你将对这个事物更加投入。你深知围绕这个事物的种种思考,种种取舍,解决的种种问题,以及投入的时间。这个事物身上留有你的爱抚。你为你团队的产出感到骄傲,急切想看到它实施。必要时,你会挺身而出保卫它。"

这正是创新团队工作的奇妙之处。除非团队成员在此阶段的共识达成过程中口是心非,否则创新项目将获得团队成员的切实支持,团队成员也将获得正能量。

鬼谷子与创新思维

相传中国古代著名军事家孙膑的老师鬼谷子,在教学中极善于培养学生的创新思维。其方法别具一格。有一天,鬼谷子给孙膑和庞涓每人一把斧头,让他俩上山砍柴,要求"木柴无烟,百担有余",并限期10天内完成。庞涓未加思索,每天砍柴不止。孙膑则经过认真考虑后,选择一些榆木放到一个大肚子小门的窑洞里,烧成木炭,然后用一根柏树枝做成的扁担,将榆木烧成的木炭担回鬼谷洞,以为百(柏)担有余(榆)。10天后,鬼谷子先在洞中点燃庞涓的木柴,火势虽旺,但浓烟滚滚。接着鬼谷子又点燃孙膑的木炭,火旺且无烟。这正是鬼谷子所期望的。

(资料来源:http://wenku.baidu.com)

8.3.2 寻找机会

创新是对原有秩序的破坏。原有秩序之所以要打破,是因为其内部存在着或出现了某种不协调的现象。这些不协调对系统的发展提供了有利的机会或造成了某种不利的威胁。创新活动正是从发现和利用旧秩序内部的这些不协调现象开始的。不协调为创新提供了契机。

旧秩序中的不协调既可存在于系统的内部,也可产生于对系统有影响的外部。创新者要善于抓住这些机遇,适时提出构想。

1. 企业外部的机会源

(1) 技术的变化,从而可能影响企业资源的获取,生产设备和产品的技术水平。

(2) 人口的变化。人口规模、年龄结构、组成成分、就业情况、教育程度等必然影响需求结构和需求数量。对此进行科学预测,就能带来创新机会。

(3) 工业和市场结构变化。新旧行业的更叠交替必然导致工业结构和市场结构的变化,这正是蕴藏创新的机遇。

(4) 文化与价值观念的转变,从而可能改变消费者的消费偏好或劳动者对工作及其报酬的态度。

2. 企业内部的机会源

(1) 意外情况。意外情况主要包括三种:一是意外成功。意外成功常常能够引起一系列的创新成功的连锁反应,而且开发利用这种机会的投资小、风险小。二是意外失败。这种意外失败往往暗示了潜在的变化,意识到这种变化也就预示着发现了新的创新机会。三是外部意外情况。这是来自企业经营管理范围以外的创新机会。开发利用这种创新机会往往是本企业业务的延伸,不仅需要管理创新,还要求技术创新和市场创新。

(2) 不一致。不一致是指实际情况与"应有的"情况不相符、不协调,或者是实际情况与人们想象的情况不相符、不协调。不一致之所以能够引发创新机会,是因为不一致暗示了一个隐伏的"断层",这种断层形成一种不稳定状态,或者说形成了一种杠杆作用,只要稍微用力,就能产生较大的管理创新效果。

(3) 流程需要。由流程需要引发的创新机会,其表现形式是完善原有的流程,或者是把流程的薄弱环节充实加强,或者是利用新的科学技术知识对原有流程进行重新设计。一般来说,要想取得流程创新的成功,需要具备以下条件:流程是相对独立的、流程存在一个薄弱环节或缺失环节、流程具有明确的目标、具有解决流程存在的问题的具体办法和要求。

日立公司内的"婚姻介绍所"

在把公司看作大家庭的日本,老板很重视员工的婚姻大事。例如,日立公司内就设立了一个专门为员工架设"鹊桥"的"婚姻介绍所"。一个新员工进入公司,可以把自己的学历、爱好、家庭背景、身高、体重等资料输入"鹊桥"电脑网络。当某名员工递上求偶申请书,他(或她)便有权调阅电脑档案,申请者往往利用休息日坐在沙发上慢慢地、仔细地翻阅这些档案,直到找到满意的对象为止。一旦他被选中,联系人会将挑选方的一切资料寄给被选方。被选方如果同意见面,公司就安排双方约会。约会后双方都必须向联系人报告对对方的看法。日立公司人力资源部门的管理人员说:"由于日本人工作紧张,职员很少有时间寻找合适的生活伴侣。我们很乐意为他们帮这个忙。另一方面,这样做还能起到稳定员工、增强企业凝聚力的作用。"

8.3.3 提出构想

观察到了不协调现象的产生之后,还要透过现象究其原因,并据此分析和预测不协调的未来变化趋势,估计它们可能给组织带来的积极或消极后果。在此基础上,努力利用机会或将威胁转换为新发展的出发点,采用头脑风暴、特菲尔、畅谈会等方法提出多种解决问题、消除不协调,使系统在更高层次实现平衡的创新构想。

猴子岩公司以法治思想创新民工工资管理

时至岁末,猴子岩公司立足工程建设实际,充分运用好法律事务中心和人民调解委员会等平台,密切与地方政法部门的合作,灵活运用法制手段,合法合规解决民工工资管理问题。

依法强化合同履约考核。由于参建各方合同关系定位,业主对民工工资问题的直接介入力度有限。猴子岩公司抓好合同结算支付这一主线,严格执行合同约定,强化民工工资保证金考核,确保承包商按时足额兑付民工工资。公司在库区 S211 复建工程各标段张贴民工工资结算公告,及时告知民工工资结算情况,同时开展现场调研,将民工工资发放情况详细记录在案并征得民工签名印证,作为民工工资保证考核和下期工程结算的重要证据。在工程作业面和民工数量同比增加的情况下,民工工资问题较去年得到进一步好转。

创新尝试工资代管制度。猴子岩公司根据承包商劳务分包层级较多、民工管控难度大的特点,与葛洲坝集团猴子岩大坝项目部联合探索民工工资代管制度。项目部为所有民工办理专人工资卡,由作业队根据出工情况上报工资统计表,经项目部按照市场价格予以确认后优先予以统一发放,同时在现场张贴工资发放告示,严格加以考核,确保民工按时足额拿到工资。

(资料来源:企业文化小故事)

8.3.4 迅速行动

创新成功的关键主要在于迅速行动。提出的构想可能还不完善,甚至可能存在着重要缺陷,但这种并非十全十美的构想必须立即付诸行动才有意义。"没有行动的思想会自生自灭",这句话对于创新思想的实践成功尤为重要,一味追求完美,以减少受讥讽、被攻击的机会,就可能坐失良机,把创新的机会白白地送给自己的竞争对手。

创新的构想只有在不断的尝试中才能逐渐完善,企业只有迅速地行动才能有效地利用"不协调"提供的机会。从某种意义上说,面对瞬息万变的市场,创新行动的速度可能比创新方案的完善更为重要。

苹果创新模式

苹果的创新战略已经改变了我们所有人对后工业化企业道路的想法。苹果的平台战略一直可以追溯到第一代 iTunes 平台,它将外部内容与一款苹果产品(Nano)结合在一起。

该平台后来演化成了应用程序开发者社区和应用程序商店(Apps Store),同时苹果奇迹般地在两年时间里将这个开发者社区发展壮大并获得了数十万人的支持。

同时,正如读者戴夫·尼尔森(Dave Nelson)所指出的那样,苹果选择了广泛外包的方式,并以此为竞争者们指明了方向——没有必要去制造或发明,只需要像苹果一样购买自己所需的配件即可。

苹果创新模式的元素包括以下几个方面。

1. 平台以及对平台进行的巨额投资——无缝地整合开发者的应用和内容提供商的内容,帮助用户方便地获取及购买。
2. 众所周知的设计。在智能手机中,iPhone重新定义了用户界面。
3. 内部竞争,团队间竞争上马优秀的项目。
4. 可配戴设备及智能手机的分解,寻找新的方法利用平台和生态系统。
5. 供应链管理。
6. 激进的邻接策略,如零售、移动和手表。

(资料来源:福布斯中文网)

8.3.5 完善并形成模式

创新在开始行动以后,必须坚定不移地继续下去。不断地探索、总结行动中的经验教训，对当初的构想不断地修正和完善，否则便会前功尽弃。

经过在实践中的不断完善，组织将形成一整套适应新环境的新观念、新方法和新体制、新模式。创新往往最初是从组织的某个局部开始，因此，组织还需要把创新由点向面的推广普及，以使得组织最大限度地适应新环境。

小米的创新

小米发布了小米3和小米智能电视，发布会人山人海的拥挤场面，粉丝的各种尖叫和鼓掌，再一次的饥饿营销攻势，让小米再一次成为科技的头条新闻。

这几年进入传统的制造行业领地，完全靠互联网成功并销售过百亿的企业，唯有小米做到，尽管有很多企业也依靠互联网注入新的基因，但是似乎都没有小米这么耀眼。

小米的创新点表现在以下几个方面。

1. 将消费痛点放大，激发消费者解决痛点的需求

小米进入手机市场，定义就是"发烧友手机"，过去只有极客才会去刻意追求的体验，小米将其完善，并喊出口号，引导消费。对于消费者使用产品的各种貌似多余的细节改进，在传统企业看来，都是一些画蛇添足的事情，但是小米却引导消费者去关注它。小米的产品并没有达到颠覆的境界，但是却依靠细节的微创新，真正地解决消费者的痛点，让消费者本身可以忽视的痛点，成为消费者关注点。

2. 消费意见社区化，实时捕获消费者的需求，让消费者参与创造

传统企业了解消费者需求，往往具有"滞后效应"，比如产品上市后，去了解消费者是否满意，反馈速度很慢，这几年有很多传统企业都在尝试建立在线消费者社区，希望能够随时捕获消费者的需求和对于产品的各种评价。小米通过社区解决了这个问题，小米社区每天有若干的粉丝集结，并在上面发表各种吐槽，这些吐槽都成为小米发现痛点的关键。比如小米的MIUI就是与消费者共创的价值，超过60万名的"米粉"参与了小米MIUI操作系统的设计和开发，MIUI每周的更新，就是小米与"米粉"合作的结晶。

3. 制造可以供消费者谈论的故事，进入公共传播议题

2013年有一个传统手机厂商来找咨询，问如何能够让自己的手机品牌被人谈论，沟通了很久，发现没有任何可以谈论的噱头。这个厂商每年出十几款手机，运营商渠道、专卖店、电商渠道覆盖完整，但是产品毫无亮点，除掉依靠渠道的出货量大，根本没有话题可言。小米的营销主要靠互联网，靠社会化媒体和自媒体，而小米在应用这些媒体的时候，非常善于制造故事和噱头，无论是雷军被刻画成"雷布斯"，还是小米的各种新闻，小米将这些故事成功地通过自媒体扩散进入公共媒体，成为人们谈论的对象和话题，让品牌本身带来时尚感和流行度。

4. 抓住族群，制造粉丝效应，扩展粉丝经济

小米利用手机发烧友概念，定义出一个新的消费族群。这个族群，和人口学、社会学无关，只和他们是不是追逐科技新潮流有关，最终，和他们是不是小米手机的铁杆有关。这种将消费者标签化和族群化的方式，有点类似建立一种品牌宗教的概念，因为所有手握

小米手机的人都会为其摇旗呐喊,而小米通过各种氛围的营造,让这些粉丝心甘情愿为之奔走相告并集结成为拥有共同兴趣爱好的群体,分享和推动品牌的发展。

5. 专注精品战略,制造稀缺效应

传统科技企业,每年制造若干产品,但是每个产品无一亮点,小米学习苹果,每年只做一款核心产品,并将体验做到极致。这种"聚焦精品"的策略,实际上也是一种单品带来的聚光灯效应,小米将这点发挥到最大化。同时,由于只专注一个核心产品,因此制造稀缺性,也让产品的营销本身带有很强的神秘色彩,这点在乔布斯时代的苹果也一样地被充分利用。让消费者尖叫的产品,一定是精品,而不是随处可见的,距离让产品更有价值。

6. 互联网是体验经济和服务经济

小米卖智能手机,卖智能电视,都是低价格,而且在传统企业看来,这种低成本根本无法支撑,但是他依然在坚持,从小米1到小米3,价格都是一样的,智能电视更是以2999元让传统电视机厂商大为惊愕,为什么?互联网经济是体验经济,是服务经济,单纯靠功能打动消费者时代已经过去,基于产品构建周边的服务链条、信息链条、内容链条才是核心的商业模式,这是互联网时代的商业生态。

面对新的消费需求变化,所有企业都需要重新定义消费需求,重新定义传播和商业模式。

(资料来源:http://www.cyzone.cn)

本 章 小 结

管理创新是指创造一种新的更有效的资源整合模式,并能有效地加以实施。

创新的特征包括创新的整体性与系统性、风险性与不确定性、建设性与破坏性、动态性与可持续性。

创新的内容包括:观念创新、目标创新、技术创新、制度创新、市场创新和文化创新六个方面。

技术创新是企业创新的重要内容。

制度是组织运行的主要原则规定。制度创新需要从社会经济角度来分析企业系统中各成员间的正式关系的调整和变革。

创新包括准备阶段、寻找机会、提出构想、迅速行动和不断完善形成新模式五个过程。

丰田英二的"动脑筋创新"建议制

日本汽车巨子丰田英二,曾任丰田汽车公司的总经理和社长一职长达40余年。丰田英二于1951年在丰田公司实施了"动脑筋创新"建议制度,收到了很好的效果。

丰田公司的做法是建立脑筋创新委员会,决定了建议规章、审查方法、奖金等。其范围是机械仪器的发明改进、作业程序的新方法、材料消耗的节减,并且围绕着车间作业程序方面征集新的办法。车间到处都设有建议箱,不论谁都可以自由地、轻松愉快地提建议。各部门（工厂）也分别设立了建议委员会、事务局，把提建议的方针贯彻到工厂的各个角落。同时各车间组成了"动脑筋创新"小组，组长以上对提建议的人，一定要有计划地给予协助，所以设有建议商谈室。一个有经验的老工人曾经说过："开始实行动脑筋创新，我们就对车间眼前接触到的所有事情、东西、工作以及机器，总是抱着追求'更好'的态度。不管见到什么，总是在探求有没有更好的方法、更经济的做法、节省时间和工时的方法，消除使用材料等方面的担心和使之更便宜的方法。"

该制度实施不久，根据斋藤尚一的建议，征集了对全公司有代表性的口号。结果，"好产品好主意"这一条当选了。从1954年起，就把这条口号在全工厂用横写的荧光揭示牌悬挂起来。看到这种情况的一个外国人说道："在芝加哥机场，向导牌都是挂在越过人头的上空，使人们看得清楚。所有的机场都采用这个方式。你们厂的荧光揭示牌也类似这种做法。"提建议的人，就自己的建议，可以和上司商谈。通过提建议，领导能够听到生产现场生机勃勃的声音，也能了解员工掌握技术能力的程度。由于这样不断地反复，个人和小组都被发动起来了。同时它也成为同事之间相互谈心、以产生新的动脑筋创新所需的食粮。该制度的建立，既提高了员工的思想和团结气氛，也加强了上下级之间的联系。员工们利用这个制度，找到了创新的乐趣，从而充分发挥自己的能力，特别是看到自己的提议得到承认而感到满足。丰田公司的建议制度，并不单纯地作为管理手段，而是和企业以及个人的不断成长紧密联系起来。该制度的审查标准划分为有形效果、无形效果、利用的程度、独创性、构想性、努力的程度、职务减分（专属业务的减分）等7个项目，每个项目是以520分的评分等级来评定分数。满分为100分。当然，从质量方面来说，分数没有上限。奖金最高的为20万日元，最低的则为500日元。对于特别优秀的建议要向科学技术厅上报，每月的建议件数按车间分别发布。同时还按各车间、工厂、全厂等单位，举办大小不同规模的展览会，在展览会大会上，企业最高层领导出席并进行评议。

"动脑筋创新"建议制度实施的第1年，征集建议183条，而到了1955年，则达到1 000条，到了1970年达到了5万条。可见员工们的参与程度呈上升趋势，大大调动了员工的积极性，促使企业不断发展。

思考

你认为丰田英二的"动脑筋创新"建议制度有效吗？谈谈你的看法。

实 践 教 学

实践教学项目
商店管理模拟训练。

实践教学目的
1. 培养学生分析和归纳的能力。
2. 培养学生作为管理者的管理能力与创新能力。

实践教学内容与要求
1. 全班5人分一组，组成小团队。
2. 选择校内或周边的小商店、小饭馆、小门诊等，对学校商店进行管理模式改造，完成运营模式创新并拿出新方案。

3. 写好创新方案,在规定时间内讲清楚方案的特色和运营方式。

实践教学成果与检测

1. 演讲结束后,请全班同学分别给各个小组打分。
2. 最后由指导教师进行点评和总结。

课 后 习 题

1. 何为创新?
2. 创新的特征有哪些?
3. 作为管理的本质内容,维持和创新的关系及各自的作用是什么?请举例说明。
4. 思考当今我国企业创新会面临哪些问题和挑战。
5. 创新主要涉及哪些方面?
6. 创新过程包括哪几个阶段?

第九章

管理方法与管理信息系统

如果你是公司总经理,你会如何处理这件事情

A 公司是一家体育用品销售企业,C 先生是这家企业的老板,两年前通过猎头挖到了 W 先生。W 先生是 A 公司的销售总监,工作能力突出,善于抓住重点,是一个不可多得的人才。在 W 加盟公司的两年里,公司业务取得了很大幅度的增长。现在是 C 先生不可或缺的得力干将,C 先生对他也可以说是十分厚待。俗话说,枪打出头鸟,W 先生的傲人业绩也引来了一些人的不满。最近就有人作梗,上网搜索到 W 先生的简历,打印出来,给 C 先生看。C 先生看了之后,觉得 W 先生有异心,顿时心生不满。当初 W 先生进公司不久后,就给公司推荐了一个自己培养的得力助手,这个助手听闻 W 先生有想离开公司的想法时,也提出了离职。这导致 C 先生非常不满。W 先生觉得 C 先生已经不再信任自己,再干下去也没什么意思,遂下决心离开。问题是,W 先生可能会进入 A 公司最大的竞争对手 B 公司。

思考

如果你是 A 公司的总经理,你会如何处理这件事情?

9.1 现代管理方法

管理方法,同人类的一切知识一样,来源于人类的实践活动,是随着人类社会实践的发展和科学技术的进步而不断发展起来的。人们在协调群体的活动以实现一定目的的过程中,根据管理任务和管理对象的情况,制定出达到既定目标的活动方式。如果按照这种方式达到了既定的目标,就说明它是有效的,这种行动方式在人们的活动中经过不断地重复,就逐渐在头脑中固定下来,变成了正确的管理方法。

人们一直在管理活动和社会实践中摸索、寻找正确的、合乎需要的管理方式。随着资本主义大工业生产的发展,越来越细的专业化分工,越来越复杂的生产协作关系以及科学技术在生产过程中的日益广泛的应用,管理方法在实践中的作用变得越来越突出和重要了。人们开始把管理方法作为管理科学的一个重要组成部分而进行系统研究。

管理方法可按以下标志分类:

(1) 按作用的原理,可分为经济方法、行政方法、法律方法和社会学心理学方法。经济方法是指依靠利益驱动,利用经济手段,通过调节和影响被管理者物质需要而促进管理目标实现的方法;行政方法是指依靠行政权威,借助行政手段,直接指挥和协调管理对象的方法;法律方法是指借助国家法规和组织制度,严格约束管理对象为实现组织目标而工作的一种方法;社会学心理学方法是指借助社会学和心理学原理,运用教育、激励、沟通等手段,通过满足管理对象社会心理需要的方式来调动其积极性的方法。

(2) 按管理方法适用的普遍程度,可分为基本管理方法和具体管理方法。

(3) 按方法的定量化程度,可分为定性管理方法和定量管理方法。

9.1.1 基本管理方法

管理方法是管理者为实现各种管理职能,达到管理目标,确保管理活动顺利进行的手段、途径和措施,它是管理活动的主体作用于客体的桥梁。现代企业的管理方法很多,但归根结底,按其内容分解,管理的基本方法具体包括行政方法、经济方法、法律方法、数学方法、教育方法、咨询法和计算机及网络技术。

1. 行政方法

企业的行政方法是指依靠企业各级行政管理机构的法定权力,通过命令、指示、规定、规章、制度以及具有约束性的计划等行政手段来管理企业的方法。行政方法具有权威性、强制性、无偿性、垂直性等特点。行政方法是管理企业必不可少的方法,是执行管理职能的一种根本手段。

现代企业是建立在社会化大生产基础之上的,为了使企业的生产经营活动与社会经济系统的相衔接,使企业内部各个生产环节、各个劳动者活动能相互配合,客观上就要求采用强制性的行政方法。从生产关系的角度来看,企业的管理者也只有采用强制性的行政方法,才能有效地统一企业内部所有成员的意志和行动,才能组织企业全体成员为实现企业的既定目标共同奋斗。

2. 经济方法

经济方法是根据客观规律,运用各种经济手段,调节各种经济利益之间的关系,以达到较高的经济效益与社会效益的管理方法。采取经济方法的目的是要把劳动者个人的经济利益同经济组织的经济利益挂钩,最大限度地调动企业全体员工的主动性、积极性、创造性和责任感,促进企业的发展,实现管理经济的目标。

体现经济方法的各种经济手段,主要包括价格、税收、信贷、利息、工资、红利、奖金、津贴、罚款、经济合同和各种经济责任制等,不同的经济手段在不同的领域中,可发挥各自不同的作用。其中价格、税收、信贷、利息等主要运用于宏观经济管理,工资、红利、奖金、津贴、罚款、价格等常用于企业内部。无论是宏观经济管理领域,还是微观管理领域,管理的经济方法的实质都是围绕人们普遍关心的物质利益问题,通过运用各种与物质利益相关的价值手段,正确处理国家、集体与个人三者之间的经济关系,进而调动各方面的积极性。

3. 法律方法

企业管理的法律方法是指企业依靠国家制定的法律来管理企业。企业同其他社会组织一样,要想进行有效的管理,建立稳定的次序,就必须实行法治,法律是体现统治阶级意志,由国家制定或认可,并以国家强制力量保证实施的行为规范的总和。

法律方法主要包括两方面的内容，一是建立健全各种法规，二是注重这些法规在司法工作中的运用。这两者相辅相成，缺一不可。法律具有稳定性、权威性、规范性的特点。法律方法运用的法律规范包括：法律、法令、条例、决议、命令、细则、合同、标准、规章制度以及各级机构和管理系统所制定的具有法律效力的各种社会规范。法律规范通常由条件、规则、制裁三部分组成。法律方法在管理中能保证社会经济运行的必要次序，使管理系统具有稳定性，能调节各种管理因素之间的关系，促进管理系统的发展。

4. 数学方法

数学方法是指在研究经济活动的数量变化规律的基础上，运用有关数学知识和具体数据，通过建立、计算、分析和研究数学模型来实施管理职能，对企业生产经营活动进行管理的方法。运用数学方法对企业管理中存在的问题进行定量分析，能使我们对客观存在的经济规律的认识深化和精确化；预见经济现象在发生变动的情况下会产生什么后果；计算各决策方案的经济效果，帮助从中选择最优方案等。

数学方法的实质是了解、分析经济活动过程中存在的数量关系及其变动情况，找出各因素数量化、公式化的规律，为今后的管理活动提供参考。事物在其发展过程中，不仅自身存在着大量的数量关系，而且影响事物发展的诸因素之间也存在一定的制约关系，经济活动过程也是如此。由于其他一些管理方法很难反映出事物发展在量上的表现以及各因素对事物发展变化量的制约程度的情况，而数学方法弥补了这一不足，因此，在现代企业管理中数学方法以得到了广泛的运用。但同时我们也应认识到，由于经济活动非常复杂，客观事物往往有许多是无法定量的，而数学模式只能把客观复杂的事物中的某些方面的数量变化用数学特征或某些程序来加以表达。所以，不能认为通过数学计算提供的"最优解"，就是最好的决策方案。必须把定性的、定量的多种目标进行综合权衡与分析判断，才能作出适宜的决策。

一次失败的调薪

蓝宇公司是深圳市高新技术企业，公司人虽不是很多但却发展迅速，其主打产品LED高科技显示屏逐步占领了国市外大型商场、广场、超市、车站等市场，取得了良好的经济效益和社会效益。然而，随着企业进一步发展，一些深层次的问题也开始显现出来，又制约了公司的快速发展。如人员知识结构问题、薪资问题、企业文化问题、执行文化问题等。

为了推动公司快速发展，去年上半年，公司高薪聘请来了一位具有大型外企管理经验和实操能力的王先生任公司CEO。王总来了之后，就大刀阔斧地"烧了三把火"。第一把火是推动资材流程改造。第二把火推行一套全新的公司制度，将他以前服务过的公司的规章制度全部拷贝了过来，作为范本发给各相关部门，经过各部门的修订、培训，接着推动、执行。第三把火是调整公司里面的薪资制度。

王总在来公司的第二个月开始策划调整薪资，他先找财务经理要来了员工工资表，然后进行测算，并对工资结构进行调整，使之更加合理，同时设计了一套薪资方案。在薪资调整前，他没有向各部门经理、主管征求意见，了解每个员工工作表现和技术水准，就直接按一定比例进行"普调"了。人力部门和每位员工面谈并签订《工资协议书》的时候，由于措施得当还是顺利地签订了协议书。然而，几天之后，此次工资调整的不良影响就立即显现出来。先是几个部门经理来总办咨询，他手下几个平时表现很好的员工，为什么工资反而比几个表现一般的工资还少？王总只好解释说此次是普调，以前底薪低、调整后也是低。几个经理说，这几个表现好的员工尽管入职时间不是很长，但综合水平比那几个老员工要好很多，本来想通过这次调薪把员工薪资的差距缩小一些，没想到反而更大了，且表现好的增幅反而少。接着，又有几个主管来反映情况，说我们同样都是主管职级，为什么有的主管要比我们高1 000~2 000元，如果因为某项工作技术含量高适当高几百元也能接受，但一下子差距很大，一些主管就表示难以接受。

事情到了这里，还远没有结束，一场员工地震又马上开始了。接连几天，王总不停地收到许多主管、经理、业务骨干的辞职报告，他们说目前同行业、同职位的工资已达到一个较高的月薪水平，你还让我们拿几年前的工资，此次调薪几乎没有增加一分钱，我们不干了。

王总来带着雄心壮志到蓝宇公司，然而"调薪门"事件给了他当头一棒，也让他十分苦恼，他不明白为什么给员工加工资还加出这么多事情？他百思不得其解，公司每年增加近两百万工资成本，为什么却造成员工矛盾重重，干部纷纷离职。情急之下，他就辩白说，员工姓名对于我只是一个符号，公司里也没有我一个亲戚、熟人，我是绝不会徇私情的。

其实王总也真的没有徇私情，也的确想通过调薪达到增强公司凝聚力、战斗力的作用，但他毕竟不是专业HR人员，由于没有专业知识作支撑，他的雄心壮志和美好愿望不可能结出他所希望的果实。其实任何一家公司在调薪的时候，都要考虑到薪酬的内部和外部均衡，内部平衡就是内部员工之间的工资要和他们的贡献和正比，外部均衡就是要和同行业达成一致，或者略高于平均水平，这样的薪酬水平才能起到稳定干部、留住员工的作用。其实，王总在制订调薪方案的时候，既没有考虑到外部同行业间的均衡，也没有考虑公司内部具体每个员工的能力和表现，出现这种矛盾和反弹也就不难理解了。

王总在制定薪资的时候还忽略了一个事实，他只是按照底薪按比例进行调整，那么就会产生一个结果，底薪高的会越来越高，低的会越来越低，工资差距会越来越大。普调工资的一般方法是将同一职级的底薪求出平均值，都以此为标准进行调整，这样同职级的差距就会逐渐缩小。当然，对于有特殊贡献者，连升几级也没有问题，只要和他的付出和贡献相符就可以了。另外，王总在调薪的时候，只是片面地考虑"合理"，一线员工和部分技术岗位增加较多，而一些主要管理人员几乎没有调整，许多主管、经理级离职也就不难理解了。

王总作为公司CEO资格不可谓不老，经验不可谓不丰富，但由此而产生的教训却令人深思，做好一家企业，不仅需要创业的激情，更需要冷静的思考，对于自己不擅长的领域可以群策群力，试想在设计员工薪酬的时候征求一下各级主管的意见，或者倾听一下HR的建议，而不是自己一手炮制，可能效果会好很多。

9.1.2 任务管理法

20世纪初,人们开始对管理方法作专门研究,最早提出科学的管理方法的是美国管理学家泰勒。泰勒的科学管理理论所倡导的科学管理方法其实质就是任务管理法,任务管理法是人们最早研究的一种科学管理方法。

泰勒所说的任务管理,也可以称为任务作业。任务管理法的基本内容,可以概括为通过时间动作研究确定标准作业任务,并将任务落实到工人身上。也就是说,工人的作业在于完成管理人员规定的任务,而这种任务又是管理人员经过自己推敲后设计出来的。这样,组织中的工人都有明确的责任,按职责要求完成了任务则付给一定的报酬。

任务管理法规定组织中的每个人在一定时限内完成任务的数额,但如果任务管理法只是规定每个人的工作量,那就是把任务管理法简单化了。规定工作量本身并不能说就是科学管理,这里的关键在于所规定的工作量的定额是怎样确立的。如果定额仍是依靠经验或习惯来确定,那就只是具有任务管理的形式,实质则仍然是经验管理。科学管理和经验管理的区别,不在于是否给组织的成员分配任务,而在于所分配的任务的质和量是否经过科学方法计算来的。任务管理法的最明显的作用在于提高工人的工作效率,而提高效率的关键又在于科学地进行时间动作的研究。泰勒提出的任务管理法的科学成分,也就在于他所倡导的时间动作研究方法。

泰勒所说的时间动作研究,大体包括以下步骤:

(1) 物色10～15个不同的人员,他们应特别善于做需要分析工作。

(2) 仔细研究工人在完成被调查的工作中所进行的基本操作或动作,包括每个人员所使用的工具。

(3) 用秒表研究做每一个基本动作所需要的时间,然后选择每一部分动作的最快工作方法。

(4) 淘汰所有不正确、缓慢和无效的动作。

(5) 淘汰所有不必要的动作以后,把最快最好的动作以及最好的工具分别在一个序列中集中归类。

经过以上步骤,于是便可得出完成标准作业所需的标准时间。按照这种方法来规定一个岗位上一个人在一定时间内的工作量,就有科学根据了。同样地,对每一个行业中使用的每一种工具也进行了研究。科学管理要求对在经验法则指导下产生的同一种工具进行仔细研究,再对这些改革了的工具中的每一种工具所可能达到的速度进行时间研究,并把几种工具各自具有的优点融合在单独一种标准工具中,借以获得方便和提高速度使工人工作更容易些和更快些。

任务管理法其实质就是通过专门的人员对时间和动作进行研究,从而科学地设计工作任务,使工人满负荷工作,以达到提高企业生产效率的目的。但任务管理法只是从生产技术过程的角度研究作业管理的具体方法,涉及的范围基本上没有超出车间管理,而且很少从企业经理人员的角度,研究企业经营的全局问题。如果孤立地使用任务管理法,企业规模越大,其不适应性越突出。

另外,实行任务管理,工人的一举一动都要合乎标准,一切工作安排都要听命于管理人员的指示和下达的计划。任务管理法否定了工人在工作中的自主性、独立性，取消了工人对其工作任务的计划、组织与控制的自主权。忽略了人除了经济需求外，还有更复杂的社会和心理方面的需要，忽视了人际关系对于人的行为的影响。而人并不是只有经济需求的孤立的"经济人"，在强调人性和个性的现代社会，任务管理法的不适应性也就越发地突出。

明星公司的业务检讨会

在明星公司的业务检讨会上，总经理陈天利痛陈公司营业衰退情形，他说："今年以来公司营业情况真叫人心寒，第一季的营业额居然降到一亿元边缘，比去年同期衰退了将近五成，仅达成今年营业额年度目标的8.3%，希望在座的各位能彻底探究营业衰退原因，提出相应对策，长此以往，公司营运情况必定不堪设想。"

营业部经理廖有元表示："今年第一季营业额确实减退很多，但有几项事实不容忽视：第一，今年第一季是淡季，历年第一季的营业额通常也只占全年营业额的15%左右；第二，今年第一季春节假期比往年长，本公司的营业当然大受影响；第三，去年上半年正值景气繁荣阶段，今年经济景气普遍低迷，企划部门所做的营业目标却依然依据成长的乐观估计所制定；第四，本公司产品的式样也已过时，虽然营业人员使尽九牛二虎之力，也难以拓展市场。"

研究发展部经理胡高提出他的看法："本公司的研究发展一向不落人后，新产品推出速度也比同业领先，以去年来说，本公司有五种新产品问世。"

财务部经理王元博说："去年推出五种新产品，有两种是失败产品，造成不少亏损，可见推出新产品不一定符合成本效益原则；而且新产品的推出多集中在5月份、6月份，时效上落后了很多。个人认为本公司应该努力于现有产品的促销，更重要的是预测与计划工作必须加强，以免浪费大量资源于没有潜力的产品上。"

企划部经理刘希林抗议说："企划部门所作的一切预测工作及营业计划的制订都是按照营业目标进行的，并非特别高，何况同业中也有少数公司营运仍持续成长着。另外，请别忽略了企划部全体人员只有三名的事实，我们人少事繁，又要承担公司成败之责，似乎不公平，本人认为如要促使公司业绩成长，重点仍在营业部。"

9.1.3 人本管理法

从管理学的发展来看，对组织采取以人为中心的管理方法是在任务管理后提出来的。20世纪30年代以后，管理学家们发现，提高人的积极性，发挥人的主动性和创造性对提高组织的效率更为重要。组织活动成果的大小是由领导方式与工作人员的情绪决定的，由此管理学将研究重点转向了管理中人本身，这就是以行为科学为主要内容的人际关系理论。人际关系学家主张采取行为管理的方法，即通过分析影响人的行为的各种心理因素，采用一定措施改善人际关系，以此提高工作人员的情绪和士气，从而能产出最大的成果，达到提高组织效率的目的。

在人际关系理论的推动下,对于组织的管理和研究便从原来以"事"为中心发展到以"人"为中心,由原来对"纪律"的研究发展到对行为的分析,由原来的"监督"管理发展到"自主"管理,由原来的"独裁式"管理发展到"民主参与式"的管理。管理者在管理中采取以工作人员为中心的领导方式,即实行民主领导,让职工参加决策会议,领导者经常考虑下属的处境、想法、要求和希望,与下属采取合作态度,管理中的问题通过集体讨论,由集体来作出决定,监督也采取职工互相监督的方式等。这样,职工在情感上容易和组织融为一体,对上司不是恐惧疏远而是亲切信任,他们的工作情绪就可以保持较高的状态,从而使组织活动取得更大的成果。这种以人为中心的管理理论和方法也包含着一系列更为具体的管理方法,常用的主要有参与管理、民主管理、工作扩大化、提案制度和走动管理等。

科学管理以金钱为诱饵,人际关系理论则主张管理必须重视人的心理上的满足。古典组织理论强调合理的劳动分工和对组织的有效控制,人际关系理论则强调对人际行为的激励。因此,人际关系理论的出现,给组织管理带来巨大的变化。从 20 世纪 40 年代开始,人际关系理论渐渐渗入组织管理实践中去,管理学家在这种管理思想中找到缓和劳资关系,提高工人士气,借以提高生产效率的方法。

人本管理法是作为对任务管理法的革新而提出的一种新的管理方法。这种管理法和任务管理法的重大区别在于:任务管理法要求工作人员的活动标准化,工作人员在工作中的自由度是很小的,但对完成组织规定的任务较有保证。而行为管理法则有较大的灵活性,工作人员在组织中有相当的自由度,较能发挥其自主性和创造性,但这样一来,组织内的变动也较大,组织规定的任务有时却无法完成。

2011 年最佳雇主榜单——揭秘谷歌员工福利

在刚刚评选的 2011 年最佳雇主榜单中,谷歌高居榜首,那么谷歌究竟为其雇员提供了怎样的员工福利,又是怎样让那些谷歌人开心地工作于人性化的企业环境中呢?

从智能手机软件到搜索引擎,将近有 32 000 名雇员的谷歌,在硅谷中也算是一个超大型的企业了。谷歌副总裁洛博克(Laszlo Bock)曾说:"在较大的组织中,人们有意识地会形成一种层级观念,所以我们做出了很多努力去抵消这种层级制度,让雇员之间的关系更加平等亲密。"这些努力,就包括了在公司里设立吧台,提供各式各样免费精美的食物,干、湿洗衣服务,衣物修改,各种各样的户外运动,成百上千个卫星电视频道等。

1. 户外健身

为了让其雇员保持健康的身体,谷歌从不吝惜在这方面进行投资。去年夏天,谷歌新开了一个大型的户外体育场,其中包括了一个足球场,一个篮球场,两个网球场,两个保龄球场,两个门球场,一个高尔夫球场和一个曲棍球场。

2. 室内运动

如果雇员们不想在室外玩滚球的话,还可以回到谷歌总部的室内玩保龄球,一共 4 个保龄球道,可以让大家进行比赛。而在谷歌的舞蹈室里,雇员可以选择 31 种不同的舞蹈课程,从非洲的民族舞到实用的宴会舞。而上课的除了外聘的专业舞蹈老师,还有谷歌自己的志愿者们。

3. 所有员工免费提供自助餐

谷歌为雇员们提供的大量、精美、免费的食物像神话一样被各大公司广为传诵,随着公司的扩张,这个福利没有任何的削减。从 2007 年谷歌荣登最佳雇主榜单之首至今,谷歌的员工已经增加了三倍多,而谷歌也在不断努力提高食品供应能力以满足员工的需求。在谷歌总部,在这 4 年间,自助餐厅的规模就从 11 个增加到了 25 个。选择也更加多样,从亚洲主题餐厅到美国流行的 Cafe 150,而所有的食材都取自距离谷歌总部 240.4 千米以内的农场以保持新鲜。

4. 想坐就坐,想站就站

长时间久坐对身体不利。根据美国抗癌协会调查,每天坐在座位上超过六个小时的女性有 37% 的可能性比每天坐在座位上三个小时的女性更早死亡(男性统计数字为 18%)。所以有不少谷歌雇员愿意站着上班。而谷歌也专门为其员工配备了可以任意调节高低的桌椅,无论是站着还是坐着都可以异常舒服的进行办公。而办公室内高矮不一,可站可坐的办公场面也成为了谷歌的一景。

5. 海鲜补助

谷歌社区内之前只有半个月一次的海鲜市场,为了使其员工有充足的海鲜食用,谷歌专门于 2011 年 5 月实行海鲜补助的项目,每个雇员每周都会发到价值 25 美元的两磅重的鲜鱼排,除此之外,谷歌员工在总部还可以低价购买更多的海鲜。

6. 名人访问

谷歌请名人来公司开讲座并不是稀有的事,而是常态,从奥巴马到麦凯恩,谷歌总部成为了总统候选人们必来的地方之一。而从亚瑟小子到高级编剧人蒂娜·菲(Tina Fey),从《纽约客》的写手简·梅尔到 Lady Gaga,从说唱乐手到小提琴家,统统走进了谷歌,让员工们进行"亲密接触"。

7. 赠予安卓手机

谷歌还有令员工赞叹不已的是,赠予其员工安装了自己公司设计操作系统的智能手机。2011 年 12 月,谷歌就免费发给员工三星的最新款智能手机作为圣诞礼物。而这些手机们在市面上价值 299 美元。

8. 贴心关怀员工婴儿

谷歌还为刚刚成为父母的员工们提供了慷慨的假期——女性员工可以享受 18 周的假期,男性员工可以享受 12 周的假期,而且这些还是在国家规定的法定产假之外。公司内的育婴指导课程每个月都会开,教给那些年轻的父母如何更好的育婴,除了发放各种谷歌专供的按摩优惠券和体验券外,还会给每个父母发放 500 美元的"婴儿抚养金"。

9.1.4 系统管理方法

第二次世界大战之后,企业组织规模日益扩大,企业内部的组织结构也更加复杂,从而提出了一个重要的管理课题,如何解决复杂大企业的管理问题。为了解决复杂大企业的效率问题,系统方法产生了。

系统方法属于一般科学方法论,它以认识、研究和探讨结构复杂的客体确立必要的方法论原则。所谓系统方法,就是按照事物本身的系统性把研究对象放在系统的形式中认识和考察的一种方法。具体地说,从系统的观点出发,始终着重从整体与部分(要素)之间、整体与外部环境之间、部分(要素)与部分之间的相互作用和相互制约的关系中考察对象,从而找到最佳地处理问题的一种方法。

系统方法是一种满足整体、统筹全局、把整体与部分辩证地统一起来的科学方法,它将分析和综合有机地结合,并运用数学语言定量地、精确地描述研究对象的运动状态和规律。它为运用数理逻辑和电子计算机来解决复杂系统的问题开辟了道路,为认识、研究和探讨结构复杂的整体确立了必要的方法论原则。

在用系统方法考察研究对象时,一般应该遵循整体性、最优化的原则。整体性是系统方法的基本出发点。所谓整体性原则,就是把研究对象看作由各个构成要素形成的有机整体,从整体与部分相互依赖、相互制约的关系中揭示对象的特征和运动规律,研究对象整体性质。整体性质不等于形成它的各要素性质的机械之和,对象的整体性由形成它的各要素(或子系统)的相互作用决定的。因此它不要求人们事先把对象分成许多简单部分,分别地进行考察,然后再把它们机械地叠加起来,而要求把对象作为整体对待,从整体与要素的相互依赖、相互联系、相互制约的关系中指示系统的整体性质。最优化原则是指,从许多可供选择的方案中选择出一种最优的方案,以便使系统运行于最优状态。它可以根据需要和可能,为系统确定最优目标,并运用最新技术手段和处理方法把整个系统分成不同的层次结构,在运动中协调整体与部分的关系,使部分的功能和目标服从系统总体的最优功效,从而达到整体最优的目的。

系统方法的一般步骤有以下四步。

1. 确定问题,收集资料

在进行系统分析之初,必须首先明确地确定所要解决的问题的性质和范围,研究问题包含着哪些主要因素,分析系统的要素之间的相互关系,以及与外界环境之间的相互关系。只有这样划定问题的界限,确定的问题才会明白、切合实际。确定问题后就应该开始收集资料,调查、实验、观察、记录、各要素(子系统)的情况、环境情况等。这对于建立模型,对各种模型方案进行可行性研究、比较,将是必不可少的。

2. 系统分析

对于同一特定的目标,实施的途径是很多的,每种方法的投资和效益也会有差别。系统分析在于拟定出尽可能多的行动方案,并进行试验比较,以寻求费用最低而效果最好的方案。系统分析时,总是将复杂系统分解成若干较简单的子系统,再将分解的结果进行综合,进行整体分析。这样反复多次,才可能接近客观。

3. 方案决策

在一种或几种值得采用或进一步考虑的方案中选择方案,尽可能在待选方案选择出满足系统要求的最佳方案。

4. 实施计划

根据最后选定的方案,将计划进行具体实施。如果实施中比较顺利,或遇到困难不大,略加修改即可顺利进行,那么整个步骤即告一段落。如果问题较多,这就需要回到前面几个步骤中的一个,重新做起。

在管理实践中,系统方法存在的最大问题就是最优方案难以确定,因为任何方案都不可能从任何角度考虑都是最优的,对同一个方案,如果选定的影响因素不同,最优的结论往往也是不同的。方案的取舍缺乏一个明确的指标,这使得系统方法在实际操作过程中显得烦琐,组织最后实施的往往不是最优方案。

传统工艺品的企业的困境

某地方生产传统工艺品的企业,伴随着我国对外开放政策,逐渐发展壮大起来。销售额和出口额近十年来平均增长 15% 以上。员工也有原来的不足 200 人增加到了两千多人。

企业还是采用过去的类似直线型的组织结构,企业一把手王厂长既管销售,又管生产,是一个多面全能型的管理者。最近企业发生了一些事情,让王厂长应接不暇。

其一,生产基本是按定单生产,基本由厂长传达生产指令。碰到交货紧,往往是厂长带头,和员工一起挑灯夜战。虽然按时交货,但质量不过关,产品被退回,并被要求索赔;其二,以前企业招聘人员人数少,所以王厂长一人就可以决定了;现在每年要招收大中专学生近 50 人,还要牵涉人员的培训等,以前的做法就不行了。其三,过去总是王厂长临时抓人去做后勤等工作,现在这方面工作太多,临时抓人去做,已经做不了做不好了。凡此种种,以前有效的管理方法已经失去作用了。如何解决呢?

9.2　管理信息系统

20 世纪,随着全球经济的蓬勃发展,众多经济学家纷纷提出了新的管理理论。20 世纪 50 年代,西蒙提出管理依赖于信息和决策的思想。同时期的维纳发表了控制论,他认为管理是一个过程。1958 年,盖尔写道:"管理将以较低的成本得到及时准确的信息,做到较好的控制。"这个时期,计算机开始用于会计工作,出现数据处理一词。

1970 年,Walter T. Kennevan 给刚刚出现的管理信息系统一词下了一个定义:"以口头或书面的形式,在合适的时间向经理、职员以及外界人员提供过去的、现在的、预测未来的有关企业内部及其环境的信息,以帮助他们进行决策。"在这个定义里强调了用信息支持决策,但并没有强调应用模型,没有提到计算机的应用。

1985 年,管理信息系统的创始人,明尼苏达大学的管理学教授 Gordon B. Davis 给了管理信息系统一个较完整的定义,即"管理信息系统是一个利用计算机软硬件资源,手工作业、分析、计划、控制和决策模型以及数据库的人—机系统。它能提供信息支持企业或组织的运行管理和决策功能"。这个定义全面地说明了管理信息系统的目标、功能和组成,而且反映了管理信息系统在当时达到的水平。

9.2.1　管理信息系统的定义

管理信息系统(Management Information System,MIS)一词最早出现在 1970 年,由

瓦尔特·肯尼万提出的。1985年管理信息系统的创始人，明尼苏达大学卡尔森管理学院的著名教授高登·戴维斯给出一个完整的定义："它是一个利用计算机硬件和软件、利用各类分析、计划、控制的决策的模型，以及数据库的用户—机器系统。它能提供信息支持企业或组织的运行、管理和决策功能。"

管理信息系统一词在中国出现于20世纪70年代末80年代初，根据我国的特点，由从事管理信息系统的专家学者为管理信息系统的含义给出了明确的定义："管理信息系统是一个由人和计算机等组成的，能进行管理信息收集、传递、储存、加工、维护和使用的系统。管理信息系统能实测企业的各种运行情况，利用过去的数据预测未来，从全局出发辅助企业进行决策，利用信息控制企业的行为，帮助企业实现其规划目标。"管理信息系统是一个以人为主导，利用计算机硬件、软件、网络通信设备以及其他办公设备，进行信息的收集、传输、加工、储存、更新、拓展和维护的系统。

管理信息系统是一个不断发展的新型学科，MIS的定义随着计算机技术和通信技术的进步也在不断更新，在现阶段普遍认为管理信息系统MIS是由人和计算机设备或其他信息处理手段组成并用于管理信息的系统。

管理信息系统是收集、存储和分析信息，并向组织中的管理人员提供有用信息的系统。它的特点是面向管理工作，提供管理所需要的各种信息。由于现代管理工作的复杂性，管理信息系统一般都是以电子计算机为基础的。按照它所面向的管理工作的级别，可以分为面向高层管理、面向中层管理和面向各操作级管理的三种类型。按其组织和存取数据的方式，可以分为使用文件的系统和使用数据库的系统两种类型。按其处理作业方式，可以分为批处理和实时处理的系统两种类型。按其各部分之间的联系方式，可以分集中式和分布式两种类型。管理信息系统的基本特征是具有协助各级管理者的一个信息中心，具有结构化的信息组织和信息流动，可以按职能统一集中电子数据处理作业，通常拥有数据库，具有较强的询问和报告生成能力。管理信息系统的设计是在切实了解客观系统中信息处理的全面实际状况的基础上，合理地改善信息处理的组织方式与技术手段，以达到提高信息处理的效率、提高管理水平的目的。从20世纪60年代后期开始，逐步发展了管理信息方面各种系统分析和系统设计的方法与工具。管理信息系统的广泛建立，有效地改善了各种组织管理，提高了电子计算机的应用水平。

管理信息系统从应用领域看包括MIS(管理信息系统)、ERP(企业资源规划系统)、BI(商业智能系统)、CRM(客户关系管理系统)、OA(办公自动化系统)、HR(人力资源系统)、FS(财务软件系统)、EB(电子商务系统)、SCM(供应链系统)等多种专业软件系统。

专业开发管理信息系统软件提供商：北京泓维明昊科技有限公司

北京泓维明昊科技有限公司(以下简称泓维明昊)是于2010年9月注册于北京市海淀区上地信息产业基地的高科技软件企业，专门开发和销售各类管理信息系统软件。其前身是2006年6月成立的美国泓维软件有限公司北京代表处，美国泓维软件有限公司

(Dimensional Insight Inc.)是一家1989年创立于美国波士顿的国际专业商业智能软件系统(BI)厂商,是全球BI的开拓者和领导者,一直保持在全球前5名专业BI厂商水平。

泓维明昊经过几年的市场耕耘,目前在国内已经拥有一批忠实的成功用户,包括公安部、深圳公安局、哈尔滨公安厅、吉林省医保管理局、长春市医保管理局、CCTV、中钞国鼎集团、北京信息基础设施建设公司、人民交通出版社、大地燃气集团、河北省儿童医院、河北省石家庄市卫生局、北京市地铁运营有限公司等。

泓维明昊管理和技术团队大部分都有博士学位,公司规模不断壮大,核心软件产品包括:

1. 泓维Diver商业智能软件;
2. 泓维明昊数据分析与智能决策平台;
3. 泓维明昊医保数据审计与风险监控解决方案;
4. 泓维明财务分析与管理决策解决方案;
5. 泓维明昊客户关系管理系统(Smart-CRM);
6. 泓维明昊医院数据分析与决策支持解决方案;
7. 泓维明昊医院信息管理系统(Smart-HIS);
8. 泓维明昊医院电子病例系统。

9.2.2 管理信息系统的构成与开发

1. 管理信息系统的构成

组成管理信息系统的主要单元有:信息源、信息接收器、信息管理者和信息处理机。

(1) 信息源

信息源就是信息产生地。区分一个系统的信息源有两个标准,一是地点,二是时间。根据地点的不同,可分为内部源和外部源。内部源数据产生于系统内部,受内部组织机构直接控制;外部源数据产生于系统外部,牵涉系统外部环境情况,不受组织机构控制。收集内部信息较容易,而收集外部数据则较为困难。按时间划分,可分为一次信息和二次信息,一次信息是原始信息,二次信息是现存的各类数据库中的信息。

(2) 信息接收器也称信息宿

信息系统有两类信息接收器,一是用户,它是系统的最终接收器;二是信息的存储媒体,如计算机的各种外存设备如磁盘、磁带等,它是系统的暂时或中介接收器。由于有两类接收器,也说明信息有两个输出方向。

(3) 信息管理者

信息管理者是指在整个管理过程中,执行收集、加工和输入、输出的信息的人员或组织或对象的总称。信息管理的过程包括信息收集、信息传输、信息加工和信息储存等。

(4) 信息处理机

从广义上讲,它指从获取数据,把数据加工成有价值的信息并向信息接收器提供这些信息的一套装置。在现代的管理信息系统中,信息处理机主要是指计算机系统及其相关设备。任何一套处理装置均由数据采集装置、数据变换装置、数据传输装置和数据存储及检索装置器四部分组成。

管理信息系统的基本功能一般包括：

(1) 数据处理功能

(2) 计划功能

根据现存条件和约束条件，提供各职能部门的计划。如生产计划、财务计划、采购计划等。并按照不同的管理层次提供相应的计划报告。

(3) 控制功能

根据各职能部门提供的数据，对计划执行情况进行监督、检查，比较执行与计划的差异，分析差异及产生差异的原因，辅助管理人员及时加以控制。

(4) 预测功能

运用现代数学方法、统计方法或模拟方法，根据现有数据预测未来。

(5) 辅助决策功能

采用相应的数学模型，从大量数据中推导出有关问题的最优解和满意解，辅助管理人员进行决策。以期合理利用资源，获取较大的经济效益。

2. 管理信息系统的开发

管理信息系统的开发包括规划、分析、设计、实施和维护服务阶段的工作。

(1) 规划阶段

系统规划阶段的任务是：在对原系统进行初步调查的基础上提出开发新系统的要求，根据需要和可能，给出新系统的总体方案，并对这些方案进行可行性分析，产生系统开发计划和可行性研究报告两份文档。

(2) 分析阶段

系统分析阶段的任务是根据系统开发计划所确定的范围，对现行系统进行详细调查，描述现行系统的业务流程，指出现行系统的局限性和不足之处，确定新系统的基本目标和逻辑模型，这个阶段又称逻辑设计阶段。

系统分析阶段的工作成果体现在"系统分析说明书"中，这是系统建设的必备文件。它是提交给用户的文档，也是下一阶段的工作依据。因此，系统分析说明书要通俗易懂，用户通过它可以了解新系统的功能，判断是否是所需的系统。系统分析说明书一旦评审通过，就是系统设计的依据，也是系统最终验收的依据。

系统分析：识别决策信息——管理决策需要什么信息？决策是否由适当的人作出？信息需求分析——每个部门需要什么信息？每个管理层需要什么信息？决策集成——哪些信息是各部门都需要的重叠信息？哪些是冗余信息？如何使系统精简？

(3) 设计阶段

系统设计：使内部技术和外部专门知识综合。有关专家一起共同开发一个收集、存储、传送和查询信息的实际系统，勾画简明系统流程，确定对软硬件的需要，研究详细的系统规格以满足系统的需要。

系统分析阶段回答了新系统"做什么"的问题，而系统设计阶段的任务就是回答"怎么做"的问题，即根据系统分析说明书中规定的功能要求，考虑实际条件，具体设计实现逻辑模型的技术方案，也即设计新系统的物理模型。所以这个阶段又称为物理设计阶段。它又分为总体设计和详细设计两个阶段，产生的技术文档是"系统设计说明书"。

（4）实施阶段

系统实施阶段的任务包括计算机等硬件设备的购置、安装和调试，应用程序的编制和调试，人员培训，数据文件转换，系统调试与转换等。系统实施是按实施计划分阶段完成的，每个阶段应写出"实施进度报告"。系统测试之后写出"系统测试报告"。

系统实施：系统安装前的预调试——系统如何测试？从现有系统换为新系统应采取哪些步骤？用户准备与培训——人员需要怎样的培训？当人们对新系统持抵制情绪时，应如何应付？用户参与——鼓励用户参与系统的设计与实施过程，既可以听取他们的意见，又能减少人们的抵触情绪。安全性检查——分布式信息系统的实现，使过去只有少数人才能查看到一些重要的数据库，如关于生产计划、顾客记录、库存、信用状况和雇员档案等，在今天这种系统非常容易受到非授权者侵入的伤害，所以应有足够多的安全措施包含在系统中。进入硬件安放地点是否受到控制？系统是否具有不可破译的进入口令？建立定期评审制——管理者去年需要的信息与今天需要的并不一定完全相同。随着客观环境的改变，管理者对信息的需求也会发生改变。系统实施可以看成是一个持续过程的开始。如果一个信息系统对管理者长期有效，那么必须进行定期的评价审查和修改，以适应用户不断变化着的需求。

（5）维护与评价

系统投入运行后，需要经常进行维护，记录系统运行情况，根据一定的程序对系统进行必要的修改，评价系统的工作质量和经济效益。

北京泓维明昊科技有限公司 BI 软件构成

北京泓维明昊科技有限公司商业智能软件解决方案主要产品组件的应用流程如下图所示。

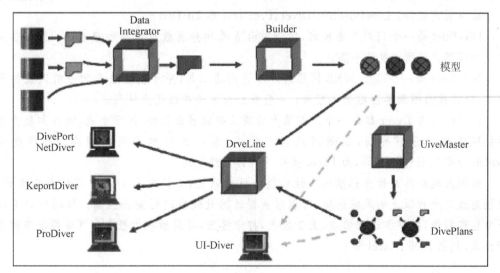

泓维明昊产品组件应用流程

数据 ETL 组件：Data Integrator

Data Integrator（数据的提取、转换和加载）工具用于准备数据转入模型。这样可以避免编写复杂的 SQL 脚本和查询程序，系统管理员能够无缝处理和集成不同来源的平台或相关文件。系统环境被定义和规划后，系统自动提取数据，计算并处理，将真正需要的数据传输到模型中。Data Integrator 可接受整合的文件，也可接受任何抽取自数据仓库、相关数据库或以往系统的数据。可设定数据转换程序，根据数据的更新，进行自动转换。这样就确保了用户总是得到最新、最及时的数据。

Data Integrator 指明了数据的来源、对数据的操作和输出的位置，以 Java 图形界面的形式用于准备数据，供泓维 Builder 使用。它不但减少了大部分的脚本编写工作，而且允许管理员无缝处理和集成分散来源的平台或关系型文件。Data Integrator（数据的提取、转换和加载）在数据的传输过程不涉及编程。实际的脚本编辑全部在"幕后"完成。输入文件、脚本、进程以及输出文件都以对象的形式显示在屏幕中，这就使得抽象的概念显示为具有潜在关系的具体的数据流。用户无须了解语法或人工创建对象。

数据建模组件：Builder 和 DiveMaster

泓维利用专利的交叉索引技术创建了多维模型，具有特殊的层数据存放设计，允许任意的数据导航和处理。Builder 软件将用户数据转换为数据模型，以供查看和分析。数据模型具有特殊的、专门的数据库结构（交叉索引专利技术），在前台展示 Diver 中有效地使用。Builder 转换数据的方式有摘要、索引和预处理。这实际上将客户端（Diver）大部分的分析负担转移给了一个系统程序（Visual Builder），在数据系统非常庞大的情况下可以大大加快运行速度。

DiveMaster 软件的界面帮助用户根据需要来自定义数据模型。DiveMaster 可编辑 DivePlan（该文件向客户端软件说明数据模型应如何显示给用户）。DivePlan 包含的信息有：显示的列有哪些，什么计算字段可用以及如何连接多个数据模型等。DiveMaster 的另一功能是在控制台中添加类目。

数据展现组件：DivePort、NetDiver、ProDiver 和 DI-Diver

DivePort 是一个门户产品技术，用于前台查看和分析数据结果和报表；一般在企业中是初级用户使用；权限不高。

NetDiver 是一个基于 WEB 网络的外部访问端工具，用于前台查看和分析以及钻取数据、设计适当图形界面结果和报表；一般在企业中是中级用户使用。

ProDiver 与 Diver 都是一个功能强大的商业智能界面软件，用于生成、设计和制作包括钻取报表和分析界面，都是高级用户使用，系统操作和使用权利高。不同的是 ProDiver 是远程访问工具，而 Diver 是企业内部网络使用。

数据展现组件是世界标准的高性能报表设计系统，支持包括 OLAP 多维数据查询，提供超过几十种以上的风格选择，可以对数据访问及输出进行完全控制。终端用户可以下载钻取报表，排序和过滤信息，更新报表，打印报表，并且所有的报表都可以导出多种不同格式，包括 PDF、Excel 等。

9.2.3 管理信息系统的应用

管理信息系统是为了适应现代化管理的需要,在管理科学、系统科学、信息科学和计算机科学等学科的基础上形成的一门科学,它研究管理系统中信息处理和决策的整个过程,并探讨计算机的实现方法。它是一个由人、计算机、通信设备等硬件和软件组成的,能进行管理信息的收集、加工、存储、传输、维护和使用的系统。管理信息系统可促使企业向信息化方向发展,使企业处于一个信息灵敏、管理科学、决策准确的良性循环之中,为企业带来更高的经济效益。所以,管理信息系统是企业现代化的重要标志,是企业发展的一条必由之路。

信息系统在管理各项事务中有着普遍的应用,促进了企业管理工作的提升。管理信息系统是为管理服务的,它的开发和建立使企业摆脱落后的管理方式,实现管理现代化的有效途径。管理信息系统将管理工作统一化、规范化、现代化,极大地提高了管理的效率,使现代化管理形成统一、高效的系统。过去传统的管理方式是以人为主体的人工操作,虽然管理人员投入了大量的时间、精力,然而个人的能力是有限的,所以管理工作难免会出现局限性,或带有个人的主观性和片面性。而管理信息系统使用系统思想建立起来的,以计算机为信息处理手段,以现代化通信设备为基本传输工具,能力管理决策者提供信息服务的人机系统,这无疑是将管理与现代化接轨,以科技提高管理质量的重大举措。管理信息系统将大量复杂的信息处理交给计算机,使人和计算机充分发挥各自的特长,组织一个和谐、有效的系统,为现代化管理带来便捷。

在现代化管理中,计算机管理信息系统已经成为企业管理不可缺少的帮手,它的广泛应用已经成为管理现代化的重要标志。在企业管理现代化中,组织、方法、控制的现代化离不开管理手段的现代化。随着科学技术的发展,尤其是信息技术和通信技术的发展,使计算机和网络逐渐应用于现代管理之中。面对越来越多的信息资源和越来越复杂的企业内外部环境,企业有必要建立高效、实用的管理信息系统,为企业管理决策和控制提供保障,这是实现管理现代化的必然趋势。

管理信息系统在管理现代化中起着举足轻重的作用。它不仅是实现管理现代化的有效途径,同时,也促进了企业管理走向现代化的进程。

长春市医保局应用北京泓维明昊科技有限公司 BI 软件

长春市医保中心审计系统由北京泓维明昊科技有限公司承建,并基于北京泓维明昊科技有限公司的商业智能软件系统上进行专项开发实施。北京泓维明昊科技有限公司是注册于北京市海淀区上地信息产业基地的高科技软件企业,其主要创始人均具有博士、硕士学位,具有行业经验超过10多年,拥有超过100个信息化项目经验。北京泓维明昊科技有限公司主要开发、销售和实施商业智能软件系统(BI)和客户关系管理软件系统(CRM),同时提供信息系统的定制开发和维护服务,以及管理咨询等服务。

1. 典型应用内容包括：

参保征缴类分析；

各险种的参保人数、征缴率分析；

基金的收入支出预测；

基金财务分析；

各险种的基金收入分析；

基金结余量分析；

基金预警；

医保稽查审核类分析；

根据定点医疗机构类型进行住院率、均次费用、药占比等分析；

住院天数、重复检查等分析；

提供住院明细、结算信息的整体模型；

由业务人员根据自身业务需求进行深度钻取的数据提取和分析。

2. 解决问题

审计系统目前含有医保中心运行的基础业务数据，能够满足日常的数据统计工作，为各个业务科室提供报表和统计的数据，为管理层进行的数据挖掘提供数据支持，虽不能完全通过审计系统实现分析需求，但可提供所有需求的基础数据，然后通过人工参与的方式实现分析需求。

在现有政策不变的情况下提供了数据预测功能。

固定的分析模型，可为各个科室提供基础数据，包含了参保人数、征缴率、财务、稽核等分析内容。

灵活的自定义分析可满足稽核部门的数据挖掘要求。

为业务人员日常工作提供了更加便捷的数据提取路径。

为医保中心每月进行的数据分析会提供数据。

为上报的报表提供数据。

为稽核部门提供便捷的数据审核方法。

为中心政策的制定进行数据预测。

根据医保中心领导的关注点进行数据深度挖掘。

为财务部门提供报表数据。

本 章 小 结

管理的基本方法具体包括行政方法、经济方法、法律方法、数学方法、教育方法、咨询法和计算机及网络技术。

按管理导向的方法还有任务管理方法、人本管理方法和系统管理方法。

管理信息系统是收集、存储和分析信息，并向组织中的管理人员提供有用信息的系统。信息系统是与信息加工，信息传递，信息存储以及信息利用等有关的系统。

管理信息系统的构成包括信息源、信息接收器、信息管理者和信息处理机。

管理信息系统的开发包括规划、分析、设计、实施和维护服务阶段。

管理信息系统的应用促进了管理水平和效率的提升。

向迪士尼学管理

因遭受经济不景气、通货膨胀、高失业率等问题的困扰,日本经济长期处于萎靡不振的状态。然而,就是在这样的形势下,东京迪士尼乐园的游客人数却一直保持着很高的记录。迪士尼在美国是靠电影业起家的,他们创办的主题公园同样受到了世界各国人民的青睐。那么,乐园凭什么一直令世人为之倾倒呢?迪士尼乐园的创办人沃尔特·迪士尼曾说过:"每个人都在自己的心中憧憬、设计、创造一个世界上最精彩的地方,而真正能够将梦想化为现实的也只有人自己。"迪士尼在经济不景气的情况下仍能留住大批游客,就是因为迪士尼具有自己独特的生产方式、经营方式和运营体制。东京迪士尼乐园的核心理念不是"幻想和魔法的王国",而是"家庭娱乐"。如果当初把"幻想和魔法的王国"作为核心理念来宣传的话,那么这里的饮水处就不会特意采用能让父母与子女面对面坐着的设计方式了。

所有迪士尼乐园都有属于自己的关键词,也就是为实现乐园核心理念而提出的具体指导方针。就东京迪士尼而言,乐园的关键词围绕"家庭娱乐"4个字而展开,表现为4个方面:安全(Safety)、礼貌(Courtesy)、表演(Show)与效率(Efficiency),也就是SCSE。具体来说,所谓"安全",是指游客可以放心地使用游乐设施、购买商品、享用美食,诸如此类;让游客安心地享受在迪士尼里的每一秒美好时光。这是提供服务首先应该考虑的要素。对普通企业而言,就是在提供服务时首先考虑商品的安全性。"礼貌"是指待人处事的态度。服务是人对人所做的行为,因此就存在着一些必须遵守的礼仪。对普通企业而言,商品最终都要传送给顾客,所以一点也不能马虎。"表演"是指娱乐界所说的"表演必须继续"。在每天的节目表演中,演员们都要带着第一次演出的心情,舞台建筑上也绝不允许有油漆脱落或是灯光不亮的情况发生。对普通企业而言,就是要避免出现劣质产品。最后,"效率"是指让尽可能多的游客享用到乐园的娱乐设施。游客是专程前来游乐园游玩的,如果他们没能来得及参与几个游乐项目就要离开的话,主题公园也就失去了存在的意义。对普通企业而言,"效率"一词要求的是生产效率的提高、价格策略的合理制定与客源的尽力争取。突发事件下的 SCSE 法则同其他行业一样,在迪士尼乐园的实际运作中,员工手册必不可少,因为它是企业得以正常运营的重要工具。但是突发事件层出不穷,单靠手册不能解决所有问题。这时,SCSE 的意义是不言而喻的。

例如,常常会发生服务员把汤洒在顾客身上的情况,通常餐厅的员工手册都会告诉员工如何作出相应的处理,手册中甚至连侍者此时所应使用的语言都有所规定。然而,在突发事件发生后,很难要求员工在身心两方面均有充分准备;要他们在慌乱的情绪下,一边回想员工手册上的内容,一边保持冷静,迅速采取补救措施,这几乎是不可能做到的——即使是经理一级的高级员工也很难做到这一点。那么,该如何是好呢?其实,如果遇到这类意外情况,员工只要遵循迪士尼乐园的 SCSE 法则处理就没有问题了。

S——能否确保游客的生命安全？
C——是否彬彬有礼地处理问题？
S——是否会破坏游客的雅兴？
E——对于游客而言,这是不是迅速有效的解决方式？

对经理而言,员工引发问题并作出处理之后,还需要考虑以下内容：
S——是否能够确保游客与员工的生命安全？
C——是否彬彬有礼地处理问题？员工的行为是否得当？
S——这样做是否会破坏游客的雅兴？员工的行为是否得当？
E——对于游客而言,这是不是迅速有效的解决方式？

思考

迪士尼乐园的 SCSE 法则,从管理方法角度看,对你有什么启示呢？

实 践 教 学

实践教学项目

使用 Access 数据库开发一个功能较为简单的师生信息管理系统。

实践教学目的

1. 要求掌握管理信息系统需求分析、系统设计与开发整个过程；
2. 能开发出一个功能较为简单的师生信息管理系统。

实践教学内容与要求

使用 Access 数据库管理系统开发一个功能较为简单的师生信息管理系统,本系统面向教学管理人员,能方便地对教师、学生、授课情况及成绩进行管理,包括信息的输入和编辑、信息查询、信息统计、系统管理等模块。信息包括以下几个方面。

1. 学生登记表：学号、姓名、班级、出生日期、简历；
2. 教师课程表：教工号、姓名、性别、职称、课程号；
3. 课程名称表：课程号、教工号、课程名称、学分；
4. 学生成绩表：学号、课程号、平时成绩、考试成绩。

实践教学成果与检测

1. 以本学期本课程的师生信息进行测试和运用管理。
2. 以教师和学生打分进行综合评价,其中教师打分占 70%,学生打分占 30%。

课 后 习 题

1. 管理的基本方法有哪些？
2. 管理信息系统的概念是什么？
3. 管理信息系统的构成内容是什么？
4. 管理信息系统的开发过程是什么？

参 考 文 献

[1] 牛三平.管理学基础[M].北京:人民邮电出版社,2012.
[2] 赵志恒,李洁.管理学基础[M].北京:中国人民大学出版社,2012.
[3] 曹秀娟.管理学基础[M].北京:中国金融出版社,2012.
[4] 张满林.管理学理论与技能[M].北京:中国经济出版社,2010.
[5] 周三多.管理学原理与方法[M].上海:复旦大学出版社,2007.
[6] 周健临.管理学教程[M].上海:上海财经大学出版社,2002.
[7] 王春利,李大伟.管理学基础[M].北京:首都经济贸易大学出版社,2001.
[8] 周秀淦,宋亚非.现代企业管理原理(第3版)[M].北京:中国财政经济出版社,1998.
[9] 黄津孚.现代企业管理原理(第4版)[M].北京:首都经济贸易大学出版社,2002.
[10] 许庆瑞.管理学[M].北京:高等教育出版社,2001.
[11] 单凤儒.管理学基础[M].北京:高等教育出版社,2003.
[12] 杨杜.现代管理理论[M].北京:中国人民大学出版社,2001.
[13] 侯炳辉主编.企业信息化领导手册[M].北京:北京出版社,1999.
[14] 王利平.管理学原理[M].北京:中国人民大学出版社,2003.
[15] 斯蒂芬·罗宾斯(美).管理学(第9版)[M].北京:中国人民大学出版社,2008.
[16] 张文昌,于维英.西方管理思想发展史.济南:山东人民出版社,2007.
[17] 彼得·德鲁克(美).管理的实践[M].北京:机械工业出版社,2006.
[18] 陈佳贵.现代企业管理理论与实践的新发展[M].北京:经济管理出版社,1998.
[19] 金观涛.管理就是决策[M].北京:中国商业出版社,2004.
[20] 崔佳颖.组织的管理沟通[M].北京:中国发展出版社,2007.
[21] 徐二明.管理学教学案例精选[M].上海:复旦大学出版社,2009.
[22] (美)海因茨·韦里克(Heinz Weihrich),(美)哈罗德·孔茨(Harold Koontz)著.管理学:全球化视角[M].北京:经济科学出版社,2004.
[23] (美)加雷思·琼思(Gareth R. Jones),(美)珍妮弗·乔治(Jennifer M. George)著.当代管理学(第3版)[M].北京:人民邮电出版社,2005.
[24] (美)阿尔弗雷德·D.钱德勒(Alfred D. Chandler),(美)托马斯·K.麦克劳(Thomas K. Mccraw),(美)理查德·S.特德洛(Richard S. Tedlow)著.管理的历史与现状:A casebook on the history of american business.[M].大连:东北财经大学出版社,2007.

参考文献

教学支持说明

尊敬的老师：

您好！为方便教学，我们为采用本书作为教材的老师提供教学辅助资源。鉴于部分资源仅提供给授课教师使用，请您填写如下信息，发电子邮件或传真给我们，我们将会及时提供给您教学资源或使用说明。

（本表电子版下载地址：http://www.tup.com.cn/sub_press/3/）

课程信息

书　　名			
作　　者		书号（ISBN）	
课程名称		学生人数	
学生类型	□本科　　□研究生　　□MBA/EMBA　　□在职培训		
本书作为	□主要教材　　□参考教材		

您的信息

学　　校			
学　　院		系/专业	
姓　　名		职称/职务	
电　　话		电子邮件	
通信地址		邮　编	
对本教材建议			
有何出版计划			

_____年___月___日

清华大学出版社

E-mail：tupfuwu@163.com　　　　　　　　网址：http://www.tup.com.cn/
电话：8610-62770175-4903/4506　　　　　传真：8610-62775511
地址：北京市海淀区双清路学研大厦B座506室　　邮编：100084